Mea Cuba

Guillermo Cabrera Infante

ALFAGUARA

ALFAGUARA

© 1992, Guillermo Cabrera Infante
© De esta edición:
    1999, Grupo Santillana de Ediciones, S. A.
    Torrelaguna, 60. 28043 Madrid
    Teléfono 91 744 90 60
    Telefax 91 744 92 24
    www.alfaguara.com

• Aguilar, Altea, Taurus, Alfaguara S. A.
Beazley 3860. 1437 Buenos Aires
• Aguilar, Altea, Taurus, Alfaguara S. A. de C. V.
Avda. Universidad, 767, Col. del Valle,
México, D.F. C. P. 03100
• Distribuidora y Editora Aguilar, Altea,
Taurus, Alfaguara, S. A.
Calle 80 Nº 10-23
Santafé de Bogotá, Colombia

    ISBN: 84-204-8271-4
    Depósito legal: M. 7.405-1999
    Impreso en España - Printed in Spain

© Cubierta:
    Mapa de Cuba. Islario General del Mundo, Alonso de Santa
    Cruz. Biblioteca Nacional, Madrid.

A Néstor Almendros,
un español que supo ser cubano.

Cuba nos une en extranjero suelo.
JOSÉ MARTÍ

Índice

Aviso

Mea Cuba se publicó en España por primera vez en noviembre de 1992. Tres semanas más tarde esa primera edición quedó agotada. La editorial, que no es ésta, que publicó el libro entonces no sólo permitió que esa primera edición se agotara sino que esperó ¡cuatro meses! para publicar una segunda edición, cuando se había perdido el impulso inicial. *Mea Cuba* no se volvió a reeditar hasta ahora con esta edición corregida y aumentada por una docena de artículos publicados después en España y dondequiera. Ésta es, pues, una edición completa.

GUILLERMO CABRERA INFANTE
Londres, febrero de 1999

Génesis

Cuba fue descubierta por Cristóbal Colón y sus compañeros de viaje (los hermanos Pinzón, los Rodrigos de Triana y de Jerez, el converso Luis de Torres y las diversas y unánimes tripulaciones) el 28 de octubre de 1492, domingo.

«Dice el Almirante», llevado por la pluma del padre Las Casas «que nunca cosa tan hermosa vido». Es decir, era una versión del paraíso.

En un mapa de América cuando todavía no se llamaba América, en 1501, Cuba aparece dos veces. Primero como una isla, después como un continente.

Éxodo

Salí de Cuba el 3 de octubre de 1965: soy cuidadoso con mis fechas. Por eso las conservo.

Naufragio con un amanecer al fondo

Mea Cuba surgió de la necesidad de darle coherencia (o, si se quiere, cohesión) a mis escritos políticos. O a la escritura de mi pensamiento político —si es que existe—. En el libro está mucho de lo dicho por mí hasta ahora acerca de mi país y de la política que le ha sido impuesta con crueldad nunca merecida.

Mis ensayos y mis artículos políticos tratan de elucidar algunos de los que se pueden llamar problemas de Cuba, mientras me explico a mí mismo ante el lector como un conundro histórico. ¿Qué hace un hombre como yo en un libro como éste? Nadie me considera un escritor político ni yo me considero un político. Pero ocurre que hay ocasiones en que la política se convierte intensamente en una actividad ética. O al menos en motivo de una visión ética del mundo, motor moral.

Mis padres —mis amigos lo saben de sobra— fueron fundadores del Partido Comunista cubano. Crecí con los mitos y las duras realidades de los años treinta y, sobre todo, de los años cuarenta y entre las contradicciones no del capitalismo sino del comunismo. Algunas muestras de un libro de los ejemplos: Stalin que colgaba junto a un Cristo en la sala de mi casa (cuando tuvimos sala, las más veces era un cuarto sólo para toda la familia: la famosa escena del camarote abarrotado de Groucho Marx en *Una noche en la ópera* fueron mil y una noches en mi casa gracias al otro Marx), Batista despreciado por tirano, mis padres presos por Batista, Batista elegido con ayuda del Partido Comunista y la colaboración entusiasta de mis padres, sobre todo de mi madre, pacto Hitler-Stalin, entonces: «Cuba fuera de la guerra imperialista», Hitler invade Rusia soviética, luego: «Todos a apoyar a la URSS en su lucha contra la Bestia Nazi». Eran lemas y temas contradictorios para cualquiera que no fuera comunista. O para el que vivía, como yo, en un hogar comunista con un padre responsable de propaganda del partido.

Alguna gente pensará que mi título es irreverente. Son los reverentes de siempre. No creo hacer una revelación inesperada si digo que el título viene de Cuba y *Mea culpa.* Cuba es, por supuesto, *mea maxima culpa.* Pero, ¿qué culpa? Primero que nada la culpa de haber escrito los ensayos de mi libro, de haberlos hecho públicos como artículos y, finalmente, de haberlos recogido ahora. No hay escritura inocente, ya lo sé. *Mea Cuba* puede querer decir «Mi Cuba», pero también sugiere la culpa de Cuba. La palabra clave, claro, es culpa. No es un sentimiento ajeno al exilado. La culpa es mucha y es ducha: por haber dejado mi tierra para ser un desterrado y, al mismo tiempo, dejado detrás a los que iban en la misma nave, que yo ayudé a echar al mar sin saber que era al mal.

La metáfora del barco que naufraga y un lord Jim cubano que se salva se completa no con la frase favorita de Fidel Castro («¡Las ratas abandonan el barco que se hunde!», gritó en un discurso con esa obsesión zoológica suya de llamar a sus enemigos, aun los que huyen, sobre todo los que huyen, con nombre de alimañas: ratas, gusanos, cucarachas), sino con el hundimiento del *Titanic:* la nave que no se podía hundir destinada, precisamente, a hundirse. Un solo miembro de la tripulación logró escapar con vida, el teniente Lightoller. Interrogado por un severo juez inglés (todos los jueces ingleses son severos) por qué había abandonado su barco, Lightoller respondió sin sorna: «Yo no abandoné mi barco, señoría. Mi barco me abandonó a mí».

Muchos exilados cubanos pueden decir que nunca abandonaron a Cuba: Cuba los abandonó a ellos. Abandonó de paso a los mejores. Uno fue el comandante Alberto Mora, suicidado. Otro es el comandante Plinio Prieto, fusilado. Todavía otro, el general Ochoa, chivo expiatorio. Pero si algo colma la medida del abandono y el desamparo es el exilio. Uno siente de veras que es un náufrago («sálvese el que pueda») y nada puede parecerse más a un barco que una isla. Cuba, además, aparece en los mapas arrastrada por la corriente del Golfo, nunca anclada en el mar Caribe y dejada a un lado por el Atlántico europeo. Decididamente es un barco a la deriva. En la furia del discurso, Fidel Castro fue incapaz de controlar la metáfora del barco que se hunde y las ratas desafectas y tuvo que añadir apresurado, casi en desespero: «Pero este barco *nunca* se hundirá». Ese antepasado suyo, Adolfo Hitler, repitió *antes* esas mismas palabras en 1944: «Alemania jamás se hundirá». (La ausencia de exclamaciones es culpa del desgaste del poder.) Los sobrevivientes del naufragio saben más y mejor: de Alemania, de Cuba.

Mis amigos lo han pedido, mis enemigos me han forzado a hacer un libro de estos obsesivos artículos y ensayos que han aparecido en la prensa (decir mundial sería pretencioso, decir española sería escaso) a lo largo de veinticinco años y casi treinta de exilio. Ellos provocan y repelen una nostalgia que cabe en una sola frase: «¡Lejana Cuba, qué horrible has de estar!». La eyaculación mezcla a dos exilados ilustres de hace cien años, él cubano siempre, ella hecha española: la Avellaneda y Cirilo Villaverde, con el sentimentalismo de un tango. Después de todo, el tango nació, como yo, en Cuba.

A propósito

Veinte años en mi término /
me encontraba paralítico...
Canción cubana

Hace poco cumplí sesenta y tres años. Unos meses antes Fidel Castro celebró (si se puede celebrar un entierro) treinta y tres años en el poder sin oposición. Como el despiadado castellano señor de la guerra que al morir no tenía enemigos porque los había matado a todos, Castro no tiene enemigos en Cuba. Treinta y tres años es más de la mitad de mi vida cronológica y en todo ese tiempo mi biografía ha sido escrita, de una manera o de otra, por Fidel Castro y sus escribanos de dentro y fuera de la isla. Presumir que Castro gobierna sólo en Cuba es no querer admitir que un exilado político es un enemigo que huye al que no le tienden un puente de plata sino una larga mano que puede alcanzarlo dondequiera. Para ilustrar esta imagen paranoica (lo que Freud catalogaría como un complejo de Castración), puedo contar una historia de lo que se llama la vida real.

En 1985, estando en el festival de Cine de Barcelona, recibí una llamada urgente de mi hija menor en Londres. Me dijo que habían entrado ladrones en nuestro apartamento pero que no me preocupara porque extrañamente los ladrones no habían robado nada. Mi extrañeza fue extrema entonces, pero debía quedarme en el festival hasta el final. Cuando regresé a Londres apenas si había huella del robo que nunca fue robo. Todo estaba en su sitio excepto por un candado enorme provisto por la policía que sustituía mi violada cerradura de seguridad. Un anuncio del fabricante asegura que es una decisiva protección contra toda clase de intrusos.

Mi hija me contó que no sólo había venido a investigar la policía local, sino que un detective de Scotland Yard se había interesado en el robo que no era robo. Durante su visita anunciada había preguntado a mi hija quién era yo, qué hacía y si tenía enemigos personales. Mi hija le dijo que mi único status, aparte de ser escritor, era el de exilado de Castro. El agente de Scotland Yard le pidió que yo lo contactara personalmente a mi regreso.

A nuestro regreso comprobamos Miriam Gómez y yo que, efectivamente, los ladrones no habían robado nada. Inclusive un sobre que contenía mil dólares había sido expuesto, abierto y devuelto a su precario escondite sin su sobre. Era obvio que estos insólitos ladrones no buscaban dinero o no aceptaban dólares.

El detective de Scotland Yard resultó mucho más inteligente que el notorio inspector Lestrade, a quien Sherlock Holmes acusaba con sorna de tener una inteligencia valiosa por lo escasa. Lo invité a sentarse. Lo hizo. Le ofrecí un café. Cubano. No aceptó. (Los agentes de Scotland Yard en servicio no pueden aceptar la invitación de ajenos.) Desde su silla en seguida señaló varios objetos visibles en la sala (una estatuilla *art nouveau,* búcaros *art déco,* libros que llamó «raros» y no ediciones príncipes, dos máquinas

23

de grabar vídeos nuevas) y dijo: «Todo eso cabe en dos bolsas grandes. No entiendo por qué no se llevaron nada». Tampoco yo. «Han debido de pasar mucho trabajo para entrar», admitió. Sabía que habían intentado forzar mi cerradura de máxima seguridad Banham, garantizada contra todas las violaciones. Al no poder romperla habían tratado de zafar la puerta (nueva) de sus goznes. Pero era grande y pesada y tenía dos pulgadas de espesor. Finalmente armándose con una barra de hierro lograron romper el marco (viejo) de la puerta para desencajar la cerradura. «La operación es ruidosa y debió de tomarles tiempo», dijo el detective y añadió: «Corrieron su riesgo». Ningún vecino había visto ni oído nada. Se lo dije pero por su mutismo supe que ya lo sabía.

Se quedó en silencio unos momentos y después me miró a los ojos, que es vieja técnica policíaca en busca de la verdad óptica: «Dice su hija —me dijo más que preguntarme— que usted es escritor y exilado castrista». Así es. «¿Ha recibido usted alguna amenaza de Castro?», me preguntó. No, le dije, pero sus esbirros han tratado desde 1965, cuando dejé la isla, de hacerme la vida lo más difícil posible, personal y literariamente. Consideré que no debía darle ejemplos. «¿Es usted un exilado activo?» Algo, le dije, pero la hostigación comenzó desde antes de activarme. «¿Ha echado usted de menos manuscritos o algún escrito suyo conectado con su exilio?» No se me había ocurrido que el móvil del falso robo fuera obtener mis manuscritos, los que no estaban archivados en una Universidad americana. No había contado mis otros manuscritos, entre los que estaba este libro que usted lee ahora, lector, y una obra en progreso que ocurre en La Habana castrista. Pero le dije que no, enfático: no me faltaba ni un papel. Fue en ese momento, al decir que no, que vi el verdadero móvil del robo aparentemente fallido pero con fractura.

El agente de Scotland Yard se puso en pie. Se iba. Pero se detuvo a decirme: «Es extraño». ¿Qué sería? «A los escritores exilados de Europa del Este les han robado novelas por acabar y panfletos sin publicar. Ha tenido usted suerte.» Por un momento me pareció que dudaba acerca de mi suerte, pero la policía no duda. «A uno de ellos —me dijo—, un escritor búlgaro, lo mataron hace poco cerca de la BBC». Lo sé, le dije. Se refería a Georgy Markov, que fue asesinado por la KGB con una minúscula bala de ricín, el veneno más activo que se conoce. El asesino había escondido el arma en un inofensivo paraguas. Inglés por supuesto. Toda la historia apareció reportada por la prensa (hasta la BBC le dedicó un programa especial) y adquirió un aura a lo James Bond que de alguna manera acentuó el carácter político del asesinato. El motivo aparente fue que Markov, novelista de nombre en su país antes de exiliarse, emitía por la radio una serie de revelaciones íntimas sobre la vida y miserias del innombrable tirano búlgaro, un verdadero bacilo oportunista. La diferencia es que nunca cuento las aventuras nocturnas de Castro. Sólo sus desventuras diurnas me conciernen.

Antes de irse, el agente me dijo: «Hay un policía que cubre Gloucester Road hasta Palace Gate». Eso es apenas diez cuadras. «Le diré que dé dos vueltas en lugar de una por su acera.» Le di las gracias. «Pero —me dijo finalmente— quiero que si usted nota alguna irregularidad, por mínima que sea, me llame en seguida al Yard», y me dio su número directo. Pero los ladrones sin motivo, *aparente,* nunca volvieron. Ahora espero que esos visitantes no invitados encuentren en este libro lo que buscaban. No tienen nada que perder, excepto, claro, el precio de un ejemplar.

La respuesta de Cabrera Infante

Entre los maullidos del gato Offenbach y la incesante crepitación de la manzana que mordía Miriam Gómez, su mujer, Guillermo Cabrera Infante anotó las cuatro preguntas de un cuestionario improvisado y las mezcló entre los papeles y las fotografías de su escritorio. Al mes, devolvió a Primera Plana *diez páginas de respuesta, con la exigencia de que se las transcribiera sin alteraciones. Aquí están, y —aunque sea obvio— corren por su cuenta y riesgo.*

Preámbulo no pedido

Cuando dejé Cuba en 1965, cuando salí de La Habana el 3 de octubre de 1965, cuando el avión despegó del aeropuerto de Rancho Boyeros a las diez y diez de la noche del día 3 de octubre de 1965, cuando pasamos el *point of no return* a las cuatro horas de vuelo (no era la primera vez que yo viajaba entre Cuba y Europa y sabía que un poco más allá de las Bermudas el avión no puede ya volver a Rancho Boyeros, pase lo que pase), cuando por fin me zafé el cinturón de seguridad y miré a mis hijas dormir a mi lado y tomé el maletín de nombre irónico, mi *attaché-case,* y lo abrí para echar una ojeada tranquilizante a las cuartillas irregulares, clandestinas, dedicadas a convertir *Vista del amanecer en el trópico* en *Tres tristes tigres,* supe entonces cuál era mi destino: viajar sin regreso a Cuba, cuidar a mis hijas y ocuparme de/en la literatura. No sé si pronuncié o no la fórmula mágica —*silence, exile, cunning*—, pero sí puedo decir ahora que es más fácil en este tiempo adoptar el estilo literario que copiar el estilo de vida de James Joyce.

Durante mucho tiempo guardé silencio. Me negué a conceder entrevistas, me encerré a trabajar y me aparté tanto de la política cubana como de los cubanos políticos de todos los colores. Todavía no escribo a otra gente en Cuba que a mi familia inmediata, cartas esporádicas y familiares. Sin resultado —porque el comunismo no admite *drop-outs.*

Mi nombre fue arrastrado a una polémica en que los ruidos de la *caucus-race* de Alicia sirven de música incidental al libreto de Ubu Roi, y la realidad escénica convierte a Kafka en un realista-socialista. Insultos personales, inaudita intromisión en mi vida privada, eje excéntrico de una lucha por el poder cultural y maldito *genius loci* —todo dicho con la increíble prosa de esa versión cubana del *Krokodil* soviético, *El caimán barbudo.* Pero, por supuesto, el problema no se limitó a una polémica literaria, al uso ruso, donde los perros de la finca ladran mientras el amo no se molesta en abrir el portón, como ocurrió con los insultos y ataques a Neruda y Carlos Fuentes, hace dos años, y el asalto a Asturias, ahora que derrotó al campeón Carpentier, la rosa roja del ring, eterno aspirante cubano a la faja de los pesos pesados de la literatura.

La caimanada fue seguida y precedida por otros ataques más directos: calumnias personales y políticas, negación del permiso para trabajar en la Unesco, confiscación de libros enviados por correo, minuciosa inspección de la correspondencia familiar y deliberada persecución literaria. Para mí esto no tuvo ni tiene importancia, y que *TTT* se convirtiera en lectura *underground* me gusta, me parece un privilegio. (Alguien, T.E.M., me corrige a tiempo: «Pero tu libro está en la biblioteca de la Casa de las Américas». Corrección de una corrección: en Berlín Oriental vi una biblioteca, llamada irónicamente Humboldt, donde se podían obtener «*todos* los libros», según justo lapso del intérprete: «Enemigos del pueblo», desde Adorno hasta Zinoviev pasando por Nietzsche, Heidegger, Kafka, Sartre, Bertrand Russell —que entonces *eran* los dos—, Koestler y Adolfo Hitler. «Siempre que se demuestre la *necesidad de leerlos* —añadió el intérprete—, y el solicitante se responsabilice con su nombre, dirección, ocupación y motivo de lectura».)

Pero hay más. A un novelista europeo se le invita en La Habana a un panel televisado sobre literatura cubana, con el compromiso expreso de que no mencione mi nombre. El huésped es bien educado y cumple su palabra, pero con lealtad personal y honestidad ejemplares (o suicida, en el mundo comunista) habla de *Tres tristes tigres*. Olga Andreu[*], bibliotecaria, pone mi novela en una lista de libros recomendados por esa democrática biblioteca de la Casa de las Américas, boletín que ella diri-

---

[*] Olga Andreu se suicidó luego.

ge, y a los pocos días es separada del cargo y condenada a una lista de excedentes, lo que significa un terrible futuro porque no podrá trabajar más en cargos administrativos y su única salida es solicitar ir de «voluntaria» a hacer labores agrícolas. Heberto Padilla escribe un elogio a *Tres tristes tigres* y, con un golpe de dedos que no abolirá al zar, da comienzo a la polémica mencionada. A la semana es cesanteado de ese diario oficial cuyo nombre recuerda demasiado a *Caperucita roja: «Granma, what great big teeth you have!»*. Ahora, después de meses de suspensión de salida y con otra redacción (castigada la anterior por haber hecho pública la polémica), *El caimán* publica a Padilla su «Respuesta a la Redacción», cierre de la polémica, y, dispuesto ya a viajar a Italia para ver su libro de poemas editado por Feltrinelli, con pasaje comprado en Milán, le es abruptamente retirado su permiso de salida, quitado su pasaporte y de nuevo cesanteado. Las últimas noticias presentan a Padilla en la posición de toda persona inteligente y honesta en el mundo comunista: un exilado interior con sólo tres opciones: *el oportunismo y la demagogia en forma de actos de contrición política, la cárcel o el exilio verdadero.*[*]

¿Por qué esta persecución metafórica y estos juicios por poder, y estas condenas a personas interpuestas?

«Que el jurado considere el veredicto», dijo el Rey por sepesentésima vez ese día.

«¡No, no! —dijo la Reina—. La sentencia primero, luego el veredicto».

---

* Heberto Padilla sufrió todos y cada uno de estos avatares.

«Tontería absurda —dijo Alicia en alta voz—. ¡Querer dictar sentencia primero!».

«¡Aguanta tu lengua!», dijo la Reina poniéndose roja.

«¡No me da la gana!», dijo Alicia.

¿Qué crimen ha cometido el autor o el libro? Uno solo, y lo cometieron ambos. Ser libres. (Cf. Guillermo Federico Hegel hablando de su monarca: «Un solo hombre libre puede haber en Prusia».)

«¡Al paredón!», gritó la Reina a voz en cuello. Nadie se movió.

«¿Quién le tiene miedo a ustedes? —dijo Alicia (que ahora había crecido hasta tamaño grande)—. ¡Ustedes no son más que un montón de naipes!».

Ahora puedo contestar todas las preguntas.

¿Por qué está fuera de Cuba?

Si uno de veras cree que el hombre no es más que ser y circunstancia, la única manera de salvar al ser amenazado es cambiar de circunstancia lo más pronto posible. Cuando se viven situaciones invivibles no hay más salida que la esquizofrenia o la fuga. Voy a ilustrar esta abstracción.

En el verano de 1965 regresé a Cuba de Bélgica, donde era *attaché* cultural, a los funerales de mi madre, que había muerto en circunstancias turbias (otitis media,

ingresa inconsciente en el hospital a las once de la mañana y sin atención médica propia hasta entrada la noche,
muere en la madrugada de una enfermedad que nadie muere ya desde antes de la Segunda Guerra Mundial: pero su
muerte es también un accidente patológico que puede ocurrir en cualquier parte si no se toman precauciones a tiempo) mientras yo volaba hacia La Habana.

Pero el viaje no lo hice en avión, sino en el trompo
del tiempo. Todavía en Bélgica yo añoraba Cuba, su paisaje, su clima, su gente, sentía nostalgias de las que no me
libro aún, y pensaba nada más que en regresar. Pero un
país es no sólo geografía. Es también historia. Cuando regresé, en esa primera semana en que todavía no podía
comprender que mi madre había desaparecido para siempre, supe, al mismo tiempo, que el sitio de donde había venido al mundo estaba tan muerto como el sitio al que vine. La Habana era una ciudad que yo no reconocía y no
regresaba precisamente de París sino de una Bruselas
provinciana y triste, fea. En Cuba, la luna brillaba como
antes de la Revolución, el sol era el mismo, la Naturaleza
prestaba a todo su vertiginosa belleza. La geografía era la
misma, estaba viva, pero la Historia había muerto.

Cuba ya no era Cuba. Era otra cosa —el doble del
espejo, su *doppelgänger,* un robot al que un accidente
del proceso había provocado una mutación, un cambio ge-
nético, un trueque de cromosomas. Nada estaba en su lugar. Las facciones eran reconocibles, pero hasta la propia
ciudad, los edificios, mostraban una lepra nueva. Las calles estaban cubiertas de una viscosidad física, goteada del
motor de los vehículos escasos, por causa de un defecto
insalvable al refinar el petróleo ruso, pero parecía con su

pastosidad negruzca en que las mujeres dejaban sus zapatos (¡artefactos prehistóricos que algunos emprendedores alquilaban a cincuenta centavos la hora!) y todas las huellas, como la metáfora de una viscosidad moral.

El malecón estaba cariado, ruinoso. En los canteros de *El Vedado, que antes fue un barrio elegante, crecían plátanos en lugar de rosas, en un desesperado esfuerzo de los vecinos por aumentar la cuota del racionamiento con sus raquíticas bananas.* Los puestos de café que antes colaban ante el público en cada esquina, como en Río de Janeiro, se habían esfumado por arte de magia marxista. En su lugar había, en cada barrio de la ciudad, dos, cuando más tres puestos (llamados, como todo, con un nuevo término: cafetera-piloto: esta pomposa terminología «técnica» que bautizaba a las fábricas como «unidades de producción», a los balnearios como «círculos obreros», y a las populares guaguas urbanas, los autobuses, como «unidad rodante», esta jerga utópica competía francamente con la Neo-Habla de los Minrex —Ministerio de Relaciones Exteriores—, Mined —Ministerio de Educación—, Minint —del Interior—, Init —Instituto de la Industria Turística (?)—, Icaic —Instituto del Arte e Industria Cinematográficos (!)—, mientras las fábricas se retitulaban Consolidados de esto o de lo otro o si no con criptogramas tales como C518 o C15A) que servían café solamente a determinadas horas del día a clientes ávidos y apelotonados, cuando no haciendo largas colas para comprar el café que la «libreta» (carnet de racionamiento) promete y nunca cumple.

Las vidrieras de las tiendas *realmente* exhibían ropa, porque nadie podía comprarla, ya que eran ejemplares *únicos,* en el mejor de los casos. Otras, las vitrinas servían para encerrar alegorías martianas o leninistas, más por recurso decorativo que por fervor político. Las más estaban totalmente vacías, y pasear por San Rafael o Neptuno, por Obispo o por O'Reilly (versiones cubanas de Florida), era un acto tan irreal como recorrer con John Wayne la calle real de un pueblo fantasma. En otras partes de la ciudad caminar era pasear por la isla de Trinidad en 1959, o haber regresado al pueblo natal, de donde el hambre había expulsado en los años cuarenta al ochenta y dos por ciento de la población.

En increíble cabriola hegeliana, Cuba había dado un gran salto *adelante* —pero había caído *atrás*. Ahora, en la pobre ropa de la gente, en los automóviles bastardos (excepto, claro, las limusinas oficiales o los raudos Chevrolet de último tipo de la caravana del Premier), en las caras hambreadas, se veía que vivíamos, que *éramos* el subdesarrollo. El socialismo teóricamente nacionaliza las riquezas. En Cuba, por una extraña perversión de la práctica, se había socializado la miseria.

Sabía (y lo decía a todo el que quería oírme), antes de regresar, que en Cuba no se podía escribir, pero creía que se podía vivir, vegetar, ir postergando la muerte, posponer todos los días. A la semana de volver sabía que no sólo yo no podía escribir en Cuba, tampoco podría vivir. Se lo dije a un amigo, una suerte de no-persona revolucionaria que hacía punto ecuánime al precario equilibrio de las no-personas arrevolucionarias y las no-personas contrarrevolucionarias. (Ciclo de la no-persona: petición de salida del país; automática pérdida del trabajo y eventual inventario de casa y enseres; sin trabajo no hay carnet de trabajo: sin carnet no hay libreta de racionamiento: el permiso de salida puede demorar meses, un año, dos, siguiendo más las reglas de la lotería política que del ajedrez socialista: mientras, la no-persona se ve obligada a vivir de prestado o del dinero que tenía ahorrado en el banco: para salir debe reponer hasta el último centavo que tenía en el banco al momento de solicitar la salida; sin una cuenta bancaria en orden no hay permiso de salida, que es automáticamente cancelado: nueva petición de salida: etcétera, etcétera.)

Hablé con este amigo[*] condecorado de exes —ex comandante rebelde, ex ministro, ex diplomático— que acababa de regresar del presidio político, donde había pasado seis meses «castigado» a trabajar junto a forzados contrarrevolucionarios, y al negarse por principio y manifestar que él era revolucionario, había doblado su condena inicial de tres meses. Según su costumbre, hablaba con él mientras atravesábamos un solar yermo, lejos no sólo del mundanal ruido, pero de clericales oídos también: «Ya no se puede hablar ni viajando en una máquina. Hay aparatos de detección[**] que se instalan en un automóvil, en cualquier garaje». Le dije lo que dije más arriba. No dijo nada, solamente me miró. Él sabía. Le pregunté qué iba a hacer. Demoró un rato en contestarme y, antes de hacerlo, se colocó de perfil a las calles paralelas que limitaban el parque: yo sabía por qué; él sabía que hay agentes capaces de leer los labios. «Quedarme aquí —me dijo—. Estás caminando con un muerto». No me dio

---

[*] Comandante Alberto Mora, que se suicidó en 1972.
[**] Provistos por la Stasi alemana.

tiempo a replicar porque añadió: «Pero yo soy un cadáver político». Luego me confesó que rogaba todas las noches (no me dijo a qué dios) que lo dejaran irse a juntar con el Che, que él creía en una guerrilla en el Congo.

Ahora sé que este amigo ha tenido menos suerte que Guevara: hoy no es un inmortal sino un zombi político. Cuba está poblada de ellos, de toda clase. Muchos, no por casualidad, son zombis literarios.

¿Cómo trabaja fuera de su país?

Perdón por responder con una pregunta. ¿Tengo que decir que *muy* bien? ¿Que cómo me fue en España? Muy bien, salvo que debía hacer rodeos para evitar un abismo infranqueable. Sabido es que los latinoamericanos tenemos todo en común con los españoles. Excepto, claro, el idioma.

¿Por qué eligió Londres?

Yo no elegí Londres, Londres me eligió a mí. Fue en Madrid, demasiado ocupado transformando mi visión del amanecer en el trópico, amarrado a las galeras, domando tres tigres a un tiempo, tratando de que el *TTT* estallara y, por supuesto, olvidado de que el dinero, como el tiempo, es fungible, que llamaron tres veces a la puerta. Como sé que el casero llama más veces que el cartero, dejé que mi mujer abriera. Eran tres los que tocaban. Un funcionario de la Gobernación española para decirme que me negaban la residencia (el pasado pesa tanto que es, a veces, el pesado), un telegrama, y, efectivamente, el casero, también conocido como Abominable Hombre de las Rentas. Mi mujer, luchando con este *yeti* a pierna partida (como lector fiel de Pepita y Lorenzo, el casero había dejado su pie entre hoja y jamba para atascar la puerta), logró echarme el cable, que leí:

GUIERMO INFANTA
NECESITAR ESCRIBA OBRA MAESTRA SCRIPTS PUNTO
VENIR ENSIGUIENDO PUNTO TICKETS COMPRADO
AVIÓN PUNTO LOVE

JOE

¿Cómo dudarlo un momento? Salté por la ventana. Por el camino (vivíamos en un tercer piso) pensé: *Anch'io sono Swinging-Londoner!*

¿En qué condiciones volvería?

Si Lezama Lima fuera nombrado ministro del Interior.

No, aun así, lo pensaría dos veces y trataría de recordar qué crítica escribí (o dejé de escribir) sobre *Enemigo rumor* o *La fijeza*. Además de que está por medio la parodia del Poseso Penetrado por un Hacha Suave.*

_____

* *Enemigo rumor* y *La fijeza* son dos libros de poemas de Lezama Lima. La parodia a que alude Cabrera Infante está incluida en su novela *Tres tristes tigres*.

«Es peligroso dejar el país de uno, pero es más peligroso volver a él, porque entonces tus compatriotas, si pueden, te clavarán un cuchillo en el corazón.» Esas sabias palabras son del Yei-Yei, de Jota Jota, de James Joyce. Como en otras ocasiones, las hago mías: sólo le añado una sabiduría moderna. Donde Jota Jota pone corazón yo podría decir espalda.

Además de que yo soy un verdadero exilado. Los otros escritores latinoamericanos que viven en Europa pueden regresar a sus países cuando quieren. De hecho lo hacen a menudo. Yo no puedo hacerlo. Aparte de que físicamente no duraría una semana en libertad. (O, en el mejor o peor de los casos, me convertiría, automáticamente, en una no-persona, en un paria político, en un leproso histórico: ya he padecido ese mal de Marx antes, cuando se prohibió *P.M.* y clausuraron *Lunes.*) Les queda, además, el recurso de enviarme a cosechar boniatos, llamados también palta o camote en otras tierras (labradas) de América Latina. O a cortar caña. O a recoger colillas en un paradero de ómnibus, castigo a que sometieron hace poco a un conocido teatrista militante (de la Revolución, pero también, ay, del Homosexualismo), aunque refractario a la agricultura como destino. Pero aunque pudiera regresar (suponiendo que venciera ese trámite único en América, privilegio que los cubanos disfrutamos con el socialismo: ¡la solicitud de permiso para regresar un ciudadano a su propio país!) sin represalias, queda el problema del vehículo y dónde tomar tierra. Más que un trompo necesito el tropo del tiempo. Cuba no existe ya para mí más que en el recuerdo o en los sueños, y las pesadillas. La otra Cuba (aun la del futuro, cualquiera que éste sea* es, de veras, «un sueño que salió mal».

Colofón nunca querido

Sé el riesgo intelectual que corro con estas declaraciones inoportunas, ahora que el santo patrón (laico) de Cuba no es ni Marx ni Mao sino Marcuse. No me olvido de la teoría de ilustres laboratoristas del socialismo (del lógico lógicamente senil Norman the Mailer, sin desdorar a Juan Pablo apóstol —del próximo Milenio— y su carnal Simona), que se empeñan en tomar a los cubanos como conejillos, inevitablemente, de Indias. Sé del riesgo Migratorio de quedarme sin pasaporte: Severo Sarduy, por ser infinitamente menos explícito, estuvo dos años sin documento alguno, hasta que no le quedó otro remedio que naturalizarse francés.

Sé de otros riesgos. Sé que acabo de apretar el timbre que hace funcionar la Extraordinaria y Eficaz Máquina de Fabricar Calumnias; conozco algunos de los que en el pasado sufrieron sus efectos: Trotsky, Gide, Koestler, Orwell, Silone, Richard Wright, Milozs y una enorme lista de nombres que, si se hacen cada vez menos impor-

---

* Aun si esta pandemia se mostrara un día como solamente una epidemia (casi escribí epizootia: es tan grande el parecido de Cuba con *Animal Farm* que es para pensar en su secuela: *Revuelta en la Isla de las Cotorras),* no una endemia sino un brote controlable, el país quedaría después de este ataque continuado de Castroenteritis tan extenuado moralmente, tan agotados sus recursos espirituales que regresar a él sería como pasarse el resto de la vida a la cabecera de un enfermo que quizá no salga nunca de su coma.

tantes, puede terminar en Valeri Tarsis: tan diferentes unos de otros, pero todos marcados por la misma impronta. Sé que dejar tu partido no es lo mismo que abandonar tu país —aunque tu país sea ahora un partido. Sé la respuesta al lema «con mi patria, cierta o errada» —que es la misma que dio Chesterton: «Eso es como decir, *My mother, drunk or sober*». Pero sé también que el argumento que no sirvió para exculpar a los criminales de guerra nazis, sirve para excusar a los criminales de paz soviéticos —fueron fieles a su causa.

Ninguna consecuencia de esa malsana sabiduría me preocupa. Me preocupa únicamente la suerte de mi familia dejada en Cuba, librada a cualquiera o a todas las represalias, desde el despido hasta el campo de traba- jo forzado; camuflado, por supuesto, con siglas: UMAP, UVAP. Pero tenía que decir, que empezar a contar estas cosas algún día aunque perturbe la visión a mis amigos —algunos de ellos, de tanto cazar arco iris en el horizonte político, han quedado incurablemente cegados por el es- pectro del rojo. Siento, de veras, tener que molestar sus sueños. No puedo hacer otra cosa. Diría estas verdades aun si todos mis amigos se llamaran Platón.

30 de julio de 1986

La confundida lengua del poeta

Más que en esos «peores y mejores de los tiempos» con que Dickens representó la Revolución Francesa, vivimos donde «la confusión ha hecho su obra maestra», como presentó Shakespeare el momento en que Macbeth, adicto ya al poder y a la historia, asesinó al noble buen rey Duncan mientras dormía, y repartió por igual la culpa y el terror.

Cosas caen a pedazos: el eje no sostiene
Pura anarquía que anda suelta por el mundo...

Así describía Yeats la Revolución Rusa en su «Segundo Milenio», en 1921. Pero en 1968 todavía

La marea tinta en sangre se desata, y en todas partes
La ceremonia de la inocencia se ve ahogada...

Hace tres semanas, en estas mismas páginas, no sólo la confusión creó otra obra maestra, sino que un ceremonial de inocentes naufragó en vituperios. El cubano Heberto Padilla, quizás el único poeta revolucionario de su país y por ello mismo un perseguido —entre otras muchas cosas por defender un libro mío y mi memoria en público, pero también porque «un gobierno no quiere escritores, sólo quiere amanuenses», como dice Solzhenitsin— me atacó bestial, tal vez después de leer a Marx. Mi delito, haber revelado en el extranjero que le acosaban, rompiendo por primera vez la *barrera del silencio,* ese acuerdo de caballeros rojos y rosados con respecto a la injusticia creada (en Cuba) en nombre de la justicia. Creí devolver a Padilla el favor literario y humano y he aquí que he cometido un crimen sin nombre, una abyección (cf. Evtuchenko contra Sinyavski y Daniel: «Estoy de acuerdo con lo que se hizo con ellos... ¿Es que vamos a permitir lavar nuestra ropa sucia *fuera* de casa?»).

En Cuba, al poner en pie a Marx han parado de cabeza a Martí. Fue José Martí quien dijo de otra tiranía: «Presenciar un crimen en silencio, es cometerlo». Ahora cometer un crimen (en Cuba) es *decir* que se presenció. Esta confusión tropical son los sueños de la razón que come el loto de la Historia. Malos son los tiempos en que la pesadilla se nos presenta como el único sueño posible, cuando nos imponen el caos como un Nuevo Orden. Entonces la política es una rama de la metafísica, la religión por otros medios, y el comunismo resulta uno de los avatares del mal.

No queda más escolio que la escatología. O tal vez leer ese texto como un libreto para el teatro de la crueldad política. A pesar mío, sin embargo, tengo que tomar literalmente la palabra escrita a Padilla, porque —él lo sabe mejor que nadie— *quod scripsi, scripsi.*

«Creo innecesario aclarar que escribo estas líneas con plena libertad», dice Padilla en La Habana un día de setiembre. Pero yo recibí esta carta fechada el 27 de ese mes: «He sabido que la UNEAC, luego de haberte expulsado por traidor, "invitó" a Padilla a que te "respondiera", y que él lo va a hacer en una forma bastante peligrosa para su salud». No tanto, no tanto, corresponsal —a no ser que la plana en *Primera Plana* no sea la primera. Escribe un tal «E.R.G.» en *Triunfo* de Madrid, en noviembre: «Se asegura que Padilla se defendió en carta directa a Cabrera, impugnatoria de aquellas declaraciones, carta que no fue publicada». (¿Dónde «no fue publicada»? El siglado español se cuida de aclararlo, pero no de mentir cuando dice que yo «deserté de la diplomacia cubana».) «Una nueva carta —aún no aparecida, pero que insertará seguramente *Índice*— reitera su oposición teórica a Cabrera, aunque no renuncie a su amistad». Tal vez otro índice de sacristía revele este misterio religioso. Si no es que antes Padilla se confiesa saboteador de autobuses o incendiario de cañaverales. ¿Por qué no? Después de todo, Bujarin era un filósofo y en los Procesos de Moscú «con plena libertad» confesó «haber envenenado *todo* el trigo de *Ucrania*».

Para los que duden de la posibilidad de una encarnación del alma es(c)lava en el trópico, puedo citar una tirada de Haydee Santamaría de Hart[*], directora de la Casa de las Américas y heroína de la Revolución, quien reveló este secreto de Estado totalitario al poeta Pablo A. Fernández y a mí, recién llegada de Rusia: «En la URSS no hubo ni un solo artista en la cárcel. ¡Nunca! Ningún creador fue jamás puesto preso. ¡Pero ni *uno*! La camarada Furtseva me explicó que los artistas abstractos y los escritores decadentes burgueses que fueron encarcelados,

---

[*] *Yeyé* Santamaría se suicidó luego.

fue por ser agentes del nazismo». Perdonen que me ría al transcribirlo. No es tanto que *Yeyé* Santamaría pronunciara *Uhr* en vez de URSS ni que en la misma conversación confesara que ella creía que Marx y Engels eran una *sola* persona («Ustedes saben, como Ortega y Gasset»), sino que recuerdo la mirada ladeada que cambiamos PAF y yo; imaginen a los Dos Ladrones oyendo decir a Cristo, «Señor, un poco más de flechas y de clavos, S.V.P.», y tendrán una remota idea de la incomodidad que produce en dos pecadores verse obligados a rodear para siempre una santa con una misión en la tierra.

Pero sé que puedo hacer chistes y parodias por el gusto de jugar con las palabras, mientras que Padilla usa las palabras porque es su vida la que está en juego. Cierto. No menos cierto que yo elegí este libre albedrío, mientras Padilla escoge la Historia y la esclavitud. Aunque puedo asegurarles a los lectores (no a Padilla: él bien lo sabe: «El socialismo es tristeza», solía decir, «pero abriga») que la libertad tiene más riesgos que la servidumbre. Uno de sus peligros es saber que libertad de palabra puede significar esclavitud de imprenta. No lo digo por los gajes del oficio de hombre libre, que alejan del destino literario como la velocidad acerca el punto de llegada: en razón inversa. Digo la ausencia de una imprenta *libre*. Eso que Alejo Carpentier expresó con *esprit* (y acento) francés: «*¿Asilarme* en Francia? ¡Idiota! ¡Como si yo no *supiegra* que el escritor que se pelea con la izquierda está perdido!».

El Teorema de Alejo fue resuelto días atrás por mi editor catalán. Carlos Barral leyó mi entrevista para escribirme una carta que quiere ser insultante y es solamente torpe. Más que torpe, ebria de celo revolucionario. Este jefe (de empresa) que ha decidido defender el comunismo en la Muy Fiel Isla de Cuba hasta la última peseta ajena y hasta el último cubano, descubría que mi inglés es «de inmigrante» (no lo será así que pasen cinco años: será entonces inglés «de naturalizado») en el mismo párrafo que escribía Topica en vez de *Topeka!* Ésta es la última carta que me escribirá Barral, como *Tres tristes tigres* fue mi primer y último libro para (Seix-) Barral, el sentimiento de asco es mutuo. Pero quiero tocar esa viscosidad ahora para citar el final que es una coda: «Comunico esta carta... a la Casa de las Américas, a los que seguramente *extrañaría* mi silencio». Una vez más tiene razón Orwell: «No hay que vivir en un país totalitario para dejarse corromper por el totalitarismo».

Dice Padilla de mí: «Asumiendo el papel de todo contrarrevolucionario que intenta crearle una situación difícil al que no ha tomado su mismo camino...». No sólo el «papel de todo contrarrevolucionario», también de *todo* «revolucionario» en *otra* ruta, ya que fue Lisandro Otero quien acusó a Padilla de *contrarrevolucionario disfrazado* (*Le Monde,* noviembre 5) que trata de «suscitar en nuestra patria *problemas checoslovacos...* (y) quiere poner en contradicción al escritor y al poder revolucionario». Otero, versión posible ahora de Zhdanov en Cuba, solicita luego con voz de fiscal: «Hay que actuar contra estos elementos». ¿No será que la palabra contrarrevolución se usa en Cuba como decía Jarry que usaban los filósofos la metafísica: para hacer *invencible* lo *invisible*? (¿O será tal vez para hacer *vencible* lo *visible*?) ¿Pero quién fue el «contrarrevolucionario» (según Padilla) que puso en dificultades a un «contrarrevolucionario» (según Otero) creándole una «situación difícil»?

Las «dificultades de Padilla» no comenzaron con *(por culpa de)* mi entrevista *(Primera Plana,* 16 de agosto de 1968) ni mucho menos. Pensar que es así sería admitir la vanidad de creer que un «cúmulo de falsedades» (como ha decidido la izquierda llamar a mis declaraciones, demostrando que la derecha es la única capaz de decir la verdad hoy) haya podido por sí solo colocar a una «avanzada del progreso» en lo que el columnista de *Triunfo* llama «una crisis grave». Tampoco empezaron estas dificultades por la polémica acerca del ingreso de mi novela *TTT* en el Index castrista, dirimida por Padilla un año atrás con Risandro Otelo, quien con su rampante ortodoxia actual trata inútilmente de borrar su pasada asociación con la alta burguesía cubana. Ni siquiera comenzaron a perseguir a Padilla cuando publicó un poema en la misma antología de *Ruedo Ibérico* en que Retamar se declara «hombre de transición» para emoción de «A.R.G.» y el *poshlost* comunista y carcajada de todo el que conoce a Retamar, hombre de *transacción* si los hay. Este poema de Padilla se llama «En tiempos difíciles» y allí alguien (la voz de la conciencia revolucionaria, el Partido, Fidel Castro o lo que sea) le pide que se entregue todo él, y cuando el poeta lo ha dado todo-todo, *anatómicamente* hablando TODO: *«Le explicaron después que toda esta donación sería inútil sin entregar la lengua».*

Esta temeridad (que en un país *no* totalitario sería retórica de poema de Blas de Otero o Nicanor Parra, pero cercana al suicidio en Cuba) la cometió Padilla en un número-homenaje a Darío de la revista *Casa* (mayo 67), para el que se requisaron poemas. Como con las críticas encargadas por el *Caimán* sobre la novela del comisario Otero, Padilla «no se ajustó a lo pedido» con su poema, y aunque Retamar intentó *pers(uad/egu)irlo,* él insistió en la publicación. Pero los peligros de Padilla no se iniciaron entonces. Como los males crónicos, solamente se agravaron.

Fue el mismo mal que contrajo (Padilla y todo intelectual verdadero) cuando se hizo juicio privado (primero el veredicto, después la sentencia, luego la vista del juicio: en la Biblioteca Nacional, en 1961, con F. Castro de juez/fiscal/jurado) al corto *P.M.,* de Sabá Cabrera, inocente ensayo de *free cinema* realizado en un país que comenzaba a demostrar que el mero adjetivo libre induce en los totalitarios la necesidad biológica de cometer crímenes contra su nombre en su nombre: *Liberté, combien de crimes...* A partir de ahí, de las deleznables *Palabras a los Intelectuales* (pronunciadas después de arrojar Castro su habitual pistola sobre la mesa, en gesto de gángster en *pourparler:* obsceno pero en carácter) como colofón, se prohibió *P.M.,* se creó la atroz Unión de Escritores, se clausuró *Lunes de Revolución,* se hicieron sistemáticas las persecuciones a escritores y artistas por supuestas perversiones éticas (vg. por pederastia: presos Virgilio Piñera, José Triana, José Mario, destruido el grupo El Puente, Raúl Martínez echado de las escuelas de arte junto con decenas de alumnos ejemplares, allí y en las universidades, Arrufat destituido como director de la revista *Casa,* etcétera, etcétera) cuando en realidad se les castigaba por desviaciones estéticas (i. e. Sabá Cabrera, Hugo Consuegra, Calvert Casey, GCI, exilados; Walterio Carbonell, sociólogo y viejo marxista de raza negra, primero expulsado de la UNEAC por decir que en Cuba no había libertad de expresión y ahora condenado a dos años de trabajos forzados... por organizar una rama cubana del *Poder Negro;* Luis Agüero, uno de los mejores escritores jóvenes, condenado junto con miles de cubanos anónimos a trabajar en ese Cordón de La Habana —que tanto emociona a los poetas compañeros-de-viaje y a los turistas del socialismo— por el crimen sin nombre de solicitar la salida del paraíso obrero, etcétera), y la Revolución Cubana, como todas las revoluciones traicionadas, convirtió la esperanza en espera —y la física en metafísica y la ideología en escatología medieval o en la otra escatología.

Es curioso que Padilla en su carta no admita lo que hasta un viejo comunista profesional proclama. Saverio Tutino, antes corresponsal de *L'Unità,* escribe en *Le Monde* hablando de las angustias de Padilla —y de Antón Arrufat, ni siquiera mencionado en mi entrevista— excomulgado por la Iglesia ortodoxa cubana: «... La *revelación* de (estas) divergencias marca el fin de la *tregua de diez años* entre la *Revolución* y el *mundo artístico...*». Curiosa y más-que-curiosa esta coartada por el reo Padilla a sus inquisidores («[yo estaría] de parte... del más torpe de los procedimientos» contra GCI), cuando aún *L'Express* (24/Nov./68) llama a este fenómeno que hace llorar emocionado al *poshlost* y al Walshlost, «un stalinismo con sol».

«La revolución no es un lecho de rosas», declama el poeta. Claro que no, es un lecho de Procusto, capaz de cortar hasta la lengua entregada si «no se ajusta a lo pedido». Después de escribir en setiembre la carta-encargo de la UNEAC, después de atacarme amedrentado el cima-

rrón político por los ladridos de la jauría, por decir *yo* que
él era perseguido, después de hacer confesión (escrita) y
contrición (publicada) el pecador Padilla está más lejos
que nunca de las puertas del cielo del creyente. *Verde Olivo,* semanario del ejército cubano, lo *acusa* de «múltiples
delitos» —entre los que está haber malversado divisas del
Estado socialista.

Pero todavía hay más. Padilla ganó hace poco el
concurso de poesía de la UNEAC —que comportaba un
viaje al extranjero. Este organismo estatal intentó rechazar (y por tanto influir en) el veredicto del jurado internacional. Cuando lo aceptó finalmente fue publicando este
repudio previo: «... por entender que ideológicamente se
manifiesta fuera de los principios de la Revolución Cubana, se acordó... expresar su absoluta inconformidad con
esta obra». Añadiendo además: «*Este acuerdo se hace ex-
tensivo a* Los siete contra Tebas, *de Antón Arrufat*». Ahora,
después de entregar Padilla no sólo la lengua sino la dignidad y el pudor del poeta, la UNEAC (¿por qué sonará ese
nombre a graznido de urraca?) publica su libro de poemas, *Fuera de juego,* convenientemente prologado. He
aquí algunas de esas margaritas no para, sino de cerdos:

*Padilla tiene la vieja concepción burguesa de la
sociedad comunista (y) trata de justificar —(con)
ficción y enmascaramiento— su notorio ausentismo
de su patria en los momentos difíciles en que ésta se
ha enfrentado al imperialismo y su inexistente mili-
tancia personal: convierte la dialéctica de la lucha
de clases en la lucha de sexos (sic), sugiere persecuciones y climas represivos, identifica lo revoluciona-*

rio con la ineficiencia y la torpeza; se conmueve con los contrarrevolucionarios y con los que son fusilados por sus crímenes contra el pueblo y sugiere complejas emboscadas contra sí que no pueden ser índice más que de un arrogante delirio de grandeza o de un profundo resentimiento...

Y no le llaman paranoico (y lo internan en un manicomio, al uso ruso) porque un estado-policía es la mejor cura contra la paranoia: no hay manía de persecución posible allí donde la persecución es manía.

En aquellos golpes (de pecho) que no abolieron el azote oficial, Heberto Padilla, al hacer donación de su lengua, sugiere que en otro setiembre ardiente («en 1965, cuando regresó a Cuba») yo también rendí lo que Quevedo llamaba «la sin hueso» al Creador. No hay que insinuarlo cuando yo lo admito. Sí, doné mi lengua en Cuba entonces y hubiera dado otras partes blandas de mi cuerpo (una oreja renuentemente vangoghiana, por ejemplo, y la otra), lo hubiera dado todo —hasta la vida— con tal de escapar de ese paraíso con culpa *ad hoc* (cf. Che Guevara citado por *Verde Olivo,* o el monstruo alabando a Frankenstein: «... la culpabilidad de... nuestros intelectuales y artistas reside en su *pecado original:* no son auténticamente revolucionarios... Las nuevas generaciones vendrán libres del pecado original...», o que se preparen) y librarme de esa Urhdalia, de ese Juicio de Marx. Entonces recomendé a mis amigos que camuflaran sus pecas históricas con disculpas cosméticas y maquillaje de contrición —pero siguieran cuanto antes el sabio consejo de Francesco Guicciardini, contemporáneo y amigo de Maquiavelo, dado hace quinientos años: «Ninguna regla es útil para vivir bajo un tirano sanguinario y bestial, excepto quizás una, la misma que en tiempos de la peste: *huye tan lejos como puedas*».

Mi crimen, lector incauto, *candidato,* no fue *crear* o *apoyar* o *encubrir* sino *denunciar* la infamia, revelar quién comió el loto de los intelectuales, advertir que la roja manzana está emponzoñada, levantar la cabeza y ver desnudo al déspota que nos describen como un buen rey vestido de luces de promisión. Si esta desvelación equivale a un acto contrarrevolucionario, a herejía, a traición o lo que sea, me es igual. Hace rato que yo asumí esa culpa. Quiero, sí, decir que considero a Heberto Padilla infinitamente menos cómplice que a todos esos huéspedes políticos con equipaje de excusas, que pasan sus vacaciones en el triste trópico y cuando no describen una sociedad de miserias como el País de Cocaña (de azúcar), regresan imitando a la trinidad simia: *nada* vieron, *nada* oyeron, *nada* dicen, porque

Grande es la verdad, pero todavía mayor, desde un punto de vista práctico, es el silencio de la verdad.
ALDOUS HUXLEY, *Un mundo feliz.*

14 de enero de 1969

Carta a Tomás Eloy Martínez
de *Primera Plana*

Londres, 23 de setiembre de 1968

Mi querido Tomás Eloy, ahora se ha ido el segundo cartero, después que el primero llamó tres veces para desmentir a mi casi tocayo y antiguo artífice, James M. Sucede que hay que llamar más de tres veces para despertarme a las 8:15 G.M.T. Regresó otro (o el mismo repetido) a las once con tu carta toda abultada y cargada de misterio, que no era más que el misterio de cuando la información regresa transformada por el medio: las pruebas de galera son el mensaje, diría McMamalujo.

He leído tus cartas, las he releído, me he re-releído (esa odiosa «lectura de escritor», como decía Faulkner, que tú debes conocer muy bien con su gusto a brea, a pez rubia en la glotis) y, mi querido Tomás, he llegado a la rápida, pero no por ello menos meditada, decisión de que es mejor no publicar mi carta respuesta a las cartas en respuestas a las respuestas mías a tu cuestionario. Como tú bien sabes (o debías saber, después de conversar conmigo) yo no tenía más remedio que contestar a tus preguntas como lo hice. Es decir, voluntariamente he renunciado a cualquier esquema político para conducir mi vida. Es decir, lo que opino en privado estoy dispuesto a sostenerlo en público, dondequiera,

*al revés de muchos de mis colegas. Es decir, que padecí du-
rante demasiado tiempo esa condición a que están sujetos
todos (y digo,* todos) *los escritores cubanos, aun muchos de
los que residen en el extranjero, que opinan pestes de la Revolución y de Fidel Castro (créeme y te puedo jurar por los
restos de mi madre o si crees que esto es demasiado melodramático, argentino, te puedo jurar por la seguridad de mis
hijas y si crees que este juramento es demasiado fácil, te
puedo dar mi palabra de honor de que esas líneas que pongo
en boca de Nicolás Guillén son una cita* verbatim *de lo que
Nicolás me dijo un día de agosto o setiembre en el patio de
la UNEAC, junto con otras más íntimas que no quiero repetir) en privado y en público aparecen apoyando la Revolución, sin beneficio aparente pero sabiendo que las conse-
cuencias de ser consecuentes son siempre onerosas. No todo
el mundo escribe* Mein Kampf *para después seguirlo* ad
pedem literae. *(Si esto, por vuelcos de la memoria, te parece nazismo, te ruego que mires mis fotos a color para ver mi
color y luego anunciarte que mi abuelo materno se llamaba
Infante Espinosa mientras mi bisabuela materna se llamaba Caridad Espinosa y su marido fue un militar español llamado Sebastián Castro Sidonia natural de Almería: ¡es imposible con estas mezclas de huanche —mi padre, Cabrera,
nació en Canarias— negro, indio, y sefardí querer hacer la
apología de las ideologías arias!)*

    *Tu poda ha sido maestra, pero aparezco como un
simple refutador de Walsh —victoria que aun Pirro habría
considerado onerosa: ¿quién quiere aplastar a un periodista
tan informado que cree que se habla inglés en Bélgica? (Por
cierto, hay un dato que había olvidado, pero que me fue re-
cordado por Juan Arcocha, por teléfono, desde París: ya en*

la primera mitad de 1959, en una fiesta que dio Pablo Ar-
mando Fernández en su apartamento del Retiro Médico,
diez pisos por encima del mío, Rodolfo Walsh tuvo una dis-
cusión con Juan porque sostenía que, ¡lo que había en Cuba
era fascismo! Mira a qué han conducido los nuevos vientos
políticos a este weathercock: weathercock *es la manera*
poética que tienen los ingleses de llamar a la veleta.) Pero,
francamente, no puedo aceptarla. ¿De qué valen estas refu-
taciones si se ha perdido todo el humor? Así la cita de Ca-
rroll, a la que yo daba carta de máxima actualidad después
de haberla utilizado en mi respuesta como un elemento apa-
rentemente decorativo, ha desaparecido en tus galeras y con
ella casi todo el swing and soul *de una argumentación en*
que, de pronto, me vi arrastrado por la vulgaridad de mis
contendientes. Algo así como si Jigoro Kano, el legendario
fundador de la escuela Kodokan de Judo, condescendiera a
batirse con Willie Pep, uno de los boxeadores más sucios de
los anales del ring. Déjame decirte que en el momento
que envié el primer cable —ese que decía VIÑAS COMIÓ
CARNADA, etcétera— hasta que regresé de Correos, de
pasarte el cable autorizando tus cambios, mi decisión no hizo
más que aumentar en sentido negativo. ¿A qué combatir
tan vigorosos agentes del Bien? ¿Por qué perder mi tiempo
cuando yo también, como Marcel Duchamp, nací para el
ocio? ¿Qué me importa toda esta gente que si son honrados
un día se horrorizarán de haber endosado tanta vieja podre-
dumbre que se presenta como el Único Nuevo Orden, y si
no lo son no valen la pena? Déjame decirte que una de las
razones de mi descontento otoñal con esas líneas escritas en
pleno verano es que podaste toda referencia inicial al poshlost *y a sus variantes pamperas, que daban a mi respuesta*

una cierta lejanía que quiero creer elegante. Otra es aparecer en octubre contestando injurias de agosto, como si me hubiera dedicado todo este tiempo a pensar cómo enfrentar tan formidables contrincantes, cuando tú y Primera Plana *saben que la respuesta fue inmediata a la lectura de la carta de Walsh publicada por ustedes. Por otra parte, muchos de mis argumentos descansaban en las notas, en las que presentaba testimonios de aludidos como affidávits de mis aseveraciones, a.g. el poema de Padilla, las referencias a las siglas (¡el siglo de las siglas!) hecha por Pacheco. En fin, en fin.*

 No sabía que habías enviado la Primera Plana *a La Habana, sí sabía que la habían recibido, porque tengo cartas de gentes que la leyó (entre ellas dos de funcionarios de Cultura cuyos nombres me reservo) en que me acusan en una de haber dicho falsedades y en otra —recibida por intermedio de viajeros a Madrid— en que me reprochan no haber dicho una centésima parte de lo que en realidad ocurre en Cuba: «Tú también Caín, has perdido la perspectiva y comentas cosas frívolas cuando hay tanta tragedia por conocer todavía». Ya, también, han comenzado las represalias, indirectas y directas. A la madre de mis hijas, Marta Calvo, funcionaria de la Casa de las Américas, le hacen la vida imposible. Mi padre tendrá que regresar al pueblo natal por los comentarios que lo persiguen día y noche. Tengo aquí una comunicación de la UNEAC, publicada en el diario* Granma, *en que se me declara (junto a la pianista Ivette Hernández, que se asiló en España: coyunda típica en que se me hace yunta con una música apolítica* ex profeso) *«expulsado de la Unión de Escritores por traidor a la causa revolucionaria».*

 Cosa que, después de todo, no deja de resultar cómica, si no fuera porque resulta una tragedia para mi familia.

Digo cómica porque en esa UNEAC se ha dicho toda clase de pestes de mí y después de las persecuciones oficiales yo debía estar fuera de ella hace mucho tiempo, o al menos eso creía. Pero es que el comunismo es no sólo una caja de Pandora, sino también de ¡sorpresas!

Deduje que querías balancear mi declaración con ciertas concesiones a Cuba y a sus adláteres argentinos cuando vi la publicación seguida y sucesiva de textos canónicos o aprobados o premiados por la Kultura Kubana —vg. Cisneros, Barnet, Celestino antes del. Lo entiendo. He trabajado en revistas y en periódicos en Cuba, bajo el capitalismo y en el socialismo, mucho tiempo para no comprender las razones de Estado del Cuarto Poder. Sé que publicar es siempre hacer política por otro medio. Nada de esto me impide, ni me impedirá seguir siendo tu amigo, en primer lugar, y amigo de Primera Plana y aun su colaborador. Inclusive comprendo las razones que te llevan a simpatizar con la realidad cubana, a estar de acuerdo con ella, pero las entiendo menos después de Checoslovaquia. No creo que la vida en Cuba sea mejor que en Polonia o en Rusia, porque sé que la URSS está, como Inglaterra, como USA, como Japón, como Alemania bajo Hitler, cumpliendo, con todas la reservas habidas y las diferencias posibles, llenando su destino de gran potencia. Como lo harán China y la India y Australia en el futuro cercano y tal vez un día, Brasil, México y la Argentina, o Sudáfrica y Francia ahora. Las grandes naciones serán siempre grandes no sólo por la historia, mucho más por la geografía. En Polonia, a pesar de los esfuerzos canallescos de Gomulka, no hay un Stalin. En todos los países socialistas (incluida Albania) hay una legalidad que existe por lo menos en el papel. Tú no sabes, Tomás, lo que es vivir en un *país sin constitución, sin derechos individuales, donde el enorme aparato represivo (mis estadísticas, también suprimidas, no están, créeme, inventadas) está al servicio no de una idea o de un régimen, sino de la biología de UN SOLO individuo. Esto es, mientras más lo pienso y a pesar de la moda izquierdizante, a pesar de que los anarquistas llevan botones de Mao en la solapa, a pesar de que los* flower children *se han convertido en agentes disolventes, esta situación cubana, este* Cuban Thing *que tan alegremente canta* Gelber[*]*, es una monstruosidad histórica. Fíjate que no te hablo de Tropicana ni del Capri, sitios que, de veras, nunca figuraron en mi mapa habitual, sino como lugares en que podía habitar el arte de la música, hábitat de los monstruos de la creación popular, que también se llamaban tugurios como el Chori o bajofondo como los muelles o un pobre músico callejero dando una serenata. No fui a Tropicana (y no me excuso sino te explico) hasta 1955, el Capri fue levantado en 1958, y viví en La Habana desde 1941. Igualmente podría haber hablado (y hablaré en* Cuerpos Divinos*) del teatro* Shanghai, *del* Zombie Club, *las fiestas de ñáñigos, del Carnaval habanero y sus comparsas, de toda la vida que el prusianismo ha erradicado de Cuba. No veo por qué haya que cantarle a la vida espartana, cuando uno sabe que el sibaritismo no es una vida menos decadente que la helenística o la victoriana, cuando uno sabe, a ciencia cierta, que toda ideología es, en último término, reaccionaria. Esto se aplica no sólo a las enseñanzas de Cristo en el momento en que creó discípulos como Pedro y apóstoles como Pablo, sino*

---

[*] Jack Gelber, teatrista *beatnik. The Cuban Thing* es una pieza, mediocre, de 1968.

también a Marx cuando convenció a Engels para que se hiciera su Saulo en Tarso. Aclarada, o creo que aclarada, mi posición con respecto a Cuba, a mis declaraciones, a las cartas-respuesta y a las respuestas.

Echando un cable

NR 198 23/12
Londres, Jde. Camsudet Redchef Votre 6-1357.
Cabrera Infante. Un.

«Detesto cualquier compromiso, ya sea político o "humano". Es por esta politización totalitaria de la vida, por este *engagement à la rigueur* que he dejado Cuba.»

Habla Guillermo Cabrera Infante, el novelista cubano más conocido de su generación (tiene treinta y nueve años). Su último libro, *Tres tristes tigres,* premiado en España, está próximo a publicarse en Francia: tiene obras traducidas al francés, inglés, italiano, sueco, húngaro, checo, polaco y hasta chino, y vive en Londres, en un sencillo piso, con su esposa Miriam, dos hijas de su matrimonio anterior, catorce y diez años (ambas altísimas, bonitas y, como él dice: «Penosas») y un fantástico gato siamés, de color lila que se llama *Offenbach.*

Cualquier pregunta que se le haga, la transcribe Cabrera Infante sobre su máquina portátil, delante de la cual permanece sentado. Luego escribe lo que se leerá a continuación:

«Vd. puede decir que soy un *drop-out.* Pero el comunismo, como la mafia, no admite renuncias. Fue Breznev quien dijo: "Cuando se escoge al comunismo, es para siempre". Yo repudio esta eternización de las actitudes públicas. Sé que dejar tu país no es dejar tu partido, aunque tu país se haya convertido en un partido y en un partido único: el Partido. En Cuba, los escritores tienen que ajustar sus puntos de vista a las necesidades políticas del Gobierno y del Partido. Allá los escritores opinan lo mismo que su gobierno, sólo que después.»

NR 199 23/12
AMSUD
Londres, Jde. Cabrera Infante. Deux.

Guillermo Cabrera Infante, nativo de la provincia de Oriente, como Fidel Castro —y como Batista—, fue diplomático del régimen cubano del 1962 al 1965, en calidad de agregado cultural y luego encargado de negocios en Bruselas (Bélgica). Volvió a Cuba para los funerales de su madre, cuya muerte había sido causada tanto por negligencias en el hospital como por la enfermedad, aunque sea él el primero en decir que son circunstancias que pueden producirse en cualquier parte del mundo. Pero allí vio y juzgó lo que había sucedido en su país, y cuando logró marchar para juntarse con la esposa que había dejado en Bruselas, era con la intención de no volver jamás.

«¿Pero no era así desde el principio del castrismo?», le preguntamos.

«Como en la Rusia Soviética de los años veinte, hubo tiempos —que duraron más de diez días pero menos de diez meses— que conmovieron a Cuba —contesta—.

Una época gloriosa. Lamentablemente, esa edad de oro terminó hace rato, el resto es propaganda».

«¿No podía durar?»

«No lo sé. Sólo sé que no se hizo lo imposible, ni siquiera lo necesario, para que durara. Hay un chiste popular cubano que quizás sea una sabiduría de nación. Vd. sabe que Fidel Castro dijo: "La Historia me absolverá". En este cuento, el pueblo le responde: "Sí, pero la geografía te condena".»

«¿Su actitud está compartida por los intelectuales y escritores jóvenes?»

SIVRA EG 207

NR 200 23/12
AMSUD
Londres, Jde. Cabrera Infante. Trois.

«Mi información es fragmentaria y por tanto incompleta. Pero si atendemos a las palabras de Lisandro Otero, vicepresidente del Consejo Nacional de Cultura, hay intelectuales "contrarrevolucionarios" que actúan "solapadamente" y que deben ser sustituidos por nuevos cuadros intelectuales totalmente partidarios. Donde Otero, versión tropical de Zhdanov, dice "contrarrevolucionarios", yo diría "intelectuales con espíritu crítico, y valor moral". La palabra "contrarrevolucionario" es un terrorismo eficaz. Los intelectuales checos son contrarrevolucionarios para Breznev y para Gomulka, pero también para Fidel Castro. Hace poco, han detenido en una noche a quinientos jóvenes acusados de ser "hippies", es decir "contrarrevolucionarios". Pero nada de esto afecta al régimen, ya que en Cuba, de cada veintisiete personas una es agente de la Seguridad del Estado.»

Las recientes acusaciones contra el poeta Heberto Padilla y el dramaturgo Antón Arrufat muestran hasta qué punto alcanza la latitud de la palabra «contrarrevolucionario». A Padilla, se le acusa por haberme defendido públicamente en Cuba, pero también de crímenes contra la ideología. A Arrufat le condenan por sus poemas críticos, pero también por su homosexualidad. Sin embargo, los dos no tienen más que un rasgo en común: La desobediencia. Éste es el pecado capital para la religión comunista.

«¿Es cierto que hay una campaña de condenación contra Vd. en Cuba, conducida a escala nacional?»

SUIVRA QG 20.16

NR 201 23/12
AMSUD
Londres, Jde. Cabrera Infante. Quatre Dernier.

«Se trata de una campaña de difamación, pero que sigue un esquema. Mi solo crimen ha sido romper la barrera del silencio, terminar con ese pacto de caballeros rojos y rosados con respecto a la injusticia creada (en Cuba) en nombre de la justicia. No me extraña esta conspiración. Fue Orwell quien dijo que "no hay que vivir en un país totalitario para dejarse corromper por el totalitarismo".»

Se acabó la entrevista. Al levantarnos, se nos ocurre pensar en los retratos del «Che» Guevara que adornan tiendas y pisos de la King's Road cercana, en el culto que le dedican tantos jóvenes ingleses, en el fervor que ha suscitado el Régimen castrista entre estudiantes europeos.

Y le preguntamos al escritor, cuando ya está cerrando la puerta sobre su sencillo hogar alegrado por un pequeño árbol de Navidad iluminado: «¿Pero, y esta nostalgia que se ha derramado alrededor de la figura del caudillo Fidel Castro?».

«Esto es —un caudillo puesto al día— como Perón lo fue para la Argentina, y Trujillo para Santo Domingo».

FIN EG 20.25

Agencia France Press, 23 de diciembre de 1968

Londres, 15 de enero de 1969

Señor, acabo de leer en el número 238 de esa revista una supuesta polémica sostenida entre Heberto Padilla y yo. Como usted bien sabe, dicha polémica nunca tuvo lugar y ha sido enteramente fabricada en Índice, *o, lo que es peor, en otra parte. Al escoger un texto mutilado, arreglado y publicado por el diario* Granma, *órgano del Gobierno y el Partido Comunista de Cuba y no mi entrevista tal y como la publicaron sus originadores en* Primera Plana, *no sólo han optado gratuitamente ustedes por una falsificación histórica y literaria, sino que se han convertido de paso en divulgadores de la línea ideológica y política cubana, en una palabra, en agentes (de prensa) castristas. No me asombra que puedan ir en* Índice *tan alegremente del jazmín pardo al nardo rojo, lo que me asombra es que todavía tengan allí ánimo para hacer la apología de la firmeza en las opiniones y las militancias políticas. O quizás tengan ustedes razón y su fidelismo actual no sea más que el falangismo por otros medios: de un totalitarismo agonizante dar un salto de calidad hacia un totalitarismo pujante. Si es así, saludo en* Índice *las señales de la continuidad efectiva de cierto pensamiento político español. Son ustedes dignos herederos de quienes pronunciaron una de las más viles y atroces celebraciones de la esclavitud: me refiero, por supuesto, a ese eslogan realista,* ¡Vivan las caenas!

Señor don F. F. Revista *Índice*, Madrid

Perversiones de una historia

La polémica sobre Padilla es, en verdad,
una crisis de crecimiento.

JULIO CORTÁZAR, en *Primera Plana*,
20 de mayo de 1969

Versiones de una vida

EXPULSIÓN

La pianista Ivette Hernández y el escritor Guillermo Cabrera Infante han sido expulsados de la Unión de Escritores y Artistas de Cuba, por traidores a la causa revolucionaria.

Esta decisión fue adoptada unánimemente por el Comité Director de la UNEAC, en sesión celebrada el día 1 de agosto de 1968.

La Habana, 16 de agosto de 1968

UNIÓN DE ESCRITORES Y ARTISTAS DE CUBA

Un sabio turco

Nazim Hikmet, el poeta turco, pasó diecisiete años de su vida en una cárcel turca. Lo raro, lo verdaderamente extraordinario, lo singular y significativo es que cuando vino a Cuba en 1961, casi recién liberado, no habló jamás de la cárcel turca. Quizás intuyó que esa cárcel fue una forma de libertad. Habló de Rusia, de la Rusia de Stalin, de las purgas de Stalin, de las formas posibles de Stalin.

Durante una entrevista con la redacción de *Lunes,* se volvió a uno de los entrevistadores —José Hernández, el que no escribirá el *Martín Fierro,* el exaltado— y le dijo:

—No se suicide usted. No imite a Mayakovsky. Sobre todo eso, no hay que suicidarse, como no hay que dejar matarse. Mire, yo estaba en Moscú, vivía en Moscú, cuando Vladimir* se mató...

—Se iba a probar un traje nuevo esa mañana.

—... Luego, ya muerto, todo el mundo se echó sobre su cadáver como chacales políticos. Hasta sus más íntimos amigos (usted los conoce de nombre, yo los conocía personalmente) hablaron mal de su último gesto. Hay que dejarse matar por el enemigo, no por los amigos.

———————
* Mayakovsky.

Luego, más en privado, habló con el director del magazine. En parábolas y anécdotas orientales le hizo ver que estaba en peligro, que otro estalinismo se incubaba, que las purgas no tardarían en llegar.

—Salga de aquí —dijo, finalmente—. Viaje, procure viajar, invente viajes. Hágase ver fuera, sea una presencia con su ausencia. Y, sobre todo, ¡empiece a cultivar su buena estrella!

Curioso colofón: José Hernández nunca escribió el *Martín Fierro,* pero se suicidó finalmente. Convirtió el suicidio, un último acto activo, en un gesto pasivo: en La Habana, en la noche, en la calle toreaba ómnibus con su camisa como capote, hecho un espontáneo. Murió aplastado.

La peliculita culpable

P.M. es un breve ensayo en *free cinema,* siguiendo más que la escuela inglesa, los films de los hermanos Maisles en general y en particular, *Primary,* exhibida por los Maisles en Cuba, privadamente, con el objeto de conseguir hacer una película sobre las veinticuatro horas de un día en la vida de Fidel Castro. *P.M.* dura apenas veinticinco minutos y es una suerte de documental político, sin aparente línea argumental, que recoge las maneras de divertirse de un grupo de habaneros un día de fines de 1960. Es decir, se trata de un mural cinemático sobre el fin de una época. En la película se ven cubanos bailando, bebiendo y, en un momento de la peregrinación por bares y cabarets de «mala muerte», una pelea. Comienza temprano en la noche en Prado y Neptuno y termina en la madrugada al otro lado de la bahía, con el barquito regresando a La Habana de Regla.

Toda la película está llena de comentarios «naturalistas», grabados en los lugares de la acción, pero al final Vicentico Valdés canta su famosa *Una canción por la mañana.* De alguna manera, la imagen y esta canción consiguen en el espectador una perenne sensación de soledad y de nostalgia. Que esta peliculita lograra este sentimiento entre los espectadores cubanos es quizás su mayor conquista. Formalmente, como señaló el crítico y novelista norteamericano, entonces visitante de la Cuba Revolucionaria, Irving Rosenthal, se trataba de un estudio en texturas.

Hecha con los medios más primitivos (una vieja grabadora de alambre a la que se añadió un cable largo para desplazarla, una cámara de 16 mm de mano, maltratada por el uso diario de un noticiero, recortes de película virgen) y con apenas quinientos dólares, *P.M.* tuvo un éxito crítico apreciable en Cuba y en el extranjero. Esto no es gratuito porque el film estaba adelantado a su tiempo y alguien tan exigente como Jonas Mekas, el apóstol del cine experimental *underground,* la elogió como «interesante formalmente», en el Festival de Cine Experimental de Knokke Le Zoute de 1963.

Lo que sí resultó de veras extraordinario es que esta breve cinta se convirtiera en un documento. No en sí misma, por cierto, sino como eje de todo un vuelco en los anales de la cultura bajo Castro. *P.M.* fue la primera obra de arte sometida en Cuba a acusaciones de índole política, llevada a juicio histórico y condenada por contrarrevolucionaria. Que no haya habido reo más inocente en la historia de las relaciones entre el Gobierno Revolucionario cubano y la cultura del país no hace más que enfatizar si no la naturaleza por lo menos el destino escogido como único por un proceso histórico que comenzó siendo paradigma de la libertad y cada día aparece más unívocamente totalitario. El juicio político a que se sometió a *P.M.,* a sus realizadores y a los defensores de ambos no ha terminado. Todavía diez años después se perseguía a muchos de los que participaron en aquel proceso por crímenes tan diversos como «infantilismo de izquierda», «homosexualismo» o «solicitud de emigración contrarrevolucionaria». Es signo de que las acusaciones contra *P.M.* eran etiquetas para encubrir un designio más que político, policial.

Los protagonistas

Saba Cabrera, nacido en Gibara, provincia de Oriente en 1933. Fue en su adolescencia uno de los pintores más interesantes habidos en Cuba en los años cuarenta. Elogiado por los maestros de entonces —Víctor Manuel, Lam, Portocarrero, Mariano—, dejó la pintura al verse impedido por la tuberculosis que padeció de los catorce a los veintiún años. Al curarse completamente, aborreció la pintura tal vez por asociarla con su enfermedad. Estudió periodismo, que abandonó al clausurarse la Escuela en los últimos años de la Dictadura de Batista. Conectado en la Escuela con estudiantes como Guillermo Jiménez, Santiago Frayle, Ricardo Alarcón, se vio envuelto en actividades más o menos clandestinas desde 1956. En 1957 viajó a Moscú invitado al Festival Mundial de la Juventud. En 1958 entró a trabajar como editor en el noticiero del Canal 12, que comenzaba la transmisión de imágenes en colores por televisión en Cuba. Al triunfo de la Revolución y ser clausurado dicho canal, pasó a trabajar en el Canal 2, también como editor de su noticiero y luego como conservador de la filmoteca de dicho canal. Conoció a Orlando Jiménez por este tiempo. Después del *affaire P.M.* fue enviado comercial de Cuba en Madrid, trabajando en el Ministerio de Comercio Exterior por sus relaciones de años con el entonces ministro comandante Alberto Mora. Al morir su madre en 1965 vino a La Habana, donde fue cesanteado de su cargo sin explicaciones concretas. Enviado a Madrid «a recoger sus cosas» —término que en jerga diplomático-revolucionaria quiere decir despedirse del cargo—, más por voluntad del ministro Marcelo Fernández de mostrar cierta independencia con respecto a los Servicios de Seguridad, decidió no regresar a Cuba y voló a Roma donde hizo declaraciones contrarrevolucionarias. Más tarde viajó a Nueva York, donde reside actualmente, trabajando en una fábrica de «rejuvenecer películas». No ha hecho más cine desde entonces.

Orlando Jiménez es un producto típico y a la vez una rareza del siglo: un niño prodigio del cine. Con apenas diecinueve años cuando filmó *P.M.,* llevaba más de un lustro «tirando película», es decir con una cámara cargada en la mano. A los quince años fue el primer fotógrafo cubano que usó una cámara de Cinemascope. Pero en su niñez nada hacía presagiar tal aptitud. Hijo de un viejo panadero del barrio de Regla, su asociación con el cine es la historia de una obsesión: a los trece años se escapó de casa no para correr aventuras ni enrolarse en la Marina o viajar con un circo ambulante, sino para vivir en un estudio de cine, literalmente, pues allí dormía y comía. No era un estudio de cine propiamente sino lo más cercano a un estudio de cine en la Cuba de entonces: las oficinas de un noticiero nacional. Después del caso *P.M.* fue acusado de un crimen aún mayor. Tomando películas dentro del Palacio Presidencial para el noticiero del Canal 2, mientras pronunciaba un discurso el presidente Dorticós, el Servicio de Seguridad lo sorprendió cometiendo lo que se llamó un acto contrarrevolucionario: retratar en *close up* las nerviosas manos del Señor Presidente moviéndose inquietas tras la protectora cortina de la tribuna. Expulsado del palacio primero y después del trabajo, abandonó Cuba. Actualmente vive y trabaja en Nueva York, como codueño de una agencia de publicidad. Además codirigió *El super,* largometraje de gran éxito y, con Néstor Almendros, *Conducta impropia,* corto de denuncia anticastrista.

Mordidas del caimán barbudo

La figura larga y estrecha de la isla tiene
cierto parecido con un caimán o un cocodrilo.

Geografía de Cuba, por ANTONIO NÚÑEZ
JIMÉNEZ, capitán del Ejército Rebelde,
ministro de la Reforma Agraria, presidente de la Academia de Ciencias de
Cuba, espeleólogo, etcétera.

Más muerde el cubano que el caimán.

Refrán del viejo caimanero.

El Floridita, restaurant de La Habana, anuncia
ahora la cola de caimán como exquisitez criolla
y afrodisíaco garantizado por el Partido.

CARLOS FRANQUI,
en conversación desde Florencia, Italia.

El ocaso (después vino el acoso) del llamado Re-
nacimiento Cultural Cubano comenzó cuando Virgilio
Piñera, difunto, descendió la escalerilla del avión de las líneas aéreas checas, en el que acababa de regresar de Bruselas vía Praga, y bajó los escalones como una escala musical con su paso de pisabonito ya tarde en la tarde. Con
aleteo de mariposa tropical que se escapa («¿Qué fuga es
esa cimarronzuela de rojos pies?») del cautiverio del coleccionista, Virgilio se detuvo un momento y se arrodilló
para inclinarse adelante y abajo, reverente, posando luego

los labios lívidos en la roja tierra de Cuba, abierta al crepúsculo como una boca ávida. Pero lo que se oyó fue un sonado beso dado en falso al duro y negro asfalto de la realidad. (El gesto virgiliano resultó una suerte de *hybris* dantesco, por pésima puntería: la pista había sido recubierta hacía poco con chapapote de petróleo ruso.) Sin embargo, no fue un error de cálculo deferencial lo que marcó el inicio de nuestra decadencia sino lo que pasó meses antes: allí terminó el mentido florecimiento de las artes y las letras. La cruel crítica oficial y el posterior cierre de *Lunes,* el suplemento literario del periódico *Revolución,* del que Virgilio era uno de los principales colaboradores —por no decir colaboracionista— fue el fin.

Pero tampoco empezó exactamente ahí el asunto ese de la *via smarrita,* sino cuando fue censurado y secuestrado *P.M.,* un documental patrocinado por *Lunes,* que no tenía contenido político alguno que justificara la incautación: «sólo negros bailando», como dijo el ministro de Educación Hart. Luego la broma cástrica se completó cuando nombró Castro a Hart ministro de Cultura. Esto sí fue lo que señaló con claridad, al sol de Cuba, el principio del fin. Pero, señoras y señores del jurado, comencemos por el verdadero principio. O sea cuando el dictador Fulgencio Batista (que siempre decía, culto oculto, oséase, también pronunciaba su nombre Batita) decidió correr antes que pelear, avanzar hacia atrás sin rendirse nunca, impecable más que implacable, para dejar que el barco se hundiera con su segundo a bordo. (Para eso son los segundos, que no cuentan: sólo los minutos.) El Movimiento 26 de Julio (del que el periódico *Revolución,* primero clandestino y luego legal, era el órgano vital pero finalmente amputable) se hizo dueño del gobierno en nombre de la Revolución, sus mártires y los pobres de la tierra del mejor tabaco del mundo.

Pero (esa palabra, pero, es como una metafísica) hay que reconocerlo de una vez y para siempre (o hasta que alguien me desmienta: primero lo primero), es cierto que antes de la Revolución (o para ser más exactos, antes de que Fidel Castro se hiciera·con todo el poder, temprano en 1959) había en La Habana más casas de citas que casas editoriales y no pocas casas de lenocinio —para no hablar de casas de tabaco en Vuelta Abajo. Pero lo mismo se puede decir de la Manhattan de nuestros días (y nuestras noches) donde dando un paseo por Broadway (o viendo *Taxi Driver*) uno se encuentra con más putas que poetas en Nueva York y ve más chulos que culos de editores sentados a la espera de autores inéditos. Todo dicho (salva sea la parte) sin querer establecer comparaciones, que son odiosas. Pero si así están las cosas en la metrópoli, miembros del jurado, ¡qué no sucedería, repito, qué no sucedería en las colonias, de Santo Domingo a Santiago de Chile! Hay que tener en cuenta, además, que La Habana era la ciudad del continente que descubriera Colón (y los hermanos Pinzones) más cercana al área urbana de los USA —a menos que se quiera insultar a Tijuana llamándola ciudad.

Antes de 1960 existían escasas editoriales privadas en Cuba, dedicadas en su mayoría a la publicación de libros de texto —pero había menos en Costa Rica y a ningún costarricense se le ha ocurrido establecer la censura, recoger libros y perseguir autores con el pretexto de un texto: *El Manifiesto Comunista*. Había editores audaces (a quienes se podría llamar los gigolós de Gütenberg) que se dedicaban a publicar por cuenta (y riesgo) del autor, que pasaba a llamarse cliente. Hasta Lezama Lima (uno de los pocos poetas de peso en el español del siglo XX) se sometió a esta extorsión de buena gana —con buen humor incluso. Después de todo Lezama no era el pagano. Amigos admirados y adinerados pagaron por el placer vicario de publicar obras maestras exóticas como *Enemigo rumor* (1941), *Aventuras sigilosas* (1945) y *La fijeza* (1949). Nada importó que Juan R. Jiménez, autor de *Platero y yo,* refugiado republicano con su Zenobia y futuro ganador del Premio Nobel, hubiese hecho declaraciones (aparentemente excesivas: ¿qué diría de Darío?) sobre la poesía del entonces joven, alto y delgado Lezama. Si quería ver sus poemas publicados, Lezama (o su mecenas platudo) no tenía otra opción que abrir la billetera. Era ni más ni menos, un flagrante atraco literario: la bolsa o inédito. Para Lezama, como para la mayoría de los escritores en la Cuba de entonces, era cuestión de publica o perece. (Charada de Sherezada, luego vino el Ché Cerezada).

Por supuesto, en aquella época había diversas editoriales serias. En la Cuba de hoy sólo existe una, propiedad del Estado y al servicio de la propaganda del Partido: la Imprenta Nacional. Siendo Alejo Carpentier director (más más tarde) se hizo una tirada de cien mil ejemplares de *Moby Dick* —algo abreviada, sin embargo. Los nuevos editores cubanos, con Carpentier de mascarón de proa, hicieron una adaptación de la obra maestra de Melville. En la versión comunista aparecían por supuesto Ismael (no iba a comenzar el libro diciendo «Llámenme Fidel») y su carnal Queequeg y hasta el reverendo Mapple. Pero Dios no aparecía por ninguna parte en el laberinto del mar. O mal, como pronuncia Castro, estudiante de teología en Tiflis. Antes de la Revolución había algunas casas de dudosa moralidad editorial que trabajaban para el Gobierno. Cualquier gobierno con tal de que estuviese de turno, ya fuera nacional o extranjero. Solían editar, por ejemplo, escritores venezolanos como Rómulo (o Remo) Gallegos, en ediciones llamativas —que no pagaban los autores, por supuesto, sino la misma Venezuela, siempre rica en petróleo o en óleo pero no en tinta.

Pero, aparte de realizar ediciones de lujo de los clásicos cubanos, había otros logros culturales en la reciente república antillana. No debe olvidarse que Cuba fue la última colonia americana en independizarse de España: sólo sucedió en 1902. A partir de esa fecha y hasta 1958, la pequeña isla se vio sometida a una dependencia creciente de los Estados Unidos. Sin embargo, los lasos lazos (o nocivos nexos) eran únicamente de carácter económico y político. La influencia americana nunca llegó a hacerse sentir mucho en la vida cultural cubana, orientada siempre hacia Europa, sobre todo hacia Francia y España. La mayoría de los escritores cubanos leía y escribía con fluidez el francés y el español, pero eran muy pocos los que entendían algo de inglés. El único elemento de la vida cultural americana que tenía verdadera influencia (y esto sólo a nivel popular) eran las películas de Hollywood, que llegaban a todos los rincones de Cuba, tal como lo hacen hoy en toda Europa. (¿O debo decir el mundo?) Los notables logros que he mencionado arriba tuvieron lugar en la pintura, la arquitectura, el teatro, y, por supuesto, la música popular cubana que en los tiempos que corren se halla extinguida en la isla, al igual que el manatí, mamífero anfibio aborigen. Sin embargo los irresistibles sones de Cuba siguen sonando de París al Paraná.

Créase o no, la historia de la literatura cubana es una de las más extensas en todo el continente americano. No es tan larga como la historia de la literatura latina, pero en Cuba había poetas que escribían y publicaban antes de que los ingleses pusieran el nombre Nueva Inglaterra a las colonias establecidas en suelo del norte americano. Cuenta la tradición local que el primer poeta cubano fue un canario establecido en la isla que tenía el adecuado apelativo de Silvestre de Balboa: su apellido era de conquistador, su nombre propio de la poesía bucólica. Pero Balboa, contradictorio, se dio a cultivar el género épico. Su *Espejo de paciencia,* publicado en 1605, es un extenso poema olvidado durante más de dos siglos hasta que fue redescubierto en 1834. Por esa misma fecha José M.ª de Heredia (primo del Heredia francés famoso por sus *Trophées*) compuso su *Oda al Niágara,* el primer poema romántico escrito en español. Ese Heredia, aunque exilado en los EE UU, estaba bajo la influencia romántica del Chateaubriand prosista. El siglo XIX produjo también la prosa poderosa de José Martí, escrita durante los años de exilio vividos en Madrid y en Nueva York. En esta misma ciudad, y en las mismas condiciones de residencia forzada que Martí, Cirilo Villaverde escribió *Cecilia Valdés,* nuestra novela, en la década de 1880. Además de miles de poetas menores, el siglo XIX cubano produjo un gran poeta, Julián del Casal, sutil simbolista y tal vez el mayor poeta americano, Rubén Darío aparte: ése es todo un continente.

El Modernismo, como se sabe, fue un movimiento estrictamente poético iniciado en América aunque derivado del Simbolismo francés. O sea, diez poemas conmovieron al mundo español gracias sobre todo al don de Darío, el poeta indio que cantó al cisne que vivía en Madrid y no en Managua. Martí, también poeta, fue un precursor del Modernismo sin tener, en realidad, nada que ver con el Simbolismo, ni francés ni de otra procedencia. Martí fue un verdadero original. Lamentablemente, hoy en día se le conoce únicamente como Martí, el versificador vernáculo que proporcionó a Pete Seeger la letra para componer esa canción apócrifa titulada *Guantanamera*. Este Evangelio según Vanessa Redgrave predica que José Martí que murió en el campo de batalla en Cuba en 1895, ¡es amigo de Fidel Castro! Evidentemente, el anacronismo es el fuerte de la Redgrave. Aunque en esta ocasión no estuvo errada al mostrarnos lo anacrónico que sería que un poeta fuese amigo del Comandante Castro. (Véase *caso Padilla.*)

Durante el infame Congreso de Cultura de 1971 (mucho más tarde), Fidel Castro dijo en su funesto final que antes de la Revolución había un solo teatro en La Habana. Era obvio que mentía como un bellaco. Pero entonces el lector podría pensar que, por lo menos, el hombre se preocupaba por la cultura. Habría sido mejor que no lo hiciera. La verdad es que a Castro nunca le importó el teatro ni la literatura. Ni siquiera la pintura mural que no sea política y obvia. Nada de Guernicas para el Comandante que mandó a parar. A Castro sólo le importa el poder y la propaganda como instrumento del poder absoluto. Se sabe que incluso ha llegado a utilizar las obras de

Beckett para decir que *Esperando a Godot* es el eco del sufrimiento que puede producir el capitalismo alienante. Hoy en día sería imposible sufrir así en Cuba. ¡El Salvador no lo quiera!

Aún aquejada de infinidad de males políticos, Cuba sorprendía a quienes la visitaban antes como un país paradisíaco. Incluso en 1958, alguien tan ajeno a la realidad de la isla como Sacheverell Sitwell se entusiasmó con una canción que celebraba la vida nocturna en La Habana. Y en 1961 el historiador inglés Hugh Thomas reconoció que la Cuba actual era uno de los pocos países tropicales que había creado una cultura propia. También advirtió que Fidel Castro debía el poder no a la guerra de guerrillas, como había creído antes de visitar Cuba, sino a la televisión. El modo en que Castro empleó la pequeña pantalla para tomar el poder era muy parecido a cómo Adolfo Hitler se había servido del altavoz en la Alemania de los años treinta.

En 1969 asistí en Hollywood a una fiesta en casa de un famoso y acaudalado director de cine, cuando de pronto mi anfitrión comenzó a preguntarme por la vida en Cuba. Eran los días de la guerra de Vietnam y todo el mundo en los EE UU retrocedía políticamente hacia finales de los años treinta: la década en que muchos habían tenido la ciega visión de ver en Stalin al salvador de la Humanidad. Entre los invitados de este director liberal se hallaba un conocido filósofo austríaco (hoy fallecido) refugiado en los EE UU desde 1937, luego de huir de la Alemania nazi. El director y el filósofo eran judíos, tanto como la bella esposa del primero. Una vez escuchado el relato que hice de la espantosa vida en la isla, el popular filósofo preguntó con su fuerte acento alemán: «¿Prego no ess verrdat que con el Doktor Kastro la isla ha hecho crandes procesos en la salud púiblika y en la edukazión?».

Ya había escuchado la misma pregunta antes en distintos idiomas, con diferentes acentos y tenía lista en la punta de mi lengua lógica, no ideológica, una amarga analogía doble: «Mussolini hizo que los trenes italianos llegaran a tiempo por primera vez en la historia de Italia; Hitler, por otra parte, no solamente construyó las autobahns», y el filósofo hizo una mueca, «sino que sacó a Alemania del marasmo moral y económico en que se hallaba». Por lo menos, eso es lo que recuerdo oír decir una y otra vez a mi tío abuelo, cuando vivíamos en mi pueblo natal en el oriente de Cuba. Esto pasó antes de la Segunda Guerra. Pero por extraño que parezca, mi tío abuelo, persona de veras bondadosa, era nazi. Se hizo vegetariano al enterarse de que Hitler no comía carne. Lo que es aún más extraño, Fidel Castro nació a cincuenta kilómetros escasos de donde yo nací y casi al mismo tiempo. ¡Podría haber sido adoctrinado por mi tío abuelo! Éste, una vez terminada la guerra, solía repetir sin descanso que Hitler estaba vivo y esperando oculto el momento oportuno para volver al poder. Un buen día, mi tío abuelo dejó de creer que Hitler aún vivía. Lo supe porque dejó de mencionar al Führer. Cuando Fidel Castro subió al poder, mi tío se volvió fidelista, pero no lo hizo hasta que vio que Fidel Castro era el típico tirano total. Ya ve, mi tío abuelo más querido era todo un totalitario —pero también era el «sabio del pueblo».

El filósofo, sobreviviente de los campos de concentración nazis y a la sazón profesor de dialéctica marxista en Hollywood, se dio cuenta que yo tenía un buen argumento (y no de cine) cuando insinué una agudeza hegeliana: «Aunque el programa educativo fuese un éxito, que no lo es», le dije, «¿de qué sirve enseñar el alfabeto a millones cuando un *solo* hombre decide lo que se va a leer, en Prusia como en Rusia? O en Cuba».

En Gran Bretaña, la mano derecha ignora lo que sucede en Cuba. («Podría decirme, por favor —llegó a preguntarme en Londres un destacado intelectual conservador ahora en el poder— si es que hay libertad de expresión en Cuba?») Pero créame el lector si le digo que los caballeros aquí a la izquierda también hacen preguntas estúpidas y de una ingenuidad política reveladora de su ignorancia ideológica. A menudo me preguntan, serios y sesudos, ¡sobre el *samizdat* en La Habana! O sobre la suerte de los disidentes cubanos. Esta gente debería saber bien que el *samizdat* (para un cubano de Cuba hasta el mismo nombre es exótico) es un típico fenómeno soviético de los años sesenta, y que si existió es porque el Gobierno soviético de entonces lo permitía. Lo mismo puede decirse de los disidentes soviéticos (nietos de Kruschov, hijos de Breznev) a quienes oportunamente se les permite emigrar a Europa o los Estados Unidos. Stalin, Castro comunista, sencillamente, los habría enviado a Siberia sin más trámite. ¿Quiénes son los disidentes en la Alemania del Este o en Bulgaria? Nadie, simplemente porque los gobiernos comunistas de esos países no pueden permitirse el lujo de dejarlos existir. En Checoslovaquia, los escritores o acatan los *diktats* comunistas o van directamente a la cárcel. Y en Albania, ¿dónde están los disidentes albanos o albinos? ¿Dónde están? En ninguna parte, por supuesto. Aunque sea triste decirlo, Cuba se ha convertido en la Albania de América. (No es la primera vez que uso yo esta analogía, que luego Castro hizo suya, antítesis mortal.) Pero son pocos los extranjeros que saben esto. El infierno político se halla empedrado de ignorancias extrañas. El Holocausto llegó a conocerse en su totalidad únicamente después de la Segunda Guerra. Los gulags no salieron a la luz pública hasta la muerte de Stalin. Y las atrocidades de Castro, no todas literarias, sólo se sabrán una vez que haya desaparecido, cuando ocurra —si es que ocurre. Será entonces que la ingente gente, no solamente en España sino en todas partes, de izquierdas como de derechas, conocerá la esencia verdadera del régimen liderado por un hombre de astucia y engaño infinitos, afectado de un egotismo odioso: el doble barbudo y blanco de Amín. No es por nada que es Comandante en Jefe de las Fuerzas Armadas, Secretario General del Partido y Presidente Vitalicio de Cuba. También le gusta que le llamen Doctor, cuando en realidad (otra vez como Amín) es un consumado actor que representa su propia versión de Macbeth ante el público cautivo más numeroso de América. (¡A aplaudir, coño!)

Pero cuando en enero de 1959, Fidel Castro entró en La Habana como un Cristo mayor (tal como Severo Sarduy escribió desde París con humor) algunos lo vimos como una versión joven y barbuda de Magwitch: un proscrito de elevada estatura que emergía de las brumas de la historia para hacer de todos y cada uno de nosotros un Pip político. Sin embargo, este fuera-de-la-ley nunca se convirtió en un dentro-de-la-ley, sino que se volvió la Ley en persona: al Redentor siempre se le veía con una pistola al cinto. Cuando Castro ocupó el lugar de Batista, había en Cuba tres grandes escritores ya entrados en años: dos poderosos poetas y un hombre de letras inconforme: todos muy influidos por la literatura francesa. Esta santísima pero impía trinidad estaba integrada por José Lezama Lima (1910-1976), Nicolás Guillén (n. 1902), y por Virgilio Piñera (1912-1979). Los dos primeros eran los poetas: popular hasta populista, uno, impopular y hermético el otro. Más tarde, Lezama sorprendió a todo el mundo con la publicación, en 1966 de *Paradiso,* su densa, intensa, tensa, impenetrable obra maestra: esa novela es una confesión y una memoria.

La obra conoció un *succés de scandale* en Cuba debido a las entreveradas escenas de pederastia y poesía, escritas en una prosa que, por comparación, hacía parecer simple cuando no accesible al hermético Hermann Broch, el autor de *La Muerte de Virgilio.* El otro Virgilio, Piñera, era autor de cuentos, novelista y dramaturgo, y tenía también algo de poeta. Nicolás Guillén, mulato, a fines de los años veinte se había dedicado a escribir poesía negrista (que tenía que ver con la poesía lo que Machín tiene que ver con la música cubana) pero cayó bajo el hechizo de Lorca cuando éste visitó La Habana en 1930 —y poco más tarde su poesía parda se transformó en flamenco tropical. Más tarde, en los treinta, Guillén se dedicó a componer versos en la manera llamada poesía social y se hizo miembro del Partido Comunista cubano (para su perdición). Guillén tenía un verdadero don poético pero en tono menor. De hecho, junto con César Vallejo y Pablo Neruda es el poeta latinoamericano de este siglo más traducido (hasta el coreano) y ha sido nominado varias veces para el Premio Nobel, sin ganarlo nunca: de ahí su odio a Neruda. El vínculo musical es apropiado sin embargo ya que Guillén componía poesía popular *avant la lettre* y era un autor lírico de suaves melodías aun antes que de enérgica prosa. Al revés de Heine, sus palabras pedían una canción a gritos y finalmente consiguieron hasta una sinfonía: *Sensemayá* de Silvestre Revueltas. Pero es realmente una pena que cuando Guillén produjo sus primeros sones (o sus rumbas) Seeger no lo siguiera de cerca para que tarareara una versión distinta de la «Guantanamera», empleando en esta ocasión la letra de Guillén en vez del verso diverso de Martí. El poeta mulato («No negro», como le gusta distinguir su piel al poeta) era el verdadero contemporáneo de estos aires populares, sin derechos de autor que pagar a sus contemporáneos reales.

El cuarto jinete de la época lista hacía muchos años que no vivía en la isla —si es que alguna vez llegó a vivir en ella. Cuando de joven se fue por fin a París, la patria de sus mayores anhelos, no regresó hasta que la ocupación nazi le obligó a huir de Francia. Se llamaba Alejo Carpentier (1904-1980) y murió, claro, en París. Nacido en Lausana de padre francés y madre rusa, Carpentier fue sucesivamente arquitecto frustrado, compositor amateur, diletante de la poesía negrista (llegó incluso a escribir una novela negra, que no debe confundirse con un *roman noir,* titulada *Ecué Yamba-O,* sobre la santería sincrética afrocubana —o sea la magia negra que se practica en Cuba), además de excelente musicólogo y, finalmente, escritor serio. Pero no fue hasta que se trasladó a Venezuela en 1946 que comenzó a escribir novelas de verdadera distinción, de *El reino de este mundo* a *El acoso* y, quizá

su obra maestra, *El siglo de las luces,* para ser excesivamente elogiado por Dame Edith Sitwell (¡ah, esos Sitwell, siempre entrometiéndose en las cosas de Cuba!),
por Graham Greene y hasta por Tyrone Power. (Este último quiso escribir, producir y protagonizar sucesivas versiones fílmicas de *El reino...* y de *Los pasos perdidos,* pero
perdió el paso y la corona vencido por una coronaria que
lo malogró.) Entre Carpentier y Cuba sucedía algo extraño: Carpentier amaba la isla pero la isla no le correspon-
día. En La Habana no era más que un periodista, apenas
un escritorzuelo de revistas populares. Sin embargo en el
extranjero se convirtió en un autor considerable y en un
auténtico novelista. En París, incluso, escribió el libreto
para una ópera compuesta por Edgar Varese, lo cual lo
inflamó de orgullo parisién al estilo meteco.

Regresar a Cuba en 1940 significó para Carpentier, persona presumida, volver al pobre periodismo y a la
radio que no cesa. Pero una vez que se estableció en Venezuela, a finales de los cuarenta y durante todos los cincuenta, pudo escribir sus mejores libros esa década. Por
este tiempo viajaba con pasaporte venezolano y era una
potencia cultural considerable en Caracas. Para su culpa
cubana hasta llegó a organizar un festival de música internacional patrocinado por Pérez Jiménez, el émulo venezolano de Batista. Cuando finalmente volvió a Cuba en
forma más o menos definitiva (después que la Revolución
pareció estar firmemente instalada en el poder, no antes)
se convirtió en burócrata ejemplar como jefe de la única
casa editorial existente en la capital cubana, la editora del
Estado. Más tarde, por servicios prestados, fue ascendido
al cielo de París como diplomático estrella en Francia,

con oficina de lujo y vecino del *Seizième*. Nunca volvió a escribir otra novela —si bien publicó por lo menos cinco libros con tal título en la tapa y en el lomo.

Carpentier sufría de dos obsesiones personales, vinculadas de alguna forma pero encontradas, que lo habrían de acompañar toda la vida: el arte de la novela y el Premio Nobel de Literatura. A la caza de este último, y en ese asiduo acoso, Carpentier dejó el viaje a la semilla de la literatura y el reino de este mundo se le convirtió en una tiranía letal que finalmente acabó con sus pasos —perdidos o encontrados. Como dijo Cortázar: «No hay cosa que mate a un hombre más rápido que obligarlo a representar a su país». Carpentier (¡pobre tipo, ché!) representó por espacio de veinte años a una causa en la que nunca creyó. Al final, aquejado de un cáncer incurable, París se convirtió para él en una misa negra. Tenía que levantarse temprano para poder escribir: luego debía desayunar, comer e incluso cenar con importantes figuras francesas —con la sola excepción de Sartre, que lo despreciaba por ser un funcionario castrista, sirviente de dos señores. La producción literaria de Carpentier se hizo cada vez más mediocre y sus libros se volvieron pobres en prosa, pero ricos en política con el fin de satisfacer al poder en La Habana, por poder y poder, de ese modo, permanecer en París. Dicho sea de paso perdido, Carpentier nunca pudo ganar el Premio Nobel: la muerte lo ganó a él antes. Con ironía póstuma, el año que murió, la Academia Sueca había acordado darle el premio. *Sic semper tyrannis* —y los que los sirven. Aun en París.

Éstos eran los hombres más representativos de la literatura cubana cuando Fidel Castro bajó de la Sierra armado hasta los cariados dientes. (Por ese entonces, solía usar un uniforme verde olivo hecho jirones, mientras que ahora lleva uno de general ruso y exhibe sus desnudos dientes hechos hermosos por su dentista particular.) Por supuesto que había otros escritores. Lino Novás Calvo, por ejemplo, uno de los mejores autores de cuentos cortos de Latinoamérica, traductor preferido de Hemingway, y el primero en verter al español a Faulkner, a Huxley y a Lawrence, alrededor de 1930. Vivía entonces en Madrid y colaboraba con Ortega y Gasset en la *Revista de Occidente*. (Ver su traducción magistral de «Todos los aviadores muertos», de Faulkner.) Y Fernando Ortiz, antropólogo audaz: el hombre que acuñó, entre otros, el término afrocubano (del que se formaron luego afroamericano y afrobrasileño), que era todo un concepto de cultos más que una simple palabra. Y Lydia Cabrera, blanca, de familia rica venida a menos, que fue la primera mujer que penetró el culto de los *abakuá*, secta secreta de negros con ritos de iniciación sangrientos que excluía bajo amenaza de muerte a mujeres y maricones. Los hallazgos hechos por Lydia Cabrera en lo que podía llamarse *antropoesía* abrieron sendas en toda América, donde los cultos de lo oculto practicados por negros iniciados, desde Haití hasta el Brasil, son a menudo más poderosos que en África. No fue en el continente negro donde se creó el vudú, sino en América.

Otros artistas de fama mundial que nacieron en Cuba y siguieron siendo cubanos a pesar del exilio americano o europeo son la bailarina Alicia Alonso y el pintor Wifredo Lam, ya fallecido, y dos grandes músicos modernos: Amadeo Roldán y Alejandro García Caturla, probablemente mejores compositores que el brasileño Villalobos y el mexicano Carlos Chávez pero dos desconocidos. Ambos murieron demasiado jóvenes para ser conocidos en el extranjero, salvo en ambientes musicales tan escogidos como la petulante tertulia parisina de Nadia Boulanger o los discípulos aleatorios que John Cage tiene por todas partes. Roldán, que además era un destacado director de orquesta, murió de un cáncer en la cara cuando contaba poco más de treinta años. En sus últimas apariciones tenía que subir al estrado usando una máscara de seda para no exhibir la creciente y cruel deformación de su rostro. Caturla, juez rural que solía componer música en la sala del juicio, fue asesinado por un ladrón libre bajo fianza a quien Caturla se había negado a absolver la víspera de la vista. El irónico desenlace fue que este delincuente menor jamás fue libertado bajo palabra y murió en la cárcel —no por matar a un juez sino por asesinar al Gran Caturla.

Alicia Alonso (Alonsova, ahora) había sido primero bailarina en el *American Ballet Theater* desde sus comienzos a principios de la década de los cuarenta. Cuando decidió volver a Cuba y formar una compañía de ballet, se ganó el patrocinio de una fábrica de cerveza local («la cerveza del pueblo y el pueblo nunca se equivoca») y, posteriormente, del gobierno batistiano, que calculó que la posición internacional de la *Ballerina* sería muy buena propaganda para Batista, hombre que, como Castro, odiaba el ballet. Más tarde la compañera Alicia fue adoptada por la Revolución como *Nuestra Señora de la Danza*. Ha recorrido mucho mundo y, aún hoy, a la edad de setenta años, sigue arrastrando sus pies más que en zapatillas en pantuflas por los escenarios internacionales. De todos los artistas mencionados *our* Alicia es la única que se formó en los EE UU y perteneció a la *American school of ballet*. En la actualidad su cuerpo de baile danza *a la Russe* —con pasos opuestos a los de *su prima ballerina assoluta*. Tout tout.

En cuanto a Francis Picabia o Anaïs Nin, no se les puede considerar cubanos. Quiso la casualidad que nacieran en la isla, pero luego se formaron en Francia y allí hicieron su reputación —cualquiera que ésta sea. Eran tan cubanos como José María de Heredia, quien a finales del siglo pasado soñaba con arrecifes de coral y el celeste del mar y las verdes colinas del trópico de su Santiago de Cuba natal, a los que cantaba en francés con alejandrinos nostálgicos compuestos en París. O como Italo Calvino, nativo de Santiago de las Vegas, pueblo cercano a La Habana, pero educado en Italia. Sin embargo, ha habido artistas de importancia nacidos en Cuba que decidieron permanecer en la isla como los pintores que pertenecieron a la Escuela Cubana de Pintura de los años cuarenta y cuyas obras se pueden ver en los museos de todo el mundo. Uno de estos pintores fue Fidelio Ponce de León, quien afirmaba ser descendiente del conquistador español que descubrió la Florida, por casualidad, cuando se hallaba dedicado a la búsqueda de la Fuente de la Juventud. Murió envejecido a los cincuenta —no el conquistador sino el pintor, soñadores los dos. Una de sus mejores telas cuelga para siempre en la pared de un elegante (y falso) piso de un Nueva York ilusorio, desde donde domina el escenario único de *La soga,* la famosa película de

Hitchcock. Ponce, que se pasaba la vida preguntando a amigos y enemigos «¿Me conocen de verdad en París?», nunca vio la cinta. Murió, tuberculoso y en la indigencia, antes de que *La soga* se estrenara en La Habana en 1948.

El artista cubano más famoso de todos los tiempos fue, por supuesto, José Raúl Capablanca, también conocido como la *Máquina de Jugar Ajedrez* y considerado por muchos como el mejor jugador de ajedrez de todos los tiempos. Capablanca nació en La Habana a finales del siglo XIX y desde 1942 está enterrado en Cuba. ¿Podría alguien imaginar cómo el régimen de Castro habría capitalizado la leyenda viva que fue Capablanca? Festejada y filmada dondequiera, la historia inmortal de su vida breve y dichosa está hecha de la estofa de la propaganda. Hasta el Che Guevara llegó a llorar su muerte —veinte años después. Doce facsímiles de Alicia Alonso bailando docenas de dementes *Coppelias* no habrían ofrecido los mismos beneficios a Cuba comunista. Capablanca sería así Caparroja.

No me olvido —¿cómo podría hacerlo?— de los innumerables poetas menores, malos poetas, terribles poetas y escritores de cuentos cortos que pululaban por el trópico con sus torpes talentos y enormes egos, todos efímeros oportunistas. Fue en 1959, cuando era director de *Revolución* (periódico que había fundado en la clandestinidad en 1956) que Carlos Franqui, por entonces una especie de poder tras el trono revolucionario (cuatro o cinco de los nuevos ministros debían su puesto a él y no a Fidel Castro), decidió que el periódico necesitaba un suplemento literario. Así fue como nació *Lunes,* cabrito, macho cabrío, diabólico después, para terminar siendo chivo expiatorio finalmente. ¡So cabrón! Periodista desde 1949, crítico de cine de 1954 en adelante y editor literario de *Carteles,* el segundo semanario en popularidad de Cuba y el Caribe, el que escribe fue nombrado por Franqui director de *Lunes*. Este nombramiento, por más de una razón, se convertiría en un error fatal para todos.

Revolución había sido la voz que desde las catacumbas de la clandestinidad exponía los puntos de vista del Movimiento 26 de Julio, la organización que llevó a Fidel Castro al poder y no la insignificante guerrilla como Castro hizo creer a todos. A la luz del día, *Revolución* se convirtió en un periódico de intolerable influencia: el primero de Cuba y el único en tener acceso a lo más recóndito del poder en el Gobierno y en la vida política cubana en general. Además, tenía, para Cuba (entonces un país de unos siete millones de habitantes) una circulación enorme. *Lunes* se aprovechó de todo ello y se convirtió en la primera revista literaria en español de América, o de España, que podía presumir de una tirada cada lunes de casi doscientos mil ejemplares. *Lunes* mandaba mucha fuerza —y no solamente literaria.

Mi primer error como director de *Lunes* fue intentar limpiar los establos del auge literario cubano, recurriendo a la escoba política para asear la casa de las letras. Esto se llama también inquisición y puede ocasionar que muchos escritores se paralicen por el terror. La revista, al contar con el aplastante poder de la Revolución (y el Gobierno) detrás suyo, más el prestigio político del Movimiento 26 de Julio, fue como un huracán que literalmente arrasó con muchos escritores enraizados y los arrojó al olvido. Teníamos el credo surrealista por catecismo y en cuanto estética, el trotskismo, mezclados, con malas metáforas o como un cóctel embriagador. Desde esta posición de fuerza máxima nos dedicamos a la tarea de aniquilar a respetados escritores del pasado. Como Lezama Lima, tal vez porque tuvo la audacia de combinar en sus poemas las ideologías anacrónicas de Góngora y Mallarmé, articuladas en La Habana de entonces para producir violentos versos de un catolicismo magnífico y obscuro —y reaccionario. Pero lo que hicimos en realidad fue tratar de asesinar la reputación de Lezama.

Otras víctimas hubo, más entradas en años. Como el dentista español que quería ser un *dantista* y cuya nociva novela bablélica, recientemente publicada, fue arrancada de sus raíces asturianas sin administrarle anestesia. (Esos: ¡ay dolor!) Al mismo tiempo, la revista exaltaba a Virgilio Piñera, de la generación de Lezama, a la posición de otro Virgilio regresado de un infierno mucho más avernal que el de Dante. Virgilio, que había sido siempre un paria en su país, hombre pobre, pobrísimo, casi al borde de la indigencia, se convirtió en nuestra figura paterna favorita: el escritor de la casa. Como un vino incluso. En vano. Otro error. Además de ser un excelente escritor de cuentos cortos, que incluso Borges había incluido en una antología, un autor teatral de genio (escribió una obra de teatro del absurdo cuando Ionesco no había puesto en escena aún *La cantante calva* y mucho antes de que Beckett se sentase a esperar a Godot), y grato poeta, Piñera tenía un defecto especial. Como San Andrés, se trataba de una falla visible a simple vista. Virgilio, como su tocayo romano, era pederasta. Quizá de ahí viniese su aire de reina literaria: un Cocteau cubano conocido no por sus obras sino por sus obreros, estibadores del puerto sobre todo. Eso sería la comidilla del *tout Paris* (Genet o no Genet), pero estábamos en La Habana revolucionaria y en una revolución no hay lugar para las reinas. En vez de gritar a Alicia (Alonso) «¡Que le corten la cabeza!», todas las reinas cubanas acabaron sin cabeza que cortar y perdieron hasta la cabeza propia —particularmente la propia. Juego de cartas introductorias.

Tercer pecado original cometido: alrededor de *Lunes* se habían agrupado demasiadas personas de talento, cada una de las cuales apoyaba a la Revolución a su modo. Baragaño, el poeta surrealista que volvió del exilio parisino donde era recibido por el mismo André Breton (quien odiaba a los pintores de domingo y a los poetas menores), era, a la vez, el niño mimado de la revista. Heberto Padilla, nacido en el mismo pueblo que Baragaño (Puerta de Golpe, ¡qué nombre!, en la zona tabacalera de Cuba), volvió del exilio transcurrido en la academia Berlitz de Nueva York y se dedicó a cultivar un verso cuidado y cáustico: Padilla era otro excelente poeta terrible. Tanto él como Baragaño, vates de batalla, estaban decididos a hacer añicos a la vieja generación, muchos de ellos funcionarios públicos de la época de Batista y de antes, como era el caso de Lezama. Calvert Casey, a pesar del nombre y de haber nacido en Baltimore, era no solamente cubano sino también un habanero auténtico que empleaba una sutileza y precisión exquisita para ocultar su prosa homosexual —lo cual no le impedía exhibir en público como pareja a su amante mulato. Antón Arrufat seguía los pasos a Piñera —y no solamente en cuanto a escribir obras de teatro. Pablo Armando Fernández, poeta menor pero experto diplomático, era entonces capaz de zafar a la revista de cualquier enredo de farsa literaria. Era nuestro diminuto San Sebastián, blanco móvil de fechas y flechas. Aún vive en Cuba, aún es diplomático aunque ya no es poeta, menor o de otro orden. Su profesión actual consiste en hacer de anfitrión a los turistas que, en plan viaje político, vienen de los EE UU donde vivió su vida (de soltero o sodomita) antes de volver a Cuba ya casado en el año 59.

Al igual que lo había hecho con Padilla y Hurtado, yo convencí a Pablo de que dejara Nueva York y regresase a Cuba. Óscar Hurtado, otro exilado económico residente en Manhattan, entrañable gigante, era casi el elefante de la familia. Pero, aunque se trataba de un poeta terriblemente tímido, casi cobarde, era también hostil a Lezama y a su grupo *Orígenes*. Murió no en el exilio sino en un asilo, desconocido y desconociente, sufriendo solo y en silencio con su cerebro esclerótico. Y, sin que nunca se me permitiera abandonar el barco aun cuando escoraba (*Lunes* estaba en todas las listas de los Servicios de Seguridad, el Contraespionaje y la Policía), ahí estaba yo, Capitán Coraje. A pesar de ser un fumador inveterado, no podía compartir la pipa de la paz con nadie, porque en esa época no fumaba más que puros de marca.

Como el lector puede ver, la nave literaria se hallaba manejada por una gavilla de maníacos, ácratas y pederastas. (Espera un momento, lector, y comprenderás por qué estas cosas de la vida se convirtieron en elemento decisivo de nuestra defunción.) «Los privilegiados», como nos marcó el Che Guevara, que no serían nunca «verdaderos revolucionarios», y con un timonel que, sin duda debido a la mucha miopía, vio las señales de peligro ya tarde. (Demasiado tarde, de hecho.) Descubrí que carecíamos de poder real cuando al barloventear y romper lo que parecía ser nada más que una ola sectaria, se vio que era nada menos que la punta negra del iceberg totalitario. ¡Paren las máquinas! A *Lunes* se le tendría que haber llamado el *Titanic,* pues pronto nos hallamos sumergidos en las aguas profundas y frías del cálculo altruista. Antes de hundirnos —delirio del ahogado— vi patente que habíamos intentado hacer de la Revolución algo leíble, y por tanto vivible. Pero ambos cometidos resultaron de imposible absoluto. Engels, Engels, ¿por qué me persigues?

Sin embargo, en los momentos de apogeo, *Lunes* conoció como toda estrella joven, una rápida expansión. En poco tiempo habíamos creado una editorial (Ediciones Erre), cuyo primer libro publicado fue precisamente *Poesía, Revolución del Ser,* aunque meses antes, su autor José Baragaño, que seguía siendo surrealista del Sena, lo había titulado *Poesía, Negación del Ser.* Esta colección de poemas era un refrito raro de las fórmulas surrealistas de los veinte años precedentes. Pero en 1960 servía para cantar a la Revolución y al ser, heideggeriano, para la muerte —al mismo tiempo.

Aunque ahora en vez de la nada, Baragaño ofrecía el Ser no a Suárez sino a Castro. ¡Oh oportunismo, tu nombre en Cuba es poesía! Luego conseguimos un espacio televisivo —apunta: hora punta, segundo canal a la izquierda, hay son. También establecimos una edición de discos llamada Sonido Erre con R de Revolución. Nuestra empresa editorial (bastante afortunada, dicho sea de paso) era, por esos tiempos, la única editora independiente que quedaba en Cuba: todas las otras ya habían sido nacionalizadas, devoradas por el leviatán que capitaneó Carpentier Ahab. Pero la tenencia de esta imprenta solitaria en manos mías no constituía privilegio alguno. Por el contrario, era de hecho tan de mal agüero como una señal de humo en territorio apache. Fue entonces que cometí un error que finalmente resultó ser una bendición con disfraz. Le di una mano a mi hermano Sabá para que finalizara un documental que se hacía junto con el cámara Orlando Jiménez, por ese entonces el más joven fotógrafo de toda Cuba, capaz a los catorce años de manejar una cámara de Cinemascope: toda una proeza de película. El documental se llamaría *PM* —por razones obvias. Tal como sugiere el título se trataría de un panorama de La Habana sin guías, después del anochecer: furtivas incursiones de la cámara en restaurantes turbios en penumbra y bares y cuevas aún abiertas sin Polifemo, concurridos por la clientela habitual, el cubano de a pie: obreros, vagos, bailadores de todo sexo y raza, que se empeñaban en vivir el momento antes de que termine la velada. Pero la noche de amor terminó —¡adiós, adiós, adiós! Me gustó la idea. El así llamado *free cinema* (originado en Inglaterra) era, por esos tiempos, el último grito en el cine aunque prácticamente sin eco visible en Cuba. Les di el dinero para hacer el montaje de la película, tirar dos o tres copias y diseñar los títulos— total, quinientos pesos. Todo esto se realizó al margen del ICAIC (o sea, la burocracia del cine) en los laboratorios de nuestro canal, pero en forma totalmente abierta. Por el dinero invertido, *Lunes* obtuvo los derechos exclusivos para exhibir la película en su programa de TV, no bien estuviera finalizada. Lo cual hicimos sin problema. La censura no existía para nosotros. Igual que en la revista, éramos nuestros propios amos. Después de todo éramos el fruto dorado de Revolución, el periódico de la Revolución, la voz del pueblo, la voz de Dios. En fin, éramos, como quien dice, omnipotentes. Sin saberlo, éramos también esclavos.

Pero un espectáculo necesita espectadores, y los autores de la pequeña película musical nocturna querían mostrarla a una audiencia viva. En La Habana Vieja quedaban dos o tres cines sin nacionalizar, uno de ellos especializado en documentales. Una vez que el dueño estuvo de acuerdo en poner la película, el paso siguiente fue obtener el permiso de la Comisión Revisora para exhibirla en público. La Comisión Revisora era el mismo cansado censor que en los tiempos de Batista. Incluso de antes: en sus oficinas se podía ver *El beso* de Edison (1904) si uno quería —convenientemente censurada. En el pasado, lo que hacía la censura era cortar un poco de teta por aquí (atención al pezón), algún que otro culo por allá y un muslo salpicón las más veces. Siempre ocurría con películas francesas que ni siquiera llegarían hoy a la categoría de porno suave y serían ahora aptas para menores masturbadores. (¡Cuidado con ese ombligo desnudo!) Pero, por los tiempos que nos ocupan, la Comisión Revisora de Películas dependía del Instituto del Cine (que no tiene nada que ver con la ciencia ni con el arte del cine), que era ya un monopolio estatal. Aún controla todos los aspectos relacionados con una película en Cuba, desde hacerla hasta su exportación, distribución y exhibición. También decide la importación de cada cinta extranjera de tetas o de estetas. El Instituto Cubano del Arte e Industria Cinematográficos (*sic*) es propietario de todos los teatros, cines, autocines y salas de exhibición de Cuba, islas y cayos adyacentes. Aun si uno quiere tomar una instantánea familiar con una camarita de cajón tiene que recurrir al ICAIC para comprar el rollo de doce exposiciones —¡y guay si se le ocurre tirar trece fotos! Ya lo proclamó Fidel Castro, siguiendo a Lenin: «Del cine, todas las partes nos interesan». Esto incluye, por supuesto, las lunetas.

Ellos mantenían una larga polémica con *Lunes,* en la que nos tildaban de decadentes, burgueses, vanguardistas y, el peor epíteto del catálogo de nombretes comunistas, de cosmopolitas. A su vez, nosotros los veíamos como unos burócratas despreciables: un montón de ignorantes con ideas artísticas reaccionarias y carencia absoluta de gusto. Alfredo Guevara (sin parentesco con el Che Guevara), director del Instituto del Cine, era el más odioso comisario comunista con el que vérselas, casi el Shumyavsky de Stalin sin hablar ruso. Llevar *P.M.* al Instituto del Cine para su aprobación fue una audacia inocente, como Caperucita Roja al inspeccionar los dientes del lobo. Pero no había más remedio que hacerlo. Algún tiempo después, *Revolución* sería suspendido para luego renacer con el nombre de *Granma* y desde entonces esa abuela no ha cesado de mostrar sus colmillos caninos. No obstante, nunca nos esperamos una mordida tan bestial. La Comisión Revisora, además de negarse en redondo a dar el *imprimatur* a *P.M.,* prohibió el documental y lo acusó de ser contrarrevolucionario, además de basura peligrosa y licencioso y obsceno y perverso y en blanco y negro. No contentos con eso, se incautaron de la copia.

Esto fue más de lo que podíamos tragar. Estomagados, todo terminaría con una purga, claro. Hacía tiempo que esperábamos una confrontación con el Instituto del Cine, pero la misma habría de convertirse en una batalla campal sin Cid. La prohibición de *P.M.* tuvo lugar en junio de 1961, en lo que se podría denominar un período entre dos guerras. En abril de ese año se produjo la invasión de Bahía Cochinos. De modo impresionante, todos los invasores fueron derrotados en menos de 48 horas y Fidel Castro se apresuró a declarar a Cuba República Socialista, aunque la isla no sería ni una cosa ni la otra nunca. Los tiempos traían buenos augurios para el Partido Comunista (que entonces se había unido con los restos del Movimiento 26 de Julio y la sombra de lo que fue el Directorio Revolucionario para formar un partido único denominado ORI), tanto que el Comité Cultural había decidido organizar un Congreso de escritores en La Habana para invitar a algunos literatos extranjeros destacados, como Nathalie Sarraute, que, sin ser necesariamente comunistas, eran simpatizantes de la Revolución de Castro. Mientras tanto, en una especie de montaje político (cascos de caballo con jinetes de Ku Klux Klan a galope, corte a escena de doncella en peligro, nuevo corte a escena de negro en pena o en actitud amenazante), se vio a *Lunes* afanado en la recogida de firmas para protestar contra el secuestro de *P.M.,* la pequeña película nocturna.

A la vista ya los comienzos del Congreso organizado por los comunistas, esta actitud iba a tener amplias repercusiones. Al vernos venir y saber que constituiríamos un problema, el Comité Cultural del Partido fue presa del pánico. (Los comunistas siempre tienen miedo histórico.) Nos pidieron, por favor, que no hiciésemos un manifiesto público con la declaración contra el Instituto del Cine. A cambio, nos proponían retrasar la apertura del Congreso y lavar la ropa sucia en casa.* Para ello orquestarían una reunión de todas las partes interesadas con Fidel Castro, y casi todo el Gobierno. Muy bien, una discusión amistosa, una tregua. ¡Resultó una emboscada rastrera! El Comité Cultural invitó a todos los intelectuales implicados y a muchos más también. A *tutti quanti,* como diría Virgilio. Las sesiones tuvieron lugar los viernes durante tres semanas consecutivas y se celebraron en el espacioso teatro de la Biblioteca Nacional, un verdadero palacio del libro construido por Batista (que no leía) pero reclamado por Fidel Castro (que no lee). El día de la primera reunión fue como un presagio del Día del Juicio Final. En el estrado se hallaban Fidel Castro, el presidente Dorticós (desde entonces depuesto, luego suicida), el ministro de Educación Harmando Hart, su esposa Haydée Santamaría, presidenta de la Casa de las Américas (quien más tarde se suicidaría también: al poder con la bala en el directo), Carlos Rafael Rodríguez, entonces influyente dirigente comunista y hoy nuestro (es decir, de Moscú) tercer hombre en La Habana, la ex esposa de éste, Edith García Buchaca (por estas fechas, cabeza del aparato cultural del partido: más tarde habría de pasar quince años bajo arresto domiciliario); Vicentina Antuña, jefa del Consejo de Cultura bajo el hechizo político de la Buchaca; y por último Alfredo Guevara, el otro Guevara, Maquiavelo tropical que aconsejaba no solamente al Príncipe sino también a la Princesa.

---

* Esta frase tiene su origen en la Revolución Francesa, mucho antes de la invención de la lavadora eléctrica.

Luego venían los chivos expiatorios, corderos para el lobo o, como se decía en Cuba, monos amarrados contra león suelto: Carlos Franqui, director de *Revolución,* y yo como director de *Lunes.* Ésa era la mesa de la última escena.

El presidente Dorticós, que entonces se creía de veras que era presidente, pobre pelele, declaró abiertas las sesiones, que habrían de resultar vistas de un juicio. Anunció Dorticós con voz de comodoro de club náutico (lo que, efectivamente, había sido, en Cienfuegos: 1953-1956) que habría libertad para que todos expresaran su opinión. Todo el mundo podría decir su parecer —siempre que fuera favorable. «¡Compañeros, levanten la voz!» Nadie lo hizo. «¡Levanten entonces el culo!» Todos nos hallábamos atados de pies y manos y amordazados ante tal despliegue de poder político. Súbitamente, de la masa avergonzada surgió un tímido hombrecito de pelo pajizo, de tímidos modales, sospechoso ya por su aspecto de marica militante a pesar de sus denodados esfuerzos por parecer varonil, o si no, fino, y dijo con voz apocada, apagada que quería hablar. Era Virgilio Piñera. Confesó que estaba terriblemente asustado, que no sabía por qué o de qué, pero que estaba realmente alarmado, casi al borde del pánico. Luego agregó: «Me parece que se debe a todo esto» —y dio la impresión que incluía a la Revolución como uno de los causantes de su miedo. (Aunque quizá se refería nada más que al multitudinario auditorio de así llamados intelectuales.) Pero podría ser que aludiera a la vida del escritor en un país comunista —o sea, a esos miedos con nombres como Stalin o Castro. Nunca lo sabremos. Una vez dichas esas palabras, Virgilio volvió a su asiento, manso, mantuano. A nadie se le permitía hablar desde su silla para emitir una opinión. (Tal como el presidente Dorticós había pedido con voz de trueno amable, había que dirigirse a un micrófono ubicado en el proscenio y hacerlo de cara al auditorio, pero teniendo la precaución de no dar nunca la espalda a Castro: las desviaciones físicas siempre revelan desviaciones políticas.) Hablaron todos. Hasta los que no sabían hacerlo, como Calvert Casey, tartamudo incorregible. ¡Te cogí!

De pronto se hizo patente a todos (acusados, acusador, jurado, juez y testigos) que se estaba ante un juicio público realizado en privado: no era sólo *P.M.* sino *Lunes* (y con el magazine todo lo que representaba éste para la cultura cubana) quien también estaba en el banquillo de los acusados. Kafka en Cuba, Praga en La Habana. La mayoría de las personas que comparecieron ante el tribunal eran enemigos jurados de la revista, y algunos de ellos tenían razones para serlo. Como, por ejemplo, la colaboradora gorda llamada Martina Vesa, que envió unos poemas a la revista, publicados luego con el título de *Los versos de la Obesa*. O el dolido dentista que se creía un Dante *al dente* y dejó oír su amarga queja. No sólo se quejó sino que también lloró y, católico converso, rezó en contra nuestra a Dios y a Castro y nos llamó profesionales del crimen de lesa literatura: asesinábamos a los escritores en persona como si se tratara de personajes de un libro. Éramos los *hit men* de la cultura que tirábamos a dar. ¿Mafia marxiana tal vez? Fue un discurso apasionado, apasionante aunque desdentado y el buen hombre consiguió lo que vino a buscar: ser designado embajador ante la Santa Sede como premio de Consolación (del Sur). Pero no consiguió ser dantista: siempre fue dentista.

Hubo otros testigos, todos de cargo y uno de ellos, enmascarado, se quitó la máscara casi al final del baile. Todos le vimos entonces la cara: ¡Baragaño! El poeta de la nada instigador de los ataques contra Lezama y sus discípulos, ácrata, antiguo anticomunista —¡se había puesto ahora en contra nuestra! Sorpresa surrealista. Sin embargo, había un enemigo esperado: Guevara (orador guerrillero que nunca pudo pronunciar la erre de la Revolución) dio un golpe bajo a *Revolución* y a *Lunes de R.* Hasta entonces yo había sido un Infante Terrible, pero ahora era un infante infame. Finalmente fue Fidel Castro en persona quien habló. Como es habitual, tuvo la última palabra. Como introito se deshizo de su perenne Browning de 9 mm., que lleva siempre a la cintura (con lo que daba un referente real a la metáfora acuñada de Goebbels: «Cada vez que oigo la palabra cultura echo mano a mi pistola») y pronunció uno de sus más famosos discursos. Famoso no por durar ocho horas, sino por ser breve y conciso: duró apenas una hora. Primera vez que ocurría desde su designación como Primer Ministro de Cuba. Dicha deposición deletérea es conocida ahora con el nombre de: *Palabras a los intelectuales,* cuyo epílogo es reclamado por los castristas de todo el mundo unidos como un modelo de retórica revolucionaria. Se trata, en realidad, de un credo estalinista: «Con la Revolución, todo», tronó Castro con la voz de un Zeus ruso. «Contra la Revolución, nada.» Todos aplaudieron, algunos de buena fe, aunque no yo. No tuve más remedio que aplaudir, sí, a pesar de que sabía perfectamente cuál era el significado de este *slogan.* Se trataba de una sentencia sin veredicto previo, dictada por una justicia a través del espejo. *LatoT.*

El resultado del proceso fue que el Instituto del Cine devolvió a los cineastas la copia incautada de *P.M.,* pero no levantaron su censura. *Lunes* también fue prohibido: tres meses más tarde dejaría de aparecer. Escasez aguda de papel de imprenta fue la explicación oficial —una historieta de Callejas, por supuesto. Después de las sesiones relatadas, tres publicaciones más o menos literarias vieron la luz: *Revista Unión,* mensuario editado por la Unión de Escritores y dedicado a temas teóricos de la cultura comunista; *Gaceta de Cuba,* semanario publicado también por la Unión y que se parecía a *Lunes,* como Caín a Abel, y una revista ilustrada a cargo del Consejo de Cultura y que tenía el aspecto de un *Hola* —y adiós. Tres revistas rojas —y todas cojas. Al final, los comunistas celebraron su congresito (¿por qué tendrán los comunistas necesidad imperiosa de hacer congresos? ¿Acicate o alicate?) al que fueron invitados varios escritores extranjeros. Aplicando una estratagema habitual (y para que no llorara) me designaron uno de los *siete* vicepresidentes *siete* de la recién creada Unión de Escritores. Y bueno, no me quejé. Nunca pensé en quejarme. Es que el año anterior había estado en la Unión Soviética y supe de lo sucedido a los escritores que habían cometido la audacia de disgustar a Stalin, incluso *sotto voce.* (Uno de ellos se llamaba casualmente Giovanni Sotto Voce, amigo de Gramsci.) Oculto tras sus barbas, nuestra versión tropical de Stalin podía resultar tropicalmente letal.*

---

* Yergueney Yevtushenko, poeta político, que estaba en Cuba por ese tiempo, desterrado no en Siberia sino en el trópico, nos reveló: «Ustedes tienen suerte de no ser rusos. Con Stalin ya los hubieran fusilado a todos». Pero, pregunto, ¿no fue lo que hizo, más tarde o más temprano, Castro? Nos fusiló con balas suaves.

Fue entonces que Virgilio Piñera regresó de Bruselas vía Praga y por apenas un metro no logró besar suelo cubano. *¡Vaya hubris!* Poco después, una temprana mañana me hallaba haciendo mi papel de miliciano tumbado en la yerba, de custodia en la puerta de *Revolución,* cuando recibí una llamada de Virgilio que comenzó por asombrarme y terminó por dejarme atónito. Virgilio me llamaba de la cárcel local en la playa donde vivía. Me contó que había sido arrestado acusado de ser P pasiva. «Sí, pero P mayúscula, ¿sabes?», comprendí enseguida: Virgilio quería decir no P de Piñera ni de poeta, sino de Pederasta. La noche anterior había ocurrido una especie de *Kristalnacht* carnal en La Habana. Una sección especial de la Policía denominada Escuadrón de la Escoria se había dedicado a arrestar, a ojos vista, en el casco antiguo, a todo transeúnte que tuviese un aparente aspecto de prostituta, proxeneta o pederasta. Esta operación policial recibió el nombre de *Noche de las Tres.* Pero a esas horas Virgilio se encontraba de seguro a kilómetros de distancia de La Habana, en la cama (creía saludable acostarse al anochecer y levantarse al alba), en la casita que él había bautizado como el *Gran Chalet de la Playa.* ¿Por qué Dante había Virgilio ido a parar al infierno carcelario?

La explicación se halla en un infame flagelo social. El Gobierno tenía (y tiene) una oscura obsesión antimaricas, travestis y bugarrones —en fin, toda clase de pederastas. De ahí la P grande en la puerta. Cinco años después, llegaron incluso a construir campos de concentración para homosexuales, especialmente para aquellos que padecían de Desviacionismo, enfermedad epidémica del comunismo. En el Congreso de Educación y Cultura, ce-

lebrado en 1971, una de las principales resoluciones adoptadas, que más que una resolución pareció una solución
(final), fue la de no permitir que los homosexuales (entonces llamados «enfermos de patología social») ocupasen
puestos desde los que pudieran pervertir a la juventud cubana. (¿Y qué me dicen de los niños de Cuba? La pedofilia
está más extendida de lo que se dice.) No deberían ocupar
lugares de importancia en los círculos culturales o en las actividades artísticas ni tampoco representar a la Revolución
en el extranjero. (Al enterarse de esta resolución, el cuerpo
de ballet (masculino) de Alicia Alonso dio un paso largo,
una *grande jetée:* de Praga a París.) Fue el mismo Fidel Castro, por supuesto, quien cerró el Congreso con esa sentencia segregante: «Vivirán pero no pervertirán».

  ¿Qué lógica había en esta aberración «patológica»?
Fidel Castro es, como a los *gays* de los Estados Unidos les
gusta decir, desviados de la gramática, *mucho macho*. Por
otra parte, el Che Guevara opinaba que los homosexuales
son gente enferma que debe dejar el paso al *hombre nuevo,*
políticamente sano, producto de la Cuba comunista. Hay
aquí varios niveles de ironía íntima: el otro Guevara, Alfredo, era un notorio marica protegido por Raúl Castro,
el mismísimo hermano de Fidel. Che Guevara acabó siendo el nombre de una boutique de South Kensington en
Londres, aunque ni una sola de sus clientes sabe qué quiere
decir su nombre que pronuncian, lo juro, «Qué Güevera». «Hombre nuevo» es una marca de tejanos que usan
lo mismo hembras y varones. Mientras tanto, en Cuba se
prohibió definitivamente el uso de los pantalones ajustados
—por ser moda imperialista y reaccionaria. *Wow!* En Nueva York, Castro no es la marca de un sofá-cama, como apa

rece en los anuncios, sino un hombre que va para ambas partes —lo que Gore Vidal llama ahora bisexual. Ironía final: el centro del mundo homosexual se halla hoy en una calle de San Francisco: *Castro Street*. ¿Gay? Sí, pero de la gaya ciencia. ¿Maricas o maracas?

Piñera el Pederasta salió de la cárcel gracias a la intervención de la Buchaca, que no lo hizo por piedad sino por consideraciones políticas: sabía los problemas que podía causar a Cuba un homosexual conocido en prisión. Había leído a Oscar Wilde y recordaba el verso aquel de *La Balada de la cárcel de Reading:*

> *En Reading junto a Reading*
> *hay una rosa de asco.*

Ella no sabía pronunciar *Reading* (diría Ridin), pero sí se sabía la balada de memoria. Después del cierre de *Lunes*, «esa rosa de asco», la mayoría de los homosexuales incluidos en la nómina (Calvert Casey, Antón Arrufat y Pablo Armando Fernández, siempre un feudo) fueron a trabajar a la Casa de las Américas bajo la dirección dura de Haydée Santamaría. Esta curiosa contradictoria (cuyas contradicciones personales y políticas la condujeron a suicidarse) era una fidelista a ultranza auténtica. Se trataba de la única mujer que había tomado parte en el asalto al cuartel Moncada en el año 53, donde tanto su novio como su hermano murieron torturados, tortura que obligaron a presenciar a Haydée. Desde 1956 era fiel compañera de Castro, a quien se había unido en las montañas donde operaba la guerrilla. Pero, como ella misma explicaba, tenía «debilidad por la cultura». Aunque admitía que no era más que una campesina ignorante. La segunda afirmación, ser ignorante, era cierta pero no la primera. Se trataba de una mujer que provenía de una familia acomodada de la burguesía de provincias, que aunque no era más rica, sí tenía más influencia a nivel local que sus iguales de La Habana. La gente rica de provincias elegía a alcaldes, escogía a los miembros de la sociedad y dirigía los institutos de enseñanza locales. En las regiones tabacaleras eran incluso más poderosos, aunque podían ser bien analfabetos. Una vez me dijo Haydée y no como confidencia: «¡Qué campesina bruta ignorante que soy! Siempre pensé que Marx y Engels eran un solo filósofo. Como Ortega y Gasset, tú sabes».

Sin embargo, más relevantes fueron las revelaciones de Haydée al volver de su primer viaje a Rusia. Entonces me confió confiada: «En Moscú, conocí a Ekaterina Furtseva. Tú sabes, la ministro de Cultura. ¡Una mujer magnífica!», que lo era, «y tan amable», que no lo era la famosa Sonrisa de Acero. «¿A que no sabes lo que hizo? La ministro Furtseva me explicó, de mujer a mujer (o mejor, de compañera a compañera), lo que sucedió con los escritores y artistas que murieron en la época de Stalin. No los mataron, no, porque fueran poetas herméticos, novelistas burgueses y pintores abstractos. No, en realidad, los fusilaron porque eran espías nazis, y no artistas. ¿Qué te parece? ¡Todos agentes de Hitler! No hubo más remedio que exterminarlos. ¿Comprendes?» Sí que comprendía. ¡Ah, qué revolucionaria inocente y peligrosa que era! Una ráfaga de frío viento siberiano me corrió espalda arriba. *Confessio mori.*

No obstante, Haydée permitió que Arrufat transformara la *Revista Casa* en la publicación literaria en español de más calidad en América después de *Sur,* que dirigieron Borges y Victoria Ocampo. Hasta que Antón se metió en problemas por publicar un poema de tema sodomita, maracas y maricas, de José Triana, joven autor teatral recientemente exilado en Francia de incógnito. El poema hablaba en tono disimulado de ciertas prácticas homosexuales inocentes más que indecentes, como embadurnarse con *KY,* emoliente para la sodomía doliente, y preguntar Triana cándidamente, cuántos sabores se saboreaban en el extranjero gay, y terminaba pidiendo el Sabor del Mes. Haydée, claro, no sabía nada de las técnicas del amor homosexual. Para ella la práctica heterosexual, la luz apagada y la postura del misionero eran lo que manda la Revolución. Pero se vio obligada a echar a Arrufat en el acto porque un poetastro envidioso, Roberto Retamar, ex agregado cultural en París, informó personalmente al presidente Dorticós del atroz delito de Arrufat contra la Revolución, contra Cuba, contra natura. Como en cualquier novela realista socialista, Arrufat fue despedido y Retamar premiado —en este caso con la dirección de la *Revista Casa.* Hasta se llegó a acusar a Arrufat del error criminal de invitar a Allen Ginsberg a Cuba. Ginsberg sería comunista en Nueva York, pero al ser un Urgay y no del Uruguay, en La Habana se le consideraba apenas rosado. Además, durante su estancia en la isla había hecho algunas declaraciones escandalosas. Como afirmar que Fidel Castro era un sabroso semental (*El Caballo* es el apodo de Castro en Cuba) y ese fornido y vigoroso héroe revolucionario (como la mayoría de los hombres) tendría que haber sido homosexual en algún momento de su vida. Pero lo peor que hizo fue suspirar en público y decir que encontraba al Che Guevara un bocado tan apetitoso que le gustaría acostarse con él ahora mismo. *Sur place de la Révolution*. Con esto basta y sobra en la Cuba de Castro. Ginsberg quedó incomunicado *ipso facto* en su habitación del hotel Capri (como en capricho) y a la mañana siguiente lo pusieron en un avión rumbo a Praga —donde pudiera conseguirse un chico checo.

Mientras tanto, se otorgó otro premio de consolación cuyo agraciado destinatario fue el que escribe. Por más vicepresidente de la Unión de Escritores que fuera, la clausura de *Lunes* me había dejado en la calle y sin clave. Así se me nombró agregado cultural justo en la otra cara de la luna vista de La Habana: Bruselas, ese solitario sitio sombrío de donde regresó Virgilio. Allí me enteré de toda la verdad sobre las trampas de Retamar y de cómo Arrufat había sido expulsado del nido de Haydée. También supe de la existencia de la UMAP: campos de concentración camuflados tras las siglas Unidad Militar de Ayuda a la Producción —agrícola por supuesto. Aparentemente la «solución final» para la explosión demográfica homosexual eran las plantaciones de caña de azúcar. Como lo habría explicado Joseph Tura en *Ser o no ser:* «Campos de concentración para locas: nosotros los concentramos y ellos hacen locuras». Hasta el pobre y pacífico Calvert Casey se metió en problemas cuando se atrevió a contar a un anónimo mexicano de izquierda (otro turista político llamado Emanuel Carballo) que había por toda Cuba campos para homosexuales —y no campos de cultivo. Éste era un secreto celosamente guardado del que Calvert Casey se había enterado gracias a la red (encaje más bien) de bolas homosexuales. A la mañana siguiente —¿complejo de culpa o de *cruda*?— el Manuel mejicano fue a ver a Haydée Santamaría y le susurró que había contrarrevolucionarios en la Casa que iban diciendo mentiras peligrosas para la Casa de las Américas y susurró un nombre gringo a su oído —Casey. Calvert recibió una severa reprimenda y fue degradado, aunque nunca llegaron a echarlo de la Casa, conocida ya como la Casa de los Maricas.

Cuando volví a Cuba para el funeral de mi madre, La Habana me pareció el lado izquierdo del infierno. Virgilio, más que guía del Averno daba la impresión de hacer el papel de solterona tiritante en verano en una de sus piezas del absurdo: una vieja loca que jugaba todo el tiempo a la canasta. Lezama se dedicaba en secreto a bordar su *Paradiso* en la oscuridad, noche tras noche, sin decirle nada a nadie (ni siquiera a su esposa) a la mañana siguiente: siempre astuto, siempre en su exilio doméstico, haciendo de Ulises y Penélope al mismo tiempo en la calle Trocadero. El enorme Hurtado estaba más asustado que encogido se veía a Virgilio: tenía miedo hasta de respirar y parecía perecer. Quedaba únicamente Arrufat, incitado a seguir las huellas de un *alien,* ese Allen Ginsberg al que nunca conoció. Andaba ahora con ánimos de sacar a la calle un grupo de gays desesperados con banderas y pancartas para chillar ante el Palacio Presidencial, residencia provisional de Dorticós. Era un plan tan suicida como el ataque kamikaze efectuado en 1957 contra el mismo palacio, donde se escondía Batista entonces. Para quitarle esas locuras de la cabeza, Virgilio tuvo que contarle un cuento de lo que era ser un escritor pederasta que después de pertenecer a *Revolución* era metido en la cárcel:

«Mira, muchacha, es muy simple», terminó. «Los presos contrarrevolucionarios te harán pedazos, te descuartizarán por una causa que ya no existe.» Punto final. Arrufat vio la luz (lógico: Virgilio era su maestro) y en vez de hacer una demostración ante Palacio, se encerró en su casa para escribir una pieza de teatro. Estaba basada en *Los siete contra Tebas*, y había en ella un Zeus de barba negra que desde el monte Olimpo tronaba en español durante horas y horas. Como todavía tenía ganas de provocar, quiso titularla *Muerte al Infiel*. Virgilio susurró una cita del otro Virgilio: *Facilis Descensus Averni*. Con lágrimas de cocodrilo fidelista decidí marcharme de Cuba. Ya había visto y oído, y me había hecho oír más de lo suficiente y tomado mi decisión. No le dije a nadie que me iba para siempre —pero fue lo que hice. Adiós a Cuba— y lo que es peor, a La Habana.

Entra Padilla riendo. Mi novela *Tres tristes tigres* había ganado el laurel literario más prestigioso de España entonces, el Premio Biblioteca Breve de 1965. En segundo lugar quedó *Pasión de Urbino,* de Lisandro Otero, que había sido mi compañero de clase en la Escuela de Periodismo. Por esa época era un anticomunista acérrimo, pero luego se convirtió en un burócrata epónimo, adscrito al Ministerio de Asuntos Exteriores. Otero era también amigo de Padilla, quien solía llamarle *La bella Otero* y otras linduras. Además siempre fingía desear apasionado a la señora Otero, Marcia Leica, una bella cubana de marfil que perteneció a la alta sociedad de La Habana y era, por ese entonces, el brazo derecho de Haydée Santamaría en la Casa de las Américas —aunque seguía aún siendo a sus treinta una belleza y sabía pronunciar Engels y diferenciar a Karl de Groucho mientras hacía amables gestos políticos con sus largas y blancas manos. Además tenía modales exquisitos, Lisandro se comía las uñas. Todos veíamos lo que Lisandro veía en ella. Pero ¿qué podría ver ella en el Feo Otero?, se preguntaba a menudo Padilla. Lisandro Otero guardaba y aguardaba. *Pasión de Urbino* se publicó en La Habana en 1967 y como Otero era un pez gordo en *El caimán barbudo* (el émulo cubano de *Krokodil,* la revista rusa), pidieron críticas —o mejor, opiniones favorables, de todo el mundo, sin excepción. Padilla envió la suya: una violenta crítica que ponía por los suelos la novela de Otero y era un canto triunfal a la mía que acababa de publicarse en España, no sin antes tener ciertas dificultades con la censura de Franco. «¡Escándalo!», «¡Calumnia!», «¡Contrarrevolución»!, gritaron desde *El caimán barbudo*. Dagas volaron feroces, fanáticas, filosas de la tupida barba del caimán comunista y la barbuda turba. Padilla se había atrevido a alabar un mal libro hecho por un peor cubano: un contrarrevolucionario exilado en Londres. (Eso queda en Inglaterra ¿no?) Pero no había visto los méritos enormes de la excelente novela del camarada Otero, un revolucionario que vivía en Cuba —al igual que lo había hecho en tiempos de Batista. (El comentario es mío.) El *caso Padilla* tenía sus raíces en la dialéctica comunista: el que no elogia a un miembro del Partido, es un enemigo del Partido. Pero aunque Padilla no era surrealista consideraba al poeta como un *agent provocateur* literario de capa y espada, y a sus palabras, un arma oculta bajo el capote. Nunca se retractó pero sus enemigos nunca se ablandaron: en un país comunista, que vive y muere según reglas bélicas, una campaña verbal es siempre considerada la continuación de la guerra por otros medios. El silencio es el último refugio del enemigo de clase y el escepticismo una peligrosa desviación a la derecha. Pero el silencio, más que la conformidad, fue lo que salvó a Boris Pasternak. La falta de pelos en la lengua y la indiscreción, más que el hecho de ser relevante, fue lo que perdió a Osip Mandelshtam. Padilla, que había vivido en Moscú, decidió comportarse como ambos poetas a un tiempo. Era capaz de escribir un poema burlándose de Castro y mantenerlo en secreto (haciendo como el prudente Mandelshtam) y luego (como hacía Pasternak con Stalin) podía hablar por teléfono con Fidel Castro como el *enfant prodige* de las letras cubanas: el caprichoso hijo de la Revolución que siempre podría ser reprendido para enmendarse luego, con el Primer Ministro haciendo el papel del padrino cubano. Coppola y cópula: conjunciones.

Por supuesto, Padilla no era Pasternak y Fidel Castro no era Stalin: conclusión, el poeta se convirtió en un *affaire,* conocido en Cuba y a lo largo y ancho del mundo de habla española (y también fuera de éste) como el *caso Padilla.* Pero Padilla no iba a ser arrestado por Scotland Yard y juzgado en el Old Bailey. La mente totalitaria jamás se preocupa por lo que ella llama «justicia burguesa». (Fidel Castro era abogado de formación, igual que el doctor Goebbels.) En el año 68 Padilla ganó un premio de poesía en un certamen patrocinado por la Unión de Escritores otorgado por un jurado internacional. El título del libro de Padilla era *Fuera del juego,* y hasta este nombre devino anatema para algunos miembros de la Unión de Escritores, especialmente su presidente, el viejo caimán comunista Nicolás Guillén, que es poeta pero fue censor cuando Machado. Guillén trató de presionar al jurado para que revisara su fallo. Según el dictamen de la Unión de Escritores, los poemas de Padilla eran escandalosamente enfermos, contrarrevolucionarios. Pero ¿lo eran realmente? El poema que daba título a la colección estaba dedicado a Yannis Ritsos, poeta comunista griego y empezaba así:

> *Al poeta, despídanlo!*
> *Ése no tiene aquí nada que hacer*
> *No entra en juego*
> *No se entusiasma*
> *No pone claro su mensaje*
> *No repara siquiera en los milagros*
> *Se pasa el día entero cavilando*
> *Encuentra siempre algo que objetar.*

Versos más que inocentes y además la música era siempre la de Theodorakis. Para colmo, Ritsos había sido encarcelado en 1967 por la Junta Militar griega. Es obvio que esto no podía pasar en Cuba. Había otros poemas que eran incluso menos críticos —si se puede calificar de críticos a los versos precedentes. El más audaz era quizá: *Para escribir en el álbum de un tirano:*

> *Protégete de los vacilantes*
> *porque un día sabrán lo que no quieren.*
> *Protégete de los que balbucientes,*
> *Juan-el-gago, Pedro-el-mudo,*
> *porque descubrirán un día su voz fuerte.*
> *Protégete de los tímidos y los apabullados*

*porque un día dejarán de ponerse
de pie cuando entres.*

¿Es ésta la poesía que lanzaría una invasión yan-kee? Ni hablar. Por esa época en el espantoso mundo his-panohablante de juntas y generales había poetas más es-candalosos bebiendo mate en los cafés. En la España de Franco, Blas de Otero escribía y publicaba abiertamente poesía de corte comunista y nadie lo regañaba. Murió en Madrid. Nicanor Parra hizo ambiguas críticas al régimen de Pinochet —y nunca le ocurrió nada. En México, Octa-vio Paz (voz enérgica para verbo enérgico) renunció al cargo de embajador en la India, en un gesto de repudio a la masacre de Tlatelolco ordenada por su presidente. Pe-ro fue sólo su conciencia la que lo hizo renunciar y nunca ha dejado de vivir en México.

Mientras tanto, en Cuba comunista, en abril de 1971, Heberto Padilla fue arrestado *á la Russe:* en su casa y por la madrugada. Furtivamente pero con un toque cu-bano: había recibido una discreta alarma, estridente de parte de los miembros del Comité de Defensa de la Revo-lución de su manzana. Los carros de patrulla hicieron el resto con sirenas silentes. El poeta permaneció un mes es-caso en la cárcel, pero en esta oportunidad (al revés de lo que sucedió con la clausura del *Lunes,* tan calladamente montada) se produjo un escándalo internacional. El co-rreo traía comunicaciones privadas dirigidas sólo a dis-cretos ojos oficiales y al final le enviaron una carta abierta al mismísimo Doc Castro. La carta —«Querido Fidel»— que venía de parte de amigos, fue recibida por el primer ministro cubano como si se tratara de la misiva de un maligno enemigo. Por sorprendente que parezca, la carta llevaba las firmas de escritores de izquierda y defensores de la Revolución como Jean-Paul Sartre y Simone de Beauvoir, Italo Calvino, Marguerite Duras, Hans Magnus Enzensberger, Juan Goytisolo, André Pieyre de Mandiargues, Alain Jouffroy, Joyce Mansour, Alberto Moravia, Octavio Paz y algunos otros que ni siquiera podían pronunciar correctamente el nombre de Padilla, mucho menos leer sus poemas. Era un quítame allá esas puyas. Hacía bastante tiempo que muchos intelectuales europeos y americanos estaban desilusionados con la Revolución Cubana. Fidel Castro, por su parte, estaba harto de lo que consideraba una intromisión en su dominio privado. La verdad, los escritores extranjeros y el dictador cubano ya no hacían buena liga: eran socios sin provecho.

Sin embargo, por un momento pareció que la cabeza del poeta rodaría rota. Pero Fidel Castro es una versión de Stalin, y Padilla (que escribió un poema sobre la lengua del poeta requisada por el Estado) se retractó y fue puesto en libertad. Para ello tuvo que hacer antes una confesión *a viva voce* en el salón de actos de la Unión de Escritores. El proceso a *Lunes* se desarrolló *in camera* y el veredicto se dictó en privado. Pero ahora no se trataba de un juicio público tras puertas cerradas, sino de confesión pública que fue todo un espectáculo. Padilla lo interpretó no leyendo un libreto sino siguiendo las líneas de un *scenario* y así, muy al estilo ortodoxo ruso y no cubano católico, confesó a viva voz todo tipo de crímenes literarios y políticos —y hasta crímenes contra el Estado y el pueblo cubanos. Además nombró a algunos cómplices, entre ellos la figura augusta y rotunda de Lezama Lima, conspicua esa noche no sólo porque lo llamaron poeta subversivo en público, sino porque fue la segunda figura literaria internacional ausente de la exquisita *soirée* cultural, montada con tanto esmero por la Unión de Escritores y, es obvio, por la Seguridad del Estado. El otro gran ausente era también importante: Nicolás Guillén, presidente de la Unión de Escritores —quien oportunamente alegó mala salud, tos, fiebre. ¿Un catarro? Mejor te cuidas, camarada.

Después de la confesión al estilo soviético («Compañeros, sé que mi experiencia va a servir de ejemplo, debe servir de ejemplo a otros») se originó una carta en un lugar de Europa más indignada y vehemente dirigida a Castro y firmada por aún más escritores de izquierda, como Nathalie Sarraute y Susan Sontag. Los firmantes estaban avergonzados y furiosos por el ultraje que supone para un poeta obligarlo a confesar crímenes políticos imaginarios. Hablaban de la despreciable indignidad cometida con Padilla. Pero por supuesto no decían cuántos obreros desconocidos y campesinos anónimos habían sido obligados a hacer lo mismo a lo largo y ancho de Cuba en el pasado (desde los comienzos de la Revolución, de hecho) y cuántos más descubrirán *in corpore* algún día que la retractación pública de Padilla no fue un castigo cruel y extraordinario sino una confesión deseada con fervor. «Échenme a mí la culpa», decía una canción cubana. ¿O era mexicana?

Después que Padilla hubo confesado delitos tan absurdos como admitir la autoría del incendio del Reichstag, la voladura del *Maine* en el puerto de La Habana o ser Guy Fawkes en la Inglaterra jacobina, un extraño período de calma se adueñó de la isla. Sin novedad en el frente cultural —aunque la tranquilidad no duró mucho.

Lezama Lima, que no pudo publicar nada después de haber sido implicado por Padilla, murió. La muerte le vino como viene al arzobispo: como a un católico convencido. Falleció en oscuridad fúnebre: un desconocido en una de las salas públicas del viejo hospital Calixto García, donde antes de la Revolución iban sólo los indigentes. (Curiosamente esa sala se llama *Borges*.) Después de su muerte nadie dijo nada de él durante un tiempo. Posteriormente, póstuma, la Imprenta Nacional, propiedad del Estado, le publicó un breve poema en prosa acerca de un poeta muerto llamado Licario, l'Icare, Icarus: ese extasiado amante de surcar los cielos que murió a causa de su propio vuelo poético hacia el sol. La vida de Lezama Lima describió así un círculo completo: de dejar de ser inédito pagando hasta pagar sus culpas políticas convertido en poeta inédito.

¡Entonces apareció —tará— Reinaldo Arenas! Se parecía un poco a Lezama y otro poco a Padilla, pero pelirrojo. (¿O se tiñó el pelo?) Había leído los suficientes libros como para reconocer un problema literario. Además Arenas era el único novelista cubano que podía ser considerado hijo de la Revolución: de origen campesino pobre en la parte pobre de la provincia de Oriente (la que fue mía), ahora vivía en La Habana, donde publicó su primera novela, tal vez demasiado influida por Faulkner, pero una auténtica, notable novela prima. El hecho de ser campesino (tenga en cuenta el lector que se suponía que la Revolución cubana fue hecha por guerrillas campesinas) le valió ser adoptado por la Unión de Escritores como la gran esperanza roja de la novela cubana. Nada de la caó-

tica erudición católica de Lezama o la degenerada decadencia de las cadencias de Piñera o los vicios cosmopolitas de un pederasta exilado en París como Severo Sarduy,
también joven y también brillante. Pero Arenas tenía, como suelen decir en Cuba, su *defecto,* algo que suena casi
parecido a desafecto: era homosexual y en una forma demasiado llamativa, casi como una loca de La Habana Vieja. Además no hacía nada por ocultar o reprimir sus hábitos: pertenecía a esa joven generación de homosexuales
que creó el movimiento gay. No es que la Unión de Escritores no hubiese tratado de reformar a Arenas, no. Incluso le propusieron que si se casaba y formaba una familia
formal lo dejarían en paz. Ya habían realizado experimentos de este tipo, exitosos con varios actores a los que en
Hamlet sólo les gustaba hacer de reina. O tal vez Ofelia.
Estas yuntas y coyuntas eran una terapia más cercana a
Pavlov que a Freud, más cosa rusa que vienesa: la cura de
la locura por el matrimonio realista socialista. Pero Arenas era un campesino, y como todos los campesinos, testarudo: se negó a obedecer y continuó con sus hábitos —sin
ser monje. Luego escribió una segunda novela: la brillante, original y exitosa *El mundo alucinante.* ¡Taratará!

De súbito, Arenas, además de invertido, se vio convertido en controvertido. Desde el año de la Nana no sucedía que un joven novelista cubano todavía residente en
la isla tuviese tal éxito internacional. Para Arenas era,
claro, un *succès de folle.* Se trataba del asno de oro de nuevo, por supuesto: Apuleyo en la isla de las cotorras. Después que la novela fue rechazada por la Unión de Escritores (incompetentes literarios pero muy competentes
políticos), Arenas envió el manuscrito al extranjero sin

consultar con la Unión, extraño editor: incluso cuando rechaza un libro en forma definitiva, quiere saber cuáles serán los posibles pasos posteriores. Sobre todo, *después* del rechazo. Sobre todo, de un libro que trata de un cura perseguido por una tiranía. (El cura era mexicano, la tiranía universal.) Lo que sobrevino a Arenas no fue el éxito, sino un repentino reconocimiento disfrazado de espantosa pesadilla. Perdió el puesto que tenía en la Biblioteca Nacional, un cargo de poca importancia, es verdad, pero ya no pudo recibir más visitas del extranjero y fue objeto de una inspección minuciosa por parte de Seguridad del Estado, esa cuadrilla de muy letrados policías políticos. (Un conocido escritor venezolano fue expulsado de Cuba por reincidir en el crimen de tratar de hacer contacto con Arenas: *1984* está más cerca de lo que crees, camarada.) Por último, metieron a Arenas en la cárcel bajo la acusación de corromper a un menor. En el proceso (de Kafka) el *corpus delicti* presentado al tribunal casi como un *corpus deliciae* era un robusto varón de treinta y cinco años de edad, con abundante barba adulta y mucho más alto que Arenas. (Arenas sigue insistiendo hasta el día de hoy que su presunto consorte y Fidel Castro eran idénticos: cuando veas las barbas de tu gemelo.) Sea como sea, Arenas fue declarado culpable y sentenciado a cuatro años de cárcel, por delitos contra natura y contra el hombre (socialista). De la poca pena sólo cumplió un año, es verdad, pero en las mazmorras de El Morro, ¡fortaleza que no había sido usada como prisión desde que los ingleses tomaron La Habana en 1762!, Arenas sobrevivió la cárcel por la misma razón que había ido a parar a ella: era un campesino testarudo.

Cuando finalmente fue puesto en libertad, con quince kilos de menos, intentó marcharse de Cuba contra viento y marea, literalmente. En París tenía un amigo por correspondencia, que le envió una balsa de goma en la maleta de un diplomático atrevido. Todos pertenecían a la red homosexual, excepto la balsa. El bote inflable funcionó a la perfección en la playa cuando Arenas lo probó una noche. Pero una vez mar afuera, la manufactura mediterránea de la balsa no pudo resistir la fuerza de la Corriente del Golfo y sufrió un desgarro. Arenas tuvo que nadar de vuelta desde la Corriente, a través de un mar a menudo infestado de tiburones. Luego trató de cruzar a nado (nunca pude entender cómo un campesino de tierra adentro se convirtió en tan excelente nadador de alta mar) la bahía de Guantánamo para llegar a la base naval americana de Caimanera, ubicada a dos millas náuticas de distancia pero un sólido santuario para muchos cubanos afortunados. La muerte o un castigo peor que la muerte aguardaba a quienes no tenían éxito en la empresa: esa tierra de nadie (igual que la frontera entre las dos Alemanias) se halla plagada de ametralladoras autómatas, minas y trampas eléctricas controladas por dispositivos en la flor. (Véase el poema de Cintio Vitier y Desnoes.) Afortunadamente su huida nunca tuvo lugar. Arenas pudo abandonar, entre las balas que zumbaban en la noche última, la zona mortal y escurrirse hasta territorio cubano, salvación que significaba nuevas perspectivas de cárcel. Temeroso de regresar a la capital se ocultó en el Parque Lenin, una zona boscosa en las afueras de La Habana. Allí pasó meses, escondido en espesura vigilada: Lenin lenitivo y letal al mismo tiempo. Afortunadamente contaba con una pareja fiel: dos mellizos tan femeninos y amables que Arenas los llamaba las hermanas Bronté-Bronté con un *accent aigú* sobre la é. Fue gracias a ellos (¿ellas?) que pudo sobrevivir y, una hazaña aún mayor, regresar a su casa sin que lo descubrieran. Su apartamento era en realidad una pequeña habitación de un antiguo y derruido hotel colonial de La Habana Vieja. Allí se hallaba escribiendo (y ocultando en el techo, violinista, lo que escribía, de los ávidos lectores de Seguridad del Estado) cuando comenzó la invasión de la embajada peruana. Un buen día se refugiaron en la residencia unos pocos cubanos desesperados, entre los que se encontraba el amante perdido de Arenas. Tres días más tarde, eran once mil las personas que atestaron el recinto de la embajada en busca de asilo, un hecho sin precedentes en la historia de la diplomacia, y ni siquiera comparable a los cincuenta y cinco días en Pekín cuando la rebelión de los bóxers. Arenas también pensó en acogerse a asilo pero se dijo a sí mismo que su racha de mala suerte haría abortar la misión antes de intentarla. Estaba *salao*.

Fue entonces que llegaron los barcos de Miami, la *Flotilla de la Libertad,* en un rescate de último minuto: todo el mundo intentaba irse de Cuba en cualquier cosa que flotara. El Gobierno, en un intento de justificar su afirmación de que sólo la «escoria social» había buscado asilo en la embajada peruana, llenó a la fuerza los barcos procedentes de Florida, que habían sido alquilados por particulares para sus parientes pobres en la isla, con toda clase de delincuentes: soltados de las cárceles, cogidos en las calles de La Habana y sacados de manicomios.

Un día el delegado del Comité de Defensa de la Revolución en la calle donde vivía Arenas llamó a su puerta, que de todos modos se hallaba abierta para exorcizar al calor y a los curiosos por igual. El delegado le informó a Reinaldo oficialmente que tenía que abandonar el país en el acto, pues había sido calificado de escoria: por así decirlo, la *crème de la crème* de la degeneración socialista. Perdón, social. Para Arenas fue un insulto caído del cielo. Se vistió en un santiamén, dispuesto a marcharse del cuarto, y dirigirse a Mariel, el puerto de partida de la decadencia: una especie de Dunquerque para cubanos. Allí tuvo que esperar cuarenta y ocho largas horas en la playa bajo un sol implacable —pero, como dijo el caimanero, no menos que el hombre. Cuando al final partió en el barco que le correspondió por azar, estuvo perdido durante dos días en las procelosas aguas del Golfo antes de que tocaran puerto en Cayo Hueso, donde fue en seguida internado en un descampado al que el gobierno de La Florida destinaba a todo extranjero indeseable. Pero para Arenas era el paraíso de nuevo encontrado. El infierno había quedado atrás en Mariel, mientras esperaba la llegada del barco, temeroso de que el Comité de Lectura de la Unión de Escritores pudiera enterarse de que se marchaba, ya que el vigilante Comité de Defensa había tomado una decisión a nivel local. (De loca, claro.) En la playa, descolorida ahora por el blanco sol abrasador, había motas color olivo. Pero no era la vegetación clemente sino el hombre inclemente. Como personajes salidos de Doré o de Dante, personal militar portaba enormes libros en los que anotaban cuidadosamente a hombres, mujeres o niños a punto de dejar la isla: señas, ocupación, dirección anterior. Todo sonaba a nombre, rango y número de serie. Para Arenas ese monstruoso libro mayor rojo se convirtió en una versión de pesadilla del Libro del Juicio Final. ¿Era ésta la recompensa que se merecía un escritor? A mí me parece más bien el mayor castigo para un pecado sin nombre. ¿Cuál círculo del infierno es Cuba?

En enero de 1981 vi a Reinaldo Arenas en Nueva York y me pareció el hombre más feliz del mundo. Su odisea había terminado con un final feliz. Por fin, Arenas había conseguido reunirse con su amante en Miami, rescatados ambos por un tío de Arenas, un agente de aspecto amenazante pero, según Arenas, un hombre adorable a pesar de pertenecer a la policía de la ciudad y del condado de Dade. En Nueva York reinaba un frío glacial (no precisamente el tiempo apropiado para un criollo de la campiña cubana), pero el frío no impidió que se quitara los zapatos y se pusiera a bailar descalzo entre esas mezquinas esquinas de noche. «¡Mira!», me gritaba. «¡Mira! Como Yin Keli», mientras cantaba «Singin' in the Rain» —bajo la nieve no bajo la lluvia.

Por esa fecha, casi el mismo día, Heberto Padilla dejó Cuba para siempre. Admiradores suyos en los EE UU (Susan Sontag entre otros) habían pedido al senador Edward Kennedy que intercediera en su favor ante Fidel Castro. Kennedy hizo una llamada (a cobro revertido) al dirigente cubano. Veinticuatro horas después Padilla obtuvo permiso de salida, dos billetes de avión y, además, Castro en persona lo despidió con un tibio adiós, según contaría el poeta luego. La anécdota encuentra su sitio adecuado en una historia cubana de la infamia. Padilla fue convocado a uno de los muchos cubiles ocultos que

Castro tiene en La Habana, esta vez un palacete disfrazado. Después de darle la mano, Fidel le dijo que había escuchado el rumor de que él (Padilla, claro) quería marcharse de Cuba. Luego, con una mirada astuta, le preguntó: «¿Es verdad eso?», para agregar enseguida: «Mira, chico, tú sabes que éste es tu país y que lo será hasta el día de tu muerte. Nadie te echa de aquí. El pueblo cubano es tu pueblo. Puedes irte ahora y regresar cuando quieras. Tu casa queda intacta. No se tocará ni un solo ladrillo ni un solo libro. Quiero que lo sepas». Una vez dicho todo, el tirano despidió al poeta, y lo lanzó fuera del juego.

Estoy seguro de que el filósofo vienés, el intelectual conservador y el director de Hollywood dirán a coro: «Ah, pero ¿ve usted?, este político se preocupa por la suerte del poeta». Igual que Augusto por Ovidio o como Stalin con muchos otros poetas, que se ocupó de ponerles una lápida encima. Padilla hizo lo correcto: se marchó de su casa y de la ciudad rápido y en silencio. En 1933, Joseph Goebbels vio una película de Fritz Lang y decidió que era Wagner, ¡por fin!, en imágenes. Sabía que Lang era uno de los pocos directores alemanes importantes que aún vivía en Alemania y que no era judío. Lo citó a su enorme despacho y le dijo que quería que se hiciera cargo *inmediatamente* de la industria de cine en nombre del Führer y de Alemania. Fritz Lang se atornilló el monóculo, dijo que quería consultarlo con su almohada si a Herr Doktor no le importaba, y claro, le rogó le permitiera volver a casa —no sin olvidar sonar los talones (clac) antes de abandonar la habitación. A la mañana siguiente Lang se marchó secretamente en el primer tren para París. Como el director de cine alemán, Padilla había aprendido

el axioma de los años de la peste formulado por Francesco Guicciardini, amigo de Maquiavelo y que reza: «El tirano, como la plaga, tiene una única cura: darse a la fuga
tan rápido como se pueda, tan lejos como sea posible».

En cierta oportunidad el director de una editorial
americana quería publicar una antología de literatura cubana y vino a mí en busca de ayuda. Le mencioné varios nombres en secreto y añadí que también debería incluir a los escritores que quedaban en Cuba. «Son unos cinco», creo
que le dije. Esto ocurrió el año pasado. A comienzos de este
año el mencionado editor volvió a verme: «Bueno, ¿y ahora
cuántos escritores quedan?». Me sentí como un corredor de
apuestas pero no tuve más remedio que decirle la verdad:
«Bueno, Virgilio Piñera y Alejo Carpentier han muerto.
Edmundo Desnoes, Reinaldo Arenas y Benítez Rojo (la
alternativa de Haydée Santamaría a Carpentier) se exilian
en Estados Unidos. José Triana, en una especie de *larvatus
prodeo,* hizo lo mismo en Francia. Supongo que queda en
Cuba solamente un escritor de nivel internacional, Nicolás
Guillén, y unos seis poetas menores de nombres impronun-
ciables». «No muchos, ¿no?», me dijo con una mueca de
disgusto que quizás era de incómoda vergüenza. Tuve que
darle la razón. De verdad, no muchos. En absoluto.

Alejo Carpentier murió en París como quería, pero no en la forma que quería. En vez del piadoso ataque al
corazón que esperaba lo aniquilara en el sueño, se despertó en mitad de la noche: el cáncer de garganta que lo con-
sumía le había provocado una hemorragia. Carpentier se
ahogó en su propia sangre en desenfreno. Luego lo em-
balsamaron y lo volaron a Cuba, donde fue obsequiado

con pomposas exequias —incluso recibió una corona personal de Fidel Castro con la siguiente dedicatoria: «Para el gran escritor del pueblo». Mentira, por supuesto. El único y auténtico escritor popular que quedaba en Cuba murió de una muerte diferente.

La muerte de Virgilio no fue rápida ni sencilla. Se hallaba en su pequeño piso de La Habana (refugiado junto a su amigo Feo) cuando se sintió enfermo. Se las arregló para telefonear por una ambulancia —¡que tardó tres horas en llegar! ¡Papeleo! La función primordial de un Estado policíaco consiste en llenar y volver a llenar más y más formularios —y más aún. Papeleo. Cuando la ambulancia al fin llegó, lo encontraron tirado en la calle ya cadáver. Alejo Carpentier que pedía un ataque al corazón tenía casi ochenta años cuando murió. Virgilio Piñera, que no quería saber nada de paros cardíacos o infartos tenía sesenta y ocho. El funeral de Carpentier fue oficial y con pompa. El entierro de Piñera constituyó una nueva pieza del absurdo, interpretada por él mismo en la ocasión luctuosa. Luego corrió el rumor (en los países socialistas los rumores corren como Aquiles mientras que las noticias del Partido van a paso de tortuga: por eso un rumor que corre es siempre digno de confianza), rudo rumor: había muerto Virgilio. Estaba de cuerpo presente en una humilde funeraria acompañado por un pequeño grupo de escritores, viejos amigos y un mujerío de jóvenes escritores, con aspecto de maricas, y maricas eran: pájaros de La Habana. Virgilio había sido el único auténtico educador que habían tenido, mentor y maestro en el *gay savoir*. Había flores que se marchitaron pronto y luego llegó una corona de la Unión de Escritores, sin dedicatorias.

Hubo todo lo necesario para un buen velorio, excepto lo principal: el cadáver. Algunos recordaban haberlo visto a altas horas de la noche anterior. ¡Pero ya no estaba allí! Se lo habían llevado por la mañana temprano. De madrugada casi. La explicación ofrecida a la subrepticia retirada del *corpore insepulto* fue que Virgilio necesitaba una segunda autopsia. Virgilio necesitaba otra autopsia tanto como un agujero en la testa. Todos sabían que había muerto de un ataque al corazón. La razón real que explicaba la desaparición del cadáver (como en las mediocres novelas de misterio de Agatha Christie) era que el Gobierno (o la Unión de Escritores) temía encontrarse con una funeraria atestada de gente, velando al difunto, lo que terminaría en una procesión fúnebre plagada de incidentes y accidentes, todos políticos. El cadáver regresó del frío media hora antes de comenzar el entierro, aunque éste nunca tuvo lugar. En vez de conducir el coche fúnebre a paso de peatón (que es la costumbre en La Habana, donde las funerarias nunca están muy lejos del cementerio), como corresponde a una procesión mortuoria que se respete, el chófer, siguiendo órdenes de la Unión de Escritores, también siguiendo órdenes del Gobierno, aceleró como si estuviera en Le Mans para eludir la afeminada comparsa cultural. Pero los discípulos (de la nueva escuela cubana de maricas, aún más nueva que la escuela de Arenas y la Nueva Trova) persiguieron el carro fúnebre en coches, en bicicletas y hasta a pie, corriendo exhalando, aullando gritos de lamento: «¡Ay de nosotros, Maestro! ¡Te llevan a lo ignoto pero tu espíritu siempre estará con nosotros! ¡Virgilio vive! ¡VV!».

Pero Virgilio estaba muerto y bien muerto y su cadáver se halla (o debe hallarse) todavía en su tumba del cementerio Colón, uno de los más suntuosos de América: más grande aún que el famoso cementerio de La Recoleta en Buenos Aires, donde Borges anhela ser inhumado para así poder soñar que está muerto. Como conozco al régimen, tengo la seguridad de que Virgilio ha sido enterrado no en el Panteón de la Patria sino en lo que se podría llamar la fosa común, aunque se supone que no hay fosas comunes en un país socialista. Todos los muertos socialistas son enterrados igualmente, sólo que algunos son enterrados más hondo. No me apena. No me apena en absoluto. A Virgilio tampoco le habría importado en lo más mínimo el lugar donde yace su cadáver durmiendo el sueño eterno.

Son sus escritos los que vivirán para siempre, torciéndose y retorciéndose de risa perversa, de risa Piañera. Por eso me preocupa profundamente lo que pueda suceder a su obra. Sé que sus libros estarán agotados dentro de poco y que ya nunca más serán reimpresos en Cuba. Lo que dejó inédito quedó por un tiempo en su piso pobre detrás de la puerta precintada por Seguridad del Estado: «PROHIBIDA LA ENTRADA».

Extraña paradoja ésta: un cuerpo de policías analfabetos que se ocupan y preocupan por los escritores y sus escritos. El antiguo apartamento de Piñera tendrá nuevos y ansiosos inquilinos, listos para mudarse y hasta impacientes por hacer la limpieza. Todos los papeles que se encuentren (la última voluntad literaria y el testamento teatral de Virgilio) irán a parar a una caja de cartón y serán luego encerrados en una de las secciones secretas ubicadas en el sótano de Seguridad del Estado. Ese lugar (donde acabaron las novelas sin publicar de Arenas) es conocido, por los agentes secretos que se encargan de cada cubano afectado por una inclinación literaria o una desviación subversiva (ya sea política, estética o sexual), como La Siberia. Este artículo largo en meandros y sin ilación es un esfuerzo por mostrar que todo (el sótano, el edificio de la Seguridad del Estado, La Habana y la isla que según el Capitán Núñez tiene la forma del logo de Lacoste) es una Siberia del trópico.

Pero a veces a solas me pregunto, ¿por qué estaba Virgilio tan deseoso de besar tierra cubana que metió la pata y besó suelo ruso?

(Ensayo publicado primero en inglés por The London Review of Books *el 4 de julio de 1981 y, en español, en* Quimera *en España, en agosto de 1984.)*

Encuentro con la inteligencia
de Franco

Recuerdo el día que encontré a mi madre llorando. No había habido motivo doméstico (ese día) y pregunté por qué como pregunta un niño de ocho años. Mi
madre me explicó: «Cayó Santander». Supuse que Santander era un amigo íntimo o un pariente cercano y su
caída había sido de seguro mortal —y una caída mortal
fue para mi madre y para mi padre. Santander se había
rendido a Franco. Mi madre y mi padre habían sido fundadores del Partido Comunista en mi pueblo y habían sufrido prisión los dos bajo Batista un año antes. Apenas un
año después estarían haciendo campaña electoral *para* Batista —siguiendo siempre los dictados del Partido. Ésas
fueron tempranas lecciones políticas que nunca olvidé.
Era, ya a esa edad, un veterano.

Treinta años más tarde y en el exilio había venido
a vivir (no a morir) a Madrid. La encontré, desde la oscura Habana al mediodía, luminosa y atrayente, a pesar
de que la zona de sombra era el patio de un convento,
con monjas dormidas en una siesta que Dios haría eterna. Estaba ocupado en reescribir mi novela *Tres tristes tigres,* que antes había tenido el título ilusorio de *Vista del
amanecer en el trópico,* y descubrí que es más fácil rees-

cribir la ficción (o esa otra ficción, la historia), que la vida propia.

Había vivido nueve meses en España y decidí instalarme. Debía solicitar ahora un visado de residente (el actual era de algo que nunca he sido, turista) y la respuesta a mi solicitud apareció en forma de una cita en el Ministerio (por poco escribo misterio) de la Gobernación que creí rutinaria: todo turista, aun renuente, es inocente.

Al llegar a la Puerta del Sol y entrar en la penumbra del edificio me cegó su sombra hasta que tropecé con la recepción. Dije el nombre del funcionario nombrado en mi convocatoria y la recepcionista me informó que subiera al tercer piso, a la puerta 304, y entrara. Subí en un elevador que crujía obsoleto y cuando llegué a la puerta indicada vi en el cristal nevado un letrero que decía: «Negociado de Asuntos Árabes».

Supuse que era un error de la recepción y bajé a la entrada, a su sombra, a que me aclarara. La recepcionista, fina y firme, me dijo que *ésa* era la puerta. Como no era árabe ni siquiera musulmán, supuse que se trataba de una versión española de la fábula de Kafka ante las puertas de la ley, aunque, a pesar de Fraga, no estaba en Praga. Hice lo que me mandaba la recepcionista, que era la ley. Subí de nuevo, abrí la puerta del Negociado de Asuntos Árabes, ya sin comillas, donde alguien dentro me indicó una puerta estrecha. La abrí también. Allí, en una oficina de un orden impuesto pero perfecto, había un funcionario con aspecto de hombre importante por su traje impecable y su pelo planchado a los años treinta. Estaba sentado ante un escritorio desnudo y directamente debajo de un enorme mapa de Cuba. Por un momento pensé que el mar Caribe era el golfo Pérsico, o mejor aún, el mar Rojo. La política, como se sabe, altera la percepción.

El funcionario (o policía: en los países totalitarios son indistinguibles) me hizo sentar ante su escritorio pero al otro extremo. Comenzó hablándome de su cargo, siempre oneroso (pensé, no sé por qué, en Oneroso Redondo) pero al que los tiempos hacían necesario. Después de su autorretrato pasó a hacer mi biografía literaria y política y me mostró lo que sabía de esa zona de penumbra donde la literatura y la política se tocan y luego se confunden. En mi caso la sombra era un magazine literario pero suplemento del diario *Revolución,* llamado *Lunes.* Me enumeró casi como un vendedor (un vencedor en mi caso) los números de *Lunes* dedicados a la República, a la guerra civil, a la literatura española del exilio. Lo que se llamó con patetismo político «la España que sufre». Fundé y dirigí ese magazine, sabía, desde 1959 hasta que se suprimió con violencia nada literaria en 1961. El último número, doble anatema, estaba dedicado a Picasso. Además de los dibujos, pinturas y grabados sabidos y consabidos, se incluyó su panfleto «Miedo y mentira de Franco». Después de demostrarme mi interrogador, que era un índice, que la policía de Franco no tendría una mano larga pero sí una memoria prodigiosa, Proust posmoderno, pasó a solicitar mi colaboración.

Querría, me dijo casi compungido, que le hablara de lo que pasaba en Cuba. Le expliqué que hacía nueve meses que había dejado La Habana y un diario de Madrid podría darle más y mejor información. Le indiqué, por ejemplo, el diario *Pueblo,* cuyos corresponsales viajaban a Cuba con frecuencia de azafatas. Fue en ese momento, en la palabra información o tal vez en azafatas, que noté que había sobre el escritorio desnudo un bloc en blanco que destacaba sobre el negro de la mesa. Me pregunté por qué no lo había visto antes pero no tuve tiempo de responderme al notar cómo la mano bien hecha del policía (sus uñas tenían lunas blancas) descansaba sobre una pluma como al descuido. Era una Parker, pluma que nunca me ha acabado de gustar. Podría explicarles por qué pero no creo que sea pertinente. En todo caso, en la sesión de preguntas y respuestas puedo hablarles de plumas y policías, en ese orden.

De pronto el funcionario reveló su verdadera función y me preguntó directamente:

—¿Usted conoce a Blas Roca?

La pregunta era tan grotesca que resultaba risible. Pero no me reí. Blas Roca (verdadero nombre Francisco Calderio, que había adoptado y adaptado la roca como hizo con el acero Stalin) era el antiguo secretario general del Partido Comunista cubano, ahora reducido por Fidel Castro a mera figura de cera, que es el fin de toda roca comunista. Lenin, que era más duro, terminó también ceroso.

—No lo conozco —le dije—. Es más, no lo he visto en mi vida.

El policía no me creyó, claro. Ésa es la función de la policía: no creer. Es lo que diferencia a un policía de un cura o un psiquiatra: no creer las confesiones. Mi policía decidió mostrarse comprensivo ahora:

—Sabemos que su padre vive en Cuba —¿cómo sabían tantas cosas? Alguien, creo que yo, había subestimado a la policía de Franco.

—Créame que todo lo que nos diga —y aquí apareció por fin el plural de majestad: el hombre no era *un* policía, era *la* policía— lo mantendremos en la más estricta confidencia.

Por un momento pensé que quería decir que él no le diría nada a mi padre: idiotez mía. Pero pensé mejor: el policía me decía que la policía de Franco no le diría nada a la policía de Fidel Castro. Esos intercambios entre policías solían ocurrir. Por supuesto, no le creí. ¿Sherlock Holmes cree al inspector Lestrade?

Comenzó entonces un doble rodeo. Mi interlocutor trataba de seguirme, fiel como un perro policía, y yo a mi vez le seguía cómodamente. Mi educación en rodeos me la dieron los oestes. John Wayne fue mi maestro. Cansado, don Lestrade hizo un gesto de desespero con las cejas y con su voz, cortante, me explicó:

—Como usted viaja tanto.

Lo que no era verdad: en nueve meses había hecho un viaje a París en el invierno y otro a Londres ahora en el verano, buscando trabajo: la Unesco, el cine, la agencia Reuters.

—Como viaja usted tanto —volvió a decir desplazando el pronombre: quedan mejor entre el verbo y el adverbio, definitivamente— vamos a dejar su visa de residente para un cubano que necesite la residencia más que usted. Tenga usted buenas tardes.

Fin de la entrevista. Fin de mi estancia en Madrid. Había vuelto a caer Santander. Así fue como perdí a España y gané a Inglaterra. *Good bye, Madrid! Hello, London?*

Estas dos lecciones de razón política práctica es lo que me ha traído aquí ahora. Tal vez no vean ustedes la conexión. La conexión, por supuesto, soy yo.

(Leído en el Congreso Internacional de Intelectuales y Artistas de Valencia en 1987.)

La Habana para los fieles difunta

Un dicho dice: «La Habana, quien no la ve no la ama». Pero, ¿y ahora? Un libro titulado *La Habana* hace dudar al lector. Esa duda es de un habanero que ha hecho de La Habana un *genius loci* y la materia de que están hechos sus sueños —y sus pesadillas.

¿Pero qué pasaría si alguien viniera y fotografiara Madrid, o Barcelona, o Sevilla, y retratara las Ramblas y el paseo de Gracia, o la Gran vía, o todavía la Giralda, su torre sola, y no hubiera nadie en las calles, ni en los rincones, ni ante un portón, o detrás de una reja, ni una mano sobre un llamador vistoso: no se viera a nadie, a *nadie*? Las ciudades estarían desiertas porque no hay una sola visión urbana que incluya a los que hacen las ciudades aparte de los edificios, sus habitantes. Se pensaría en un cataclismo, en la consecuencia de una guerra de bacterias o un bombardeo con bombas limpias. O tal vez como una ciudad medieval diezmada por la peste. Nadie creería, claro, que esa ciudad se ha convertido en un museo. La Habana, según *La Habana,* fotografiada por Manuel Méndez, es una colección de palacios, palacetes, edificios, casas y calles donde no se ve a nadie (excepto por una modesta modelito que acentúa la soledad), porque allí, simplemente, no vive nadie.

La explicación es más siniestra que las hipótesis que el libro, bellamente impreso, propone al lector. Al menos lo plantea a este lector, testigo de una apoteosis como antes fue vecino de La Habana real, al que sin duda estas fotos (por primera vez no se retoca el negativo, sino el sujeto fotografiado con maquillaje de teatro), este libro, trata de eliminar. Un testimonio es siempre una verdad con documentos, y es siempre peligroso.

En *Tener y no tener,* la novela de Ernest Hemingway de 1937, La Habana es La Habana de los primeros años treinta, es decir, lo que luego se llamó La Habana Vieja. *Tener y no tener* comienza con la famosa frase: «¿Ya sabe usted lo que es La Habana temprano en la mañana?». Pero Hemingway sabe evocar La Habana como una luminiscencia:

> *Mirando hacia atrás podía ver a La Habana que se veía luminosa al sol... Dejé detrás El Morro al poco rato y luego el hotel Nacional, y finalmente no se veía más que el domo del Capitolio..., que a lo lejos se erguía blanco desde el filo del mar... Podía ver la luz de El Morro a barlovento y el fulgor de La Habana.*

Un casi contemporáneo de Hemingway, el escritor Joseph Hergesheimer, escribe así en las primeras páginas de su *San Cristóbal de La Habana:*

> *Hay ciertas ciudades, extrañas a primera vista, que quedan más cerca del corazón que del hogar... Acercándome a La Habana temprano en la mañana...,*

*mirando el color verde plata de la isla que se alza
desde el mar, tuve la premonición de que lo que iba
a ver sería de singular importancia para mí.*

Ese clamor era perceptible, como lo oye Hergesheimer, en La Habana Vieja, donde todo era bullicio, tropel humano, ruido de gentes. Virgilio Piñera, uno de los grandes escritores cubanos, se ocupa de esa Habana con una fidelidad que está muy lejos de los panegiristas del silencio que anuncian este libro, estas fotos. Dice Virgilio, conduciéndonos por lo que Lezama Lima llamó Paradiso:

*La Habana parece ser estimulante. Al menos en
esto están de acuerdo los viajeros que se han venido sucediendo desde el siglo XVII. ¿Y estimulante en qué sentido?
Pues en el sentido de los sentidos: juntos los cinco en una
ronda frenética. La Habana es altamente apta para gustarla,
verla, oírla, tocarla y olfatearla.*

Estas hermosas páginas están escritas a fines de 1959. Cualquier lector sería capaz de leer las líneas lúcidas de Piñera y encontrar un arte para la premonición en frases como «mercado de esclavos» o «la plaza... sigue respirando pasado». Pero, en su presente, el tumulto es un tropel de habaneros y habaneras que iban a Muralla a comprar telas en sus muchas retacerías.

Podríamos regresar en el tiempo al siglo XVI, cuando ya La Habana era la capital de la isla. Pero es preferible el aprecio de los extraños.

Dice uno de los prologuistas prolijos de este libro (por demás de una belleza a la vez exótica y española, gracias solamente al extraordinario fotógrafo Manuel Méndez Guerrero, que sabe y muestra cuánto tiene La Habana de Sevilla, de Cádiz y de toda Andalucía), hablando de La Habana Vieja como un trasto antiguo: «Pero era un sector olvidado, oculto tras el ruidoso tráfico de las avenidas perimetrales». ¿Cuáles eran? ¿Cuáles son? El prologuista no dice, sino que afirma, que «el comercio de lujo abandonaba sus calles... La más importante tarea de preservarla era una actitud de minorías intelectuales». Y ya se sabe qué ocurre a esas minorías, entre las que me conté un día, en un régimen totalitario.

Pero aparece en el episodio doce: «El triunfo de la Revolución abrió prometedoras perspectivas para la conservación del mismo».

El prologuista miente. La Habana Vieja estaba cruzada por vías de autobuses, y antes de tranvías, en cuatro calles estrechas pero cruciales. Se abría al fondo (o a su nacimiento) al malecón, a la Alameda de Paula y a la bahía de La Habana. Arriba, donde empezaba o terminaba, estaba la avenida de Bélgica, también llamada calle Egido o Monserrate. Paralela a Monserrate, exactamente detrás del paseo del Prado y del Capitolio, estaba la calle Zulueta. En su número 408, un *solar* o falansterio, viví yo desde julio de 1941 hasta abril de 1951. Estas calles y esta Habana debí conocerlas bien. Mucho mejor, en todo caso, que los que ahora tratan de conservar lo que antes han destruido.

Entre 1941 y 1951 hubo una sola modificación radical, señalada por el domo del Capitolio (del que habla Hemingway), y su explanada de granito y asfalto, y el nuevo paseo del Prado, que es una de las alamedas más bellas de

América. La Zanja de Albañal se convirtió en la calle Zanja, corazón del barrio chino (otro de los grandes contingentes raciales que dieron a La Habana su acento de metrópoli: como los judíos, los chinos emigraron en masa después de la Revolución), y frente al Capitolio, en sus cafés al aire libre (de veras), orquestas femeninas tocaban boleros hasta el fin de la noche. En la madrugada, las luces del paseo eran otro amanecer.

El Che Guevara, que no vio La Habana hasta el 3 de enero de 1959, cuando vino de la Sierra como un argentino barbudo y emboinado, y embutido en un uniforme verdeoliva demasiado grande para su cuerpo asmático (una de las bromas de entonces quería que fuera un uniforme desechado por Fidel Castro), odió la ciudad desde la primera noche, y declaró a La Habana una colaboracionista detestable. Pero a Fidel Castro, antiguo noctámbulo como una pistola anónima, se le veía ahora, que era célebre como César venido de las Galias, en todas partes de la noche: en los centros nocturnos, en restaurantes como la esquina de Doce y Veintitrés, donde era posible cenar y desayunar al mismo tiempo. La Habana fue siempre una ciudad apacible a pesar de las guerras de pandillas antes de Batista y de la represión batistiana. No era habitual ver un asalto, un robo o un hurto. Los cacos, como en todas partes, eran amigos de lo ajeno, pero se hacían escasos en lo que Lezama Lima llamó la apoteosis poética: «Noche insular, jardines invisibles».

Alejo Carpentier, conocedor de varias y sucesivas Habanas, tiene un cuento titulado *Viaje a la semilla* (la semilla es otro tiempo, otras épocas), en que un viejo negro reconstruye, por medio de la magia, unas ruinas de entre los escombros de una mansión colonial. La trama de *Viaje a la semilla,* la única obra maestra de Carpentier escrita en Cuba, es en parte la demolición de una casa añorada. Carpentier es el autor de la frase: «La Habana es una ciudad enferma de columnas». La Habana nunca intuyó que se preparaba para su aniquilamiento una quinta columna.

La destrucción de La Habana durante los treinta años del castrato ha sido chapucera. Castro no odiará La Habana como Guevara, pero las necesidades creadas por su Gobierno y el oportunismo con que se resolvieron apenas estos problemas han sido más visibles en La Habana. La excusa es que la Revolución (si se quiere, con mayúscula) atendió al campo para compensar la prepotencia habanera.

Veamos si no lo que declara el que fue alcalde de La Habana en los últimos diez años. Dice un reportaje reciente de la agencia Efe: «Admite el propio alcalde de La Habana que la Revolución fue implacable con la ciudad». Ese ex alcalde, ahora embajador ante el Reino Unido, Óscar Fernández Mell, miembro de las Fuerzas Armadas como casi todos los viejos burócratas en Cuba, declara que la ciudad recibió «los embates de la justicia revolucionaria». Es decir, el régimen de Castro condenó a muerte a su capital. Dice el reportero español: «Un paseo por muchas de las calles y plazas habaneras muestra que la justicia revolucionaria fue implacable con una de las ciudades más bellas del mundo». A Fidel Castro, por supuesto, estas ruinas lo encontraron soberbio, mientras su teniente Fernández Mell menciona que el crimen de La Habana fue ser «una ciudad desarrollada *(sic)*. En el 59, probablemente una de las ciudades más desarrolladas de América Latina; su nivel de vida estaba en contraposición del nivel de vida del resto del país».

Lo que por cierto se puede decir de Londres, París, Roma, New York y Madrid. Cuba era «un país subdesarrollado con una capital supuestamente desarrollada». Según Mell, «los planes» supuestos del Gobierno de Batista «eran convertirla en Las Vegas del Caribe». Ésta es una inferencia que cogerá de sorpresa a la mayor parte de los cubanos que vivieron en el esplendor de La Habana.

«El malecón —nos informa Mell, médico y no arquitecto— iba a estar lleno de hoteles y casinos, y La Habana Vieja iba a desaparecer». Mell, mal mentiroso, no puede decir que La Habana Vieja desapareció precisamente bajo el Gobierno de Fidel Castro. Mell no dice cómo las calles más elegantes de La Habana Vieja —Obispo y O'Reilly— fueron entregadas a algo peor que la demolición y el tiempo. Obispo era la calle de las librerías de La Habana, O'Reilly era calle de bancos y oficinas comerciales. Las librerías fueron censuradas primero y luego suprimidas al tomar el Gobierno el control del libro (editado, importado, vendido), y en su lugar se hicieron covachas para que habaneros humildes las habitaran. Anda por ahí todavía un documental de la BBC en que se muestran las antiguas librerías con las vitrinas cubiertas de tablas, las cortinas metálicas corridas y en el centro hay un hueco obsceno que es la puerta de esta «vivienda popular».

En cuanto a los edificios descascarados y las fachadas sin pintar durante decenios, Mell alcalde tiene una explicación atinada: «La pintura —nos revela— viene en general del área capitalista». Es obvio que la moraleja de esta feble fábula es que la conservación de La Habana está más allá del bien y del Mell. Será por eso que Castro le ha premiado con el cargo de embajador en Inglaterra. En

Londres, una ciudad apenas más vieja que La Habana (fue destruida por un incendio en 1666), encontrará que las paredes, en lucha incierta con el moho, la humedad y el frío más pertinaces, están sin embargo siempre recién pintadas, reparadas y sostenidas más por andamios que por la tradición. Obviamente, el capitalismo no sólo construye ciudades como La Habana, sino que las conserva.

La Habana era una reducción poética de Cuba, una metáfora. Nerón hizo incendiar Roma para reconstruirla. Castro, casi César, convirtió La Habana en una ruina que ahora restaura. El proyecto de Nerón era grandioso; los propósitos de Castro, miserables.

Hace siglos, hablando de Roma, escribió Horacio: «Las ruinas me encontrarán impávido». Ahora, la restauración de las ruinas no me conmueve. Tiene, como en todo Cuba, un propósito de propaganda. La Habana del libro titulado *La Habana* no es mi Habana. En vez de una ciudad prodigiosa es un doble a través del espejo, restaurada ruina, ciudad de pesadilla. La Habana Vieja, en fotografías a todo color, es una puta pintada. No puede haber fin más triste, en el laconismo de una ciudad que era locuaz, hablantina, la patria de los *hablaneros*. Los lacónicos la habitan ahora y La Habana ha devenido una ciudad fantasma para turistas torpes. Su encanto no es la vida, sino los colorines de un pájaro disecado: loro, papagayo.

La restauración, nos anuncian los prologuistas de La Habana, se completa con luz de gas. «Exactamente como hace ciento cincuenta años», revela uno de los restauradores, hablando del gas como una invención contemporánea. Lamento que la restauración de «La Habana», desde ahora entre comillas, no sea de veras completa para

147

ver en el Palacio del Segundo Cabo a una autoridad militar española otra vez y en el Palacio de Gobierno, frente a la plaza de Armas, vivirá de nuevo el teniente general, y mientras la jerarquía eclesiástica española bendeciría a los fieles cubanos desde la catedral, en la plaza Vieja, vuelta a ser plaza de San Juan de Dios, habría un lucrativo mercado de esclavos.

Los negreros no tendrían, como Pedro Blanco, que aventurarse hasta el África en incómoda travesía y podrían encontrar esta «Habana», regida por una máquina del tiempo irreversible, los negros suficientes: esclavos garañones, negras paridoras y mulatas como las ha visto todavía hace poco un periodista español, complacientes, numerosas y poseedoras todas de una erotizante esteatopigia. Esta «Habana» no sería un lujurioso burdel o un bullicioso casino, sino un vasto mercado de esclavos. Es un viaje a la mala semilla.

18 de enero de 1988

El martirio de Martí

Para decirlo pronto, el martirio de Martí fue su exilio y el exilio fue su éxito. Su martirio fue una forma de fracaso, pero a la vez fue un triunfo. Nunca exilado alguno en América perdió tanto con su destierro —perdió exactamente su tierra— y ganó más para convertirse de un oscuro aprendiz de panfletista (cuando lo deportaron de Cuba, sin haber cumplido los veinte años) en uno de los más grandes escritores de habla española y sin duda nuestro primer prosista. Esa prosa densa la aprendió a escribir Martí en su destierro académico de España, y en su exilio profesional en Estados Unidos. La vida entera de Martí consistió en tratar de recordar toda su tierra: terminar su destierro y al mismo tiempo crear una Cuba libre porque le era imposible vivir bajo un régimen doblemente oneroso: totalitario y extranjero. Martí muere cuando recobra a Cuba. No cuando consigue su libertad sino cuando termina su destierro y gana su tierra. Fue todo lo que puede ser un escritor profesional y más: corresponsal sudamericano en USA y columnista americano escribiendo su espléndido español y su pobre inglés, y aun cuando escribía en español, por apremio económico, tenía, a veces, que convertirse en un *hack* y hasta cometer ese pecado que es virtud del periodista: hablar de lo que no sabe.

Martí, incluso, llegó a escribir críticas de novelas que obviamente no había leído. Y a veces no se trataba de una novela barata, sino de libros como *Bouvard y Pécuchet,* una de las obras maestras inconclusas de la historia de la literatura. Pero no tengo la menor duda de que la escritura de Martí —con todos sus excesos, por todos sus excesos— es el aparato barroco, conceptista y elocuente más poderoso que ha producido la literatura en español desde Quevedo. Un trozo de prosa martiana no sólo es reconocible a simple vista y a sólo oído, sino que tiene la densidad mensurable de ciertos metales sólidos como el platino, por ejemplo, y líquidos como el mercurio, azogue que falta a su contemporáneo Sarmiento. Esta prosa es una expresión que se ha declarado propia del orador con poco tiempo. Es posible. No soy orador: ya lo habrán advertido ustedes. No sé cómo escriben los oradores, si es que escriben. Pero la aparente simplicidad de su *Diario,* obra del guerrillero en la manigua con ningún tiempo, es igualmente densa y vibrante. No hay duda de que en Martí, tanto la complejidad evidente como la aparente simplicidad, son buscadas. Son, además, producto de un oficio preciso y de una voluntad creadora ejemplar. Toda su prosa tiene una urgencia contagiosa, aun cuando reseña una demorada exposición de cuadros impresionistas. Pero su diario de campaña termina, no con la nota abrupta del que va a morir sino en una calmada descripción de la vida en el campamento Mambi:

> *Asan plátanos, y majan*
> *tasajo de vaca,*
> *con una piedra en el pilón,*

para los recién
venidos. Está muy turbia el
agua crecida del
Contramaestre —y me trae
Valentín un jarro
hervido en dulce, con hojas
de higo.

Hay que señalar que ese Contramaestre es el río cerca del cual cayó Martí en Dos Ríos. Este párrafo final del *Diario* no creo que signifique mucho en la indagación de la escritura en el exilio. Martí se hace escritor fuera de su tierra, pero produce su obra maestra absoluta al regresar y recobrar su isla —pero quiero anotarlo antes de olvidarlo. Martí, antes y ahora, es la personificación del escritor en el exilio, hecho escritor en el exilio, hecho grande en el exilio— y sin embargo, su mejor libro, como se ve, su más perfecta prosa, su expresión más propia está escrita en Cuba. ¿Es que el exilio no es una situación geográfica o histórica sino una tierra que el escritor lleva siempre consigo? Para Martí, Cuba debió de ser una isla flotante, porque el *Diario* comienza en Montecristi, en Santo Domingo y es en tierra dominicana que Martí produce una de las frases más bellas de la literatura española en América.

Se trata de una muestra del arte del escritor formado en tierra extraña y que va de vuelta a su país con el afán exotista de los románticos hecho realidad inmediata. La súbita presencia antillana, tan próxima a Cuba y un nombre de mujer casi mítico, memorable, lo hacen anotar veloz, voluptuoso: «Abril 9, Lola, jolongo, llorando en su balcón. Nos embarcamos».

Entre el comienzo dominicano y su fin en Dos Ríos, cuando Martí por fin completa su martirio, el escritor produce páginas del *Diario* que son, en realidad, trozos de memorable, maestra literatura. Martí no pretende hacer gran literatura, es evidente, pero no puede evitarlo: según va a la muerte, la expedición guerrillera es su camino de perfección literaria. Como lo que escribió acerca del campamento insurrecto, sus tribulaciones y los mambises que marchan con él rumbo a la muerte o al triunfo, a una de esas dos libertades posibles.

Martí llega a mejorar la historia y la geografía con su escritura, el artificio de la literatura más creíble que la naturaleza. Sin duda podrán ustedes apreciar su escritura, que ha atravesado el tiempo y las modas y los estilos para estar eternamente al día. Muchos escritores de habla española escriben como Martí sin saberlo, otros tratan de copiarlo sin lograrlo. Todavía peor, su obra ha sido usada como bandera política en todas partes, en Cuba, las dos, antes y ahora, y aunque Martí fue muchas veces un escritor político, el tiempo ha demostrado que era eso: primero escritor, luego político y aun cuando su escritura es obviamente política, vibra con una transcendencia que nos hace creer que su autor, José Martí, apuntaba más lejos, de hecho a nosotros, que vivimos a casi un siglo de su muerte, a aquellos que como yo creemos que la política suele ser el último refugio del pícaro y la primera vocación del vivo. Todos nosotros hoy, aquí, sabemos que si no hay una historia de la política (los políticos tratando de refugiarse en la historia), siempre habrá una historia de la literatura. En ella está fijada toda la prosa de Martí, tan imperecedera como este texto de campaña en su *Diario:*

A formar al levantar del sol. A caballo, soñolientos. Los hombres no han recuperado sus fuerzas y flaquean. Apenas comieron ayer noche. Descansé hacia las diez a un lado y al otro del camino. De la pobre choza nos envían un regalo, un pollo para el «general Matías» y miel. Al mediodía y a la tarde escribo a Nueva York, al general Maceo, que está cerca y no sabe de nuestra llegada; sin contar la carta a Manuel Fuentes, al World, *que terminé al amanecer, con un lápiz y apoyado sobre la mano. Ayer, de vez en cuando, inspeccioné el campo tranquilo y satisfecho: toques de clarín; los hombres traen sobre sus espaldas racimos de plátanos; el ganado capturado muge y lo degüellan; Victoriano Garzón, el negro sagaz que lleva imperial y bigote, me cuenta, humilde y ferviente, desde su hamaca, su ataque victorioso a Ramón de las Yaguas; su palabra es desordenada e intensa, su alma, buena y su autoridad natural; imita con mucha veracidad, sus tenientes blancos, Mariano Sánchez y Rafael Portuondo; y si, se equivocan sobre un punto de disciplina, corrige sus errores. Su cuerpo es flaco, dulce su sonrisa; lleva camisa azul, pantalón blanco y negro; cuida de cada uno de sus soldados.*

Titulé esta breve charla con el nombre de *El martirio de Martí* y se ve bien que tratando de huirle al lugar común caí en él. Todos los que, por razones políticas, se niegan a reconocer que Martí se suicidó en el campo de batalla, usan la palabra martirio y no están errados. Había en Martí una ansia de inmolación que era en realidad una voluntad de martirio. Esta necesidad de muerte no era nueva, ni única. Al contrario, ya había sido expresada por muchos poetas a través de los siglos y varios poetas románticos escogieron la muerte, como Martí, mientras peleaban por la vida, es decir, por la libertad de un pedazo de tierra, propio o ajeno.

El poeta húngaro Sandor Petöfi murió en la batalla de Segesvan, peleando junto al general en jefe del ejército húngaro, que lo protegía. Curiosamente nunca apareció su cadáver y los húngaros todavía creen que Petöfi vive y volverá redentor un día a Hungría. Lord Byron, poeta romántico como Petöfi, buscó una causa por la que luchar y morir y la encontró en la independencia de Grecia de la ocupación turca. Pero nunca llegó a ver el combate ya que murió de tifus en Misolongui. Martí no era un poeta tan cosmopolita como Byron ni tenía la importancia de poeta nacional de Petöfi, pero era mejor escritor que los dos juntos y otros más. Como Byron, Martí murió antes de entrar en combate propiamente, en una oscura escaramuza. Como Petöfi, Martí estaba protegido por el jefe de las fuerzas revolucionarias cubanas, general Máximo Gómez.

Su muerte fue menos dolorosa y sucia que la de Byron y no tuvo el falso desenlace de una desaparición como la de Petöfi, pero no fue menos misteriosa. La tropa del general Gómez, importante contingente, cruzó disparos con una minúscula columna española en Dos Ríos. El general Gómez dio el alto y recomendó a Martí (más bien le ordenó según el dominante carácter dominicano de Gómez) que se pusiera detrás de él, como para protegerlo con su magro cuerpo, al tiempo que designaba la custodia de Martí (extrañamente llamado Ángel de la Guardia) para que no perdiera de vista al Presidente. Martí, sin embargo, convidó a su custodia para seguir adelante —es decir para avanzar hacia el enemigo. En ese momento el caballo de Martí arrancó rumbo a la columna española. Ángel de la Guardia no pudo hacer más que seguirlo a galope— para ver a Martí recibir un tiro en el cuello, perder el equilibrio y caer del caballo. Todavía en el suelo, herido, Martí quería aproximarse más al enemigo, visible apenas a unos cien metros. Aquí, con Ángel de la Guardia, también herido y por tierra, ocurre un incidente de veras fantástico. Un práctico explorador de los españoles que era un mulato cubano, se acercó lo suficiente como para ver a los caídos y al reconocer a Martí exclamó: «¿Usted por aquí, don Martí?». ¡Como si estuviera en un paseo habanero y viera a un viejo amigo! De seguida levantó su rifle Remington y remató a Martí, cuyo cadáver cayó en manos enemigas y fue registrado, expoliado y finalmente escamoteado hasta el cementerio de Santiago de Cuba por los españoles. Hay demasiados elementos extraños para creer en lo extraordinario. Lo ordinario es que Martí, como Byron y como Petöfi, aún más que ambos, buscaba la muerte romántica en el campo de batalla y se apresuró a encontrarla en la primera escaramuza porque la esperaba hacía tiempo y desesperaba de estar vivo. Los húngaros aguardaron muchos años por el regreso de Petöfi. Los cubanos lamentaron durante décadas la desaparición de Martí.

Martí murió en su martirio, pero si no debió morir, sí debió vivir y sin duda la única vida que queda ahora a Martí está en su prosa poderosa, en sus ensayos adelantados y en sus artículos de prensa que son literatura imperecedera: todo lo que tocó lo convirtió en prosa pura. Es ésta la que hay que recordar en días como hoy porque siempre, no importa cuándo, que se acerquen a ella ojos humanos que saben leer español tendrán que admitir: «¿Pero por qué lamentar que Martí no debió morir? ¿Martí? Martí no ha muerto. Ahí está, vivo en su prosa viva. Esa prosa es el hombre. José Martí es un hombre hecho de prosa».

Miami, 19 de abril 1980

Entre la historia y la nada
(Notas sobre una ideología del suicidio)

Que morir por la patria es vivir.
Himno nacional de Cuba

I

Es evidente (si no lo será antes de que termine este ensayo con un tiro en la sien ajena) que siento o padezco una curiosidad morbosa, un atractivo fatal, una suerte de fascinación por el suicidio, no sólo de los demás. Veo el suicidio no como una vía de escape sino como un bastión de defensa que es un muro infranqueable: el recurso primero y último. También podría ser una exploración de los extremos posibles de la personalidad y del ser. Pero de pronto, un día, después de conocer la noticia del suicidio dramático (el suicidio es siempre una salida teatral, como lo demuestra Hedda Gabbler: *exit, then sudden last curtain*) de Haydée Santamaría, heroína de la Revolución Cubana que escogía no ser una mártir, como habían sido su hermano Abel y su novio Boris Santa Coloma (ambos asesinados en el asalto al cuartel Moncada en 1953), sino una suicida, fue en ese momento que pensé que la *Yeyé* familiar que conocí no era una víctima: su suicidio era una declaración de principios, y de fines. El suicidio era su única ideología, a pesar del fidelismo que la hizo política y del marxismo al que se convirtió más tarde. Haydée Santamaría no había nacido para la muerte, como todos, sino para el suicidio, como *the unhappy few*. Esta fe revelada ahora era la fe de unos pocos y la única ideología cubana posible a la revolución, a la República antes, a Cuba desde el siglo anterior. Todos los demás suicidas de que voy a hablar en seguida parecen personajes voluntariamente trágicos. En realidad no son más que versiones políticas de Chegerezada, a quienes el Gran Dios, que inventó Heródoto conmina: «La historia o la vida». La Revolución Cubana es esa historia prometida.

No se puede entender la Revolución Cubana si no se considera como uno de sus elementos integrales, casi esencial, al suicidio. El término revolución por supuesto es aquí una mera convención política, como el nacionalsocialismo de Hitler. En Cuba siempre se ha hablado de revolución y a menudo de Revolución: durante la colonia, en las guerras de independencia y, por descontado, en la República, de 1902 a 1958. El partido independentista, fundado en su exilio americano por José Martí, se llamó Partido Revolucionario Cubano. Lo que no pareció inusitado ni peligroso entonces. Luego cada rebelión, revuelta o motín local, más o menos democrático, era una revolución. El máximo líder antimachadista fue el profesor universitario y médico Ramón Grau San Martín, personaje de veras *sui generis* en la política cubana. El doctor Grau llamó al partido que fundó Revolucionario Cubano (Auténtico), pero Grau sólo se pudo llamar revolucionario por el tesón maniático de Antonio Guiteras Holmes. Ese Tony Guiteras hijo de inglesa y cubano que Hollywood convirtió en héroe americano (en la película *Rompiendo las cadenas [We Were Strangers]*) porque hasta la década del sesenta era muy difícil para el cine americano concebir un héroe cubano —y aun en *Che,* ese epitafio épico, el héroe era apenas argentino. Guiteras, que había peleado contra Machado, combatió a Batista que casi estrenaba entonces su poderío errático y oportunista con una torpeza a veces implacable —y perdió: era el héroe como *loser.* Guiteras, líder derrotado, trató de huir de Cuba, pero escogió su salida de la isla en condiciones de tal dificultad y riesgo que la empresa siempre estuvo destinada al fracaso. Este destino conocido lo convirtió en mártir. Guiteras enfrentó la muerte que escogió como si estuviera condenado ante el pelotón de fusilamiento. Esa elección fue de veras un suicidio.

Pero Grau San Martín era todo menos un suicida. Las ideas confusas de Guiteras las hizo aún más imprecisas y su Partido Revolucionario Cubano (Auténtico) lo llevó no a una revolución fracasada sino a la presidencia en elecciones democráticas, para derrotar por primera vez a Batista, o a su candidato al poder por poder. Cosa curiosa, Batista, mulato, obrero y soldado, escogió como su sucesor a un miembro eminente de la alta burguesía criolla —aún más curioso, fue apoyado también por los comunistas y su líder negro. La revolución de Grau San Martín, una vez en la presidencia estable, se hizo notar por su ausencia absoluta en un gobierno más corrupto que los que le precedieron —incluido el del propio Batista en sus diferentes avatares presidenciales. Durante el mando del doctor Grau y de su sucesor Carlos Prío (1944-1952), las bandas de gángsters merodeaban por las calles oscuras y los ministerios mohosos de La Habana Vieja para matarse entre sí por ideologías más oscuras que las calles y por pobres puestos públicos en los ministerios vetustos. Sus nombres oficiales (nadie era clandestino entonces) eran Movimiento Social Revolucionario o Unión Insurreccional Revolucionaria. Esta última tuvo el dudoso honor de contar al imberbe Fidel Castro —bien lejos entonces del barbudo Marx— entre sus pistoleros más audaces. Tales pandillas habían surgido de la desintegración violenta bajo el régimen de Batista (1933-1944) de una asociación política clandestina, Acción Revolucionaria Guiteras, a la vez en homenaje y pretexto político para vengar la muerte de Tony Guiteras. No es extraño que la acción típica de esta pandilla fuera de evidente kamikaze. Sólo el suicidio venga al suicida.

Como se ve no es nuevo el adjetivo revolucionario en Cuba. No es nuevo el uso de esa palabra en todas partes, desde Thomas Paine en la guerra de independencia de los Estados Unidos, hasta Joseph Goebbels, que llamó al irresistible ascenso alemán de Adolf Hitler, enfáticamente, «nuestra revolución». Pero de alguna manera hay que llamar a la resistible toma del poder por Fidel Castro. Cuando una institución política que ha cambiado varias veces de ideología insiste en titularse de cierta manera (los Soviets, los Estados Unidos) hay que aceptar esta imposición como un uso. Es la solución lógica, verbal o histórica, al problema de la identidad estatal. De lo contrario habría que debatir eternamente nomenclaturas obsoletas o absurdas.

La Revolución Cubana —ahí está el nombre revolucionario con todas sus mayúsculas— no llegó al poder como se cree gracias a que Fulgencio Batista (de nuevo en actividades de complot militar, veinte años después de haber aprendido la técnica del golpe de Estado sin haber leído a Malaparte: Bonaparte le bastaba), entonces general honorario que jamás visitó siquiera una batalla, dio su tercer madrugonazo el 10 de marzo de 1952, a sólo tres meses de unas elecciones democráticas que nunca ganó y todos perdimos. La oportunidad de que Fidel Castro —entonces líder estudiantil sin nombre, político de poco porvenir electoral y siempre un pandillero— pudiera aglutinar la resistencia armada como Batista y la eventual caída y fuga de este hombre fuerte que era en realidad un débil ambicioso de popularidad, poder y dinero, comenzó de veras el 5 de agosto de 1951, casi un año antes. Ese domingo dulce de verano se suicidó en un estudio de la radio habanera, Eduardo Chibás, más conocido por Eddy Chibás o ya más íntimo como *el Loco*. Chibás era hasta ese momento el político más popular jamás habido en Cuba, incluyendo al doctor Grau y al general Menocal, ambos presidentes, ambos caudillos impolutos devenidos hombres venales en la presidencia. Eddy Chibás, al revés de los líderes que le precedieron, era un hombre honrado, rico heredero a quien no interesaba nada el dinero, un político honesto movido por una obsesión dominante: la absoluta honestidad pública. Sabía que había que limpiar los establos de Augias cubanos y se presentaba como el único Hércules posible. Ése fue su error: nominar para una tarea hercúlea a un hombre que era emocionalmente incapaz de hacerla: a sí mismo. Chibás no era muy estable de emociones y su apodo del *Loco* parecía a veces ser más que un mote o un *motto*.

Eddy Chibás había sido partidario del doctor Grau desde que sustituyera al general Machado en 1933 y fuera derrocado a su vez por Batista. Desilusionado de Grau como presidente venal, Chibás pasó pronto a la oposición, creando de paso un partido al que llamó Ortodoxo, en reto al Partido Auténtico de Grau. Ambos se decían únicos herederos directos del Partido Revolucionario Cubano de Martí. El Partido Ortodoxo aunque no de nombre, era revolucionario por implicación y Chibás no había dejado de considerarse revolucionario nunca. Nadie podía hacerlo en Cuba. Ahora Chibás usó la palabra, su voz estridente, su osadía en la tribuna radial para hacer su revolución de limpiar una vez más el templo de la república de cambistas deshonestos. Pero para arrojar a los mercaderes del templo hace falta un Jesús y aun el mismo Jesús fue crucificado poco después. Chibás concibió su propia crucifixión como una versión radial del harakiri. El antiguo aliado de Grau se dedicó a fustigar verbalmente al todavía presidente Grau, se postuló a la presidencia y cuando ganó el candidato de Grau, su antiguo compañero de luchas estudiantiles Carlos Prío, Chibás se hizo aún más virulento en sus ataques al Gobierno y a su nuevo jefe. Era un martinete maníaco atacando al presidente Prío, a sus hermanos, a sus ministros, a su política entera. Todo Prío perecerá. Lo hacía a través de una hora de radio rentada los domingos en la tarde por el Partido Ortodoxo, pero en parte pagada por el propio Chibás. Su voz chillona, de erres arrastradas, estridente, era un instrumento eficaz por el micrófono que al mismo tiempo ocultaba la corta estatura del orador, su figura rechoncha, su pelo rubio ralo y sus ojos débiles detrás de gruesas gafas de miope perennes. Cada domingo Chibás era más eficaz en su batalla solitaria, casi una *vendetta* personal contra el Gobierno y contra Prío. Cada día el Partido Ortodoxo se hacía más popular y el Partido Auténtico en el poder más impopular. En diferentes *surveys* hechos a lo largo de 1950 y 1951, Eddy Chibás aparecía triunfante decidido como candidato presidencial. Lo seguía, muy de lejos, el hombre de Prío, el decoroso y gris Carlos Heiva, y todavía más lejos, Fulgencio Batista, casi penoso a la zaga.

De pronto, en 1951, Chibás cometió uno de esos errores que se hacen fatales a la larga, como una mala movida de ajedrez, esa que muchas jugadas más tarde resultará un jaque mate adverso. Chibás acusó al ministro de Educación del Gobierno de Prío, Aureliano Sánchez Arango, de tener tierras y aserríos en los bosques de Guatemala. Por ese tiempo el Gobierno de Prío y el de Arévalo en Guatemala mantenían lazos muy estrechos. Inclusive Prío había enviado eficaces aviones de caza cubanos a proteger a Arévalo de un intento de golpe de Estado que se suponía apoyado por la CIA, sospechosa de sus conexiones comunistas. En la clique de Arévalo era prominente un militar, el coronel Jacobo Arbenz, que sería su sucesor y más tarde protegido en su desgracia de presidente derrocado (por otro militar guatemalteco) por el propio Fidel Castro ya en el poder. Para completar el símil entre política y el más burdo, absurdo juego de ajedrez, el hombre de confianza de Sánchez Arango en el Ministerio de Educación entonces era el doctor Raúl Roa, quien desde 1959 sería canciller vociferante del Gobierno castrista. Ahora es obvio que más que de ajedrez se trata de un juego de posiciones grotescas, como en la Commedia dell'Arte o en un coito complicado. De la historia considerada como una orgía oral.

Pero Chibás continuó ahora atacando sin tregua a Sánchez Arango, que no era contendiente fácil. Como el

presidente Prío, Sánchez Arango había luchado físicamente contra Machado desde las filas del Directorio Estudiantil, esa que luego sería bajo Batista una organización terrorista urbana de muy malas maneras. Arango era
un político cujeado, experto, de aspecto formidable y quien
al revés de Prío no rehuía la lucha. Por supuesto, jugando
con fichas negras, no tardó en contraatacar. Acusó a Chibás de agente subversivo (que lo era), de hombre de mala
fe (que no lo era), de mentiroso (que es debatible) y lo con-
minó a que presentara públicamente las pruebas de su
acusación. Chibás aseguró que tenía esas pruebas y prometió que las presentaría «ante el tribunal del pueblo».
Durante dos semanas el suspenso radial se hizo de veras
intenso, tan melodramático como en un serial, mientras
Chibás buscaba los documentos incriminantes que había
dicho tener. Por un momento pareció que los aseguraba
todos y podría presentarlos en evidencia a través de la
prensa. Pero todo resultó un fiasco monumental, y trágico.
Los documentos no aparecían por ninguna parte, nunca
aparecieron. Aparentemente Chibás había sido engañado
en su buena fe y no ciertamente por Sánchez Arango o
por Prío y sus agentes, como se dijo entonces. Simplemente el orador de lengua de fuego había sido víctima de
su carácter, en el que había una falla particular propia del
político: la demagogia. Chibás, como el pez proverbial,
había sido cogido por la boca, y por la boca moriría. La
prensa, oficial o imparcial, Pilatos todos, prácticamente lo
crucificaron: nadie cae más bajo que un acusador que pasa
a ser acusado (véase a Wilde, suicida renuente). Al domingo siguiente, Chibás fue puntual a su programa, pronunció una de sus arengas más vacías de política pero de

mayor contenido emotivo y terminó con una frase enigmática a la que daría sentido en seguida y que se haría famosa en toda Cuba: «¡Éste es mi último aldabonazo!». (Críptico por primera y última vez en su vida de orador político, se supone que se dirigía a la conciencia cubana, puerta cerrada a su llamada moral.) Acto seguido sacó de entre el cinturón un revólver calibre 32 y se dio un tiro en el vientre, lugar señalado por la ética del suicidio japonés como electa para el harakiri.

Irónicamente ni el aldabonazo metafórico a la conciencia cubana ni el disparo real ni su caída ante el micrófono salieron al aire. Dos o tres minutos antes la emisora había cortado el programa para dar paso a los comerciales de rigor. (Uno de ellos, irónico sin pensarlo, anunciaba al Café Pilón, «Sabroso hasta el último buchito».) Chibás en su excitación final había olvidado que su contrato de transmisión era por sólo veinticinco minutos. A pesar de su misión suicida, no pudo evitar ser un político cubano ¡y habló durante media hora! La herida en el estómago resultó fatal y murió a los pocos días. Su entierro fue una impresionante manifestación de duelo popular espontáneo pero su aldabonazo apenas si tuvo eco. El Gobierno de Prío entero (menos Sánchez Arango que todavía reclamaba la victoria en su polémica, tan sensible en su agravio que no notaba la insensibilidad ante la muerte de su contrincante, como un duelista habitual que mata sin sentirlo: no era ajedrez su juego: nunca jugó) tembló por un momento. De haberlo querido, el Partido Ortodoxo se habría hecho ese día con el poder: el propio Prío tenía ya las maletas listas para la fuga. Pero, como Chibás, los ortodoxos eran todos hombres legalistas que creían en el valor del voto y en la decisión electoral. Las armas eran para los militares y, ocasionalmente, para el suicidio ejemplar. Con su muerte, Chibás había privado a la oposición política de su líder natural y dejado a su partido en un caos mayor que aquel en que estaba la República ahora. Así, unos meses más tarde, Batista dio su infame, fatídico golpe de Estado que fue a la vez incruento y fácil porque el presidente Prío eligió no resistir, sus maletas siempre dispuestas a la fuga. Pero entre sus seguidores que más resistieron luego, clandestinos, estaba Sánchez Arango, tan temerario como siempre.

El epílogo de esta tragedia es igualmente trágico. Veinte años más tarde, Prío, presidente exilado, para resolver problemas aparentemente insolubles, abrió la puerta del suicidio, con un revólver calibre 32. Pero no rompió la temerosa simetría suicida al darse el tiro en el pecho. Prío, como su contrincante Chibás, tal vez vio que ésa era la única salida viable de la historia y la entrada a la eternidad, que es mayor que la historia porque la contiene. La eternidad *sí* nos absolverá. Tiene tiempo para hacerlo.

Es evidente (antes y ahora) que de no haberse suicidado Chibás hubiera sido imposible para Batista (o cualquier otro) dar un golpe militar al presidente Prío, a menos que se eliminara antes a Chibás y a Prío. Batista nunca se hubiera atrevido a tanto. Ese madrugonazo convirtió la precaria legalidad del Gobierno de Prío en una absoluta ilegalidad bajo Batista. Como en una cadena de reacciones, pocos meses después del golpe de Estado batistiano, el 10 de marzo de 1952, Fidel Castro asaltaba el cuartel Moncada de Santiago de Cuba en un acto calculadamente suicida. Digo calculadamente porque nada que haya llevado a cabo Fidel Castro está libre de cálculo, a pesar del riesgo. Todos los dirigentes de la acción del Moncada murieron, menos Fidel Castro. Los muertos, naturalmente, fueron los suicidas. El ataque al Moncada (como el asalto al Palacio Presidencial en La Habana el 13 de marzo de 1957) fue un fracaso militar pero, al revés del asalto a palacio, fue un triunfo político. Después del 26 de julio de 1953 todo sería historia en Cuba, historia brutal, sangrienta, inevitable.

Max Weber dijo una vez que «el medio decisivo de la política es la violencia». Casi una derivación del viejo apotegma de Marx cuando enunció que la violencia es la partera de la historia. Pero hay una leve variante en Weber que habla de política y no de historia. Jamás los fines justifican los medios históricos porque ¿qué decir de la violencia política cuando se dirige no hacia el otro, su blanco usual, sino a sí mismo y un asalto se vuelve un ataque suicida? Una arenga es el testamento raudo de un suicida y los militantes escogen frente a cualquier acción política su propia destrucción, es decir, el suicidio. En su ensayo *La política como vocación* Weber ilumina con un relámpago que ciega las tinieblas políticas: «... el mundo está gobernado por demonios y aquel que se deja llevar por el poder y la fuerza como medios hace un contrato con las potencias diabólicas y de su acción no se desprende que es verdad que el bien puede surgir sólo del bien y el mal sólo del mal, sino que lo opuesto es, más a menudo, lo cierto». Wifredo Lam, un pintor surrealista cubano que cambió varias veces de posición política pero no de paleta, analfabeto moral pero no estético, al regresar a Cuba de Francia en 1958 declaró, demostrando que sabía tanto de de-

monología como de pintura: «¡Aquí han soltado a los demonios!» y mirando la ciudad con sus ojos chinos que habían visto vivos a Picasso y a Breton y al paisaje negro de
Haití: «Los demonios escapados son más difíciles de volver a su encierro que cuando estaban sueltos primero». Terminó con una frase que parecía venir de ese Guicciardini
amigo de Maquiavelo, o tal vez de sus antepasados chinos
y africanos. «Al demonio hay que huirle. Mientras más
lejos mejor. ¡No hay otro remedio que valga!» Se fue de
vuelta a París. Ahora, paralítico y senil y sin poder pintar,
tiene todos los demonios dentro.

El ataque al cuartel Moncada fue concebido por
Abel Santamaría, Boris Santa Coloma y Fidel Castro. Aparentemente fue dirigido por este último pero el hecho de
que viajaba en el segundo auto asaltante y que no llegó
a penetrar en el cuartel, indican otra posibilidad. Muchos
expertos militares (entre ellos un antiguo jefe de comandos inglés) opinan que el asalto fue ciertamente una operación suicida. La relación entre atacantes y atacados era
décuple en número (ciento treinta y cuatro los rebeldes
contra más de mil soldados acuartelados) y la despro-
porción de armamento era tan desigual que resultaba ridí-
cula: escopetas contra rifles, pistolas contra fusiles «M-1»,
ametralladoras Thompson (las que prefería Al Capone)
contra ametralladoras calibre 50, Springfields contra caño-
nes, autos contra camiones blindados y tanques, y una inex-
periencia abismal de los atacantes para combatir contra
soldados profesionales bien entrenados y en su cuartel,
además de vivir la mayoría con su familia en las vecinda-
des. Los asaltantes sólo contaban a su favor con la sorpresa
y el disfraz. Pero el ataque japonés a Pearl Harbor, por ejem-

plo, muestra que no siempre la sorpresa militar opera en favor del atacante y la máscara aparentemente amiga, como el camuflaje, tiene un uso limitado en el combate. El ataque por sorpresa puede a la larga ser como un arma que agota su parque y se hace inútil. Los soldados profesionales americanos demoraron apenas minutos para reponerse del insólito ataque sin aviso a su base. No es gratuito traer a cuento la psicología japonesa como el motor detrás de la acción doblemente suicida en Hawai.

Varios supervivientes del asalto al Moncada contaron después que la noche antes del ataque crearon entre ellos una atmósfera casi sexual (entre los hombres: había dos mujeres en el grupo que servirían de enfermeras) y en el camino a Santiago iban cantando un son de Lorca: «Iré a Santiago en un coche de aguas negras». Uno de ellos, Gustavo de Arcos[*], me confesó muchos años más tarde: «Íbamos en realidad a nuestro destino y nos sentíamos como verdaderos kamikazes del Caribe». Como se sabe, los kamikazes fueron pilotos suicidas que el alto mando militar japonés convirtió en bombas volantes manejadas por un solo hombre en los meses desesperados de la guerra en el Pacífico. Para los expertos americanos y algunos observadores internacionales este extraño comportamiento del cuartel general de un ejército con la guerra perdida

---

[*] Arcos, inválido, veterano del asalto al Moncada y luego embajador en Bélgica (1960-65), estuvo preso sin delito, causa ni juicio durante tres años (1966-69) en un campo de concentración cubano. En abril de este año, al tratar de escapar de Cuba en un bote por la costa cerca de La Habana, fue detenido, juzgado y condenado a catorce años de prisión. Le acompañaba su hermano Sebastián, durante un tiempo segundo jefe de la Marina Revolucionaria. Sebastián Arcos, por los mismos delitos, fue condenado a once años de prisión en el mismo juicio. (Ver *Vidas de un héroe*.)

que debía propiciar el armisticio, era no sólo inútil sino irracional y cruel. Tal opinión occidental desconocía entonces (o había olvidado ya) el código militar nipón y la moral del *bushido*. Surgida en la edad media japonesa, en esta ética estrictamente militar y filosofía de la guerra, el suicidio era uno de los comportamientos más honrosos. Tanto como la victoria, la derrota era convertida por la muerte en triunfo moral, es decir eterno para esta ética. El harakiri, cuya técnica no es necesario explicar, se sabe que es una de las formas de suicidio más dolorosas que se conocen: aún más atroz que pegarle fuego al propio cuerpo. En el *sepukku* japonés (la palabra y el concepto son chinos) el autocastigo no es más que consecuencia directa de la autocrítica, que se unen a una indudable ansia masoquista de autoexterminio.

Curiosamente, «darse candela» (el suicidio espectacular por público y fotografiado que pusieron de moda los bonzos de Vietnam) es una de las formas favoritas de suicidio del pueblo cubano desde tiempo inmemorial. Sólo lo practicaban, curiosamente, las mujeres. Los hombres escogían la soga al cuello y una viga. Muchas muchachas en La Habana y en los pueblos de provincia, por ejemplo, se prendieron fuego cuando murió carbonizado Carlos Gardel, por mero luto simpático. Pero no hay que ir tan lejos como el *shogunato* de Kamamura y la lealtad a la muerte para seguir los pasos a esta ideología de la inmolación.

En 1895 José Martí, infatigable luchador por la libertad de Cuba, apóstol de la independencia, poeta nacional, héroe y santo —prácticamente el hombre que lo tenía todo, menos la muerte— encontró su fin inesperado en el campo de batalla, de manera inexplicable. La ocasión fue una escaramuza sin importancia en el comienzo de la guerra, al chocar una fuerza española reducida con la columna cubana. Martí, civil entre soldados, fue enviado cortés y gentilmente por el generalísimo Máximo Gómez, comandante en jefe de las fuerzas mambisas y general experto en las dos guerras de independencia, a que se retirara a sitio seguro, apenas unos metros en la retaguardia. Martí, que nunca había estado en el campo cubano, mucho menos en una guerra de guerrillas, hombre de ciudad siempre, civil de vocación, mal jinete y peor tirador, de pronto convidó a su escolta —extraña alegoría: este protector, este testigo se llamaba Ángel de la Guardia— a ir hacia donde se veía al enemigo y pese a las protestas de su custodio arrancó ribera abajo, hasta las líneas españolas, donde cayó muerto del caballo al instante, sin siquiera haber sacado su revólver de la funda. Este indudable suicidio, político o personal, fue siempre escamoteado por los historiadores cubanos y todos los libros de historia presentan a Martí como un patriota que murió heroicamente combatiendo al enemigo en el campo de batalla. Martí sólo peleó ese día contra su propio enemigo. La muerte de Martí, alma de la guerra y creador de la república en armas, fue un desastre casi fatal para una campaña de independencia que acababa de comenzar. Este sacrificio inútil, no pedido y esta pérdida preciosa fueron lamentados siempre por todos los cubanos, aun en el pueblo, sobre todo en el pueblo, en el alma popular cubana. Una vieja *clave* (cantos que entonaban coros cubanos negros) aparecida en La Habana a principios de siglo se quejaba ya en tonos poéticos, y políticos:

> *Martí no debió de morir,*
> *ay, de morir.*
> *Si Martí no hubiera muerto*
> *otro gallo cantaría,*
> *la patria se salvaría*
> *y Cuba sería feliz.* *

El canto es plañidero, su lamento es retórico y la expresión confusa, pero de veras que Martí no debió de morir entonces, y morir fue lo que él quiso más en la vida. Como otros poetas románticos antes —Byron en Misolongui en busca de la guerra contra los turcos que nunca ocurriría para él, Sandor Pëtofi desapareciendo sin dejar otras huellas que las poéticas en un campo de batalla húngaro—, Martí, romántico retrasado, escogió una de las muertes posibles al poeta del siglo XIX: la tuberculosis, el láudano, la sífilis, el ajenjo o la bala certera. (Un juego de posiciones permite proponer los nombres de Keats, Coleridge, Baudelaire, Verlaine, Pushkin, Kleist, Larra, Laforgue, Lautréamont —para no ocupar más que una página del diccionario— y con Nerval añadir la horca íntima y pública con un farol como ayudante del verdugo. Cada

---

* No deben incomodarse los patriotas cubanos ni sentirse los mexicanos adictos al copyright nacional si estos versos recuerdan otros, tan dolidos, dedicados a Juárez y su muerte que aunque natural, malogró, como a todos, su vida. Pero observen los mexicanos cómo hay siempre que forzar el acento para adecuarlo a la música y decir «Juaréz no debió de morir». No canten victoria los cubanos al reconocer que Martí tiene acento agudo. Todos los cantores patrios y políticos son ladrones de un patrimonio poético común, la *clave* que un mulato habanero compuso a su amante muerta, que yo quiero suponer tremenda mulata en vida. Comienza así esta *clave* decimonónica de forma sorprendente: «¡Inés no debió de morir!, ¡ay, de morir!».

poeta no tiene derecho a más que una muerte.) Pero al revés de esas muertes privadas, Martí consiguió que la República de Cuba naciera cargando un gran difunto al cuello, peso muerto que era además un suicida oculto, como un baldón en la familia: aquello de que no se debe hablar. Poético o político, el suicidio de Martí fue histórico. Es decir, desastroso.

II

Otros cubanos republicanos escogerían el suicidio como acto político para dar punto final a una polémica pública particularmente onerosa: Wifredo Fernández fue alcalde de La Habana y director del diario *La Discusión,* el periódico cubano más importante de su tiempo. Uno de los periodistas más cultos de Cuba, Wifredo Fernández apoyó hasta el último momento al dictador Gerardo Machado y fue de los pocos civiles machadistas arrestados por el Gobierno Revolucionario de 1933, que a su vez se convertiría pronto en la dictadura de Batista —que duró más que la de Machado. Preso en la fortaleza de La Cabaña, a los pocos días se mató de un tiro en la cabeza. Nunca se supo cómo logró hacerse del arma con que se suicidó en su celda. Otro notable suicida antes de Chibás fue el entonces alcalde de La Habana (posición pública segunda en importancia sólo a la Presidencia de la República), Manuel Fernández Supervielle. El alcalde Supervielle se suicidó en 1947, después de haber sido electo por aclamación popular. Había sido acusado de prevaricación por la prensa habanera al no poder cumplir su promesa electoral de dar agua a toda La Habana. Como Chibás, Supervielle era un hombre honesto, de dinero, venido de la vieja burguesía cubana pero un populista político. Su suicidio, como el de Chibás, fue una expresión de fracaso personal y un último discurso afirmativo por la negación: el hoyo en la sien como testamento ideológico escrito con plomo. Irónicamente, el nuevo alcalde —venal, politiquero y sin clase ni noción de clases— propuso en seguida hacer un monumento a Supervielle, ahora alcalde modelo al fin: del suicidio considerado como ideal idóneo. Los habaneros todos aplaudieron la idea y contribuyeron generosos a la colecta para esculpir y erigir su estatua, que en la realización se encogió hasta hacerse sólo un busto. El alcalde marrullero procedió a colocar la cabeza de bronce hueco en una ínfima placita apenas a media cuadra de la plaza de Alvear, llamada así en honor del elevado ingeniero constructor del primer acueducto habanero, inmortalizado en una estatua epónima y en varios libros. El humor, adrede o impensado, es ciertamente una forma de escarnio. *De mortius omni...*

Tiempos posteriores vieron otras formas de suicidio político, esta vez colectivo, en el mismo centro de La Habana. El más memorable fue el *raid banzai* al Palacio Presidencial la tarde del 13 de marzo de 1957. (Las fechas repetidas tienen ánimo encantatorio.) Este asalto estaba condenado al fracaso de antemano y aun los comandos ingleses que intentaron secuestrar al mariscal Rommel y su alto mando en su reducto en Francia, todos asaltantes voluntarios, habrían considerado el ataque al Palacio Presidencial en La Habana, verdadera fortaleza civil, como una operación suicida, rechazable sin duda ni deshonor según el código de conducta militar inglés. Todavía resulta más incomprensible si se considera que en esta acción fallida murieron el noventa por ciento de los asaltantes, de los cuales el setenta y cinco por ciento formaba parte del ejecutivo nacional del grupo que planteó, dirigió y llevó a cabo el asalto, el Directorio Estudiantil Revolucionario. Éste era entonces el único organismo político rival del Movimiento 26 de Julio, que comandaba por control remoto Fidel Castro desde la Sierra, y la máxima organización de guerrilla urbana en La Habana. Las causas directas del mortal fiasco en que se convirtió el asalto al Palacio Presidencial de un dictador no implacable pero sí cruel, situado en el centro de la ciudad, fuertemente custodiado, con difíciles problemas de tránsito y dificultades de movimiento, intentado además en pleno día: las granadas que nunca estallaron, las armas que se encasquillaban y la posesión como única guía para la acción de un plano del edificio, ¡caduco hacía cinco años! Entre las reformas del palacio, previsibles pero ignoradas por los asaltantes, estaba un elevador blindado que llevaba del despacho presidencial a la azotea permanentemente custodiada por una guardia pretoriana.

Es evidente que había entre los asaltantes —jóvenes, maduros, inexpertos y veteranos de la guerra civil española y de la Segunda Guerra Mundial, todos voluntarios, todos valientes— más que una voluntad de vencer, una decidida predilección por el fracaso que significaba la muerte segura: era una urgencia de martirio que ellos mismos no vacilaban en calificar correctamente de «martiana». Uno de los asaltantes más jóvenes escribió antes del ataque un manifiesto que terminaba en una frase que era una sentencia: «¡O seremos libres o caeremos con el pecho constelado a balazos!». ¿Arenga o promesa? ¿O tal vez programa para la lucha? A pesar del estilo —o por ello mismo— romántico y retórico se podía oír el eco de Martí. El autor de la proclama, Joe Westbrook, murió como prometió, no en el asalto, sino poco después en una encerrona: acribillado por la policía batistiana cuando todavía no tenía veintiún años. Joe y todos los otros muertos no eran, como le gustaba repetir al comandante Alberto Mora, *d'après Lenine,* cadáveres con licencia, sino candidatos electos a la fosa común.

El asalto al palacio fue, junto con el ataque al cuartel Moncada, la más espectacular de las acciones de violencia suicida llevadas a cabo durante el régimen de Batista, que duró siete años. Ninguna hizo abdicar al dictador, que huyó, como huyen todos los hombres, por miedo a lo desconocido: es *annus ignotus* romano. El Hombre se escapó a última hora, del último día del año 1958. Pero hubo muchos otros gestos de inmolación inútil antes de que Batista viera que a él también lo abandonaba el dios de Antonio.

El mero hecho de permanecer un militante en La Habana o Santiago haciendo terrorismo y no buscar asilo en las montañas —que eran consideradas por los terroristas como refugios, balnearios, sitios de veraneo político cuando se quemaban en las ciudades— esa insistencia o testarudez era un acto suicida reconocido por todos. En estas actividades de samuray solitario murieron conocidos líderes revolucionarios, entre ellos Frank País, que era en la jerarquía del Movimiento 26 de Julio segundo sólo de Fidel Castro en la Sierra y el primer líder de la guerrilla urbana. Frank País fue finalmente asesinado en Santiago de Cuba como quería, terrorista activo en una ciudad ocupada. Como la de Martí, su pérdida fue fatal para la Cuba actual, su altruismo una forma sutil de último egoísmo. En La Habana los terroristas mientras tanto morían como obstinadas moscas políticas. En cuanto a los pocos sobrevivientes del asalto presidencial (una acción suicida no es necesariamente mortal: el mundo está lleno de suicidas fallidos), al poco tiempo de su hazaña absurda se paseaban por las calles céntricas con estilo de desafío que contrastaba con su condición de clandestinos con la cabeza a precio. Mientras, en los suburbios, otros terroristas, actores anónimos, se batían a menudo con la policía batistiana con verdadera *sans façon* —muchas veces mortal. Había los que recordaban a ciertos gángsters del cine, inmolados simulando, emulando a Dillinger o a Bonny y a Clyde en la ficción. Pero aunque se ordene «¡Acción!» en ambas, la política no es una película.

Al principio de la toma del poder por Fidel Castro, un miembro prominente del Movimiento 26 de Julio con un hermano ministro importante, si no decisivo, fue acusado —falsamente, como se vio después, demasiado tarde— de prevaricación, como Supervielle aunque de menor rango que Supervielle. Con sólo ver su nombre en los periódicos, sin siquiera esperar la vista de la causa o la deposición de los testigos favorables, este joven funcionario se disparó un tiro en la sien, método favorito del *bushido* cubano para expiar la culpa o la tenue mancha moral mediante un harakiri rápido. Aun la extraña desaparición del comandante Camilo Cienfuegos —jefe del ejército rebelde y mano derecha de Fidel Castro— fue una forma de autoexterminio. En la búsqueda de su avión perdido, un pequeño Cessna, la parada obligada era el aeropuerto militar de Camagüey, de donde había salido el avión originalmente. Fidel Castro en persona hizo investigaciones, rápidas y ríspidas. Interrogó al control de vuelo quien contó que él había dado salida al avión a regañadientes. «Fidel, en el radar se veía clarito una tormenta cerca de la isla, que avanzaba hacia la costa. Se lo dije al piloto y todo lo que hizo fue mirar al comandante.» El comandante era Camilo Cienfuegos, que se dirigió al piloto y le dijo: «Palante y palante», que era entonces una especie de consigna de vanguardia revolucionaria: «¡Adelante!». Terminó el control de vuelos con una frase que fue un veredicto: «Volar en esas condiciones era suicida». Y suicidio fue la causa de la desaparición de Camilo Cienfuegos. Más asombrosa que esta revelación fue el descubrimiento de que durante todo el tiempo que duró la busca del aparato y su pasajero eminente, Fidel Castro mostró un desinterés que era casi indiferencia ante la muerte de su amigo y compañero de armas.

En octubre de 1959, a raíz de su renuncia como jefe militar de la provincia de Camagüey, el comandante Huber Matos fue puesto preso por el propio Fidel Castro, que avanzó a pie desde el aeropuerto hasta el cuartel del ejército, seguido por una multitud exacerbada por su discurso en que minutos antes acusó a Matos de traidor y contrarrevolucionario. El comandante Matos esperaba calmado su suerte en su jefatura militar, pero uno de la serie de sucesos extraordinarios que señalaron este momento insólito ocurrió cuando uno de los oficiales de su estado mayor, el capitán Manuel Fernández, pareció salir a su balcón para recibir a la turba revólver en mano. Pero inmediatamente dirigió el arma a su cabeza en vez de a la oposición y se disparó un tiro, matándose en el acto.

Uno de los suicidios más extraños e inexplicables sucedidos en Cuba después de la Revolución y nada conocido fuera del país fue el de Raúl Chirino, revolucionario vuelto contrarrevolucionario por la Revolución, que se suicidó en 1959 dentro de una casa de socorro de La Habana, ¡mientras era interrogado personalmente por Fidel Castro! Nadie dudó nunca que fuera un suicidio.

Augusto Martínez Sánchez fue uno de esos zurdos y absurdos comandantes repetidos a su imagen y semejanza por Raúl Castro en su Segundo Frente Oriental: la guerrilla a través del espejo. Sus operaciones duraron sólo meses pero su mando militar se hizo eterno, tan eterno como puede ser un momento histórico. Martínez Sánchez subió a la Sierra de Cristal a mediados de 1958. Oscuro abogado imberbe, iba junto a otro lampiño, el pelirrojo Manuel Piñeiro, que había vivido unos años en Nueva York como profesional de la frustración y el resentimiento antiyanqui, sentimientos de impotencia que no extendió al sexo al casarse con una espléndida bailarina americana, que amaba la danza tanto como detestaba el ballet. Ambos, Piñeiro y Sánchez, bajaron de la Sierra de Cristal como quien atraviesa el muro mágico: ahora eran comandantes barbudos, prepotentes en su comunismo rural a lo Raúl. No habían disparado un tiro pero eran certeros en sus consignas rojas que siempre daban en el blanco político. Piñeiro fue nombrado por Raúl Castro, Jefe del Servicio de Contraespionaje, experto en espiar amigos y en la delación que ahora se llamaba vigilancia revolucionaria.

Apodado *Barbarroja,* su verdadero remoquete era *James Bongo,* el contraespía que vino del frío Nueva York. Aún sigue en el espionaje sin inteligencia y no se ha suicidado porque la palabra fracaso no existe en su vocabulario, tan corto es. Augusto Martínez Sánchez hace rato que pasó no a la historia sino al ridículo y de ahí al olvido totalitario, que es el limbo del marxista. En 1960 había sido asignado ministro del Trabajo en condiciones oscuras, que son las condiciones en que siempre operó Raúl Castro en el poder por poder. Su ineficacia en el puesto, como la de Piñeiro, era característica de esta pandilla desafinada dentro de la banda militar de Fidel Castro. Si Fidel es el Führer entonces Raúl es Röhm, aun en la aureola de crueldad y pederastia que siempre lo ha rodeado, tal vez por sus hombres, atroces incompetentes aupados más allá de la comprensión. Pero pronto a pesar de sus intrigas y de su apoyo impopular, Martínez Sánchez se vio corriendo intrépido a un *cul-de-sac,* que todos reconocieron: era el común callejón sin salida que es el destino del mierda. Los comunistas no sólo lo dejaron caer como caca caliente sino que le pidieron la renuncia, efectiva ayer. Cuando Sánchez supo que lo forzarían a dimitir a pesar del Hermano que ya no lo apoyaba y de sus maniobras militantes, el ministro de pronto digno se encerró en su despacho, sacó su pistola de reglamento y se dio un tiro en el pecho. Con su impericia habitual, el comandante Augusto, para su disgusto, había salvado la vida pero no el honor. Francisco I podía escamotear su situación histórica pero un suicida cubano fallido era como un samurái con una espada de palo. Las metáforas cruzadas se deben a que es más fácil hacerlas con Vico y lo vacuo de la historia que con la viscosidad de esta clase criminal que, como Hitler y su banda, se presentan como héroes históricos.

La carrera política (y sobre todo militar) del Che Guevara fue un verdadero desplazarse en escaques atravesados, mal Caballo, después de dejar Cuba y embarcarse en las dudosas aventuras de político cazador blanco en el Congo y su desastre sudamericano. Pero antes de morir hizo sus infamosas declaraciones de propósito, en que llegó a decir: «¡Qué cerca estaríamos de un futuro luminoso si en el mundo surgieran dos, tres o muchos Vietnams con su bagajes de muertes y sus intensas tragedias!». Éstas parecerían las palabras de un anarquista *in extremis* y no del socialista o aun marxista ortodoxo que Guevara profesaba ser, el hombre que había adoctrinado a Fidel Castro, salvaje político, leyéndole para domesticarlo pasajes del *Manifiesto comunista*. Pero era su testamento político.

Tal hecatombismo demente, verdadera literatura apocalíptica, venía desde el más allá pero en la voz reconocible de un líder mundial, ideólogo del tercer mundo y todavía icono pop. En realidad era la voz de un muerto antes de morir. La muerte del Che Guevara ocurrió al dejarse atrapar en un valle boliviano rodeado de montes, en una encerrona estúpida. Cuando en 1967 se supo su exacta situación geográfica, Mario Vargas Llosa que había vivido años en Bolivia y ahora vivía en Londres, comentando la suerte posible del Che, declaró: «No tiene otra solución que dejarse capturar o la muerte. Está sin salida. Lo que ha hecho es un suicidio», y suicidio fue. Guevara en Bolivia, como antes en Cuba, se había comportado como un suicida y entre un ser fatigado y héroe político o mártir de una religión nueva, escogió el martirologio. El apocalipsis luego, ahora la inmolación.*

Javier de Varona pertenecía a la alta burguesía habanera, esa que fue decisiva para la subida de Fidel Castro al poder. Su familia, a la que aborrecía, tenía dinero y todos vivían en una gran casa de un barrio rico de La Habana. Javier era alegre, descuidado, conspirativo y dado a la delincuencia más inocente, como insultar desde un auto a un peatón ocasional: «¡Qué culito más rico!». O llamar por teléfono a Lezama Lima a las tres de la mañana para despertarlo con una frase soez («¡Lezama, bugarrón, te voy a castrar!»), para alarma del poeta asmático. En esas ocasiones Javier reía con verdadero gusto ante el disgusto ajeno. Con la Revolución Javier de Varona se hizo de extrema izquierda y en algún momento colaboró con la Seguridad del Estado como confidente. Lo que debió de hacer con el mismo desenfado moral con que antes robaba libros de las bibliotecas públicas del Estado, y privadas de los amigos. Se casó y comenzó a trabajar en un negociado económico. Un día de 1970 —después del fiasco de la cosecha de fábula de los diez millones de toneladas

---

* En abril de 1961 ocurrió un extraño hecho, que casi nadie conoce. Durante la invasión de Bahía de Cochinos, el Che, que comandaba las fuerzas castristas en la provincia de Pinar del Río, se dio un tiro bajo la barbilla que le salió por un lado de la cara. (La cicatriz es todavía visible en sus últimas fotos.) La explicación oficial fue que al Che, experto en armas de fuego, se le había escapado un tiro.

Durante las guerras de independencia, el general cubano Calixto García, al verse rodeado, se dio un tiro bajo la barbilla. La bala le salió por la frente sin matarlo. García fue en 1898 el apoyo mambí a la invasión americana por Santiago de Cuba, después de haber recibido un mensaje del presidente McKinley que se conoce como *a message to Garcia* en la historia. A Calixto García lo apodaron «el general con la estrella en la frente». Era la cicatriz que fue la marca de su suicidio fallido.

de azúcar soñada como un imposible posible por el primer ministro absoluto— redactó un documento en que analizaba minuciosamente las causas que produjeron ese desastre económico, agrícola y humano y llegaba a la conclusión, sabida ya por todos sin hacer ningún análisis, que el máximo responsable del fracaso máximo era el Máximo Líder, es decir el propio Fidel Castro. Envió el documento a su ministro y el análisis siguió el curso previsto: de las manos del ministro a las del primer ministro.

A los dos días quedaba detenido incomunicado. A la semana lo devolvieron a su casa en silencio. Sin decir nada a nadie Javier de Varona escribió toda la noche y a la mañana siguiente se suicidó de un balazo. Lo que escribía era su testamento político. Ingenuo, como siempre, pensó que alguien lo publicaría un día. Cuando su mujer descubrió el cadáver de su marido, lo que un día fue el jovial Javier, y recogió sus páginas escritas y leyó lo que había escrito, decidió llamar a la policía en seguida. En lugar de la policía vino Seguridad del Estado. Vieron el cadáver que no les interesó pero leyeron el documento demente para ellos y aconsejaron a la viuda que declarara, por el bien de todos, que su marido se había suicidado por saberse impotente. Implicaron sexualmente impotente. No dijeron políticamente impotente. Se llevaron el documento inédito. El cadáver quedó detrás como un muerto ya enterrado en el fracaso. El testamento político o económico debe de estar todavía en el Ministerio del Interior, en alguna gaveta empolvada. O, como Javier de Varona mismo, será cenizas sin sentido.

El epitafio de Guevara es la película *Che,* el argentino rosado encarnado por el oscuro egipcio Omar Sharif, todo lleno de talco, en un ridículo tan atroz que es un escarnio. ¿O es justicia política? El obituario del pobre Javier de Varona, dado a la chacota y a la crítica de la sinrazón pura, está en un momento documental de *Topaz,* en que Alfred Hitchcock hace coincidir su sombra por unos segundos históricos con un excesivo y gesticulante Fidel Castro materialista en la tribuna del pueblo en la plaza de la Revolución, en La Habana. Sería tenebrosa simetría saber que ese día en que coincidieron los dos en el espacio fílmico, Javier de Varona animoso y Fidel Castro locuaz, fue la ocasión cuando el Máximo Líder anunció al pueblo que había aceptado renuente la sugerencia popular de cosechar una zafra máxima de diez millones de toneladas de azúcar, para salvar al pueblo y el Gobierno de Cuba. (Aplausos atronadores.)

Un caso más extraño y sintomático que el de Javier de Varona fue el suicidio de Nilsa Espín, doble suicidio más bien. Nilsa era hermana de Vilma Espín que es ahora una revolucionaria con todos sus títulos y privilegios: esposa de Raúl Castro, miembro del comité central del Partido Comunista de Cuba, presidenta de la Federación de Mujeres Cubanas, etcétera. Curiosamente las Espín, como los Castros, pertenecían a la alta burguesía de la provincia de Oriente. Ellas a la burguesía urbana, ellos a la burguesía rural. Vilma, cima de la educación de la burguesía cubana, había hecho estudios en un exclusivo colegio americano, Bryn Mawr o Vassar. Pero se hizo célebre no bien triunfó la Revolución, como la apoteosis de la rebelde al casarse con Raúl Castro, en un golpe de propaganda y adelanto revolucionario: el progreso de la burguesía renuente. Su fotografía de bella cubana con una gardenia al pelo negro se publicó en la portada de *Life* y recorrió el mundo como la imagen de la belleza guerrillera en su boda con un novio de verde-olivo, boina y extraña trenza. Pero Vilma era una advenediza que por pura casualidad había servido de mensajera entre Frank País en Santiago y Raúl Castro en su montaña, correos que para una linda muchacha rica de buen nombre conocido de todos era un paseo a la sombra. Quien sí tenía una larga historia insurreccional en Santiago era su hermana Nilsa, más modesta, menos fotogénica, incapaz de colgarse una flor al pelo. Cuando triunfó la Revolución, Nilsa también se casó, pero escogió como compañero eterno a un oscuro rebelde sin nombre. Nada de comandantes o líderes carismáticos o jefes de la Revolución para ella. Su nombre nunca salió en ningún periódico, nacional o internacional, mucho menos apareció su fotografía en ninguna parte de *Life,* ni siquiera en *Life en español.* Ella y él trabajaban intensa pero anónimamente donde los destinaba la dirigencia. Él parecía vagamente un revolucionario ruso con su barba profusa y el pelo hirsuto en desorden. Era una suerte de Trotsky cubano —peligroso parecido— y trabajaba en la reforma agraria en Pinar del Río. Allí, siempre crítico, encontró oposiciones inesperadas, o esperables de haber sido menos idealista. Un día de 1969 se pegó un tiro en la sien, para asombro de todos menos de Raúl Castro. Cuando Nilsa se enteró en La Habana, estando en el despacho de Raúl Castro, se encerró en el baño sin aspavientos, sacó su pistola y se dio un tiro en la sien. Raúl Castro tampoco se asombró esta vez. Luego se supo que ambos consortes tenían un pacto suicida hecho en secreto. El gobierno revolucionario, ahora con control total de la prensa, la radio y la televisión, y las agencias de noticias bajo censura, no difundió la noticia. En cuanto a *Life,* no iba a publicar la foto de la otra Espín: fea, fracasada, con un coágulo de sangre al pelo, roja gardenia atroz. Privadamente se comentó que se sabía hacía rato que la pareja estaba desilusionada con el régimen y con la revolución. Vilma Espín nunca explicó nada a nadie.

Alberto Mora era hijo de uno de los jefes del asalto al Palacio Presidencial, Menelao Mora, que murió allí. Los dos eran altas figuras del Directorio Revolucionario y Alberto, por un asombroso azar que él creía histórico, iba a entrar entre los primeros al palacio pero fue puesto preso por la policía batistiana días antes, mientras forcejeaba para que su padre escapara y pudiera dirigir la operación suicida. Alberto estaba en prisión, al seguro, cuando ocurrió el asalto en que murió su padre y no él. Después, ya libre (Batista era un asesino irregular que permitía a sus jueces conceder el *habeas corpus* cuando sus secuaces usaban el *habeas corpse*) pero todavía clandestino, se arriesgaba gratuitamente para comer con sus amigos como yo en un restaurante de moda, a la vista de todos y vestido llamativamente. Al triunfo de la Revolución compartió la desgracia política inicial del Directorio Estudiantil, grupo que Castro tenía que aniquilar si quería gobernar: quien asalta un palacio, asalta dos. Luego Alberto Mora derivó hacia los extraños cuarteles del Che Guevara, unidos por la desgracia, y fue protegido por el argentino sin patria. Nominalmente comandante del ejército rebelde, Alberto fue nombrado ministro de Comercio Exterior, se casó y fue feliz por un tiempo. Cuando el Che Guevara cayó en su penúltima desgracia, Mora fue destituido y convertido en burócrata itinerante, humillación que pareció aceptar como un castigo merecido: la pena política al pecado original de su rebeldía. Fue sonriendo a su destino Alberto, con su sonrisa torcida de siempre, el amargo Alberto, el amistoso y leal Alberto. Cuando el infame «Caso Padilla», Alberto Mora, su amigo, estuvo entre sus pocos defensores, para su mal. Finalmente, en desgracia total, fue enviado como condena a trabajar en una granja «de voluntario». No soportó este último ultraje y se dio un tiro en la boca con su pistola de reglamento militar. Sólo hubo un breve obituario en el *Granma,* diario oficial, que no dijo siquiera que se había suicidado. Hasta ese último privilegio político le fue negado.

Miguel Ángel Quevedo heredó de su padre una revista literaria de escasa circulación llamada *Bohemia,* pero no sus inclinaciones intelectuales ni su gusto elitista. Muy joven el heredero, convirtió su revista en un semanario popular, crudo y sensacionalista y al mismo tiempo profundamente democrático y sentimental. *Bohemia* fue de cierta manera uno de los creadores del carácter cubano de entonces y no es casualidad que surgiera en Cuba junto con el auge del bolero. El raro talento periodístico de Quevedo corría parejas con un segundo instinto político y así se opuso a Batista en 1940, aunque había sido elegido democráticamente (con ayuda del Partido Comunista cubano, entre otros), apoyó una veces a Grau San Martín como candidato presidencial, pero lo atacó ya en la presidencia. Como atacó a su sucesor Carlos Prío, para defenderlo una vez derrocado por Batista, al que volvió a atacar de dictador con una sabia mezcla de audacia y mesura. Siempre, es curioso, Quevedo se adelantaba a interpretar los sentimientos populares en política y hacerlos públicos en seguida. Antes de que Fidel Castro llegara al poder (con su apoyo, entre otros), el político favorito de Quevedo fue Chibás, que nunca llegó al poder. Pero Quevedo era todo menos un amante del fracaso. Al contrario, buscaba y compartía el éxito (los opíparos fines de semana compartidos con amigos y colaboradores en su finca de recreo y su generosidad eran proverbiales), pero sentía un particular afecto por la sacralización de sus héroes y así no resultó raro que tuviera la osadía de imprimir un dibujo (a toda página, a todo color y recortable) de Fidel Castro ya primer ministro, en 1959, en que Castro se semejaba con sus barbas no a un Marx posible sino a otro judío imposible, ¡Jesús!

Años antes, cuando el suicidio de Chibás, había convertido la foto de una simple puerta colonial y un aldabón, al añadirle un crespón de luto y un título negro con la frase final de Chibás como epitafio: «¡El último aldabonazo!», en una portada de *Bohemia* que hizo historia. Esta obra maestra de la propaganda, mezcla de alegoría política y mal gusto macabro, era *the kitsch of death*. Años después, uniendo sus héroes del pasado en un solo gesto de fracaso, Miguel Ángel Quevedo, exilado y en la ruina en Venezuela (que es como saberse arruinado en Las Vegas), se mató de un balazo en la sien. Dejó una carta editorial que terminaba así: «Me mato porque Fidel me engañó». Su compleja vida hizo su muerte complicada. Homosexual encubierto y hombre muy poderoso en La Habana (en una ocasión le ofrecieron ser ministro y declinó la oferta diciendo: «¿Para qué quiero ser ministro? ¡Yo soy más que un ministro! Yo obligo a muchos ministros a hacerme antesala»), Quevedo perdió en Caracas su *Bohemia* pero pudo por fin exhibirse en público con sus jóvenes amantes, para escándalo privado de sus amigos y regocijo impreso de sus enemigos. Es obvio que a Miguel Ángel Quevedo no lo mató el engaño de Fidel Castro sino haber participado en ese engaño, y su propio desengaño.

Esta actitud suicida cubana, que alabarían los viejos anarquistas catalanes, la ETA y aun los falangistas: «¡Viva la muerte!», se contagiaba a los extranjeros, como el Che Guevara, pero aun los que habían llegado tarde a la Revolución aunque servían al Gobierno, como el argentino Jorge Ricardo Masetti, que vino a Cuba como protegido del Che y gracias a él fue el creador de la agencia de noticias oficial Prensa Latina. Masetti tenía la petulancia del Che pero no su inteligencia. Finalmente él hizo también, como dicen los argentinos, su *viaje al muere*: la muerte por la guerrilla suicida, que emprendió, en imitación tardía y temprano aviso al Che, de regreso a su destino argentino.

Pero no sólo hubo argentinos convertidos en suicidas por contagio cubano. También hubo chilenos. Beatriz Allende, hija y confidente del difunto presidente de Chile del mismo nombre, estaba casada con un impreciso agregado, dos veces oscuro, en la embajada cubana en Santiago. Bien parecido y modesto, se conocieron antes de las elecciones que ganó para su mal Allende. Al poco tiempo de casada, la mujer de *Barbanegra* supo el secreto de su marido: era capitán de la Seguridad del Estado en Cuba y había venido a Chile con la misión de proteger al presidente electo para que no lo mataran antes de tomar posesión. Lo mataron después, claro, y su guardia cubana no pudo, o no quiso, protegerlo.

Cuando cayó Allende, el matrimonio, amparado en la inmunidad diplomática, regresó a Cuba. Al poco tiempo se separaron: misión cumplida para el hábil agente cubano, que tampoco pudo impedir, como su padre, el suicidio de la hija preferida de Allende. Ahora Beatriz vivía sola detrás de la siniestra pero en apariencia apacible casa-quinta de los Servicios del G2 en la antigua barriada elegante de Miramar en La Habana. (El G2 es el cuartel general de la Seguridad del Estado: la nomenclatura ha sido heredada sin asco del ejército de Batista: la viscosidad es una sola.) Los vecinos la veían salir a veces, apocada, temerosa: la sombra de la mujer altiva que conocieron en Chile los amigos de Allende. Al poco tiempo Beatriz Allende se dio un tiro en la sien, costumbre aprendida en Cuba. El parte oficial del Gobierno cubano habló esta vez de depresiones y neurosis. No hace mucho la tía de Beatriz, Laura, hermana de Allende, que vivía también en La Habana, se lanzó de un piso dieciséis a la calle. Esta vez el diario oficial *Granma* explicó que la otra suicida Allende estaba enferma de un mal incurable. Por supuesto no se refería a la tiranía de Castro. Nadie dijo que Laura Allende hacía meses que trataba de salir de Cuba para curar la incurabilidad del mal que la mató.

El escándalo sin precedente diplomático del asilo masivo en la embajada peruana en La Habana provocó inesperados *nervous breakdowns* de funcionarios antes firmes y combativos o el súbito exilio de escritores en oportuna turné oficial por el extranjero. Algunos de ellos trabajaron en la Casa de las Américas bajo la dirección de Haydée Santamaría. Una de las mujeres más sólidas y firmes en apoyar a Fidel Castro dondequiera, inclusive su confesora de peligrosas intimidades políticas, heroína del régimen varias veces, Haydée, llamada *Yeyé,* súbitamente tomó su pistola (cada comunista cubano con su Colt 45) y tranquila se la llevó a la boca como una taza de té. Literalmente se voló la tapa de los sesos. Para desvelar el secreto en el velorio le habían puesto un turbante encubridor, pero el verdadero misterio era por qué había sido velada en una funeraria pública y no en el mortuorio de los mártires en la plaza de la Revolución. Haydée, según se supo, había cometido el suicidio en su propia oficina. ¿Neurosis larvada que aflora brutalmente? ¿Depresión irresistible? ¿Por qué no hablar de desengaño, de desilusión total o del simple expediente del suicidio como respuesta moral a la derrota que no ve derrotero? Después de todo Haydée Santamaría fue una de las dos únicas asaltantes suicidas al cuartel Moncada, enfermera dispuesta a morir más que a salvar vidas. Pero también hay que recordar que supo resistir entonces, con enorme entereza, la tortura psíquica más terrible cuando los soldados de Batista le presentaron en bandeja los ojos de su hermano y los testículos de su novio. Después del triunfo de la Revolución ella solía esgrimir esta atroz exposición como metáfora macabra de su firme carácter revolucionario y su capacidad de resistencia mental. Usaba esta narración de *grand guignol* político para ganar argumentos ideológicos —y aun culturales.

Una mujer cuya falta de inteligencia corría parejas con una enorme ignorancia, la Santamaría pudo fundar, dirigir y controlar durante veinte años una organización

cultural oficial, la Casa de las Américas, que no era ciertamente la Bauhaus, pero no estaba lejos del Ministerio de
Cultura soviético bajo Ekaterina Furtseva, por ejemplo.
También la Casa de las Américas infiltraba sutilmente
agentes en diversos países de América del Sur y del Norte
y ofrecía refugio a no pocos «amigos» de Cuba en fuga en
su sede central. Además de la confianza personal y política de Castro (aunque éste no entendiera tanto de una casa
de la cultura, ni siquiera de la cultura que no sirviera a sus
fines, como entendía el desaparecido ex presidente Osvaldo Dorticós) Haydée contaba ahora con la protección
de su a veces marido Armando Hart, primer ministro de
Cultura y hombre con quien podía entenderse perfectamente a través del abismo de sus respectivas ignorancias.
Aun el notorio oportunismo de Hart podía ser favorable
a la escasa ductilidad de *Yeyé*. Parecía pues que no había
motivo para el suicidio de esa *Yeyé* que no conocía el abu-
rrimiento: imposible que le atacara un *tedium vitae*. Pero
¿no es posible que padeciera un *tedium* del poder? El poder absoluto desilusiona totalmente. Después de todo, un
opositor es como una especie de cura para la paranoia. Se
habló además de un testamento que Haydée Santamaría
sirvió a Fidel Castro en bandeja de recuerdos revolucionarios. La prensa cubana, de más está decirlo, no dijo nada
de testamentos metafóricos o reales y llegó a escamotear
la fecha de su muerte. Según el diario *Granma* ocurrió el 28
de julio. Algunos enterados en el exilio sostienen que el suicidio tuvo lugar el 27 de julio, fecha privada para su luto
por la muerte violenta de su hermano y su novio. Hay que
apostar sin hacer trampa que Haydée Santamaría se suicidó el 26 de julio de 1980.

Hay otros suicidas menos conocidos, como el comandante Pena, que también recurrió a la pistola, el gatillo y la bala en la sien. O el comandante Eddy Suñol, héroe de la guerrilla en la Sierra, que llegó a ser viceministro del Interior en la paz, o eso que pasa por paz en Cuba. Esas muertes son además de posibles, inevitables en una revolución cuya única aportación contundente a la literatura revolucionaria es el lema de «Patria o Muerte». Si se compara este motto mortal con la frase favorita de los revolucionarios franceses, *«Liberté, Egalité, Fraternité»*, se verá no sólo la pobreza mental sino además la miseria moral del apotegma favorito de Fidel Castro. El lema «Patria o Muerte» (probablemente concebido por el héroe de la guerrilla urbana en Santiago de Cuba, Frank País, quien de veras murió y se hizo el mártir que quería) es una derivación burda de viejos lemas cubanos, como «Independencia o Muerte», confeccionado en el siglo XIX durante la segunda guerra de independencia y el anuncio, todavía visible en 1959 en las monedas de plata, de «Patria y Libertad». Pero parece que todo debe volver a Martí si se habla de Cuba y la muerte. Fue Martí quien terminó su famosa llamada a la lucha en el *Manifiesto de Montecristi* con una frase lúgubre, «La Victoria o el Sepulcro». Martí por propia voluntad cumplió una parte del lema y lo convirtió en violento vaticinio. Ya antes había escrito frases no menos tenebrosas en las que declaraba cosas como que la muerte es el seno inefable donde se fraguan todos los sueños sublimes. No es posible acumular más cantidad de tánatos en menos espacio creador. Sus mismos versos sencillos, tan populares, tan fáciles, tan llenos de luz, abundan en invocaciones a la muerte. Una ofrenda a su culto a la muerte es ese verso citado y recitado por tanto colegial sencillo en que Martí confiesa el deseo de morir de cara al sol. A pesar del contexto la expresión es francamente política. Curiosamente —¿o no tanto?— la frase final fue adoptada y adaptada ya bien entrado el siglo XX por un poeta español que también se convirtió a la religión de la muerte. Me refiero al poeta falangista Dionisio Ridruejo. Ese fin de verso fue hecho lema para formar parte y dar nombre al himno de la Falange Española. El himno se llama *Cara al sol*. Meras metamorfosis martianas.

Ahora en Cuba en el lema de «Patria o Muerte», la idea de Patria apenas si tiene sentido en el contexto y mucho menos en su expresión máxima, que es la del Máximo Líder. Tal vez debiera decir única porque nadie parece, excepto su hermano Raúl, tener derecho a enunciarlo en público. ¿O es que nadie más tiene la voz alta en Cuba? En todo caso Fidel Castro siempre acentúa al final de cada discurso si no la idea, por lo menos la furia fatal que va con el sonido de muerte en su voz aguda, agorera.

III

Las tres grandes religiones nacidas en el Mediano Oriente, que no rechazan la muerte sino más bien la acogen, condenan todas el suicidio sin ambages. De las tres, la más antigua, la originaria, la que parece haber inventado esta proscripción, el judaísmo, declara en el Talmud que dado que la vida es sagrada el suicidio es por tanto un acto pecaminoso. El cristianismo se opone al suicidio con extremo énfasis, razonando con más teología que lógica. (Aristóteles, por ejemplo, no entendería esta proposición.) Si toda vida humana es obra de Dios, que la da y la quita, el suicida atenta siempre contra la voluntad divina y el hombre intenta erigirse en Dios al matarse. San Agustín no excusa el suicidio ni como fuga del dolor ni de la enfermedad. Ni siquiera para escapar a la violación inminente: mejor la fornicación más incómoda. Todos los padres de la Iglesia no vacilan en condenar el suicidio. En la Edad Media algunas legislaciones cristianas prescribían la mutilación del cuerpo del suicida y ordenaban la confiscación inmediata de todos sus bienes. Por supuesto ambos castigos eran onerosos sólo a la familia del *felo de se.* (Éste era el nombre técnico del suicida en la Inglaterra medieval.) Hasta hace poco (1961) el suicidio era un delito penado severamente por los tribunales de la Corona. De esta manera sólo era castigado el suicida fallido, con lo que se alentaba la eficacia del suicida más que lograr disminuir las muertes por suicidio. El único sobreviviente de un pacto suicida, por ejemplo, era automáticamente considerado presunto culpable de un asesinato alevoso según una ley inglesa abolida en 1957. Ahora, más modernos, sólo le juzga de homicidio culposo. Hasta el siglo pasado los ingleses trataban al cadáver de un suicida como los húngaros solían exorcizar a un posible vampiro: enterraban el cuerpo en un cruce de caminos con una afilada estaca hundida al pecho. Parecería que el islam debía ser más condescendiente con el suicida árabe que el orbe judeocristiano. Todo lo contrario. Mahoma mismo consideraba el suicidio un crimen peor que el homicidio y castigaba al suicida saudita al infierno más temido: el desierto eterno sin el agua de Alá, el alma del suicida condenada a vagar siempre entre arenas al sol.

Otro profeta, Marx, no es menos implacable con el suicida que sus antepasados judíos o la Iglesia luterana en cuya civilización se crió o la Inglaterra victoriana en que vivió y escribió y concibió el marxismo como ciencia exacta, aunque es en realidad otra herejía hebraica. Sus seguidores decretaron que el suicidio era contrario al comunismo, antimarxista y por tanto contrarrevolucionario. Pero no acababan de formular esta ley contra la fuga cuando se encontraron con herejes no ya entre los discípulos del Maestro sino aun en la misma Sagrada Familia. Las herejías todas siempre producen actos heréticos. La primera y mayor consternación ocurrió cuando el pacto suicida de Paul Lafargue y su mujer Laura. Al grabar las rojas tablas de la ley materialista, el propio dios barbudo de Karl Marx había prohibido el suicidio con la amenaza de expulsión eterna del partido y por lo tanto de la historia. Sólo se admitía, renuente, como un último recurso no individual sino revolucionario. La pistola en la sien debía servir para disparar por última vez contra el bastión burgués desde las barricadas revolucionarias. Pero, ironías de la historia (y aun de la pequeña historia marxista) Laura Lafargue se llamó de soltera Laura Marx y era la hija preferida del viejo Karl, a quien ella llamaba *el Moro* por su piel cetrina. Aún más interesante es que detrás de la máscara de ese Paul Lafargue afrancesado se escondía un pobre Pablo. Lafargue era un mulato santiaguero que por esos azares —o mejor andares— del cubano rebelde vino a integrarse a la numerosa prole prúsica de Marx, ahora lar londinense. Los Marx llamaban a Lafargue *el*

Negrito, aunque siempre a espaldas de Laura. En el proceso ideológico póstumo que siguió al doble suicidio de los Lafargue, el acusador *after the fact* de los suicidas fue un apóstol alemán del marxismo, August Bebel, viejo comunista, amigo de Marx y autor de un libro de éxito victoriano que las mujeres de entonces leyeron ávidas. No era una novela romántica sino todo un tratado alemán con el título de *La mujer y el socialismo.* Sería estropear mi tesis de una ideología cubana del suicidio si tuviera que decir que Herr Augustus terminó sus días lanzándose de su torre de Bebel. Nunca lo hizo: murió de viejo.

Sin embargo, a pesar del juicio marxista hubo otro herético entre los Marx. La tercera hija de Karl que llegó a ser adulta, la más desgraciada de todas, casada con otro marxista (los jóvenes comunistas de la época se comportaban ante la familia Marx como pretendientes a una casa real europea —¿pero es que no lo era?—), el abusado irlandés Edward Eveling, ella también cometió el pecado nefando al acabar con sus días de Marx y de mal vivir.

Estos viejos trapos sucios de la familia Marx se lavaron a la luz de las noches blancas rusas en ocasión del patético suicidio de Adolf Yoffe, quien se dio un tiro en la sien en un pasillo del Kremlin. Yoffe, enfermo y arruinado políticamente por Stalin, no vio más salida del Kremlin que el suicidio. Stalin le había prohibido la fuga de Rusia a pesar de que de este viaje dependía su vida física. Debía ir al extranjero a curarse de una enfermedad incurable para la ciencia soviética. (Pero no, al parecer, para la medicina burguesa.) La muerte que escogió hizo olvidar la vida que tuvo que vivir: en la enfermedad, en la iniquidad de servir bajo Stalin, zar incipiente, y el peor tirano, el dolor. Sólo se vio el dilema de un revolucionario que se suicida: un utópico que rechaza la vida futura para escoger la muerte y un materialista que es un *felo de se*. Stalin resolvió el problema con una solución dicha con esa sorna que ya comenzaba a ser su mejor arma política. La sorna es el único sentido del humor permitido al tirano: Stalin tenía sorna a torrentes. «Los marxistas no se suicidan», sentenció el camarada Stalin al que cantó general Neruda. «No se ha suicidado un marxista, se ha suicidado un trotskysta», que es lo que fue el pobre Yoffe: judío, intelectual y la primera víctima de Stalin como verdugo político. Pero el de Yoffe no fue el único suicidio que resonó en el Kremlin: allí se suicidó también Nadia Alliluyeva, no una trotskysta sino la segunda mujer de Stalin. Treinta años después, este suicidio tan privado que se convirtió en oculto se haría escándalo internacional en las memorias de su hija, Svetlana Stalin.

Siguiendo a Freud, que explica tan dogmáticamente cómo Marx condena, el suicidio está siempre ligado a la depresión, clínica o «normal». Son los deprimidos los que más a menudo se matan y algunos freudianos diagnostican que sólo se suicida el deprimido. Así un suicidio por exaltación, a lo Dostoievsky, es virtualmente imposible. Aunque, como dijo Borges, Dostoievsky sigue siempre su teoría de que nadie es imposible. Pero los freudianos no se detienen aquí: Freud *rushed in where Engels feared to tread*. Para perturbación de aquellos marxistas que contemplen la idea del suicidio en el trópico hay un *sequitur* que parece un *non sequitur*. La depresión y el suicida sólo se entienden en términos de impulsos contra el otro (el infierno son los otros, según Sartre: el otro multiplicado), impulsos que se vuelven siempre contra el ser. O contra el hombre. (O mejor aún, contra el héroe proletario hecho mártir por propia mano.) Se libra entonces una lucha entre el ego y el superego, con el triunfo final —o la derrota— del ego superior. El suicidio es un *continuum* de fuerzas de agresión y autoagresión. (Pavese, escritor y suicida, que debía saber lo que decía, dijo que el suicida era un asesino tímido.) Según un freudiano apocalíptico, el suicidio tiene tres elementos (una suerte de trinidad infernal), que son: 1) el deseo de matar, 2) el deseo de ser matado, y 3) el deseo de morir. Es evidente que la realización del segundo deseo conlleva a su vez el cumplimiento cabal del tercero, pero a los freudianos les gusta explicar lo obvio, complejo típico.

Pero mis digresiones no ocultan que esta teoría del suicidio ha tomado prestado sin declararlo a la fábula india de la pata del mono dramático, siempre letal. Otro vienés, Louis Dublin, propuso que las causas del suicidio son los sentimientos de miedo, de inferioridad y el deseo de muerte contra ese otro con que el individuo se identificará. Siguió, desde Dublin, con una sarta en jerga psicoanalítica que es innecesario copiar o repetir, me parece. Curioso que todos esos freudianos y Freud mismo nunca hayan explicado por qué se suicidan tantos analistas, entre ellos teóricos eminentes como Wilheim Stekel y Anna Freud, su hija. Aun el gran viejo, Freud no Marx, cometió un suicidio lento al saber que tenía un cáncer incipiente en la boca y no haber dejado nunca, hasta el final, el hábito de fumar puro tras puro, habanos capaces de dar cáncer en boca cerrada, como la de Freud ante el sofá. Lástima que no se fabriquen puros freudianos en La Habana capaces de dar cáncer al cáncer de tanta boca abierta en la tribuna.*

A mi ver, sólo las religiones monoteístas, es decir judías, ven la autodestrucción como un crimen. Es todavía más notable que ni en el Viejo ni en el Nuevo Testamento se pueda encontrar prohibición o desaprobación definida alguna. Así, los maestros de la fe basan su prohibición del suicidio sobre terreno filosófico de su invención. Resultan a su vez tan pobres que sus argumentos carecen de fuerza, tanto que tratan de insuflar vigor a los términos con que expresan su aborrecimiento. Es decir, recurren al insulto.

Las palabras anteriores pertenecen a Schopenhauer y su diana son el judaísmo y el cristianismo, pero bien podrían aplicarse al marxismo de ayer y de hoy. Marx ha devenido un profeta y, a veces, un dios. Su cisma judío se ha convertido en herejía.

Schopenhauer termina su disquisición filosófica con una nota física y espiritual a la vez: «Lo que hace el suicidio más fácil es que el dolor físico asociado con el mismo, pierde todo sentido a los ojos de alguien afectado por un excesivo sufrimiento espiritual». Ese sufrimiento aplicado a la política y combinado con la idea de nación es, por supuesto, el patriotismo. El último refugio del pí-

---

* Una revelación reciente del médico de Freud convierte a Freud en suicida. Freud, con un cáncer terminal, rogó a su médico una dosis letal de morfina. El médico cumplió su último deseo.

caro se convierte así en la primera salida de la vida histórica. Dice Schopenhauer un poco antes: «Generalmente se encuentra que cuando los terrores de la vida sobrepasan el terror a la muerte el hombre pone fin a sus días». Estos terrores de la vida política son, simplemente, en nuestros días, el terror político.

Emile Durkheim, contemporáneo de Freud, en su *opus magnum* sobre el suicidio, llamado, naturalmente, *El suicidio* (1897), clasifica a los suicidas en dos grupos: egoístas y anómicos, los primeros característicos de nuestra sociedad, mientras que el suicida altruista (para sorpresa de los marxistas) es propio de las sociedades primitivas: casi como decir que el egoísmo es la última etapa del socialismo. Como se sabe, Marx castigó el egoísmo con una frase digna de Dante el teólogo y llamó a su elemento natural, contrario al fuego militante, «las aguas heladas del cálculo egoísta». El suicida sin duda se zambulle en esas aguas al hacer su último cálculo. ¿Por qué se suicida entonces el comunista, animal que después de leer a Marx no sólo ataca al hombre sino que se hiere mortalmente a sí mismo? Debe de haber una explicación marxista, es decir filosófica. No hay una.

La conocida opinión de Albert Camus cuando filosofa existencial, en que declara que hay un solo problema filosófico, el del suicidio, no es más que una frase que se le ha hecho frase hecha —es decir tomada siempre fuera de contexto. Pero aun en su contexto no es más que una frase francesa, que suelen ser a menudo como bolas de Navidad: brillantes y vacías. Camus era un ensayista que quería ser tomado por filósofo, un novelista que pasaba por pensador grave (Dostoievsky que se hunde en su Sena) y un dramaturgo a quien todos los diálogos se le convertían en un intercambio de frases dichas, una liga de nociones que no son más que *bons mots,* tan felices o fáciles como los epigramas de Oscar Wilde, teatrista a quien se le reprochó siempre sus golpes de teatro ligero. Camus ofrece en cambio golpes de filosofía fatalista que no abolirán a Wilde. Según Camus, juzgar si la vida vale o no la pena de ser vivida, es responder a la cuestión fundamental de la filosofía. Hay tantas cuestiones fundamentales en la filosofía que encontrar una sola es excluir impertinente las más pertinentes. Para Platón, por ejemplo, el suicidio de Sócrates no responde a una pregunta filosófica sino que las origina todas. Hay más cosas en la filosofía que entre el cielo y la tierra, como bien sabía Horacio, buen estudiante que no quiso ser grosero con el vago Hamlet, entre otras cosas, porque éste era príncipe heredero: amenazaba con ser rey un día. Sin embargo, el recurso del suicidio sí es el problema fundamental de la política, aun en tiempos no de hambruna sino de huelgas de hambre a morir como arma política. ¿Vale la pena la lucha continua o es mejor salir a tiempo por la puerta estrecha del suicidio hacia las inmensas praderas de la historia que cada ideología promete a sus fieles como el paraíso del creyente? Aun para los fanáticos de la revolución permanente, los hijos de Trotsky, hay una única pregunta, la que tiene una sola respuesta decisiva: esa de escoger entre la historia eterna o la nada. Una respuesta colectiva reciente es la banda Baader-Meinhof, que a todos asombró porque los asombrados no tenían noción de la historia cubana. En Cuba hace rato que muchos revolucionarios viven al borde de esa clandestinidad permanente. Hamlet sería mal filósofo y peor político pero su *To be or not to be* es todavía el problema cubano.*

Si la teoría del suicidio es de estudio fácil para Camus, como lo es de dura práctica para Hamlet, la etiología del suicidio es de difícil definición a psiquiatras, psicólogos y psicoanalistas —pragmáticos como teóricos, empiricistas como médicos. Inadmisible para religiosos y materialistas por igual, el suicidio deja de ser un indefinible problema cuando se le observa como ideología absoluta y pasa a ser del dominio histórico. En Cuba, al principio de la toma del poder por Fidel Castro, se quiso sustituir la ideología por la práctica. Era, simplemente, la ignorancia que no se atreve a decir su nombre, porque, entre otras cosas, no lo sabe pronunciar. De esta ignorancia primitiva (elogiada por ese vidente ciego evidente que era Sartre) se pasó a inciertos balbuceos ideológicos (dichos y hechos del Che), a aprenderse la cartilla marxista y a silabear algunos apotegmas de Marx como consignas. (De paso hay que decir que nadie sabía qué era un apotegma y muy pocos lograron pronunciar esta palabra extranjera sin caer en ridículas caricaturas verbales: apatema, arpotema, esta última versión sin duda contaminada de otro Marx, Harpo. Se decidió entonces que apotegma era un instrumento de uso burgués, como el cuchillo de pescado.) Luego vinieron los tiempos serviles de ubicarse dentro del estrecho corsé ideológico ruso, aparato concebido, diseñado y fabricado por un tal Zozo Yugazvili, alias Stalin, modisto

---

* De pasada Camus en una nota al pie, habla de un «suicidio honorable» y menciona como ejemplo de esa tendencia a los suicidas políticos, «llamados de protesta», en la revolución china —que es por cierto la revolución de Mao que la quería tan permanente que la paralizó.

marxista. Por supuesto Fidel Castro nunca tuvo que acomodarse siquiera a un miriñaque moscovita porque el Máximo Líder está más allá de la teoría: él es práctica pura, ese lugar de la geometría del espíritu hegeliano en que toda práctica, aun la impráctica, se hace teoría y es *fons et origo* de todo pensamiento correcto, que por supuesto va corrigiendo su corrección, como una brújula política, según las circunstancias. Este manantial de toda sabiduría va cambiando de fuente pero no es más que el viejo baño en el Jordán histórico, inmersión purificadora capaz de bautizos o de zambullidas. Con Fidel Castro, además de la pura práctica, bastó una declaración como tesis de grado para culminar su graduación *summa cum laude:* «¡Yo soy y siempre he sido marxista leninista!». Este exabrupto es como anunciar desde la tribuna al ágora: «Siempre he sido neoplatónico», sin siquiera haber oído hablar nunca de Plotino ni leído un solo diálogo de Platón o aun un título. Por supuesto sin hablar griego tampoco: para Fidel Castro toda filosofía es griego. ¿Subdesarrollo o ignorancia? Simplemente teoría y práctica del oportunismo político. En 1939 Castro habría hablado de Goebbels y de Rosenberg como ideólogos de la teoría nueva.

Más tarde hubo un regreso —*corso ricorso* en un baile de San Vito, mal histórico— ideológico o un intento de una ideología a partir del estatismo soviético, en que todo movimiento práctico se ve como revisión del marxismo. Este revisionismo se cometía frente a alguien como Fidel Castro, cuya única contribución a la teoría de Marx, según Stalin, no es una interpretación novedosa sino una nueva pronunciación de esta filosofía como *marsimo-leninimo.* Las eses salían sobrando pero la crítica y aun el comentario ocasional se oían de veras como una amenaza al líder total en Cuba totalitaria. Insistir en la crítica, cualquier crítica, es siempre un acto suicida, como se ha visto en casos tan diversos como el de Che Guevara, Alberto Mora y Javier de Varona, todos diferentes suicidas pero un mismo suicidio. O esa suicida magna que es Haydée Santamaría, cuyo suicidio conmovió al régimen durante diez días, no por sentimiento ante el camarada caído sino por su significación política, su significado de ídolo que se quiebra. Hay además los muchos muertos menores, fantasmas del comunismo que recorren la isla de Cuba con un lema: «Comunistas de Cuba, suicidaos. No tenéis nada que perder más que la tapa de los sesos».

La práctica del suicidio es la única y, por supuesto, definitiva ideología cubana. Una ideología rebelde, la rebeldía permanente por el perenne suicidio. Martí sería así nuestro Trotsky temprano: ideólogo, político, guerrillero fallido pero suicida certero, el *felo de se* con fe en la tumba abierta. ¡A la victoria por el sepulcro! ¡Muerte o muerte! ¡Pereceremos! (Se oyen, se oirán siempre, las notas del Himno Nacional, cantado por un coro lejano de voces de ultratumba: «Cubano, a morir por propia mano / Que morir por la patria es morir».)

Enero de 1983

Post mortem

Como primer pero no último eslabón de esta teoría de suicidas sin teoría visiblemente interminable, hay que añadir el nombre del doctor Osvaldo Dorticós Torrado. Dorticós, como lo llamaba todo el mundo, fue un personaje público con una vida privada que justifica el adjetivo adamado. Su carrera fue un juego de damas aunque él siempre creyó que jugaba al ajedrez: aspiraba a Capablanca, el rey de reyes y reinas y peones y torres y caballos. Su doctorado no era más que en leyes y había nacido en Cienfuegos, en la Provincia de las Villas. «Cienfuegos es la ciudad / que más me gusta a mí», cantaba Beny Moré, pero era en realidad la tercera ciudad de Cuba que constantemente aspiraba a la condición de grande. Este delirio de grandeza se contagiaba a sus ciudadanos: Carlos Rafael Rodríguez, perenne tercero en el régimen, Edith García Buchaca, jerarca cultural del Partido Comunista y, por un tiempo, del régimen de Fidel Castro (para ganarse un arresto domiciliario de quince años) y Osvaldo Dorticós, que se creyó presidente de por vida, y lo fue de por muerte. Dorticós fue el segundo presidente elegido de dedo por Fidel Castro para sustituir (en el mismo año 1959) al doctor Manuel Urrutia, que había sido nombrado antes por Castro, que ya desde entonces ponía y quitaba reyes. Dorticós, como Urrutia, también fue destituido, esta vez para ocupar su puesto el propio Fidel Castro, demostrando al folklore político criollo que no sólo es *el Caballo* sino el toro que más mea.

Desde entonces la brillante estrella del antiguo abogado burgués y socialista (de alta sociedad) que hasta había sido comodoro del muy exclusivo (ni pobres ni negros era su lema) Yatch Club de Cienfuegos, la espléndida estrella de Dorticós descendió cada vez más rápida, del cenit al nadir político, para apagarse en la nada a la que nunca aspiró. Dorticós siguió el camino de toda carne política en Cuba y se pegó un tiro en la sien con una pistola del mismo calibre que la de Haydée Santamaría: no podía ser menos. Las autoridades cubanas no retuvieron esta vez la noticia del suicidio del ex presidente, pero sí la redactaron a su manera maniquea: dijeron que el doctor Osvaldo Dorticós Torrado padecía dolores físicos y mentales insoportables.

Los dolores físicos se los producía una simple lesión de un disco lumbar, que es operable aun en gente dada a doblar el espinazo. Los dolores mentales provenían de la muerte de su esposa, que había ocurrido hacía dos años y por la que nunca mostró una predilección particular: pesaba doscientos kilos al morir y en vida era conocida como *la Caguama,* una tortuga gigante de los mares de Cuba. La verdad que no dijo el portavoz del Gobierno es que Dorticós, devenido paria político (de presidente a mero ministro y de ahí cuesta abajo en la angosta vía cubana) decidió optar por el remedio final.

Algunos han alegado que fue la lectura de la primera versión de este ensayo lo que movió al ex presidente y ex ministro a unirse a sus antepasados políticos. Sería esto, por supuesto, tomar el efecto por la causa.

Apéndice 1

Rafael del Pino era, como Guiteras, cubano-americano y eterno estudiante de derecho, como Fidel Castro, de quien era amigo y compañero tanto en la Federación Estudiantil Universitaria como en la Unión Insurreccional Revolucionaria. Esta UIR y aquella FEU eran de un político las dos pistolas: recibían votos y balas y nunca iban solas. Del Pino, líder mayor, llevó a Fidel Castro a Bogotá a una espuria estudiantina, reunión de estudiantes aparente que se celebraría para boicotear la reunión de la Conferencia Pan-Americana que originó la OEA en 1948. Como síntoma de lo que Maquiavelo llamó *la grande confuzione* los billetes de avión de Castro y Del Pino fueron pagados por Juan Perón, el hombre que fue Evita. 1948 es el año en que se escribió *1984* en Londres, pero en Bogotá fue cuando mataron a Jorge Eliecer Gaytán, el demagogo que todos los colombianos llamaban, imitando su ceceo, Forfe Eliefer.

Castro y Rafael del Pino participaron en los disturbios que siguieron al asesinato de Gaytán y al linchamiento de su asesino, un demente llamado curiosamente Juan Sierra. No se sabe qué hicieron (o no hicieron) Del Pino y Castro entre las turbas bogotanas desatadas, pero no fue exactamente «tomar ese tinto que provoca». Ambos tuvieron que asilarse apresurados en la generosa embajada de Cuba y puestos en un avión de carga rumbo a La Habana. A partir de entonces Rafael del Pino fue uno de los fieles más fieles de Castro. Esta fidelidad con Fidel, como a muchos otros, le costaría la vida un día. Pero durante un tiempo Felo y Fidel fueron felices camaradas errados y juntos complotaron contra Prío. A causa de aquellos complots, tuvieron que complotar contra Batista: eso se llama ganancia en río revuelto. Fue en México que los hermanos de sangre y fuego se convirtieron en Caín y Abel, o en Cristo y Judas, según Fidel Castro que acusó a Del Pino de traición. Rafael del Pino tuvo así que abandonar sucesivamente el Movimiento 26 de Julio, la ciudad y el país. Pero regresó a Cuba, ya libre de Batista, en enero de 1959. Hombre de «sucesivas y encontradas lealtades» en diciembre de ese año Del Pino fue acusado, precisamente, de «ayudar a batistianos a abandonar la isla». Fue juzgado, junto con Huber Matos, por «conspirar contra los poderes del Estado», y condenado a treinta años de cárcel. Como otras veces, Rafael del Pino escapó con vida de milagro o, como dijo Fidel Castro, «gracias a la generosidad de la Revolución». (¡Da escalofríos pensar qué haría con sus víctimas una Revolución mezquina!) Finalmente, Rafael del Pino se convirtió en un suicida pertinaz y después de innúmeros intentos, sus guardas le permitieron que se ahorcara en su celda de castigo solitario en la Prisión del Combinado del Este, la más moderna y cruel de las cárceles cubanas. Nadie explicó qué hacía una soga en la celda del ahorcado.

El suicidio de Rafael del Pino, eterno estudiante, ocurrió en 1980, que fue, como todos, un buen año para

suicidarse en Cuba. ¿Escéptico? He aquí algunos números que muestran que las matemáticas son más crueles (o
veraces) que la ficción más desbocada. Si alguien todavía
duda de mi tesis o no cree en mis palabras, le dono estas
cifras minuciosas, obscenas y perfectamente increíbles. El
actual promedio de suicidios en Cuba es de 21,6 por cada
cien mil cubanos. Es la mayor causa de muerte en Cuba
Revolucionaria en las edades de quince a cuarenta y cinco
años. Éste es por cierto el más elevado índice suicida de
las Américas, que dobla el de Estados Unidos, país capitalista y cruel. Mientras que México insurgente, inciden-
talmente, sólo tiene un promedio de 1,8 suicidas por cada
100.000 mexicanos. Esta estadística morbosa apareció en
un informe del Ministerio de la Salud, de Cuba. Como
siempre se omitieron las explicaciones, aun las más obvias. Para los que creen en el azar puedo añadir que estos
datos se publicaron en 1980. ¿Alguna duda? Todas las cifras fueron compiladas por el Negociado de Suicidios del
Ministerio del Interior.

Apéndice 2

Pero hay otro pino en el campo de batalla de la muerte. Era Onelio Pino, ex capitán de la marina cubana y capitán del *Granma,* el yate en que Castro vino a Cuba con sus hombres en la expedición de 1956. Onelio Pino era hermano de la actriz habanera con nombre de habanera Orquídea Pino, entonces casada con un ingeniero de petróleo mexicano. Ambos ayudaron a Castro en su aventura. En su casa del Pedregal, barrio de lujo de Ciudad de México, solía reunirse Castro con sus secuaces. En Cuba la salud mental de Onelio Pino se deterioró tanto como sus relaciones con Castro. Una noche se encerró en el garaje, encendió el motor de su auto y aspiró todo el gas de escape que pueden recibir los pulmones para envenenar la sangre y perder el conocimiento. El resto lo hizo el monóxido de carbono, ¿o fue el excesivo Castro?

Hay suicidios por contaminación política. En Chile, tan lejos y tan cerca de Cuba, Salvador Allende también se suicidó. Dice una nota de *El País* de diciembre de 1990:

«Allende se suicidó», afirma (Juan) Seoane. Según él y (David) Garrido, «las versiones sobre que murió en combate y fue rematado son puras mentiras. El hecho de que se haya suicidado no le quita para nada valor».

Apéndice 3

Es doloroso cuando los amigos se convierten en estadística. Pedro Luis Boitel era un estudiante revolucionario y líder de estudiantes cuando chocó con el poder castrista. De la Universidad pasó a esa otra universidad, la cárcel. He relatado, con la voz de su madre en *Vista del amanecer en el trópico,* cómo murió Boitel. Pero ni su madre ni yo dijimos que había sido un suicidio: Boitel murió en huelga de hambre en ese Castillo del Príncipe, que es una prisión sórdida en La Habana. Boitel, sin otra arma que su voz, murió por su propia mano.

Olga Andreu aparece en *La Habana para un infante difunto* como lo que era: la musa de todos nosotros los de entonces. Su extraña fascinación iba más allá de su belleza y fue mentora de escritores y de cineastas por más de una generación. Su agudo sentido crítico y su afabilidad se escondían tras un acento amable: Olga nunca aceptó a los mediocres aun a costa de su soledad. Cuando todo se hizo más que mediocre anodino, decidió acabar con lo que quedaba de su vida y se arrojó del balcón del sexto piso en que vivió casi toda su vida. Curiosamente ese edificio llevaba el nombre de otro suicida, Chibás. Olga, hay que decirlo, era el encanto: pocas mujeres he conocido tan encantadoras y a la vez menos conscientes de su influjo. Pocas muertes recientes han sido tan dolorosas.

Reynaldo Arenas se suicidó en un Nueva York que de irresistible pasó a ser imposible. Era el exilado total: de su país, de una causa, de su sexo y murió peleando contra el demonio. No ha habido un anticastrista tan pertinaz y tan eficaz. Cuando el sida no lo dejaba vivir, murió como había vivido: en guerra contra Castro. Pero su actividad política no le impidió saber que su destino cubano era la literatura y ha dejado detrás por lo menos dos novelas que son dos obras maestras. No descansa en paz sino en guerra.

Asterisco...

El Banco Interamericano me invitó a dar una charla, en español, en su sede en Washington. Estaba en mi casa a punto de volar a Estados Unidos, cuando recibí la visita de un cineasta cubano en el exilio que hoy vive en Hollywood. Conversábamos y sonó el teléfono. Una aparente secretaria me dijo que el embajador de Venezuela en Washington quería hablar conmigo. En seguida se hizo oír una voz venezolana que me pidió, no preguntó, si yo no podía posponer mi charla.

Pensé que me pedía que escogiera otra fecha. Tal vez, me dije, será por casualidad el día de una efemérides: nacimiento o muerte de Bolívar. No estoy al tanto de las fechas patrióticas sudamericanas. Pero el embajador me dijo que sería mejor si yo posponía mi evento. No entendí porque pensaba todavía en una colisión de fechas. «Quiero decir», dijo la voz, «que es mejor que usted no dé su charla». ¿Qué quería decir? Todavía no entendía: soy más bien torpe al teléfono. El embajador ahora, sin más demora, me pedía que pospusiera mi charla *sine die*. Seguía sin entender. Mi torpeza se hacía espesa. «Mire, le voy a ser franco.» Lo que era sorprendente en un embajador: los diplomáticos no pueden ser francos. «Mis amigos cubanos me han pedido que le pida a usted que no hable en

Washington, que no venga.» Me pareció el colmo de la in-
jerencia y se lo dije. ¿Cómo era posible que el embajador
de un país democrático se prestara a ser vocero de un
grupo de agentes fidelistas, en territorio americano? Perdí la calma diplomática, que nunca tuve, y le informé al
plenipotenciario, que él, embajador de una democracia,
se había puesto al servicio de un grupo de gángsters.
¿Sabía usted que la embajada de Cuba no es tal embajada sino una sección de intereses? Lo sabía. Claro que
lo sabía. Tartajeante el descendiente de Bolívar se excusó
y colgó.

Mi amigo director de cine no había dicho una palabra, pero tenía todavía la boca abierta por el asombro.
Volví al teléfono. Llamé inmediatamente a Caracas, a una
vieja amiga, Sofía Imber de Rangel, que sabía al dedillo
todo lo del mundo político y cultural de Venezuela. Le conté lo ocurrido. Cuando terminé tenía la boca tan abierta
como la de mi visita. Pero la cerró para abrirla más y dejarme a mi vez con la boca más abierta de los tres testigos.
El embajador no era tal embajador, sino mero agregado
cultural en Washington. Seguramente aspiraba, con ayuda de sus secuaces cubanos, llegar a ser embajador un día.
No lo dudo. Los meandros de la política venezolana cal-
can su diseño del río Orinoco: todos van a dar a la mar
donde aró Bolívar, tan amargo como su ciudad que una
vez se llamó Angostura.

Di la charla, claro que la di. Pero el Banco, siempre cauto, dispuso agentes de seguridad por todos los pa-
sillos que iban a dar a mi parodia. La charla se llamaba
Parodio no por odio. El agente cubano se llamaba, cosa
curiosa, Parodio.

Vidas de un héroe

1. El Héroe Renuente

Conocí a Gustavo Arcos cuando era embajador de Cuba en Bélgica, a donde llegué como agregado cultural en octubre de 1962. Residía entonces en Bruselas, en la Avenue Brugmann, cerca de la vieja sede de la embajada en Avenue Molière. Allí, en el edificio de la Avenue Brugmann donde yo también viviría, tenía su residencia de embajador: un modesto estudio de una sola habitación, baño y cocinilla. Gustavo, un hombre religioso y callado, era la imagen viva del revolucionario en el exilio que había sido. Esas virtudes las ponía entonces enteramente al servicio de la Revolución, pero parecía que fuera un enviado de Loyola más que de Castro. Sin embargo no había nada jesuítico en Arcos ni comunista tampoco. Gustavo era un hombre franco, incapaz de intrigas porque no las necesitaba o tal vez porque no sabía cómo. Gustavo Arcos era un genuino héroe de la Revolución. Esas virtudes fueron la causa de su eclipse y caída final.

Había visto a Gustavo Arcos en La Habana antes, cuando lo visité en el antiguo hospital Ortopédico. Fui con Carlos Franqui, que ya había empezado a militar en el Movimiento 26 de Julio, que era, por supuesto, clandestino entonces. Gustavo convalecía en el hospital y la visita tuvo un carácter fugaz, que participaba de la clandestinidad permitida por la policía política de Batista como caridad precaria. A los pocos días, Gustavo, semiinválido, se escapó del hospital. (Franqui, creo, no fue ajeno a su fuga.) Capturado de nuevo fue enviado esta vez al Presidio Modelo de Isla de Pinos. Ya estaba allí preso Fidel Castro, uno de los líderes del asalto al cuartel Moncada en Santiago de Cuba. Fue en ese ataque donde Gustavo resultó herido de extrema gravedad. Que se salvara de su herida en el combate tanto como de la represalia del ejército batistiano es un quite que pertenece más al azar que a la historia. Fue también un desenlace increíble y, como todo acontecimiento histórico cruento, está teñido de una ironía salvaje y refinada a la vez. Uno de los agentes de ese juego irónico es el general Ramiro Valdés, ahora ministro del Interior de Cuba. Entonces el general Valdés se apodaba Ramirito, no usaba barba y era lo que se llamaba en Cuba un mulato *ruso*. El adjetivo correcto es por supuesto rufo, pero no hay duda de que el vocabulario popular tiene sus presciencias. Valdés era, es, ruso.

En Bruselas intimé con Gustavo. Entre otras cosas porque debíamos vivir todos en la nueva embajada, una casona de diez dormitorios que estaba, cosa casual, frente a la embajada rusa. El edificio y los terrenos de la misión soviética quedaban, ¿cosa casual?, donde había estado el cuartel general de la Gestapo en Bélgica. Tenía razón Chesterton: hay edificios cuya sola arquitectura es malvada. O atrae a los malvados. A veces, en esa embajada cubana que había sido un hotel burgués, durante las cortas noches de verano, conversábamos Gustavo y yo hasta que amanecía. Gustavo me contó entonces su vida y milagros. Empezando, claro, por donde comenzó su vida política y casi ocurrió su muerte: el asalto al cuartel Moncada y el milagro que salvó su vida. Pero hay que empezar por sus antecedentes.

En marzo de 1952, cuando ese ambicioso y cobarde general Fulgencio Batista, cuyos grados y hasta su nombre eran falsos (se llamaba en realidad Rubén Zaldívar y, como Fidel Castro, era hijo bastardo), Gustavo sintió lo que sentimos todos los que en Cuba teníamos entonces más de veinte años. Batista había dado un golpe no al presidente Prío sino a las elecciones que debían celebrarse apenas tres meses más tarde. Era no sólo el súbito creador de todas nuestras frustraciones políticas, sino también un traidor a la misma constitución que él había ayudado a entronizar doce años antes. Gustavo decidió hacer algo drástico, aunque no sabía qué.

Era una respuesta a un dolor cívico impreciso y vago pero que había que remediar aunque se hiciera mayor la herida. Éstas son casi las palabras de Gustavo en una de aquellas noches blancas en que me contaba su vida política y yo componía su biografía.

Gustavo Arcos era un estudiante pobre matriculado en la Facultad de Ciencias Sociales de la Universidad de La Habana en el curso 1951-1952. Apenas tres meses antes de que terminara el año académico, Batista daba su golpe de Estado. «Incruento», lo llamó el dictador y su prensa: incruento fue pero Batista haría derramar más sangre en Cuba que ningún otro dictador cubano, con excepción, por supuesto, de Fidel Castro. El golpe de Estado ocurrió el 10 de marzo de 1952. Desde ese mismo momento Gustavo dedicó todo su tiempo y energías a combatir el régimen ilegal. Se asoció con otros estudiantes como Faustino Pérez, médico que después sería ministro varias veces en el Gobierno de Castro, y con Léster Rodríguez, a través del cual conocería a Raúl Castro, amistad que, con el tiempo, resultó funesta.

Gustavo Arcos participó en varias manifestaciones públicas y asistió ritualmente cada domingo a la Universidad del Aire a hacer de caja de resonancia a las intervenciones radiales más o menos antibatistianas, todas toleradas por el dictador. Finalmente la Universidad del Aire fue asaltada por una turba política enemiga y el programa fue clausurado. Era virtualmente imposible hacer manifestación política pública ante el dictador. Su policía no era eficaz en suprimir la oposición, pero sí podía convertirla en clandestina. Aun las huestes dispersas del presidente depuesto, Carlos Prío, se movían en ese terreno subterráneo que socava el edificio aparentemente sólido de toda dictadura. Así, cuando Léster Rodríguez lo invitó a una manifestación activa en Santiago de Cuba, Gustavo Arcos decidió trasladarse a la provincia de Oriente para una movilización reducida a Santiago, a más de mil kilómetros de la capital. El pretexto para el desplazamiento de este grupo de jóvenes (Gustavo tenía entonces veinticinco años) era el Carnaval de Santiago, fiesta celebrada al revés de La Habana, en pleno verano. Curiosamente ninguno de los manifestantes sabía bailar.

Fidel Castro junto con Abel Santamaría, Raúl Castro, Ramiro Valdés y otros, había planeado no una manifestación civil sino un ataque al cuartel Moncada, el segundo en importancia de la isla. Pero el asalto no era todavía un asalto. Pocos de los supuestos manifestantes sabían que iban a una operación bélica: acción de guerra de guerrillas urbanas que no se definió nunca como el embrión de una guerrilla rural. Fidel Castro, que había vivido años en Santiago, quería tomar el cuartel, repartir armas a sus partidarios y apoderarse de la ciudad. Otros querían huir armados a los montes que rodean a Santiago, irónicamente parte de la formación montañosa de la Sierra Maestra. Otros, los más, no sabían dónde estaban ni para qué estaban.

Entre ellos figuraba Gustavo Arcos. Cuando Fidel Castro les comunicó a todos los reunidos, la noche anterior al asalto, antes de distribuir los uniformes de soldados batistianos con que se disfrazarían (estaban en tiempo de Carnaval) para la operación de guerra, su plan, Gustavo Arcos se horrorizó. Había venido de tan lejos para un acto público que ahora se convertía en un gesto bélico, seguramente fatal para muchos inocentes, entre los que se encontraban no sólo los soldados que vivían en el cuartel, sino los vecinos de Santiago y, nunca en menor medida, los que habían venido, como él, a Santiago bajo falsas promesas. Gustavo se negó a participar en el asalto. Para Fidel Castro esta negativa era una muestra de cobardía. Lo que no sabía Castro es que Gustavo era ya católico practicante con un carácter muy definido y un hombre peligrosamente honesto. Gustavo explicó sus razones. Había venido, dijo, a un acto político no a un hecho de sangre. Esto le costó ser sancionado como cobarde y encerrado con otros nueve renuentes en una de las habitaciones interiores, la puerta asegurada por fuera con un candado. Sin embargo, Gustavo Arcos sería el primero en disparar al comienzo del ataque —y el primero en ser herido.

Encerrado en el cuarto convertido en celda, ya tarde en la noche, Gustavo oyó a su amigo Léster Rodríguez bromeando y chanceando de esa manera cubana que hace parecer que nada debe tomarse en serio nunca. Ni la vida ni la muerte. Luego Raúl Castro y Léster entonaron viejas canciones cubanas. Desde su cuarto, Gustavo los oyó cantar toda la noche. De pronto tomó una decisión, tocó a la puerta y cuando la abrieron pidió ser un asaltante más. Léster y Raúl lo aceptaron con júbilo. Gustavo Arcos iba si no dispuesto a matar por lo menos a morir junto a sus amigos. Sin saberlo acababa de completar la primera parte de *La breve vida feliz de Francis Macomber,* ese cuento de Hemingway de un hombre que va a cazar al África y se comporta como un cobarde ante su primer león —para mostrar en seguida que es valiente de veras. Sólo su esposa lo convertía en cobarde y lo destruye al final por su valentía. Para Gustavo Arcos esa esposa sería la Revolución. Entonces, claro, no se escribía con mayúscula.

Gustavo Arcos marchó, como los otros, hacia el ataque y la posible muerte. No iba en el tercer auto, junto a Raúl Castro y Léster Rodríguez, cantando sones de moda, sino en el segundo auto, carro de asalto, al lado de Fidel Castro, que era el chófer y el líder ahora de toda la operación. Castro no llevaba a Arcos a su lado por amor o por sentimiento de grupo. ¿Por qué entonces? Gustavo nunca se lo pudo explicar. En todo caso iba atrapado entre la tensión nerviosa y la velocidad y la noche, que rápidamente se hacía día. Demasiado pronto estarían frente al cuartel, la operación comando casi de kamikaze. Fue entonces que Gustavo notó que Fidel llevaba espejuelos. Ya Fidel Castro detestaba que lo vieran con gafas en público y al entrar en la ciudad se quitó ese signo de debilidad y lo guardó en un bolsillo de su uniforme. Los asaltantes vestían como soldados, pero el uniforme de Fidel Castro era de sargento mayor.

Al llegar al portón del cuartel Moncada, todavía entre dos luces, el chófer del primer auto se detuvo, se bajó y gritó a los dos centinelas: «¡Paso al general!». Los guardias, confundidos, abrieron la portada y se cuadraron. Dos de los asaltantes corrieron hacia ellos y los desarmaron fácilmente. Cuando el primer auto entró al cuartel, Fidel Castro avanzó el suyo. Pero por la escasa luz o porque no llevaba lentes, su auto se montó en la acera y golpeó contra uno de los mojones a la entrada con fuerza y mayor ruido. Acababa de comenzar el fracaso del asalto pero ni Fidel Castro ni los otros asaltantes lo sabían todavía. Castro miró detenidamente por el espejo retrovisor, ignorando que su auto estaba inmovilizado. Ahora se volvió a Arcos y le dijo: «Por ahí viene un soldado solo. Cógelo preso». Gustavo, sin preguntar más, se bajó del auto y caminó hasta la acera, pero al pisar el contén resbaló y cayó al suelo. Estaban tan cerca los dos hombres que Gustavo vio que el otro llevaba una bolsa de papel con un costado manchado de grasa. Gustavo pensó que el soldado regresaba al cuartel con un pollo frito o un bisté en la bolsa. El soldado (de cerca resultó ser un teniente) miró a Gustavo de uniforme pero tumbado por tierra. De alguna manera supo que era un impostor y sacó su pistola. Gustavo, todavía tendido por tierra, extrajo su arma y disparó, matando al teniente de un solo disparo. Era el primer y último hombre que mataría Gustavo Arcos. El estampido temprano alertó a la guarnición. El fracaso del asalto al cuartel Moncada se acababa de completar.

Gustavo Arcos no supo cuándo perdió el conocimiento, sólo que se despertó para saberse herido. Del vientre le brotaba sangre, no demasiada y mansa por lo que no se alarmó. Pero notó con sorpresa que no podía ponerse en pie: ni siquiera podía mover las piernas. Luego oyó que lo llamaban por su nombre. Era Ramiro Valdés que se bajaba de un auto virtualmente acribillado a balazos para ayudar a Gustavo y subirlo de la cuneta al coche. Pero Ramirito no parecía mal herido. Dentro del automóvil había un hombre o dos, irreconocibles, ilesos. El auto rodó calle abajo como por una rampa a pesar de que sus gomas estaban perforadas por varios puntos. Ramirito le dijo ahora a Gustavo que lo sentía pero tendría que dejarlo en la esquina de una calle cualquiera. Luego ayudó a Gustavo hasta la entrada de una quinta cerrada. No era mucha ayuda pero Ramirito Valdés le había salvado la vida a Gustavo Arcos —por ahora. Todos los que quedaron con vida del asalto dentro y fuera del cuartel, fueron fusilados o rematados si estaban heridos. El rescate de Arcos por Valdés sería la tercera ironía de este relato. Habría otras. La historia se complace en el chasco y en la chanza. Pero también sabe ser chabacana.

Ahora Gustavo Arcos estaba impedido de la cintura para abajo. Sin embargo se las arregló para llegar hasta el timbre y llamar. Al rato acudió una mujer que abrió la puerta y no más abrirla y ver a Gustavo lleno de sangre, las piernas inertes, tumbado por tierra, intentó cerrarla. Gustavo tuvo entonces un reflejo salvador y colocó su brazo entre la puerta y la jamba, impidiendo que se cerrara del todo. «Por favor, señora» dijo Gustavo. «Disculpe pero yo no soy la señora, soy la sirvienta», dijo la mujer. «Pero ¿usted cree en Dios?» «Yo soy católica, señor.» «Yo también», dijo Gustavo. «Entonces, por el amor de Dios, no me deje aquí fuera, que me van a matar.» Poca gente sabía entonces que había habido un asalto armado al cuartel Moncada, pero en el barrio debieron de oír la refriega que duró más de una hora. Todavía se oían disparos distantes.

La mujer abrió la puerta y Gustavo se arrastró hasta el interior. Dentro, Gustavo se encontró con un hombre de pie en la sala. Era el mayordomo. Gustavo se había acogido a sagrado en una casa rica. El mayordomo se ofreció a cambiar a Arcos de ropa. La sirvienta explicó que los señores estaban de vacaciones en Galicia: Julio en Santiago de Cuba es la estación ardiente. La herida de Gustavo había dejado de sangrar y la ropa limpia, de civil, le daba un aspecto más pacificador que el uniforme manchado de sangre y la cara de desesperado y la alarmante mirada fija. (Nunca vi a Gustavo mover los ojos, ni siquiera en las distendidas madrugadas belgas. Esta concentración, cosa curiosa, la compartía con Fidel Castro.)

Gustavo pidió una guía de teléfonos local. Cuando la tuvo se arrastró hasta el teléfono próximo. Acababa de recordar que el médico que ayudó a traerlo al mundo, amigo de la familia, se había mudado hacía poco para Santiago. Gustavo trató de alcanzar el teléfono pero no lo logró. Dudó un momento en pedir ayuda al hombre y a la mujer que tenía cerca, expectantes. Ya bastantes complicaciones les había creado con siquiera llamar a la puerta, mucho más al entrar en la casa y pedir refugio. Que le ayudaran a despojarse del uniforme y vestirse era más que complicidad con el crimen, era el crimen mismo y tal vez podría costarles la vida. Pero el mayordomo se acercó voluntariamente a marcarle el número. El médico no estaba en su casa, se había marchado ya para su clínica. Allí lo encontraron ahora. Gustavo Arcos se identificó. Claro que el médico lo recordaba, le explicó a medias su situación, el médico le dijo que no se moviera, que él vendría a buscarlo en su auto —y así lo hizo.

Fue en la clínica que Gustavo perdió el conocimiento de nuevo. El médico descubrió que la herida del vientre, aparatosa, era sólo la salida del proyectil y no era nada al lado de una herida en la espalda que Gustavo no sabía siquiera que había sufrido. La bala de alto calibre le había interesado la columna vertebral: de ahí la parálisis de las extremidades. El médico decidió operar. Fue una operación difícil y doble: en la espalda y en el vientre.

Cuando Gustavo recobró el conocimiento de nuevo, el médico le informó de su estado: estaba paralítico, tal vez de por vida, no había nada que pudiera hacer por él. Pero había. El Servicio de Inteligencia Militar (SIM), la policía local y el Buró de Investigaciones buscaban ahora a los sobrevivientes del asalto, por todas partes, sobre todo en los hospitales públicos y las clínicas privadas. El médico amigo se encerró con Gustavo en su cuarto. Cuando vinieron a buscarlo (nunca se supo cómo dieron con él) el médico, a través de la puerta cerrada, declaró su voluntad de permanecer junto a su paciente. «Este hombre se está muriendo», dijo. La policía, convencida, dio a Gustavo Arcos por muerto en el combate y así apareció en las primeras listas de bajas.

Más tarde, Gustavo, inválido en una silla de ruedas, asistió a su juicio, en el que fue condenado junto a Fidel y Raúl Castro y los otros sobrevivientes del asalto. Antes de ir a cumplir condena como sus compañeros, Arcos fue ingresado en el hospital Ortopédico de La Habana, de donde se escapó al comienzo de la narración de esta vida de un héroe.

2. *El Héroe Premiado*

En la cárcel, Gustavo Arcos se sintió acosado por un Fidel Castro que no se resignaba al fiasco político del asalto. Su éxito, creía, lo habría llevado al poder presidencial en poco tiempo. No estar ya en el poder, era culpa del fracaso de la operación militar. El culpable directo de esa catástrofe (más bien debió decir, al recordar a los muertos, si los recordaba, hecatombe) era Arcos por haber disparado ese primer tiro que alertó a la guarnición. Castro creía, y juraba por su creencia, que el disparo de Arcos había sido intencional, una señal acordada o, lo que es peor, una cobardía sin nombre. Costó que hombres como Raúl Castro y Léster Rodríguez y aun Ramiro Valdés le advirtieran de su error. A veces, cuando se encontraban en el patio de ejercicio, Castro apostrofaba a Gustavo, que, como de costumbre, no se quedaba callado. En una ocasión, Gustavo le respondió a Castro que el culpable del fracaso del asalto era su vanidad, al no querer usar gafas en público. Castro no le volvió a hablar en la prisión.

Cuando los asaltantes todos fueron indultados por Batista (a enemigo que huye, pero el General llamado también *El Hombre,* se equivocó, se equivocaba: para Batista no había enemigo suficiente) se reunieron en Ciudad de México a complotar y a conspirar y armar una expedición para invadir a Cuba. Entonces Fidel Castro pareció olvidar su viejo rencor contra Arcos. Un día, sin embargo, Raúl Castro le dijo a Gustavo que habían desenmascarado a un espía entre ellos. Sin decirle quién, invitó a Gustavo a formar parte de la patrulla que era a la vez tribunal militar y pelotón de fusilamiento. El consejo de guerra se celebró en otra parte de Ciudad de México y ahora todos se dirigieron a las afueras, donde tendría lugar la ejecución. Por primera pero no única vez, Raúl Castro dirigía un pelotón de fusilamiento. Los fusileros eran un solo hombre y en vez de rifles se emplearía una única pistola de pequeño calibre. Mientras mataban al presunto culpable, Castro vigilaba pistola en mano desde la espesura. Lo que asombró primero a Arcos y luego lo alarmó es que todo el tiempo que duró la ejecución Fidel Castro insistió en tener cerca a Gustavo. Siempre, como al descuido, su pistola apuntaba a Arcos. Luego todos tuvieron que enterrar al presunto traidor. Tomó más tiempo que matarlo. Gustavo Arcos nunca entendió esta escena. Hasta que recordó que de todos los complotados sólo él protestó por aquel asesinato.

Cuando llegó la hora del embarque hacia Cuba, todos se reunieron en Veracruz. Antes de partir, Arcos fue atacado por un brote virulento de varicela. De haberse producido en alta mar Gustavo habría tenido que echarse al agua o ser arrojado por la borda por sus compañeros, por miedo al contagio. En su lugar vino su hermano Luis. Luis fue apresado durante el desembarco y fusilado por el ejército de Batista. Para dolor de Gustavo su único epitafio fue el nombre de un barco de carga. A pesar de que había quedado inválido de la pierna izquierda, Gustavo mostraba una movilidad extrema: viajaba a Centro América y Venezuela, haciendo acopio de armas por todas partes y enviándolas a la Sierra. Cuando triunfó la Revolución regresó a La Habana como el héroe que era —para sufrir un ostracismo total. Varios meses después del triunfo de la Revolución se encontraba en La Habana sin empleo, sin ser ubicado, sin orientación. Evidentemente Fidel Castro no olvidaba —ni perdonaba.

Pero en setiembre de 1959 fue llamado a palacio por el presidente Dorticós, el mismo que al ser depuesto por Fidel Castro se suicidaría. Dorticós le preguntó a Arcos si le gustaría ir de embajador a Bélgica. En ese tiempo Bélgica era, vista desde La Habana, la otra cara de la luna. Gustavo dijo que sí en seguida.

En Bruselas Gustavo Arcos era un embajador excepcional entre el cuerpo diplomático de los países comunistas. No era un hombre culto o perspicaz pero era algo mejor: era discreto. Había aprendido pronto las gracias de la diplomacia y manejaba el protocolo y la etiqueta con soltura. Representaba a Cuba con dignidad en Bélgica, Dinamarca y Luxemburgo. Había hecho relaciones con todo el cuerpo diplomático, tenía estrecha amistad con gente prominente en el Partido Socialista belga y se llevaba más o menos bien con los comunistas, viejos estalinistas. Sobre todo no era un intrigante. En La Habana, el ministro de Relaciones Exteriores Raúl Roa, el hombre que quiso ser héroe y nunca pudo, respetaba a Arcos a distancia. Gustavo Arcos estuvo de embajador de Cuba en los

Países Bajos desde fines de 1959 hasta mediados de 1964. Podía haber sido embajador por muchos años, pero en su viaje de consulta iba a quedarse en La Habana para siempre. Igual suerte corrió Enrique Rodríguez Loeche, viejo agitador del Directorio Estudiantil Revolucionario (el grupo de guerrilla urbana responsable del fallido asalto al Palacio Presidencial de Batista en 1957) y embajador en Marruecos por un tiempo. Una vez, *circa* 1952, Loeche, en plena plaza Cadenas de la Universidad de La Habana, había encañonado a Fidel Castro con su pistola calibre 45. Fue sólo un gesto político y público pero Castro no se lo perdonó nunca y lo que es peor, jamás lo olvidó. Gustavo Arcos era, en 1965, el hombre que al 26 de julio de 1953 había hecho fracasar el asalto al Moncada. O así creía Castro todavía.

Arcos había hecho anteriormente otro viaje de consulta a La Habana en 1962 y regresó en 1963 con dos nuevos colaboradores. Uno era Héctor Carbonell, joven hijo (diecisiete años) de un prominente líder obrero amigo de Arcos. El otro era Juan José Díaz del Real, a quien había que llamar Jota Jota siempre y nunca Díaz. Gustavo lo había conocido en sus días de viajero del Movimiento 26 de Julio en Caracas. Díaz del Real había sido embajador en República Dominicana en 1959. Un día, en la entonces Ciudad Trujillo, se encontró con un conocido batistiano que de lejos levantó una mano para saludarlo. Díaz del Real, sin mediar palabra, sacó su pistola, disparó y mató al cubano cordial. (Para mi asombro y ulterior horror comprobé que los cubanos eran los únicos diplomáticos acreditados en Bélgica que iban a todas partes con una pistola en la cintura.)

Díaz del Real declaró luego que creyó qu
go era ahora enemigo y su mano una amenaza. Corriendo
se refugió en la embajada. Una turba lo persiguió y al verlo cerrar tras sí la puerta de la sede, le pegaron fuego al
edificio. Ahora la embajada ardía en llamas y los bombe-
ros no aparecían. Trujillo, por un pique con Castro (desde
los días en que una expedición de estudiantes cubanos
amenazó su estabilidad) había ordenado que nadie moviera un dedo en favor de los cubanos atrapados en su
embajada. Finalmente el decano del cuerpo diplomático,
el nuncio, intercedió y su mediación hizo que los bombe-
ros salvaran a los cubanos en el último protocolo. Díaz
del Real nunca volvió a ser el mismo o si lo fue, fue de
otra manera. Ahora, ese hombre terriblemente enfermo,
paranoia pura, venía a ayudar a Gustavo Arcos en su embajada.

Pero, cosa curiosa, su resentimiento verbal, que
pronto volcó sobre el «amigo Gustavo», estaba dirigido al
principio no hacia Trujillo sino, asombrosamente, hacia
Salvador Allende en Chile, al que culpaba de su desgracia
diplomática. Sucedió que después del duelo dominicano
y recobrado para ser embajador en Santiago ante el presidente Jorge Alessandri, Díaz del Real hacía gala dondequiera de sus relaciones públicas y privadas con Allende,
eterno candidato a la oposición. Allende, amistoso, agra-
decido, hasta le regaló un perro pastor alemán a Díaz del
Real, para que «cuidara la Casa de Cuba». De pronto Jota
Jota cometió una *gaffe* que tuvo gafe. Allende vino en visita anunciada a la embajada de Cuba una noche y Díaz, cubano corito, ¡lo recibió en pijama! No conocía a Salvador
Allende evidentemente. El virtuoso visitante no sólo dio

media vuelta y abandonó la embajada, sino que escribió una carta personal a Fidel Castro quejándose del ultraje a su pudor. El enviado de Castro, mal mandado, fue *ipso facto* ordenado de vuelta a La Habana. Esta vez no regresó vencedor con la aureola de fuego dominicano sino que fue enviado al hielo de los olvidados. De esa última desgracia del purgatorio y la purga lo sacó el «amigo Gustavo Arcos». Para su propia desgracia.

Arcos tuvo que viajar a Praga para curar o al menos aliviar su pierna tullida y Díaz del Real se hizo cargo de la embajada como encargado de negocios. Hombre infatigable y de una extraña manía burocrática, Díaz del Real se encerró a trabajar (nunca fue a una recepción) para poner la embajada en orden. Según él, el desorden de archivos, *dossiers* y documentos que encontró eran suficientes para desconfiar de la habilidad de Arcos como embajador y desacreditarlo. Se olvidaba de que una embajada no sólo es archivos y cartas que van y vienen. A pesar de todo Gustavo Arcos era un excelente embajador. Ahora parecía que Díaz del Real se debatía en su deber. «Yo no puedo serrucharle el piso a Gustavo», decía una y otra vez. «Es mi amigo pero yo soy un revolucionario.» Dice la madre de Hamlet en *Hamlet* de Ofelia: «Me parece que protesta demasiado». Hubo un momento en que las protestas de Jota Jota parecían no encontrar eco sino crear su propia razón de ser. Cada día Díaz del Real efectivamente serruchaba el piso bajo los pies de Arcos. Era, Macbeth, un usurpador renuente.

Cuando Arcos regresó de Praga no le costó mucho trabajo notar la labor de zapa: era visible en cada rincón de la cancillería. Comenzó entonces una lucha sorda que era una batalla por el poder tan audible que el ruido llegó a La Habana. De allá vino uno de los más increíbles mediadores. (A su lado Dag Hammarskjiold era un policía de tránsito.) Se llamaba Agustín Aldama. En realidad su nombre era Pablo pero se lo cambió a Agustín porque consideraba Pablo afeminado. Llámese Agustín o Pablo Aldama era de veras impresionante. Era un negro flaco que medía un metro noventa, con largas manos huesudas y tuerto del ojo derecho. Usaba, para ocultar su ojo de vidrio, unas enormes gafas negras que lo hacían un *Tomtom Macoute* (cubano). Había perdido su ojo en una de las batallas gangsteriles que tuvieron lugar en La Habana en los años cuarenta y cincuenta. Aldama militaba en la UIR, la misma banda a la que perteneció Fidel Castro antes del asalto al Moncada. Este mediador desmedido estaba orgulloso de ser uno de los pocos seres humanos que sobrevivió a un disparo de pistola calibre 45 en la cabeza. Lo decía constantemente, lo repetía. Hastiado, un día le pregunté que cómo sabía él que era un ser humano. Lo tomó como chiste. Es bueno, de vez en cuando, tener fama de chistoso.

Aldama era, además, hermano menor del actual jefe del DTI, Dirección Técnica de Investigaciones, en La Habana, que sustituía al antiguo Buró de Investigaciones batistiano. Su hermano era conocido como *el Bestia.* Ambos habían sido en su exilio de México *stuntmen,* o especialistas en caer del caballo a galope. Este Aldama decía y repetía con orgullo que había sido sustituto de Robert Mitchum a caballo en *The Wonderful Country.* Dejó de decirlo cuando yo le recordé que ese oeste había sido prohibido en Cuba porque sus villanos se llamaban los Hermanos Castro.

Sus credenciales, muy misteriosas, lo acreditaban como cuarto secretario y en la embajada no había tercer secretario. Era, teóricamente, un G2 o agente de la Seguridad del Estado y aunque se suponía que venía a hacer labor de espía o contraespía o ambos, nadie en la embajada dudaba que el enemigo a vigilar era cada uno de los miembros del cuerpo diplomático acreditados en Bélgica. Es decir, nosotros. Aldama, el amigo de todos, no tardó en hacer liga con Díaz del Real, mientras lo miraba trabajar en el sótano de la embajada, con sus largas piernas, que terminaban en desmesurados zapatos, descansando encima de su escritorio: parecía una mantis atea. Entonces ocurrió lo que en un ajedrez demente se llamaría gambito doble. Díaz del Real fue enviado de embajador a Finlandia («A mí siempre me ha gustado más el frío») y Gustavo Arcos regresaría a La Habana entre rumores enemigos y amigos: «Gustavo va de embajador a Italia», «Arcos va al muere». No fue ni a una cosa ni otra.

Agustín, llamado Pablo, Aldama fue finalmente mandado a buscar de La Habana también. Me lo comunicó en París el viceministro Arnol Rodríguez. «Dale la noticia sin violencia», me dijo Arnol. «No queremos que se asile en Bélgica.» «No creo», le contesté a Arnol, «que nadie lo quiera en Bélgica». Aldama, el falso Watusi, el seudoagente, el hombre de armas tomar se fue a Cuba largo y tendido. Antes de irse se empeñó en enviar por barco un enorme auto Buick del año ¡1957! que había hecho traer de La Habana consigo. Aldama no era un coleccionista de autos sino todo lo contrario: el Buick se desintegró a ojos vistas. Pero era evidente que sentía apego por esta máquina que era el arma favorita de los gángsters de antaño. El conspicuo agente secreto se llevó los restos mortales de su Buick a Cuba.

Pero dejó detrás una memoria tan luenga como su cuenta pendiente en un bar cubano (de la estación de Midi en Bruselas), una pistola desmesurada con la que no quería viajar ahora y una muchacha belga, secretaria suplente de la embajada, que quedó en un embarazo más físico que moral. No duró mucho su estado, gracias a la eficacia de un abortólogo belga. A las pocas semanas llamaba al antiguo Agustín por el nombre de Aldamá, que rima casi con jamás. Aldama se fue escorado a Cuba pero no se hundió. En el mar revuelto totalitario los Aldamas nunca se hunden. Pero Pablo, o Agustín, había sido, por pocos meses es verdad, nuestro James Bond de color. Su eficacia en las labores de inteligencia y de intriga internacional me hicieron, sin embargo, llamarlo *Jambón*. Su famosa frase, «Óigame, compañerito», que por un tiempo fue intimidante, se hizo risible y con ella reía Arcos. Hizo mal. Hicimos mal.

3. *El Héroe Castigado*

La madrugada del 2 de junio de 1965 recibí en Bruselas una llamada de Carlos Franqui desde La Habana diciéndome que mi madre estaba muy grave y al mismo tiempo dándome a entender que su gravedad era fatal. Llamé en seguida al ministro Roa, pidiéndole permiso para regresar a Cuba de inmediato. El permiso siempre habría sido necesario pero ahora era imprescindible. Era yo el encargado de negocios y no había absolutamente nadie más en la embajada, si se exceptuaba Miriam Gómez, mi mujer. Roa oyó mis razones y me dio su permiso personal para regresar a La Habana. Mi madre murió en mi camino a Cuba y viajé del aeropuerto a la funeraria donde se celebraba el velorio. Había gente conocida por todas partes. Franqui, entre otros, había ido a esperarme al aeropuerto. Ahora en la alta escalinata de la funeraria me encontré con Gustavo Arcos. Había conocido a mi madre en Bruselas, adonde fue de breve visita. La había invitado al teatro y a cenar y los dos quedaron encantados. Mi madre encontró a Gustavo tan bien parecido como un piel roja del cine (Gustavo parecía más vasco que indio) y Gustavo se sorprendió de los conocimientos de mi madre (que era una absoluta fanática del cine) y ambos fueron felices en su doble error, por un tiempo.

Ahora, fuera de la funeraria, después del pésame, al acercarse Franqui, conversar y seguir luego hacia el edificio en luto, Gustavo me aseguró que Franqui estaba loco. No supe qué quería decir. «Imagínate que dice que Aldama, ¿te acuerdas de *Jambón*?, me anda siguiendo en una máquina de alquiler disfrazado de chófer de taxi. ¿Quieres mayor locura?» No dije nada. Todavía estaba golpeado por la súbita muerte de mi madre. «Mira», me dijo Gustavo, «¿tú crees que eso sea un taxi con Aldama adentro?». Miré y vi un auto que podía ser o no ser un taxi. (Entonces los taxis no estaban marcados en Cuba.) Con un chófer negro que podía ser o no ser Aldama. No tenía importancia ahora. Nada tenía importancia. Ni Aldama ni su hermano *el Bestia* ni su doble misión. Nada.

Dentro, después de un rato, Franqui se me acercó y me llevó a una capilla vacía. Franqui siempre ha sido un campesino cauto. Me juró que él había visto a Aldama rondando la funeraria, detrás de Gustavo evidentemente. No creí que Franqui mintiera ni viera visiones. «Tú sabes», me confió Franqui, «o debes saber ya que la imaginación no es el fuerte de Gustavo. Eso es lo que lo hace un hombre valiente. No puede imaginarse la muerte. Pero tampoco es capaz de creer que mañana saldrá el sol. Nuestro amigo padece de falta de imaginación. Lo que más tarde o más temprano va a traerle problemas. Con Aldama, con su hermano, con Ramirito y hasta con Fidel». Le dije a Franqui que por lo menos Arcos no era paranoico y nunca padeció de delirio de persecución. Franqui se sonrió. «¿Y tú crees que Fidel no lo sabe?», me dijo y regresamos los dos a la capilla ardiente.

Al día siguiente fui al Ministerio a una consulta con el ministro Roa. Roa me dijo, después de pulir sus zapatos en sus pantalones varias veces: «Chico, ¿qué opinas tú de Arcos? ¿Es o no un borracho?». Le dije lo único que podía decirle: la verdad. No, Arcos no era un borracho. Nunca lo había visto bebiendo alcohol. Bebía, sí, de vez en cuando, un poco de vino con las comidas, que es una costumbre europea. «Pero tú has vivido en la embajada», insistió Roa. Nunca lo vi borracho. Ni una vez. Ni siquiera bebido o mareado. «Bueno», dijo Roa, «me han informado mal». Luego pasó a darme una noticia sorprendente. Arcos no regresaría a Bruselas y yo debía hacerme cargo en firme de la embajada. «Regresas como encargado de negocios en propiedad», me dijo Roa. «Con rango de ministro. Tienes que irte en seguida.» Le dije que estaba listo.

Del Ministerio de Relaciones Exteriores me fui al apartamento de Arcos, que quedaba entre camino del Ministerio y la casa de mi padre, donde vivía yo ahora. No le conté a Arcos de la insistencia de Roa en obtener evidencia de su supuesto alcoholismo. Le dije, sí, que Roa me había ascendido a ministro y me había pedido que regresara a Bélgica, cuanto antes, como encargado de negocios en propiedad. Gustavo recibió la noticia con agrado, pero no creo que con demasiado agrado. Al menos se frotó la pierna izquierda, la tullida, que era en él un hábito y una señal. Arcos me dijo que hubiera querido que yo fuera con él a Roma de agregado cultural. Ya era seguro, me confió, que sería nombrado embajador en Italia. Raúl, Raúl Castro, se lo había confirmado. Se ofreció a ir conmigo al aeropuerto para mi regreso a Bélgica. Ese regreso, por supuesto, nunca tuvo lugar.

Nunca me fui de Cuba ese domingo 13 de junio. Quince minutos exactos antes de coger el avión de Cubana rumbo a Madrid con mis dos hijas, recibí una llamada de Arnol Rodríguez, viejo amigo, viceministro de Relaciones Exteriores. «Oye», me dijo al oído, «¡qué bomba! No te puedes embarcar. Tienes que ver al ministro Roa, que quiere hablar contigo». Pero ya yo había visto a Roa. «Te quiere ver de nuevo», me aseguró. «Pero mi equipaje está ya dentro del avión», argüí. «Que te lo devuelvan, recógelo y regresa a La Habana. Ven mañana al Ministerio.» Cosa curiosa, en el aeropuerto supe que mi equipaje nunca subió al avión.

Al día siguiente fui temprano al Ministerio y no vi a Roa. De hecho nunca volví a verlo. Como un personaje de Kafka me habían convocado al Castillo, a entrevistarme con el castellano, que no me podía ver. Corrección: vi a Roa dos veces. Una vez iba yo camino de su despacho cuando salió Roa y empezó a caminar hacia mí. Al darse cuenta de que avanzaba hacia él por el estrecho pasillo, abrió la puerta más próxima —y comenzaron a lloverle escobas, un trapeador, baldes. ¡Había tratado de entrar en el cuarto de limpieza! En otra ocasión yo estaba en el ante-despacho de Arnol Rodríguez, conversando con sus secretarias y entró Roa. Sentado detrás de la puerta, Roa sólo me vio cuando había cerrado la hoja. Al verme, Roa arrancó hacia la puerta más próxima —y entró en el despacho de embajadores. Las dos secretarias se echaron a reír. ¿Qué pasó? «Es que ahí dentro está Arnol con el embajador suizo», dijo una secretaria. Arnol le había dicho al embajador, de parte del ministro, que el doctor Roa estaba ausente en la provincia de Las Villas y no podía recibirlo. No vi nunca más a Roa. Supe, en una suerte de recado torcido, que había dicho que después de lo que pasó en el aeropuerto nunca podría enfrentarme. No a un hombre a quien antes había ascendido y enviado al extranjero. Además, había vuelto a Cuba al entierro de su madre. Roa, decía Roa, hasta había enviado a su hijo al velorio con una corona y su pésame.

Nadie supo nunca por qué me bajaron del avión, por qué nunca volví a ver al ministro Roa, por qué se me mantuvo cuatro meses retenido en La Habana. Mi amigo el comandante Alberto Mora y el hombre a quien debo todavía mi salida de Cuba, me dijo un día: «¿Sabes que me encontré con el Gallego Piñeiro en la recepción de la embajada china?». No lo sabía pero sabía quién era el Gallego Piñeiro, hombre de muchos alias. Era conocido en Cuba como *Barbarroja,* se llamaba Manuel Piñeiro y era viceministro del Interior a cargo de Contrainteligencia. Había vivido años en Nueva York y curiosamente lo conocí allá en 1957 en casa del pintor Julio Zapata, que tenía un *flat* en el barrio bohemio de Greenwhich Village. Zapata mantenía una política de puerta abierta para todos los cubanos. Recuerdo que el Gallego Piñeiro se pasaba todo el tiempo tirado en una tumbona con zapatos y todo. Pero sin hablar, como corresponde a un futuro jefe de espías: mis labios están sellados.

Alberto Mora me interrumpió: «¡Ése no es maestro de espías ni nada! No es más que uno de los comandantes de Raúl. Nunca tiró un tiro en la Sierra. ¡Pero cómo dispara elogios al Máximo Líder! Su puntería, hermano, no falla». Alberto usaba a menudo esas imágenes bélicas. Pero ese comandante Piñeiro entonces, hoy general sin ejército, le dijo a Alberto en esa recepción china: «Ése», queriendo decir yo, «sale de Cuba pero por encima de mi cadáver». Alberto, que era un hombre valiente, sólo le dijo: «¡Vamos a ver!». De seguidas me contó: «Tú sabes que ese espía maestro va a todas partes con un vademécum esposado a su brazo. Un día, después de un consejo de ministros al que vino a informar sobre sabe Dios qué conjura, se fue sin su vademécum. Cuando ya se había ido se encontró su portafolio ¡esposado al brazo de su silla!». Ésta era, sin duda, una anécdota para animarme, pero Alberto añadió: «Ahora a ver a Carlos Rafael, y con su ayuda, que vale más que un ministro, vamos a ver a Dorticós, que vale más que un ministro y un viceministro. Vamos a ver quién pasa sobre el cadáver de quién». Alberto Mora, un verdadero revolucionario, se suicidaría pocos años después, en revulsión moral.

En mi larga visita a La Habana, que se hizo demasiado larga, vi a Gustavo muchas veces en su casa. Un día me dijo que lo había convocado Ramirito a su despacho del Ministerio del Interior. Me pidió que viniera a verlo luego después de la entrevista. Lo hice. Parecía entusiasmado. «Estuve conversando con Ramirito y saqué en conclusión que Aldama está tinto en sangre, envuelto en llamas y cayendo en picada», también Gustavo solía afectar esta especie de jerga del Ejército Rebelde. ¿Cómo lo sabes?, le pregunté. «Ramirito tiene esta teoría», contó Gustavo. «Dice él que ocurre cuando conversa con alguien.» ¿Cómo conversa? «Bueno, interroga, vaya. Cuando Ramirito interroga a alguien sabe en seguida si es culpable o inocente nada más que por el movimiento de las manos. Aldama va abajo ahora. Ya verás.» Gustavo, le pregunté, ¿y cómo sabes tú que Ramiro Valdés hablaba de Aldama? «Porque era de Aldama que hablamos.» Pero, ¿no sería de ti que hablaba? ¿No serías tú el que estaba a prueba? ¿No serán tus manos las culpables? Gustavo dio un salto: «¡Tú estás como Franqui, que ve fantasmas dondequiera! Ramirito hablaba de Aldama».

Gustavo estaba más que excitado, agitado por algo más que mis palabras. De pronto me dijo: «¿Tú sabes lo que me dijo Faustino esta mañana?». Faustino era el doctor Faustino Pérez, viejo compañero de Gustavo desde los primeros días de la agitación contra Batista, aun antes del Moncada, al que también había sobrevivido. «Faustino me dijo, cuando le dije que me iba a ver al amigo Ramirito, estas palabras exactas: "Gustavo, ya no hay amigos en Cuba. No quedan. Vas a ver al comandante Ramiro Valdés, ministro del Interior". Eso me dijo Faustino.» Dejé a Gustavo preocupado. No sé si por lo que me dijo o por lo que le dije o por lo que le dijo Ramiro Valdés, o por lo que le dijo Faustino Pérez, ministro de Obras Hidráulicas. O por todas esas cosas.

Cuando me iba de Cuba para siempre, Gustavo todavía esperaba su retribución romana. ¿O era un milagro? La última vez que lo vi le dije que se fuera del país, con cualquier pretexto. Era visible que su Roma no tendría lugar, que ya no era convocado al Ministerio nunca, que ni siquiera Raúl Castro contestaba sus llamadas. Pero finalmente pareció más abatido que resignado, más indeciso que al volverlo a ver en La Habana: un héroe más que cansado, derrotado.

Fue al poco tiempo de estar en Europa, cuando todavía vivía en Madrid, que supe que Gustavo había sido arrestado. Cuentan que estando en la prisión venía Ramiro Valdés, aquel que lo salvó una vez, a verlo en su celda. «Gustavo», le decía, «¿por qué no confiesas?». Discutía entonces en su celda con Gustavo la conveniencia de la confesión como si fuera un cura convencido. «¿Por qué tú no confiesas?», repetía Ramiro Valdés en cada visita. «Porque no tengo nada que confesar, Ramiro», exclamó un día Gustavo. «No importa, Gustavo», insistió Ramiro Valdés. «Confiesa. Si confiesas no te va a pasar nada. No es más que un trámite legal. Si confiesas hasta te sientes bien. Después hacemos un documento de confesión, tú lo firmas y ya está. Sales de la cárcel.» Arcos estaba en una situación imposible: era un reo sin causa. Dentro de poco vendría la condena antes que el veredicto. Sólo lo mantenía firme su testarudez, su tenacidad y su incapacidad para establecer una relación de causa y efecto. También, hay que decirlo, lo sostenía su madre, la enclenque pero formidable doña Rosina Bergnes, que siempre que conseguía visitarlo le decía a su hijo: «Gustavo, tú no confieses. No les digas nada a estos comunistas, ¿oíste? Ni una palabra». Gustavo nunca confesó el crimen que no había cometido.

Pero confesión o no, Gustavo Arcos fue condenado, sin veredicto, y por supuesto, sin causa. El mundo totalitario es un orbe todo efectos: Marx no necesita causas. Estuvo en la cárcel cinco años, los otros cinco de la condena los pasó en el apartamento de sus padres, en arresto domiciliario, sin recibir visitas ni oír llamadas por teléfono. Finalmente, quedó libre pero convertido en un apestado: el héroe como paria.

Un día pidió permiso para salir, legalmente, de Cuba, que le fue negado. Antes se había divorciado de su esposa Fabiola, belleza ecuatoriana que conoció en México, donde se casaron en 1958. Fabiola dejó Cuba con sus hijos Gustavito y David. En Ecuador, Fabiola supo que tenía cáncer y viajó con sus dos hijos a Miami, buscando cura. Aquí Gustavito, de veintiún años, fue atropellado por el auto de una americana borracha cuando iba en su motocicleta de mandadero. Las heridas fueron tan graves que quedó en estado de coma perpetuo. Desesperado, Gustavo Arcos trató por todos los medios de irse de Cuba. Con su hermano Sebastián, que había sido segundo jefe de la Marina Revolucionaria, consiguieron un bote y lograron dejar la playa y la costa. En alta mar fueron interceptados por un guardacosta cubano. Devuelto a la playa Gustavo supo que había estado vigilado siempre, aun antes de coger el bote. Había sido, simplemente, el juego del gato y el ratón. Los dos hermanos Arcos fueron juzgados a principios de 1982 y condenados a catorce años de cárcel Gustavo, Sebastián a once años.[*]

------

[*] Sebastián Arco moriría en el exilio, en Miami.

Ahora el caso Gustavo Arcos adquiere ribetes melodramáticos. Con Gustavito todavía en coma, Fabiola Arcos fue invitada por Fidel Castro a venir a Cuba, a que su hijo fuera tratado por la ciencia cubana *(sic)*. Fabiola, desesperada, tuvo que aceptar la proposición y fue instalada en una habitación del hotel Habana Libre, antiguo Habana Hilton, hotel de lujo. Gustavito fue internado en el mejor hospital de Cuba, Hermanos Amejeiras. Allí Fabiola supo que Castro había dado órdenes precisas de curar a Gustavito por todos los medios. Lo que no había conseguido la mercenaria medicina capitalista, lo lograría la altruista medicina socialista. En una ocasión permitieron a Gustavo visitar a Gustavito. Luego David, el otro hermano, vino de Miami a ver a su hermano, a su madre y (la Revolución es siempre generosa) a su padre Gustavo en la cárcel: virtualmente un milagro totalitario. La entrevista ocurrió (no sé si puedo usar este verbo azaroso) en Villa Marista, viejo plantel católico ahora convertido en sede de la Seguridad del Estado. La reunión del padre y el hijo que apenas se conocían tuvo lugar en una celda de los sótanos de Villa Marista. Gustavo llegó acompañado no de un carcelero sino de un investigador de Seguridad, que se identificó ante David. El inquisidor estuvo de pie frente a ellos la hora exacta que duró la entrevista. David no lo vio siquiera pestañear, mucho menos moverse. Gustavo estaba vestido con ropa barata pero nueva y zapatos nuevos. Le explicó a David que se lo habían prestado para la entrevista. ¿Prestado? Sí, tendría que devolverlos a Seguridad del Estado al final. Conversaron libremente de Gustavito, de la vida de David en Miami, del estado de salud de Fabiola. Finalmente Gustavo le hizo a David una revelación extraordinaria. Fidel Castro había venido a verlo a la cárcel y le dijo que podía quedar libre en ese mismo momento, siempre que le prometiera, le jurara por su Dios, que no intentaría otra vez irse de Cuba. Gustavo no prometió nada. Fidel Castro se fue y Gustavo fue internado en solitario hasta hoy, día de la entrevista con David. Cuando volviera a la cárcel volvería a su solitario. Pero no estaría solo. Gustavo, cada vez más religioso, le habló a David de Dios casi obsesivamente todo el tiempo que duró la visita.

Este relato ha sido compuesto por mis recuerdos de Gustavo, de sus conversaciones belgas, con narraciones de Carlos Franqui, con datos obtenidos aquí y allá, y, finalmente, con una larga conversación por teléfono con David Arcos, su hijo, desde Miami, que pagó el editor Arturo Villar Bergnes, primo de la familia. No sé si la publicación de estas notas le hará mal a Gustavo. Creo de veras que Gustavo no puede estar peor. Aunque en un país totalitario peor es apenas un pero mal escrito. No sé tampoco si le hará bien. Pero hago público su vía crucis porque mientras fue privado nadie hacía caso: todos oían pero nadie respondía.

Desde la primera prisión de Gustavo Arcos he tratado de ayudarlo. Ahora he renovado esas gestiones. He visto a políticos belgas, del Partido Socialista, y a socialistas españoles influyentes, y a parlamentarios ingleses y a un miembro de la Cámara de los Lores. Hasta escribí y hablé a Amnistía Internacional.

También hablé, hace poco, con Jane Kirkpatrick, embajadora de los Estados Unidos en las Naciones Unidas. Todo ha sido inútil. Más inútil fue hablar con un poderoso editor de revistas americano. Hace poco hubo una conferencia de escritores en Londres bajo el título facético de *Matan a los escritores, ¿no es verdad?* Me invitaron a hablar. Les dije que no, gracias. Les dije que no era verdad el título, que en los países totalitarios como Cuba, lo menos que matan es a escritores. Matan obreros, campesinos, líderes de la clandestinidad, testigos de Jehová, blancos y negros. De todo. Pero lo que menos matan es a escritores. Ésos se callan o se asustan y se compra su silencio con una casa y un auto y varios viajes. O se van del país como exilados. No matan a los escritores. Matan, precisamente, a hombres sin imaginación como Gustavo Arcos. Matan a sus héroes.

Octubre de 1984

El prisionero político desconocido

Desde el 3 de octubre de 1965, fecha en que salí de Cuba para siempre, hasta hoy, no he dejado de interesarme por la suerte de muchos presos políticos cubanos. Nunca olvido que pude haber sido uno de ellos. Me entrevisté con gente de Amnistía Internacional, con dirigentes socialistas belgas, entonces en el poder, con socialistas españoles ya en el poder. Uno de ellos, Fernando Claudín, me remitió a una institución española que él llamó la Fundación Iglesias. ¿La fundación Julio Iglesias?, le pregunté y Claudín, ofendido del equívoco, que creyó un juego de palabras, recalcó: «¡La Fundación *Pablo* Iglesias!». Nunca aceptó que mi error no era más que una prueba de mi pasmo ante el poder: había conocido a Claudín en París, cuando era un exilado anónimo. En los archivos de Amnistía Internacional en Londres aparecerán mis diversas y sucesivas cartas de gestión, algunas fechadas en 1969. He escrito, además, a más de un político inglés y hasta la embajadora americana ante las Naciones Unidas, de paso, me recibió para acoger mis peticiones —esta vez sobre un solo preso político.

Pero fue un conocido editor americano, hombre de irreprochables credenciales de izquierda, con quien almorcé en Manhattan, que me iluminó de manera inesperada: mi tarea era inútil no porque hablaba de uno o varios prisioneros políticos en Cuba. En esa ocasión era este prisionero en particular por quien me interesaba ante un hombre que había logrado la hazaña de extraditar, literalmente, de la isla a un poeta en peligro. Oyéndome con todo su interés, mi anfitrión (que podemos calificar de hombre de letras aunque no haya escrito nunca una línea) me dijo en su manera lánguida pero preocupada, indiferente a su almuerzo: «¿Y éste qué es? ¿Poeta? ¿Escritor? ¿Músico? ¿O es un científico?». Sabía que había candidatos en Cuba para todas estas vocaciones. Hasta conocía un filósofo cubano que luchaba por dejar la cárcel y salir de la isla. «No», tuve que responderle. «No es nada de eso. Es sólo un ser humano.» Mi interlocutor, que era judío y debía saber de prisiones y represiones, me dijo con un lamento *snob:* «En ese caso me temo que no se va a poder hacer mucho por él».

El preso político por el que abogaba con este editor literario (nunca habría almorzado con él de no mediar mi petición), había sido en realidad crucial en mi vida. Le debo no sólo estar libre por el mundo sino hasta estas páginas que escribo ahora. Pero ésa es otra historia. Ahora él fue para mí instrumento de conocimiento.

Llegué a escribir varios artículos haciendo conocer su vida, su prisión inhumana y sobre todo injusta, tratando de que se pidiera su liberación cuando debía exigirse su libertad, que es un derecho. Mis artículos fueron publicados en serie en la prensa española, en México, en Venezuela, en Colombia y hasta se tradujeron al inglés y publicados en Estados Unidos. En Washington una institución de derechos humanos los reprodujo en un folleto ilustrado con una foto del preso tomada en sus felices días de diplomático: no hay mayor dolor dantesco. Pero no pasó nada. El editor tenía razón: no se podía hacer nada por este preso político eminente que no era nadie. Era nada.

Fue entonces que me pregunté, ¿y qué pasa con un preso político que no tiene siquiera alguien que escriba en su nombre a la prensa, que haga conocer su caso, que moleste a amigos y enemigos y a gente indiferente —terriblemente ocupados todos con la vida diaria— para molestar su ocio o su negocio con el relato de una ordalía? ¿Qué ocurre con el internado que no conoce a nadie, que no ha sido nunca nada y ahora es sólo un número y una celda en una cárcel o un internado anónimo en un campo de concentración? ¿Qué hacer por el prisionero que nadie conoce? ¿Cómo liberar al preso político desconocido?

Un caso histórico muestra a esa figura cargada de culpas políticas que sabemos inocente porque su crimen, en una democracia, no es más que parcela y parte del juego de la política. En la guerra siempre hay soldados que nadie reconoce, desfigurados más allá de todo conocimiento, sin medallas ni chapa de identificación. Es el llamado soldado desconocido que se exalta en cenotafios en días de duelo. La política, ya lo sabemos, es la guerra por otros medios y la política totalitaria es la guerra total que hace prisioneros. Debe de haber en esa guerra perenne un hombre desconocido a quien nadie reconoce, a quien ningún abogado defiende, a quien ninguna madre, novia o hermana escribe. Ése es el prisionero político desconocido. No propongo para él un monumento porque ya la literatura lo ha hecho: otros cronistas han exaltado su vida en prisión perpetua.

Uno de esos cronistas, Sidney Dark, autor que debe permanecer en el misterio de su nombre (*dark* quiere decir aquí tiniebla), escribió: «No hay duda de la existencia real del Hombre de la Máscara de Hierro, cuya identidad se ha discutido durante dos siglos». (Este texto fue escrito hace más de un cuarto de siglo.) En el año 1698 Monsieur de Saint Mars, gobernador de la prisión de las islas de Santa Margarita, fue nombrado alcaide de la prisión de La Bastilla. Cargó con un misterioso prisionero, visto por muchos durante el viaje: un hombre alto, de pelo blanco, cuyas facciones se escondían detrás de una máscara negra. En el registro del teniente del rey en La Bastilla se hizo asiento de la siguiente anotación:

> *El 19 de noviembre de 1703, el prisionero desconocido que ha llevado siempre una máscara de terciopelo negro, y que fue traído por M. Saint Mars, gobernador de las islas de Santa Margarita, donde llevaba tiempo como prisionero, al sentirse enfermo ayer después de misa, murió alrededor de las diez de la noche, sin haber sufrido antes de ninguna enfermedad. Este prisionero desconocido, que había estado bajo custodia por tanto tiempo, fue enterrado el martes 20 de noviembre, en el cementerio de la iglesia de San Pablo en esta parroquia. En el registro de defunciones se le registró bajo nombre desconocido.*

El registro de la iglesia de La Bastilla ofrece, de pronto, el nombre de un tal Marchioly, que todos toman por un *nom de prison,* tan comunes entonces, y declara que la edad del prisionero es de «cerca de cuarenta y cinco años», lo que es por supuesto una imposibilidad o una burla. Como siempre en los documentos que se quieren veraces se estampan firmas —esta vez del cirujano mayor y del comandante de La Bastilla.

Dice Dark:

> *Estos documentos nos proveen de prácticamen-*
> *te todo lo que se conoce hasta el día de hoy con-*
> *cerniente a uno de los misterios más espesos de la*
> *historia humana. [Creo que la frase «historia hu-*
> *mana» es una ironía que nos regala don Dark.] Se*
> *sabe, sin embargo, otra cosa. Tan grande fue el*
> *deseo de ocultar la identidad del prisionero para*
> *siempre que el día de su muerte, su ropa interior,*
> *su vestimenta única, su colchón, su cama y la silla*
> *en que se sentaba fueron destruidas por el fuego.*
> *Las paredes y el techo de la celda fueron escrupu-*
> *losamente raspados y las losas fueron removidas*
> *del piso.*

Según Alejandro Dumas hubo la prohibición expresa, bajo pena de muerte, de que el prisionero alzara «el visor de hierro que cubría su cara de por vida». El período en que vivió el Hombre de la Máscara de Hierro fue el apogeo de Luis XIV. El Hombre de la Máscara de Hierro (al que concedería mayúsculas la historia) murió exactamente doce años antes que el rey. Versalles, donde una vez tal vez vivieron juntos, los sobrevivió a los dos. *Home fugit, domus manent.*

La *Encyclopaedia Britannica,* no tan oscura como Dark, o menos dramática que Dumas, propone otros misterios —o el mismo misterio bajo otra máscara. La máscara de hierro era en realidad un antifaz de tela negra. Su usuario es uno de los grandes enigmas de la historia moderna. El prisionero llegó a La Bastilla, ya velado, el 18 de setiembre de 1698 y murió allí el 19 de noviembre de 1703. Se sabe todo de su vida en prisión —menos, por supuesto, su identidad. Estuvo registrado en la fortaleza bajo el nombre falso de Marchioly y fue Voltaire quien propuso la teoría de que se trataba de un hermano bastardo de Luis XIV. Voltaire describió la máscara como «una máquina con muelles de acero». La descripción no es exacta, asegura la *Encyclopaedia,* pero cautivó la imaginación de muchos escritores, entre ellos Alejandro Dumas, en *Veinte años después,* traducida al inglés como *El hombre de la máscara de hierro.* Dumas aceptó también la teoría del medio hermano real. Dumas, no sin razón, veía a la historia como una ficción más.

Entre otras soluciones al misterio del prisionero político velado aparece el nombre de Luis de Borbón, conde de Vermandois, hijo de Luis XIV y Luisa de la Valière, el de Ercole Matthioli, el de Nicolás Fouquet, ministro de finanzas de Luis XIV y, más asombroso, Molière, puesto preso por los jesuitas en venganza por su *Tartufo.* Haciendo *pendant* con Matthioli, se mueve Eustache Dauger, *valet* de Fouquet, puesto a buen recaudo después de la muerte de su señor. Matthioli es un candidato de imposible elección por haber muerto en las islas de Santa Margarita en 1694, nueve años antes del deceso del prisionero enmascarado. Dauger no era más que el *valet* (y tal vez hombre de confianza) de Fouquet. La *Britannica* acepta la hipótesis de Dauger pero contiene un párrafo final que nos hace reflexionar: «El enigma estaría resuelto (con la muerte de Matthioli) en cuanto a la identidad del prisionero se refiere. La razón de su arresto y prisión durante treinta y cuatro años permanece sin embargo en el misterio».

La única proposición que recoge todas las hipótesis es que el Hombre de la Máscara de Hierro fue un prisionero político y la orden de su arresto sin causa y su prisión sin juicio son recursos típicos del Estado totalitario. Nuestro mártir misterioso y su terrible condena (la máscara, la Bastilla perpetua) son, de veras, el monumento al prisionero político desconocido.

Agosto de 1986

Prisioneros de la Isla del Diablo

Hay un lugar en la Tierra cuyo solo nombre evoca el infierno. Es la Isla del Diablo, la obsoleta colonia penal francesa frente a las costas de la Guayana. La isla era notoria como cárcel de presos comunes más allá de la redención y condenados al olvido. Pero pronto fue también una prisión política. Uno sólo de sus presos la volvió célebre, el inocente capitán Dreyfus, condenado por traición. Su mejor defensa no la hizo un abogado sino un escritor, Émile Zola. Zola fue procesado por escribir su jaculatoria civil *J'Accuse* y para evitar ser condenado huyó a Inglaterra, no sin antes crear la Liga Por los Derechos del Hombre y el Ciudadano. Poco después Zola apareció muerto en su cuarto de trabajo, se cree que asesinado.

Escribí revelando el Caso Arcos en una serie de artículos publicados en España y en México y reproducidos en todas partes. Ahora Arcos acaba de ser puesto en libertad. ¿En libertad? Léase más adelante.

El veredicto que condenó a Gustavo Arcos a la cárcel no es un veredicto de doce sino de uno: un solo juez condena y absuelve en Cuba. Su nombre es Fidel Castro. Este máximo magistrado revela ahora las causas por las que Arcos fue encarcelado dos veces. «Arcos», dejó saber Castro, «tiene ideas racistas, fascistas. Ésa es su filosofía».

Hay que señalar que si Arcos tenía estas ideas incriminantes, ¿por qué Castro lo llevó al asalto del cuartel Moncada en el auto que manejaba el propio Líder Máximo? Arcos nunca ha padecido una filosofía como Castro, nunca ha tenido una ideología definida. En realidad, Castro ha explotado la filosofía marxista no para uso del delfín (que sería Raúl Castro) sino *ad usum Fideli.* Por otra parte, ¿cómo puede Castro hablar de racismo? No hay más que ver una foto de la dirigencia nacional y del Partido Comunista cubano y contrastarla con una visión al azar del pueblo en la calle para saber que las grandes mayorías son negras mientras la minoría que gobierna a Cuba ahora es toda blanca. La razón de la injusta prisión de Arcos es la sinrazón totalitaria. Para los que creen en la Historia como Arcos cree en Dios se trata, una vez más, de un *accident de parcours,* como dijo Julio Cortázar, hablando francés con acento castrista. O sea, un accidente en la carretera al futuro.

Arcos fue encarcelado (sin sentencia pero sin juicio) en 1966. Pasó cuatro años preso hasta que dejó la cárcel para ser sometido a arresto domiciliario. Impedido de salir de Cuba por vía legal, trató de escapar en un bote. Pero su plan de evasión lo diseñó el desespero. Atrapado en alta mar, fue devuelto a la isla, juzgado y condenado a catorce años de prisión. Nada le valió que fuera uno de los asaltantes del cuartel Moncada en 1953, que herido quedara inválido de una pierna para siempre, que compartiera la cárcel con Castro, que fuera dirigente del 26 de Julio en el exilio, que avituallara a las guerrillas de la Sierra desde México, que hubiera sido embajador de Cuba en Bélgica de 1959 a 1964. Se puede decir que, como a un héroe griego, a Arcos lo condenaron sus virtudes. Para Castro y sus miñones, Arcos devino el enemigo que regresa y había que mantenerlo a raya después que cayó en la trampa de creer en el honor entre oportunistas.

Arcos ha salido de la cárcel pero no está en manera alguna libre. Simplemente ha sido transferido de Cayena a la Isla del Diablo. El tratamiento será diferente pero el régimen es el mismo. Hará falta algo más que un bote en la noche, como propuso Zola, para sacarlo de la Isla. Mientras tanto, como Dreyfus, Arcos espera.

Carlos Franqui salió de Cuba para siempre en 1968 sencillamente porque no pudo salir antes con su familia: Franqui es un hombre de familia. Fui testigo de sus intentos en París en 1965 de buscar una salida segura. Tuvo que regresar a Cuba. Finalmente, harto hasta la náusea, consiguió salir con su mujer y un hijo menor, dejando detrás a su madre y a su hijo mayor, que salió justo días antes de cumplir catorce años. (La onerosa edad militar cubana se extiende hasta los veintiocho años: no hay un servicio militar en el mundo que dure tanto como una condena.) En Cuba se quedó la madre de Franqui al cuidado de otros parientes en su antigua casa. Allí murió.

Ahora Castro, en una entrevista tan gárrula (hasta sus adláteres dicen que habla demasiado) como mendaz, ha acusado a Franqui, entre otros crímenes contra el hombre, del crimen contra natura de haber abandonado a su madre —obviamente a los peligros de su régimen. No hace mucho Castro exclamó por televisión: «¡Como las ratas abandonan el barco a pique!». Pero al darse cuenta del peligro que traen las metáforas cuando son cogidas por las barbas, añadió rápido: «¡Pero este barco no se hundirá jamás!».

Castro acusó además a Franqui en su entrevista (publicada en España y en Cuba pero sin su prefacio) de haberse llevado consigo a su suegro. ¿Por qué el suegro y no la madre? La razón totalitaria tiene vericuetos que la razón democrática no conoce. Lo cierto es que el suegro de Franqui (un viejo melómano que pasados los ochenta entretenía sus días y sus noches perfeccionando el arte de la mandolina) murió en el barrio habanero de Santos Suárez hace tres años. ¿Por qué entonces estas mentiras como puños en alto?

Franqui, como se sabe, ha tenido un exilio militante desde 1971, el año que Heberto Padilla cayó preso y tuvo su confesión después. (¿Recuerdan a la Reina Roja de *Alicia:* «La condena primero, el veredicto después»?) En todo este tiempo Castro ha guardado silencio sobre los crímenes que ahora imputa a Franqui. No es, como se ve, un alegato político sino meros chismes. Pero hay un motivo ulterior. Toda calumnia tiene un efecto paralizante. Uno debe perder tiempo negándola y hay siempre la sensación de que toda refutación es inútil. El refrán español «Calumnia que algo queda», es un consejo del diablo. Pero, ¿por qué calumniar a Franqui ahora y no antes? La respuesta es simple. Franqui acaba de terminar un retrato de Fidel Castro con todas sus verrugas. Franqui conoce muy bien a su modelo, sabe muchas historias íntimas y puede contarlas. No hay otra razón para la mendacidad actual. Si algo ha tenido siempre Castro, es un sexto sentido de la oportunidad. Su brazo es más largo que su lengua. Franqui viviendo en libertad en Europa sigue preso en la malla política fidelista.

Conocí a Natividad González Freire, entonces y ahora Nati, en 1948 en una función de ballet en el Stadium Universitario de La Habana. Pagada por la cerveza Tropical, Alicia Alonso (la eterna Alicia, siempre bailando, siempre patrocinada: por Batista, luego por Fidel Castro) danzaría, ¿qué otra cosa?, *El lago de los cisnes,* al aire libre y al calor tropical. ¡Ah, los tiempos y los tutús! Nati era una de las organizadoras culturales y parecía estar en todas partes al mismo tiempo. Era entonces muy joven, linda y vivaz. Además, recuerdo, nos consiguió a mi madre, a Franqui y a mí los mejores asientos en la barrera de luz. No había que estirar el cuello corto para ver los pies en punta de la *prima ballerina assoluta.*

Española pero muy cubana, es decir habanera, Nati era toda simpatía y siempre reía, mostrando sus dientes perfectos. Todos estábamos enamorados de Nati o más bien de su entusiasmo, que era contagioso como un virus benigno. Ella era como un personaje de Chejov, pero sin la melancolía. No llevaba luto por la vida entonces. Era eso que los estetas estalinistas llaman una heroína positiva. Nosotros los pesimistas no la merecíamos y se casó con César Leante, que venía de una familia de optimistas radicales y creía en el realismo socialista. Los amigos de César entonces eran gente progresista y, como ellos, al triunfo de la revolución se hizo importante, no sólo como escritor sino como funcionario de la cultura. Llegó incluso a ser *attaché culturel* en París. Así, cuando pidió asilo en España en 1981, mi sorpresa fue tan grande como la extrañeza de nuestro encuentro días después en el hotel Wellington, tarde en la noche en el *lobby* ya oscuro: tan inusitado como el toro disecado que preside el vestíbulo.

Pero hay que dar a César Leante lo que es de César Leante. Que un alto funcionario cubano se asile en la escala en Madrid de un avión de Cubana que vuela de La Habana a Berlín Oriental, es un acto de coraje, moral y físico. Todo parecía una trama de John le Carré y espero que Leante la desvele algún día. Pero Leante también espera: desde 1981, en que siete años parecen diez, parecen veinte, espera en Madrid la reunión con su familia rezagada en La Habana, retenida por el rencor oficial. (Seguramente que Fidel Castro lo acusará un día de haberla abandonado.) Leante tiene que pagar su hazaña. Lo he visto después y he conocido su rabia que no cesa ante la impotencia de un hombre virtualmente solo, enfrentado a un estado implacable.

Ahora la carta minuciosa y valiente (en un estado totalitario siempre puede haber *otro* castigo) me devuelve a la Nati que era un baluarte de la Escuela de Filosofía. Su escuela filosófica favorita era la estoica. Poco sabía cuánto tendría que ponerla en práctica para sobrevivir. Sabía, sabe, que existe una disciplina de benevolencia y justicia en que la conducta correcta siempre produce felicidad, no importa cuán infelices sean los tiempos. Ella era, y es, una persona feliz a quien la venganza, no la justicia, política ha tratado, y trata, por los medios más miserables de hacer infeliz. No tengo nada que añadir a su carta publicada en *El País,* que es de un calmado desespero. Pero sí puedo esperar que esta prisionera de Castro, condenada sin veredicto, vea cumplirse el lema favorito de Fidel Castro por el tiempo en que veíamos bailar a Alicia Alonso: «La justicia tarda pero llega».

La fallida reunión por los derechos humanos en Cuba celebrada en Ginebra, que Castro no perdió pero tampoco ganó, ha hecho que casi todos los presos políticos cubanos (quedan en prisión unos cuatrocientos noventa, según Castro) hayan dejado la cárcel sin ganar la libertad: sólo han cambiado de isla. Están en la calle pero sin un solo derecho ciudadano. Es obvio que han salido del purgatorio para ir a dar al limbo. Las cárceles cubanas ahora (recién pintadas, las rejas desorinadas, los pisos bruñidos) forman parte del recorrido obligado de los turistas políticos. Es como si Adolf Eichmann organizara *tours* por sus campos de concentración.

Durante el oprobioso régimen nazi, la Cruz Roja, siempre solícita, visitaba los campos de exterminio no sólo de judíos, sino de gitanos, eslavos variados, sectarios religiosos, españoles y homosexuales: todos hacinados en la más cruel prisión. Antes de llegar los visitantes del espacio exterior, los guardas repartían frazadas nuevas. Los inspectores inútiles venían, veían y aprobaban: todo en orden. En cuanto daban la espalda, los guardas recorrían las barracas reclamando las frazadas. A estas frazadas las llamaban los prisioneros «frazadas volantes».

A fines de agosto una comisión de los derechos humanos visitará las prisiones cubanas, después de múltiples denuncias de violaciones y actos ilegales. Las cárceles se disponen flamantes a recibir a los inspectores de frazadas, que sin duda reportarán todo en orden. Un tanto para el régimen de Castro es que en el trópico no hacen falta frazadas.

Londres, agosto de 1988

Un retrato familiar

Retrato de familia con Fidel, de Carlos Franqui, no declara en su excelente título dónde queda Fidel Castro en el retrato, si a la derecha o a la izquierda. Al leer las quinientas cincuenta páginas del libro se ve claro que Castro está, como Dios en Cuba, en todas partes. Pero en el retrato, mentalidad militar, va al frente. El título justifica enteramente el retrato que da origen al libro. Son dos retratos en realidad. O más bien dos versiones del mismo retrato.

Esta vez, como otras veces en los últimos cien años, el retrato es una fotografía, no un óleo. Tomada al final del régimen de Batista, o poco después de su caída estrepitosa de Humpty Dumpty mulato, en la foto, Franqui tiene una barba negra, hirsuta y salvaje que recuerda no a la imagen de un guerrillero que ganó sino al aspecto que debió de tener Robinsón Crusoe, solitario en su isla, poco después de su rescate —es decir, cuando fue de nuevo capturado— por la civilización. La foto, al repetirse, cambia y se convierte en un documento curioso. En la segunda versión (las dos fotos llenan ahora la cubierta del libro, cada versión teñida en un tono diferente: sepia y verde, pero para respetar las convenciones de la simbología del color me habría gustado que la primera foto fuera verde y la segunda sepia: el color de la esperanza sustituido por el símil de cuero militar) está Fidel Castro como siempre en primer plano y ante él aparece un locutor ya arribista y aún anónimo. Pero entre los dos hay un raro vacío, un hueco blanco que es ese hueco negro de la historia totalitaria que no se hace sino que se escribe y reescribe siempre: la tela en que Penélope borda la imagen de un Ulises constante, inconstante. Esa oquedad es Franqui —¡que ha desaparecido del cuadro! Un pase de mano —¡presto!— y ya no está más en la historia de Cuba revolucionaria, de la Revolución, del futuro. Como quien dice de la eternidad histórica. Pero, ¿es posible? Claro que es posible. Es más, es de rigor. Incontables son las fotografías en que Trotsky aparecía junto a Lenin y por orden de Stalin ahora se ve a Lenin solo, un lobo estepario. Goebbels hizo expurgar gráficamente a Ernst Roehm cuando estaba junto a Hitler. Ahora el Führer estaría solo como un águila solitaria de no haber sido derribado en pleno vuelo histórico.

La primera versión de esta fotografía cubana curiosamente histórica, cuando debió de ser banal y olvidable de haber dejado quieto al texto y no convertirlo en palimpsesto, fue publicada en el diario *Revolución* cuando lo dirigía Carlos Franqui en 1962. La segunda versión, aparentemente definitiva para ojos abiertos cubanos y miopes extranjeros, apareció en el diario oficial *Granma* en 1973. En once años Franqui había pasado de ser dirigente de la Revolución, influyente guerrillero que ponía y quitaba rey (o por lo menos ministros) y uno de los personajes más conocidos del régimen en Cuba y en el extranjero para convertirse en un apestado peligroso, en una no persona y finalmente en un hombre invisible para la hagiografía castrista. Carlos Franqui, ese judas mínimo, no podía coexistir con Fidel Castro, mesías máximo —ni aun en una foto. El castigo fue borrarlo no de una descarga sino como en una de esas historias de ciencia ficción en que al diputado del héroe (nunca al héroe) le apuntan con una pistola de rayos evanescentes, oprimen el gatillo del arma futurista y el segundo eliminable desaparece del todo, esfumado, en un segundo. *Sic transit* el rebelde.

Cosa curiosa, para retocar o alterar esta foto se usó un esfumador que no era en modo alguno el sutil pincel maoísta del arte político chino, ni la grosera pluma rusa para desembarazar a Stalin de camaradas moribundos, ni el retoque fotográfico al uso. Fue, extrañamente, la misma técnica con que *Playboy* antiguamente se aplicaba a eliminar un pubis excesivamente negro o senos todavía crudos: era el soplete retocador que opera con tinta invisible. Pero, ¿para qué tanta preocupación por eliminar a Franqui de la foto? Se le ve solo al fondo y no desmerita a Fidel Castro en primer plano. Inclusive un historiador inglés que conoció a Franqui después de haber dejado de usar barba (una barba es una suerte de disfraz), aunque intimó con él, al tener el libro en la mano, mirar atentamente su cubierta y ver la foto trucada me preguntó: «¿Pero quién es ese hombre en medio de la primera foto que desaparece después?». Tuve que explicarle que ése era Carlos Franqui que lleva a cabo, ya sin red, un acto de escapismo que le habría envidiado el Gran Houdini: desaparece un camarada. Ambos, Fidel Castro y Franqui, contribuyeron a que ese número de la sombra que pasa tuviera un éxito total en la isla y parcial en el extranjero. El libro de Franqui ahora explica cómo se realizó el escamoteo. Como ciertos actos de magia es más fascinante la explicación que el truco mismo. Si Fidel Castro fue un Mandrake el Mago marxista, Franqui es sólo el hombre que perdió su imagen. De intocable Lotario que acompañaba siempre a Mandrake pasó a ser retocado Schlemiehl, a quien el diablo rojo robó su sombra. Pero este hombre invisible (¿pero por qué desaparecieron a Franqui?, la respuesta es la paranoia totalitaria) coge ahora pluma y papel visible —y escribe.

En *Retrato de familia con Fidel*, Carlos Franqui, como el periodista que fue, ofrece primicias y noticias, algunas sensacionales. La más escandalosa fue recogida por las agencias internacionales y hasta publicada por la revista *Time*, pero es bueno repetirla. Dice así más o menos: Fidel Castro, de visita en una estación de cohetes instalada en el occidente de la isla y comandada por rusos en secreto absoluto, pregunta inocente a un técnico bilingüe cuál es el botón que dispara los misiles. Se lo muestran. También le dejan ver una pantalla de radar que en este momento revela la presencia del vuelo regular del avión de reconocimiento americano sobre la isla. Con gesto audaz Fidel Castro oprime certero el botón (en realidad la puntería es del cohete autónomo, no de quien lo dispara: Castro siempre creyó más en el gatillo que en la bala) y los técnicos rusos, consternados pero apocados, se limitan a ver su cohete autómata ascender al cielo verde del radar y juntarse veloz con la mancha del avión, observador observado. En un segundo las dos manchas desaparecen de la pantalla del radar. Estos aviones recorrían el espacio aéreo de Cuba, invariables y puntuales como vuelos comerciales, de oeste a este de la isla, desde 1961. Ni siquiera los rusos se alteraban ya con esta presencia fantasmal en sus radares cada día —sólo la anotaban en su bitácora. Pero Fidel Castro, que quiere la guerra, la conflagración y el apocalipsis ahora, se atrevió a derribar el U2 desarmado, lo que resultó de veras inaudito para los técnicos militares rusos, veteranos de la guerra fría y del juego de escaladas. Así la única baja de la guerra no declarada de octubre 1962, póquer de potencias, su muerto solitario, fue aniquilado por un jefe de Estado posando como artillero. Para hacerlo Fidel Castro había usado el sofisticado arsenal ruso. Durante años los políticos rusos (Breznhev más severo que Kruschov) habían considerado a este líder exótico pero pintoresco como un hombre peligroso en potencia. Ahora sabían que era un peligroso en activo. Esa realización tardía le costaría el puesto a Kruschov.

Pero más significativo para los historiadores que conocen bien a Cuba es saber por este retrato fidelista que el verdadero estratega de la batalla de Bahía de Cochinos no fue Fidel Castro, comandante en jefe ordene, como siempre se aseguró en Cuba y en otras partes, sino un enigmático general Ciutat, que como el teniente Kije era un soldado invisible ruso. Ahora se sabe que Ciutat era general del ejército rojo aunque español nativo y veterano de la guerra civil, en la que fue comandante para luego exiliarse en Rusia bajo Stalin. El general Ciutat era un estalinista convencido de siempre y leal a los rusos ya desde España. El alto mando ruso le designó para planear la estrategia del combate contra el desembarco de la CIA, tenido tan en secreto que la KGB poseía copia de los mapas de desembarco meses antes de que la guerrita tuviera lugar. Doble engaño para dobles crédulos. El Comandante en Jefe mayúsculo, aun antes de declararse socialista, ya era una ficha más en la estrategia global soviética. Literariamente, lo confieso, es tan sorprendente como descubrir que el héroe de Tolstoy, el general Kutuzov, nunca mandó el ejército ruso en la batalla de Borodino: un mariscal inglés desconocido daba todas las órdenes de incógnito. Los historiadores —aun el inglés Hugh Thomas, quien más sabe sobre Cuba en Europa— tuvieron que revisar sus textos y sus conceptos. Es que el verdadero genio de Fidel Castro está en el engaño que ha practicado desde el principio, aun antes del principio, como fin: es de un maquiavelismo de veras extraordinario. Pero más extraordinaria ha sido la capacidad de todos, los de ayer y los de hoy, para dejarse engañar voluntariamente. En este aspecto hemos sido magníficos cornudos. Lamentablemente se trata de una farsa que se repite como una tragedia colosal que lleva todavía el mismo título: Revolución Cubana.

A lo largo de este retrato que es en realidad una crónica de familia (Fidel es el hermano mayor, no por edad sino por proezas políticas, Raúl es el hermano menor, feo y cruel, y Ramón es el hermano mayor cronológico, el granjero de esa finca propiedad de los hermanos Castro que se llama Cuba —pero curiosamente jamás se menciona a otro Castro, esta vez una hermana, Juanita, ínfima en la familia, eminente en su encono del exilio contrarrevolucionario y quien debe ser, según la fábula familiar, la hermana mala, díscola y traidora) se repite una palabra clave: orgasmo. Franqui la usa como metáfora del poder y a la vez como la única recompensa del mismo: el mando como proyección del sexo: el triunfo es su clímax y en el caso de Fidel Castro el orgasmo no es eyaculación sino jaculatoria. No en balde Lady Macbeth, al tratar de ayudar eficaz a su marido usurpador, reclama: *«Unsex me here!»*. Deséxenme, dioses. Es la pujante penetración del poder lo que desea Lady Macbeth y para la que, antes que nada, no hay que tener sexo: sin sexo se sube al trono de sangre. Fidel Castro es efectivamente todo menos un ser sexuado. Tampoco lo eran, según evidencia irrefutable, ni Hitler ni Stalin. La libido del tirano lo impele hacia el poder absoluto. Las masas son la carne deseada, el cetro (y en el caso de Castro es la pistola perenne al cinto) es el pene siempre erecto y cada asiento en el trono es un coito y una defecación: el placer anal-genital. Los vociferantes discursos carismáticos que controlan la masa son pura gratificación oral. Mi terminología es odiosamente freudiana, lo sé, pero como Franqui enumera los sucesivos orgasmos de Fidel Castro, la única interpretación marxista querrá que cada orgasmo fuera una pura proyección política. Por supuesto, me repugnan tanto los supuestos de Marx como los presupuestos de Freud, pero como estamos en una época en que no se puede rehuir la invitación al sofá-muelle para compartir su análisis erótico o rechazar la dialéctica materialista porque parece otro chiste de todavía otro hermano Marx, hay que fatigar el mueble vienés tanto o como habitar el *flat* del Soho. Débil es la mente.

Las infinitas enumeraciones de Silvestre de Balboa, poeta del siglo XVII, quien en su *Espejo de Paciencia* se convirtió, él que era esencialmente español, en modelo de poeta cubano, popular y erudito, ingenuo y astuto, mediocre pero a la vez espléndido, operando no como descubridor poético ni como conquistador del verso ni como colonizador de épicos ejercicios insulares, sino como el creador de Cuba mediante nombres numerosos, listas y versos. A este poeta primitivo han regresado muchos poetas sofisticados de la isla. Pero nunca tanto como en Franqui ahora la prosa (si bien alineada casi como en versos) se ha parecido tanto a Silvestre de Balboa, paradigma poético pero prosista que nunca existió.

Conociendo lo importante que ha sido siempre la poesía para Franqui (y no sólo como lector) reflexiono y no me extrañaría que la convergencia fuera deliberada. Pero luego reflexiono y pienso lo contrario: éstos (los de Balboa y Franqui) son en realidad sistemas poéticos afines que se ignoran mutuamente como universos paralelos. Balboa por razones obvias (lleva muerto varios siglos), Franqui porque no escogería, en su fraseología italianizante, *pratticare un dialogo dei massimi sistemi.* Lo que sí es evidente es que con este libro Franqui se coloca de un salto en el mismo plano retórico que otros poetas cubanos del siglo y políticamente navega en la corriente de confesiones personales que llevan más a Rousseau que a san Agustín. Pienso en el mismo Trotsky, en Milovan Djilas, en el primer Koestler, todavía en Semprún. Pero la política pasa y a pesar del Dante es la poesía la que queda. La historia, claro, tampoco es importante. Aquí ni siquiera cuenta porque Franqui ofrece lo contrario de un libro de historia, que es un desarrollo, sino un retrato, que es la forma más evidente de la *stasis.* Nada se mueve en un retrato, foto o pintura y no hay ni *discorso proprio.* Lo importante en el libro son esas frases convertidas en líneas, esas líneas suspendidas solas, como inverosímiles péndulos de Galileo, y esos ripios de prosa que se revelan, al poco rato, como pura poesía. Pienso que Lezama, en su paraíso dantesco, aprobaría. «Cuba está frustrada en lo esencial político», fue una de sus frases favoritas (¡y favorita de Franqui!), implicando el poeta que todavía quedaba en la poesía el reino que él ocupaba, que ocupa: los usurpadores fueron los otros, esos líderes políticos que eran (y son) meros malos malabaristas: todas sus naranjas ruedan por tierra. Franqui casi adopta esa frase de Lezama como divisa de tanto repetirla.

Pero también Cuba se ha frustrado en lo elemental histórico, pasa a demostrar Franqui, lúcido, en seguida. Sin embargo, extrañamente (digo yo) Cuba se ha realizado en lo experimental prosaico aun antes de ser nación. Martí, Lezama, Virgilio Piñera, Carpentier también, Lino Novás Calvo, Sarduy, Arenas y ahora Franqui, inventan la literatura en cada libro y esa invención intenta ser el movimiento poético perpetuo de la prosa. Finalmente *Retrato con Fidel al fondo* (perdón *Retrato de familia con Fidel:* la poesía relegando siempre a la política) no es un testimonio. Es un matrimonio del tierno tiempo y la horrible historia.

Octubre de 1981

Un grabado antiguo

Cuando miré por primera vez el grabado con el título de *La Junta Patriótica Cubana de Nueva York, en 1896* vi una asamblea de caballeros arcaicos, sentados en sillas de brazo curvo, posiblemente vienas, alrededor de una amplia mesa, todos atentos a un documento central. Pero lo que vi, lo juro, fue un grupo de comensales alrededor de un menú enorme y a un lado a dos violinistas que disponían sus instrumentos de arco para amenizar el festín. El menú luego se reveló como un mapa y debajo decía *Cuba*. Como en un sueño los violinistas esgrimieron, en vez de Guarneris o Stradivarius, obsoletos rifles Remington que engrasaban minuciosos: en vez de hacer música se preparaban para hacer la guerra. El grabador Theodore R. (su media firma aparece al pie) había inmovilizado al buril una escena indudablemente noble. Aun ante esta circunstancia recordé un axioma fascista (¿lo dijo Queipo de Llano, lo dijo Goebbels, lo dijo el joven Castro en la Universidad de dirigente estudiantil frustrado?) que transformé un día inverso: «Cada vez que veo una pistola echo mano a mi libro». Donde dije pistola digo rifle, donde dije libro digo ahora este libro.

La Castroenteritis

No habrá mal que dure cien años pero conozco uno, la Castroenteritis, que dura ya treinta y tres. Es una enfermedad del cuerpo (te hace esclavo) y del ser (te hace servil) y la padecen nativos y extranjeros —algunos de los últimos con extraña alegría. Aunque la enfermedad es infecciosa (hay que advertir que los atacados no tienen todos ideas sino sentimientos totalitarios: la Castroenteritis no deja pensar) y a veces suele ser fatal, tiene un antídoto poderoso, la verdad. La verdad desnuda crea anticuerpos que combaten la Castroenteritis eficazmente. Hay una variedad nueva que ha brotado dondequiera que se está a la moda y se la ha bautizado con el nombre de Castroenteritis chic. Afortunadamente la epidemia está menguando y no queda más que un foco, según la teoría de un francés contaminado y recobrado luego. Todo parece indicar que el brote más virulento será erradicado en breve. Los anticuerpos parecen tomar posesión de todo el cuerpo.

«Fidel Castro ha erradicado la pobreza de Cuba y ha nacionalizado la miseria.» Esta frase la dije en fecha tan temprana como junio de 1968 en un artículo para la revista *Primera Plana* con el que me construí un ghetto de uno solo. Cadáveres ilustres (Cortázar, Carlos Barral) y zombis políticos (mencionarlos ahora es activarlos) me condenaron a un ostracismo que no fue más que una estación en mi exilio voluntario. Estaban entonces en todas partes, hasta en un vuelo de Iberia en el que el sobrecargo se convirtió en una pobre carga castrista. Epítetos al uso (gusano, sin advertir que uno siempre se puede convertir en mariposa, lacayo del imperialismo, insulto proferido por otro lacayo de otro imperialismo) cayeron sobre mí como una lluvia ácida.

Pero sabía que tenía razón. A diferencia de esos Castroenterados yo podía repetir con José Martí: «He vivido en el monstruo y conozco sus entrañas». Y aún más: estuve en la caverna y no sólo sé el terrible tamaño de Polifemo y cómo reconocerlo, sino que una perversa intimidad me permite usar el nombre de cada cíclope y sus apodos: *el Gallego, el Guajiro, Barbarroja, Barbita, el Chino* y hasta aquel que se llamó siempre Richard pero cambió de súbito de nombre por miedo a identificarse no con el enemigo sino con la lengua del enemigo. El peligro que se corre en esta espelunca es que el amigo puede convertirse en seguida en enemigo. Por eso, cuando me preguntaban mi nombre, yo decía: «Ning-Uno».

No puedo predecir ni el futuro más cercano. Mañana por ejemplo. No soy un futurólogo. Ni siquiera soy un futurista y además soy miope. Pero puedo mirar al pasado con ira. Sobre todo el pasado español. En España, desde Franco hasta Felipe González, pasando por el falso duque, se ha dado la mano a una mano de hierro poniéndole guantes de seda y una joya o dos. Para pagar, justo cambio, Castro ha enviado a España inodoros y ha llegado a pagar su deuda ¡con caramelos! Hay otras transacciones más vergonzosas que una taza de inodoro, pero ésas son razones comerciales. Lo que es difícil de explicar son los efusivos abrazos de Felipe González en Barajas cuando Castro, jugador de póquer, obligó al español a una escala forzada. Están además las fotos de su regocijo en Tropicana, flanqueado por una corista casi corita, y por Castro al otro lado, en lo que parecía una versión en colores de la bella y la bestia. Esta foto fue para mí tan repugnante como la que se hizo Franco con Hitler. La única diferencia reside en que en la última el asunto era de tirano a tirano. ¿Por qué a González le tira tanto el ogro de La Habana? La respuesta puede ser el nombre de otro capricho español.

Puedo hablar también del presente miserable. Después de treinta años de racionamiento por tarjeta, ahora Castro planea adoptar el régimen de Pol Pot, la llamada economía de subsistencia, y un lunático sistema militar-agrícola que creará en la población cubana una verdadera hambruna. Aunque, no, claro, para los dirigentes. (Ya en la guerrilla de la Sierra era Castro quien se comía el único trozo de carne.) Además, por si la debacle. Un diplomático sudamericano que se dice enterado asegura que Felipe González ya ha ofrecido asilo a Castro en Galicia. Lo dudo. Castro es un capitán que después de averiar su barco se hunde con él. La isla será su *Titanic*.

Londres, 2 de marzo de 1990

Nuestro prohombre en La Habana

No suelo oponer cartas a artículos publicados ya, porque he vivido la mitad de mi vida adulta en periódicos y sé que las cartas de respuesta siempre se escriben al dorso y llegan demasiado tarde o van a dar al cesto. O son como ecos o secuelas y resultan inútiles o contraproducentes. Pero el artículo del escritor colombiano Gabriel García Márquez, publicado en *El País* el 19 de enero no quiero, *no puedo,* como cubano, echarlo donde se merece y olvidarlo. Ésta no es mi carta, pero es mi respuesta.

Fue Martí, el Marx más a mano en Cuba ahora, quien dijo que contemplar un crimen en silencio es cometerlo. Esta vez, al revés de otras veces, no me voy a callar ante esta última manifestación del delirio totalitario, inducido sabe Freud por qué aberración del ser contemporáneo. Sé que hay lectores (y escritores) americanos (y españoles) que leen al García Márquez semanal para reírse a carcajadas, y consideran sus declaraciones con desdén superior ante los desplantes de un patán o los alardes de un meteco: el nuevo rico que se codea con la alta sociedad. Algunos, con benevolencia, lo toman como formas extremas de la ficción autobiográfica.

Así, estos lectores lúdicos pueden desechar su exaltación compulsiva de la infamia cada miércoles, mientras esperan golosos su relato de otras cenas íntimas con jefes de Estado de ambos mundos (y aun del tercero), que oyen atentos sus consejos sabios susurrados al oído a medianoche, o la crónica anunciada de nuevos viajes en avión por América, tan decisivos para la humanidad o para la historia (o para ambas) como Colón y su trío de carabelas. O el despliegue de sus coros y danzas de Colombia, que remedan con ritmo rastacuero las testas coronadas de Europa. ¿Es esto el colmo del ridículo?

Para los lectores avisados, el artículo de cada semana de García Márquez es como esa nueva novela de Corín Tellado para las ávidas lectoras de *Vanidades:* la segura promesa de un *frisson nouveau.* Pero no para mí. Yo tomo a los dos novelistas muy en serio. Este escrito es la prueba. Aunque habrá algunos que ante esta opinión mía fabriquen excusas como esclusas. Hombre, apenas vale la pena, no es para tanto, nadie le hace caso. Pero sí. Creo, con Goldoni, que con el siervo se puede golpear al amo.

En su artículo titulado «Las veinte horas de Graham Greene en La Habana», García Márquez cuenta con regocijo cómo el general Torrijos entró de contrabando oficial (lo que no es raro, viniendo de Sudamérica) en Estados Unidos a Graham Greene y al mismo Márquez. El contento, también general, aumenta al recordar el autor de *El otoño del patriarca* cómo Torrijos quería incluso disfrazar a Greene (o a los dos) de coronel. Lo que no es raro, viniendo de un general latinoamericano. Sin siquiera ser general, Fidel Castro ha disfrazado a muchos escritores, si no de militares, por lo menos de militantes. Sólo la rigidez (o flema) inglesa de Greene impidió que se completara esta mascarada, más propia de Groucho que de

Karl Marx, que le hizo tanta gracia a García Márquez que todavía le hace. No es raro que Graham Greene se negara a jugar tan indecoroso papel. Greene era el único inglés del grupo, y en el Reino Unido saben que la diferencia entre decoro y decorado no es una condecoración.

Esta parte del artículo de García Márquez es, por supuesto, mera comedia muda, lo que en los cortos del *Gordo* y el *Flaco* se llamaba la hora de la beldad (o todos con la tarta de crema en la jeta) y en España se conocía, creo, con un apropiado nombre ruso: astrakán. Ahora se trata de animar al lector de entrada con una bufonada peligrosa a lo Tancredo. El drama viene después, cuando García Márquez coge al *otro* por los cuernos y se queja de que a él, como a Graham Greene, no lo dejan entrar en Estados Unidos esos villanos vitalicios que son los americanos. Sólo pudo entrar una vez, para su pesar, en esta ocasión, de chanza y de chacota, bajo el camuflaje protector de miembro de la apócrifa comitiva presidencial del general Torrijos. Pero es un chiste *chibcha* para el lector adicto a la *cumbia* colombiana.

No es verdad que García Márquez pudiera entrar a Estados Unidos *sólo* al vestir el disfraz panameño, civil o militar. El escritor de *La hojarasca,* que ahora tiene generales de quien escribir, abandonó Nueva York en abril de 1961 con más prisa que dejó Bogotá la última vez, y, de paso, desertó de las oficinas de la agencia Prensa Latina, que dirigía. Lo hizo al revés que su admirado Hemingway, sin gracia y sin presión, nada más conocer que había ocurrido el desembarco contrarrevolucionario en Bahía de Cochinos, en Cuba, al que dio por triunfador en seguida. ¿Es necesario recordar que La Habana está a miles de kilómetros de Nueva York? Su corazón tendría sus razones, pero los que conocemos su biografía verdadera sabemos que esta noticia (revelación para muchos) es *facta non verba*. García Márquez volvió a Estados Unidos (de hecho, a la misma Nueva York que había dejado detrás como una mala hora) exactamente diez años después, en 1971, a recibir el grado de doctor *honoris causa* de la muy americana (y capitalista) Universidad de Columbia. Para los que aman las analogías, puedo decir que este homenaje es como si la Universidad de Kiev le hubiera conferido igual honor a Jorge Luis Borges. La analogía es política, por supuesto, no literaria. Allí, en el hotel Plaza, de Nueva York (nuestro modesto autor, siempre hospedado, como quieren Fidel Castro y Martí, «con los pobres de la tierra»), lo entrevistó la periodista argentina Rita Guibert para su libro *Siete voces,* para publicar en Estados Unidos. Fue en esa entrevista que García Márquez hizo su declaración más verdadera: «No leo prácticamente nada. Ya no me interesa. Leo reportajes y memorias, la vida de hombres que han tenido poder; memorias y confidencias de secretarios, aunque sean falsas». A la ceremonia pública en la Universidad neoyorquina, el autor de *Crónica de una muerte anunciada* no llegó vistiendo una guerrera color caqui o verdeoliva ni un liqui-liqui blanco, sino de toga y birrete.

Es verdad, a pesar suyo, que muchos escritores extranjeros no pueden entrar legalmente en Estados Unidos, como otros cientos de miles y aun millones de presuntos visitantes extranjeros que no son precisamente escritores colombianos. O mejor, *el* escritor colombiano. Son mahometanos, bailarinas balinesas, espías rusos, pro-

fesores paraguayos, jazzistas jamaiquinos, actores austra-
lianos, espías rusos, ingenieros ingleses, modelos, modelitos, espías rusos, pilotos y publicitarios, y poetas y, por
supuesto, obreros de todos los países, unidos o por separado. (De lo contrario, los braceros mexicanos ilegales no
serían conocidos como *espaldas mojadas.*) Pero entre los
escritores que no pueden entrar en Estados Unidos si no
es con una visa *waiver* hay más de un exilado cubano.
(Una visa *waiver* es un visado especial que necesita, inva-
riablemente y por cada solicitud, el visto bueno directo
del Departamento de Estado, y no por medio de un consulado.) A veces, el visto bueno es mal visto, pero entre
los agraciados con la *waiver* están Carlos Fuentes, que vive hace años en Princeton (Estados Unidos), Carlos Franqui, que está ahora de visita en Nueva York, y, ¿por qué
no decirlo?, yo mismo. He dado dos cursos de seis meses
en universidades americanas, dictando numerosas charlas dondequiera en Estados Unidos y visitado el país varias
veces desde 1970, pero siempre, como si fuera un agente
enemigo (cosa que es obvio que no soy), con una visa *waiver,* sin necesidad de disfrazarme de nada. Al mismo tiempo, hay muchos escritores que actúan como verdaderos
agentes antiamericanos y que vienen de América del Sur y
hasta de España. Y viven en Estados Unidos y se ganan
muy bien la vida allí, sin ser jamás molestados lo más mínimo. ¿Contradicciones del capitalismo? Es posible. Pero
no me quejo ni califico de justa justicia o cruel injusticia
esta acción americana.

Cada país, como cada casa, recibe a sus visitantes
como quiere: en la puerta o en la sala, o los acoge como
huéspedes eternos, invitados o no. La policía de Franco,

por ejemplo, no me dejó vivir en Madrid, mientras que García Márquez vivió años en Barcelona, casi hasta que murió el Caudillo, estudiando, según declaró luego, la agonía de un patriarca: sí, señor, cómo no, Franco mismo.

Pero la Rusia soviética va más lejos que nadie, y no sólo no deja entrar a los visitantes extranjeros que no desea, sino que deporta a la fuerza a los nacionales que molesten mucho. Lo mismo hacen Polonia, Bulgaria, Checoslovaquia, etcétera. Tampoco me parece bien ni mal. Es más, ni me preocupa y ni siquiera me interesa. No quiero que esos países, donde la democracia necesita siempre un modificador (popular, proletaria) me acojan ni me cojan. Es más, no me cogería nadie ni muerto del otro lado de la frontera yugoslava, comparativamente hablando, pero siempre detrás de la cortina de hierro. La visión de una góndola que se extravíe, salga del Gran Canal y de la laguna al golfo y se pierda en el Adriático, y vaya yo, pasajero en ella, a parar a un país satélite (de quien se sabe), es una posible pesadilla que me quita las ganas de ver Venecia mientras haya luz. Todo país totalitario me repele: no por su paisaje ni por su pueblo, sino por su política. Pero nunca se me ha ocurrido jurar en vano (y en ridículo risible) que mientras esté el general Jaruzelski en el poder no volveré a escribir. Ésa es una decisión para polacos.

Lo que sí me parece lamentable y me concierne, es que cientos de miles de cubanos no puedan *regresar* a su país, como hará el exilado autor de *Cien años de soledad,* ni el próximo mes ni nunca mientras viva Castro. Saben que no serán recibidos en exclusivas limusinas negras ni acogidos en palacetes reservados «para jefes de Estado de países amigos». Serán, si son escritores extraviados, pateados dentro de una de las muchas cárceles castristas, atiborradas no con escritores comunistas ni de invitantes compañeros de viaje, que beben «buen vino tinto español», pero, internacionalistas que son, capaces todavía de «consumir seis botellas de whisky» (¡en medio día!), sino de seres humanos, escritores o no, que apenas tienen qué comer ni qué vestir. Serán de esos mismos vecinos habaneros que usan una *sola* aguja de coser entre muchos, como reveló García Márquez hace un tiempo en este espacio con un candor que se confunde con el cinismo. Allí llamó a este patético préstamo «cultura de la pobreza». El concepto es del sociólogo izquierdista americano Óscar Lewis, que hizo encuestas en Cuba como en México. Luego, Lewis fue «invitado a abandonar el país» por el Ministerio del Interior y acusado públicamente por Raúl Castro de agente del imperialismo. García Márquez se lo apropia ahora para mostrar, escamoteando como un mago de salón, lo que ha logrado fomentar Castro en Cuba: la pobreza creadora. ¿Filosofía de la miseria o miseria del marxismo?

Los escritores en exilio verdadero, no en fugas tan calculadas como las de Bach, ni tan sonoras, se llaman Heberto Padilla, Reinaldo Arenas, Carlos Franqui, Juan Arcocha, Carlos Alberto Montaner, Antonio Benítez Rojo, Lydia Cabrera, Labrador Ruiz, Carlos Ripoll, José Triana, César Leante, Eduardo Manet, Severo Sarduy... —pero, ¿para qué seguir haciendo listas? Ya se sabe que Cuba sola ha producido más exilados en el último cuarto de siglo que todos los demás países americanos juntos—, y, siendo escritores, sin la posibilidad de regresar jamás a su país, como lo hará García Márquez cuando quiera. ¿Es marzo un mes propicio al viaje?

Algunos lectores españoles, capaces tal vez de recordar una dictadura totalitaria y poetas fusilados o muertos en la cárcel y escritores presos y censura total y toda una valiosa generación condenada al exilio y aniquilada por el tiempo y el olvido, leerían el artículo de García Márquez con repugnancia genuina ante el arribismo político más grosero y su sicofancia ante los poderosos, todo lleno, sin embargo, de un irresistible color local, tan atrayente y exótico como el colorido del *peje piloto,* ese pez del Caribe que nada grácil entre tiburones, a los que sirve de guía y de señuelo engañoso. Este despliegue del escritor entre filisteos y fideleos embaraza a sus amigos y regocija a sus rivales, que envidian sus premios y su público. Pero si no se tratara de Cuba, yo lo vería como un fenómeno demasiado frecuente que se cree único. Lo leería entonces con la recurrente diversión con que veo cómo se repite en las historias del circo el eterno triángulo del payaso que siempre se enamora de la caballista, cuando la caballista está loca por el hombre fuerte, a veces barbudo.

Mientras tanto, desde las gradas, el público, ignorante del drama de amor en la trastienda, aplaude a los perros amaestrados y a los monos sabios haciendo cabriolas en la pista o el falso salto mortal del trapecista *con* red.

Para los curiosos de la vida entre prohombres en Cuba, ese circo sin pan, reservo unas preguntas finales —o iniciales—. Es un mensaje a García Márquez, si las quiere responder desde su humilde mansión de México. Aquí van: ¿por qué se interesó tanto Fidel Castro, ya tarde en la noche y después de un día agotador para este otro patriarca que trata de alejar su otoño con gimnasia —¿sueca, tal vez?— al oír esta sabida, sobada historieta de Graham Greene que cuenta cómo jugaba a la ruleta rusa a los diecinueve años, edad en que la mayoría de los adolescentes ingleses, de alta o baja estofa, suelen jugar juegos más vitales? ¿Conmovió al Máximo Líder tal vez el suicidio que nunca ocurrió, con tantos muertos que deben su suicidio verdadero a Castro? ¿O fue el discreto encanto y el pudor del acto fallido? ¿O se debió a que la ruleta a que jugaba el autor de *Pistola en venta* era casualmente *rusa*?

Mayo de 1983

El escritor y la aspereza

En un artículo publicado en *Uno Más Uno* (18 de mayo) titulado «El escritor y la pureza» (¿por qué no el escritor y la pereza?) alguien llamado Hermann Bellinghausen, de quien nunca había oído hablar antes, me alude. (¿Nos conocemos de alguna parte?) Pero su pieza de resistencia a la Resistencia queda más lejos de alusión que de alud.

Esta pieza de insistencia está dirigida contra *Vuelta,* una vez más, revista que por ser enemiga de todo totalitarismo se abre siempre al ataque político como un *sitting duck* de papel. Es el proverbial pato de caza inglés que recibe por incauto todas las descargas de perdigones y de perros. No voy a salir en México defendiendo a *Vuelta* sentado desde Londres, pero sí me gustaría señalar que si *Vuelta* diera media vuelta y defendiera, por ejemplo, a la guerrilla de El Salvador como si fueran huestes del Redentor o se felicitara Octavio Paz porque en Nicaragua está en el poder un piadoso poeta sacerdote (que no es ninguna de las tres cosas sino simplemente otro cardenal que quiere ser Papa: César Borgia también rezaba a Dios), a *Vuelta* le perdonarían la vida a medias y de paso a Ernst Jünger, el objetivo directo de esta andanada.

Jünger y su pasado nazi tan esgrimido en su contra siempre, pasado común alemán que no se reprocha ya más a Günter Grass, por ejemplo, desde que hace genuflexiones de izquierda tan abyectas como venir a Nueva York, dar una charla para llamar a su vez nazis al público (curiosamente atestado de judíos de Manhattan) y declarar ejemplo de escritor humanista pero comprometido a ¡García Márquez! Por cierto, la diferencia entre Jünger y García Márquez no está en que Jünger fue cómplice del Führer y García Márquez es compinche de un Führer actual (ésa es su semejanza) sino en que Jünger sí es buen escritor. Éstas son, por supuesto, consideraciones literarias.

Los ataques a Jünger, que no vienen sólo de alemanes en México, recuerdan cómo se exhibía en carne viva el pasado nazi de Martin Heidegger con mordidas marxistas. Pero en cuanto el filósofo existencial —el mismo hombre con el mismo pasado— declaró que sería deseable un acercamiento del ser a Marx, los feroces ladridos de los perros de falda de Stalin se convirtieron, como en un cartón de Walt Disney, en un corro de marimbas que cantan con voz de soprano —o de *helden-tenor* en las dos Alemanias.

Vuelta, sitting duck o ánade en vuelo, sufre a los perdigueros por ser siempre democrática. A mí me atacan por no haberlo sido antes y serlo ahora. Mi pasado me condena: fui un nazi del Caribe y viví para contarlo. Pero si yo hubiera seguido siendo quien era hace veinte años, diplomático del castrismo, estaría mi cuerpo (y mi *corpus*) en perpetuo olor de santidad política, ungido por Marx y por el comunismo, ese fascismo del pobre. Pero mi conciencia olería, claro, a lo que olía toda Dinamarca a Hamlet vengador. Herr Bellinghausen (y lo llamo *Herr* con la vaga esperanza de que no sea danés) llama a mi artículo de *Vuelta,* «Nuestro prohombre en La Habana», una «rabieta» y ya de entrada el lector de *Uno Más Uno* que no me haya leído pero que sufriera la ordalía de leer a Bellinghausen se llevará la impresión (al menos eso calcula mi detractor) de que he compuesto una pócima tan amarga como para llamarme *Bilis the Kid* por mi puntería. Luego Herr Hermann me declara «enemigo jurado de Fidel Castro» como si fuera una culpa católica: el azote de Dios. Pero apruebo el título: yo también me declaro, me he declarado desde hace casi veinte años (el mismo tiempo casi que Castro se declaró *marsitaleninita*) enemigo jurado de Castro. Me sé y me confieso tan culpable de odio contra Castro como un judío contra Hitler: irreductible, sin sosiego, final. Pero mi artículo, si pecaba de algún exceso celoso, era de una plétora de juegos de palabras, de chacota, de chistes (chabacanos o sutiles, es igual: chiste y chispa a toda costa) y de una cierta frivolidad de tono que asumo. Nada me parece mejor para el ataque a un malevo que cortarle la cara con la punta de la espada para marcarlo al estilo de un cadete teutón o con la pluma maorí sumergida en tinta indeleble para tatuarle el alma.

Hermann Bellinghausen quiere que yo sea, además de escarnio de Castro, «uno de los más hábiles estilistas que escriben actualmente en nuestra lengua» —sin decir qué lengua.

Le agradecería de veras la deferencia si no fuera porque, parodiando a Polonio, «hábil estilista» es un vil oximoron. Hábil, en Cuba al menos, da origen al adjetivo habilidoso, queriendo decir mañoso o matrero. Ser estilista, en el sentido de *belle escriture,* nunca me ha interesado siquiera parecerlo. Es más, he despreciado ese destino literario, como trato de demostrar en este libro mío que se titula *Exorcismos de estilo* —o *de estío.* O mejor, de *hastío.*

Lo que sí me parece digno de mención es que nuestro atacante diga siempre «el Nobel García Márquez», como si Nobel quisiera decir en español noble o haga aquí las veces de un adjetivo homérico. «García Márquez, el de los pies alados», que no es una mala descripción para este experto en lo que ya Bach llamaba fuga a cuatro voces. (Como muestra del canon recuerde el lector ese inolvidable capítulo de la vida del Gran Gabo titulado *«Escape from New York».* Nunca desde Houdini un hombre ha escapado de tantos sitios al mismo tiempo: La Habana, Nueva York, Bogotá.) O llamarlo el astuto Ulises criollo, que regresa más o menos ileso a Arakitaca después de eludir, más o menos, los puños de Kid Vargas durante lo que se conoce como la Noche de los Faroles de la Ciudad de México. Abundando en omisiones ominosas, nuestro detector de verdades (*né* Hermann) insiste en llamarme Cabrera nada más, pero compruebo que no llama al Nobel sólo García. Evidentemente algunos apellidos dobles son menos dobles que otros. ¡Ah, los comunistas de todas partes unidos! Siempre igualitarios, siempre iguales.

Octubre de 1983

P.S.: Perdone Herr Hermann que le conteste en octubre, pero mayo no es el mes más cruel. Hay otros.

Retrato del artista comisario

Nadie recuerda ya la guillotina. Ni siquiera al leer a Dickens, cuya *Historia de dos ciudades* es el relato de una venganza esperada y de una abnegación inesperada. La guillotina es la hoja que corta en dos la novela. La *Encyclopaedia Britannica* ofrece una descripción de la guillotina más cercana a la historia francesa que la de Dickens. Era «un instrumento para infligir la pena capital por la decapitación, introducida en Francia durante la Revolución. Consistía en dos postes verticales y una viga cruzada y tenía estrías a los lados para guiar la cuchilla de corte al sesgo, cuya parte cimera llevaba un peso que hacía caer la cuchilla con velocidad y fuerza en el momento que se soltaba la cuerda que la sostenía. El propósito de la guillotina fue la invitación a una ejecución por la decapitación que no quedara confinada sólo a los nobles».

Pero la guillotina sirvió en un principio más para decapitar a los ciudadanos de la República que a los nobles, cuyo número fue siempre limitado. Los nombres son eminentes: además del rey y la reina, fueron Danton, Desmoulins, Robespierre y Saint-Just. Los primeros murieron protestando contra el Terror, los últimos lo exaltaron hasta el final, pero sus cabezas se trocaron en el cesto.

No todos los ciudadanos eminentes fueron decapitados por la máquina. Había entonces, como ahora, oportunistas que instigaron el Terror y no lo sufrieron nunca. Uno de ellos fue el pintor Louis David. Su biografía es un ejemplo de comisario temprano y demagogo en tres regímenes. No hay en la pintura otro caso igual. Ahora la BBC lo ha convertido en paradigma indigno.

El programa en la serie *Artistas y modelos* se titula «El espectáculo pasa» y fue escrito y dirigido por Leslie Megahey, a quien algunos recordarán por un retrato ejemplar de Orson Welles. Megahey ha logrado una biografía fílmica que es el retrato del artista como comisario. Ambas cosas lo fue con demasía Jacques-Louis David, uno de los artistas más grandes que ha dado Francia y un perfecto (o imperfecto) miserable. Cuando uno ha visto el retrato de Madame Recamier y *Marat muerto* sabe el valor que tiene la frase final de Nerón («*Qualis artifex pereo*» o qué artista muere conmigo), cuando uno ve esta biografía breve conoce que el gran artista era, como Nerón, un asesino al que los tiempos hicieron posible.

David fue pintor de la corte de Luis XVI, el decapitado, y maestro de la Francia frívola: María Antonieta lo exaltaba. Había heredado de Boucher la clientela pero no el talento erótico. Boucher es la cumbre del rococó venéreo, David sería el pintor neoclásico por excelencia, amante de las togas que apenas cubren a los héroes desnudos y encontraría en la Revolución muchos de sus temas. Dada la rapidez con que pintaba sería el primer periodista gráfico de Francia —y de la historia. Después de su *Marat muerto,* comenzado a pintar a pocas horas del asesinato y tras fracasar su exhibición pública del cadáver del revolucionario ultimado por Carlota Corday, David se convertiría en algo más contemporáneo y más sórdido. Sería un agente secreto de Robespierre.

Pintor por el día, de noche David firmaría decretos de muerte, condenando a la guillotina a muchos de sus clientes aristócratas. David negó siempre después su actividad nocturna, pero documentos recién descubiertos lo muestran a menudo ocupado en su tarea torcida. Se sabe, además, que estuvo entre los que negaron la vida al rey en la Asamblea y algunos de sus retratados famosos, como el eminente químico Laurent de Lavoisier, fueron famosos decapitados luego. David, el retratista de la corte y la aristocracia (sólo los nobles podían hacerse retratos entonces), se hizo miembro de la Convención Nacional y maestro de las artes jacobinas. El periodista de la Revolución había pasado a ser un comisario.

Su famoso esbozo *El juramento de la cancha de tenis,* que era un reportaje de un acontecimiento de veras revolucionario, dio pie a sus retratos de los mártires de la Revolución. Preso poco después, pintaría en la cárcel su célebre autorretrato en el que el pincel lo desnudaba al vestirlo.

David tenía (y es todavía visible en su retrato) un flemón endurecido, un quiste que abultaba su mejilla izquierda y le torcía la cara de manera grotesca. Menos visible (al menos en el cuadro) era su tartamudez que podía pasar del tartajeo a la mudez en segundos y su nombre se convertía en Dada. David compartía con otros líderes revolucionarios una deformación física visible. Marat padecía una forma cruel de la psoriasis, que le formaba bubones en el cuerpo que se reventaban bajo sus ropas. El escozor extremo lo obligaba a pasar horas en una bañera de agua tibia. Desde allí despachaba. Fue allí donde lo sorprendió el cuchillo cálido (sacado de entre sus senos) de Mlle. Corday. Marat muerto pasó, gracias a David, a ser el primer icono revolucionario y es de cierta manera un esbozo de Lenin en su mausoleo.

Cuando se ve el cuadro en Bruselas (fui su espectador obligado durante tres años) aparece una personalización absoluta. Encima de una caja de documentos junto al muerto se puede leer: «A Marat, David», que es casi un mensaje de parte del pintor. Robespierre, otro deforme, era un enano y tenía una vocecita que apenas llegaba a la Asamblea. El mote de Robespierre *el Incorruptible* era en realidad *el Inaudible*. «*A bas le Maximum!*» gritaba el pueblo de París cuando iba a morir a la plaza de la Concordia, de discordia entonces. Danton fue el único líder revolucionario francés con integridad física, aunque no moral. A pesar de haber pronunciado una de las pocas frases felices de la hora: «*De l'audace, encore de l'audace, toujours de l'audace!*», fue acusado de malversación, pretexto político para decapitarlo. Ante la guillotina, Danton le pidió al verdugo: «Muéstrale al pueblo mi cabeza y sabrán que valió la pena». Pero el pueblo de París pidió más. El tenebroso cortejo de las *tricoteuses,* tejiendo y destejiendo al pie de la guillotina, casi consiguió la cabeza de David desencajada por un Goliat que crecía cada día. Durante el Terror (de setiembre de 1793 a julio de 1794) hubo en Francia veinte mil decapitados por la *Louisette.*

Cuando aún no se sabía que el único destino posible para Robespierre era la guillotina, David gritó al *Incorruptible* en plena Asamblea: «Tomaremos tú y yo la cicuta». La metáfora era mala y peligrosa. David aludía al suicidio forzado de Sócrates que había sido tema de una de sus obras maestras. Conocedor como pocos en Francia del mundo antiguo, David trató de comparar al sanguinario Robespierre con el sabio Sócrates, sin duda un paralelo miserable.

Al día siguiente, guillotinado su protector, la policía de Seguridad vino a buscar a David para obligarlo a presentarse a la Asamblea y dar cuenta de su exabrupto con cicutas de ayer. David estaba aparentemente perdido. Aunque en la Asamblea su tartamudez tanto como su miedo (y por supuesto su condenación pública de Robespierre difunto) le salvaron la vida. Pero David tuvo que guardar prisión por seis meses en una temprana muestra del arresto domiciliario invertido. Esta vez su celda se convirtió en su casa y hasta se le permitió pintar su autorretrato.

Cuando el Terror se hizo desenfreno sangriento (los jacobinos decapitan a los girondinos, los girondinos guillotinan a los jacobinos) y apareció Napoleón sobre un caballo blanco, el héroe (o el villano: la historia, como Jano, tiene siempre dos caras) de Termidor venido para poner fin al caos, David, devuelto a su estudio, de nuevo neoclásico, organizador de fiestas, creador de la moda (la voga imperio fue introducida por este hombre de tantos talentos) y como antes había sido amigo de Madame Pompadour ahora es confidente de la mulata Josefina. El republicano cruel es el pintor real de la corte imperial y favorito tanto de Bonaparte cónsul como del joven Emperador: Napoleón admiraba y se admiraba en las versiones de su vida según David. En una de ellas, el cónsul cruza los Alpes en fogoso corcel —lo que en realidad fue una corta travesía en mulo. Pero David nunca estuvo más lisonjero, en el lienzo y en la vida y aunque echara de menos los días de ira del Terror, se convertía en gran maestro de los jóvenes realistas y románticos y al mismo tiempo en el espejo de paciencia de los peores académicos de Francia. Sus días de perenne oportunista dieron con sus huesos viejos en Bruselas, exilado en lo que se conocía entonces como la guillotina seca: el destierro. La pena, después de Waterloo, por sus veleidades napoleónicas. Ahí mismo estaría en otros días su *Marat muerto,* el retrato póstumo de aquel corrompido en vida que dijo: «Cinco o seis cabezas bien cortadas le asegurarían al pueblo reposo, libertad y felicidad». Palabras que David aprobó en su tiempo. Aunque tal vez su sentido clásico y sus preocupaciones con la moda y el vestuario habrían hecho pensar al pintor que la frase «Cinco o seis cabezas bien cortadas» tenía que ver más con el barbero que con la barbarie.

Delacroix, siempre generoso, llamó a Jacques-Louis David «el primero de los pintores modernos», y estaba en lo cierto en más de un sentido. David es el primer artista comisario. Luego habría comisarios artistas y comisarios a secas. David fue un gran pintor llevado por un resentimiento extremo que encontró en la Revolución y luego en Napoleón una causa (y un efecto) que no tenía nada que ver con la pintura, sino con las versiones y perversiones de la historia encarnadas en héroes tan dudosos como Luis XVI, Robespierre y Napoleón.

Irónicamente, David tendría su perfecto equivalente actual no en un artista como Picasso, también neoclásico, sino en el doctor Goebbels, aquel a quien Hitler advirtió: «Hay que impedir por todos los medios que Bruno Walter dirija a Beethoven», para decirse: «En estas cosas el Führer nunca se equivoca». El *Tagebuch* de Goebbels podría ser el *aide-mémoire* de David. Termina Goebbels con una obsesión gráfica que es también del siglo: el cine. «Trabajo durante la noche en el documental», escribe Goebbels. «Contiene atroces vistas de los horrores bolcheviques en Lvov. ¡Un espanto! El Führer me llama para decirme que es el mejor documental que hemos hecho. Estoy muy contento.» David habría dicho otro tanto a un elogio de Robespierre.

Londres, enero de 1988

Walker Evans: testigo de vista

Tal vez el más duradero de los fotógrafos americanos de los años treinta, Walker Evans (1903-1975) fue de hecho el primer fotógrafo que tuvo, posteridad instantánea, una exposición personal en el Museo de Arte Moderno de Nueva York en 1934. En 1941 apareció su libro más célebre, *Alabemos ahora a los famosos.* Junto con el crítico de cine James Agee, que escribió los retratos literarios de «los famosos» (el título y la frase vienen de los testamentos apócrifos), que irónicamente eran los aparceros más pobres de Estados Unidos, los ignorados de la tierra. La belleza que perdura del libro está dada por los campesinos miserables que Evans retrató: las caras inocentes, sin malicia de los llamados «basura blanca». El libro en realidad estaba regido por la estética de la miseria que celebraría el desafortunado sociólogo Óscar Lewis. Más tarde Evans tuvo la buena fortuna de trabajar para *Fortune,* el magazine de los millonarios y estar en *Vogue* con su estética a la moda.

Ha habido otros libros de Evans *(Walker Evans First and Last)* en que aparecen muchas fotografías de la obsesión particular del fotógrafo con La Habana. En sólo tres semanas en otro lugar Evans vio y fotografió el esplendor y la miseria de la ciudad.

«No fue más que un trabajo», declararía Evans. «Deben recordar que ésta era una época en que cualquiera hacía cualquier cosa por conseguir trabajo.» (Evans se refería a la Depresión.) Continúa: «El trabajo venía de una editorial que iba a publicar un libro sobre Cuba». El libro en cuestión era un panfleto escrito por un periodista estalinista llamado Beals. El libro y su autor hace rato que están olvidados, pero las fotos de Evans, intemporales, han sobrevivido.

Hubo muchos visitantes a La Habana en los primeros años treinta. Uno fue García Lorca que venía de la oscura, deprimente Nueva York a Cuba y al sol. Cuando escribió a sus padres en Granada fue para decirles: «Si les dicen que me perdí, que me busquen en La Habana». Otro visitante fue Ernest Hemingway, que vino a quedarse. Una vez en 1956 durante un día de pesca me dijo que todo lo que quería en la vida era quedarse en Cuba para siempre. La historia interfirió en sus deseos. El tercer hombre en La Habana fue Walker Evans, el fotógrafo que vino con una misión: encontrar *El crimen de Cuba* (título del libro) para ilustrarlo. Ahora las ilustraciones quieren también encontrar el crimen.

Evans decía (todos los fotógrafos, cuando hablan, son mentirosos) que había llegado a Cuba «en medio de una revolución». Pero no hay revolución ni una revuelta menor en sus fotos de La Habana. Ni siquiera se sabe con certeza si estuvo en Cuba en 1932, como dice Evans, o en 1933 como dicen sus biógrafos. También dijo Evans que «Batista había tomado ya el poder». Habla ese primo hermano de la nostalgia, el espejo retrovisor. Batista era un sargento doblemente oscuro cuando Evans tomó sus fotos y salió corriendo. Evans hablaba de La Habana en una entrevista hecha en 1971, cuarenta años después de ir a Cuba.

No hay ninguna revolución visible en las fotos que Evans dijo tomar por asalto. A veces la ciudad se ve tan espléndida como la recordó otro visitante americano por esa época, Joseph Hergesheimer: «La Habana era artificial, exótica, construida entre visiones del barroco». En otras fotos, Evans retrata gente pobre, miserables y mendigos y grupos urbanos y mujeres solitarias bañadas en la melancolía de los trópicos. La ciudad que nunca duerme, según Hergesheimer, está llena, según Evans, de desheredados que duermen al sol en cualquier banco de cualquier parque. Los guajiros, campesinos desterrados, aparecen perdidos en las calles de La Habana. Evans encontró lo que buscaba: *El crimen de Cuba.* Pero de alguna manera estos desheredados parecen menos pobres que los aparceros blancos que Evans retrató en Alabama años después, aunque es obvio que tanto Cuba como Estados Unidos son presa de la misma depresión. Pero los negros de La Habana se ven mucho mejor (véase más adelante) que la basura blanca de Alabama y no se ven nunca los negros desahuciados del sur de entonces.

Evans regresó a Nueva York con todas las mujeres a las que hizo un guiño con su cámara, detenidas en el tiempo pero todavía conmovedoras: la belleza que la nada no amortaja. También anota la sólida y graciosa arquitectura colonial de la ciudad, visiones del barroco cubano y las fachadas de los cines, que siempre atrajeron a Evans, son su versión de la Arcadia todas las noches.

Por esta época vivía Hemingway en el hotel Ambos Mundos en La Habana Vieja. Allí conoció, bebió y se

emborrachó con Evans y su revolución. Fuero⌐
que sacudieron a Bacardí —o por lo menos a sus ⌐otellas
de ron. Como de costumbre Hemingway pagó los tragos
—y los estragos. Por entonces Hemingway comenzaba así
su novela *Tener y no tener:* «Ya ustedes saben cómo es La
Habana temprano en la mañana, con los mendigos todavía dormidos recostados a los muros». A menudo Evans
parece un ilustrador de Hemingway más que de Beals.

La Habana 1933 lleva (o mejor arrastra) una muy
larga introducción francesa tan inexacta que parece escrita
por un erudito en rumores. Habla, por ejemplo, de las fotos
de Evans como si ilustraran *El acoso,* la novela de Alejo Carpentier y casi las hace contemporáneas a ambas. De hecho
la novela de Carpentier, publicada en 1956, está situada
en la época constitucional de Batista en los años cuarenta,
no bajo la dictadura de Machado. Inclusive se habla de un
cartel de la Filarmónica de La Habana, fotografiado por
Evans, como una feliz coincidencia visual con Carpentier
porque se puede leer en el cartel el título de la *Novena* sinfonía de Beethoven. Con sólo abrir *El acoso* se ve que la
trama de alusiones musicales se refiere a la sinfonía *Eroica*.
En todas partes el prólogo hace con las fotos lo que *Le
Monde* con las noticias: el comentario es todo, menos imparcial. Lo que explicaría la ausencia de las fotos más felices que son las naturalezas muertas de Evans, con las frutas
tropicales hechas copia y cornucopia. Además de que el
graffito que dice «Abajo la Guerra Imperialista — PC» con
que termina el libro es anacrónico. El eslogan de «guerra
imperialista» es una invención de Stalin del año 1939. De
ser genuino los comunistas cubanos tendrían una visión
adelantada de la historia: estaban ya escribiendo el futuro.

En todos esos libros en los que Walker Evans regresa y nos hace regresar a La Habana en el sueño (y en las pesadillas) de sus retratos, hay siempre una presencia perturbadora, como un fantasma constante. Es la imagen de un negro vestido implacablemente de punta en blanco. Está parado en una esquina céntrica viendo pasar a medio mundo. Evans lo llama «el ciudadano de La Habana». Lleva un impoluto traje de dril blanco y una camisa de cuello inmaculada con corbata negra con manchas blancas y un pañuelo al bolsillo y un sombrero de pajilla que estaba entonces muy de moda. Este hombre de blanco puede ser un esbirro, de los que tenía Machado y heredó Batista. Se ve peligroso tal vez porque está tan bien vestido. Como sea, el hombre está ahí detenido en el tiempo y sólo sus ojos parecen moverse. Pero por supuesto sus ojos tampoco se pueden mover. Ahora está congelado por la fotografía y ese momento se ha hecho eterno. El *dandy dangeroso,* como diría Walker Evans, mantendrá sus ojos desvelados mientras mira al testigo invisible que lo ha hecho inmortal con un guiño, negro sobre blanco, como la fotografía.

Noviembre de 1989

Días callados en cliché

No sólo periodistas sino escritores célebres o celebrados gustan de pasar sus vacaciones (es decir, todos los días) en un balneario que yo me sé. ¡Cliché! Estoy acostumbrado a molestar estas siestas pero me doy cuenta de que quien duerme una siesta, dormirá ciento —para soñar con clichés al sol.

Ya en el invierno de mi descontento de 1980 di una charla en Montclair College, New Jersey, USA, para repudiar un cliché demasiado frecuente. Es ese que proclama «América Latina» y ya comienza a heder como si dijera América *Letrina*. En esa ocasión tuve que llamarla América Latosa y acepté el adjetivo hispánico sin pánico.

La etiqueta de América Latina se propuso a los clientes primero en el siglo pasado y no en Estados Unidos como se piensa —si es que se piensa. Es curioso que este continente de tan diferentes países lleve un nombre como si fuera un solo país. ¿Qué tiene que ver Cuba con México? Uno es un país de negros y pocos blancos y el otro es un país casi todo de indios. En Cuba un mexicano era más extranjero que un español y un panameño era un sombrero. ¿Qué tiene Argentina en común con Brasil? Sólo un salto. Pero Paraguay no es la parodia de Uruguay. Sobresalto. ¿Es Chile parecido al Perú? Para nada. Estas naciones tienen fronteras comunes pero conocí a un policía de frontera venezolano capaz de separar lo que él creía la ganga colombiana del oro de otros pasajeros que también venían de Bogotá. Cuando le pregunté cómo realizaba esta operación sin auxilio del pasaporte, me dio una respuesta digna de un perro policía que husmea explosivos: «Yo a los colombianos», me explicó, «me los huelo». Esto ocurrió en 1980, mucho antes de que los colombianos olieran y dejaran oler la coca.

Hay también en Sudamérica un enorme país del tamaño casi del continente. Es Brasil, que no tiene nada que ver con sus vecinos contiguos. Aquí la teoría de la lengua como cordón umbilical aborta: no hay un brasileño del pueblo que entienda español. De São Paulo a Bahía (lo sé porque he estado allí hace poco) la lengua franca es el inglés. El latín es una lengua muerta, pero en Brasil el español es una lengua inútil, cuando no da lugar a relaciones peligrosas. La cachaza es un aguardiente de caña, como en Cuba, pero nunca como en Cuba la mejor cachasa se llama *Pinga*. Sucede que con las mismas letras y la misma pronunciación pinga es en Cuba el nombre popular del pene.

Volviendo del lema al tema, fueron los franceses quienes soñaron un destino retrógrado para América del Sur y concibieron que debía llamarse latina. No importa que nadie hablara latín al sur del Río Grande. Tampoco lo hablaban al norte del Río Grande. (Curiosamente el Quartier Latin de París se llamó antes Pays Latin.) ¿Por qué el membrete corrido y socorrido? No había un solo territorio sudamericano que se llamara el Lacio y París, no Roma, es adonde los escritores sudamericanos van a morir. Nadie se preocupaba allí en conjugar el verbo amar más que con sus amantes y los dictadores por venir no tenían que cruzar el Rubicón: vivían cerca de palacio. Además, para mayor confusión, la única república americana en que se hablaba francés no quedaba en América del Sur sino en el Caribe. Pero Haití era más africana que francesa. Entonces, ¿por qué el *soubriquet*? Nadie lo sabe. O por lo menos nadie lo sabía entonces.

Era el tercer orador. Los otros dos oradores, uruguayos ambos, ambos críticos, difuntos ahora ambos, eran Ángel Rama y Emir Rodríguez Monegal. Eran Settembrini y Naphta pero en español. Se odiaban a muerte en vida y supongo que seguirán odiándose más allá de la muerte. A no ser que uno haya ido a dar al infierno y el otro esté en el cielo de los creyentes. Ahora al bajar del podio y salir del hall dejé a Emir improvisando su charla en inglés. Se sabía su tema (el Boom y quién lo hizo) como nadie, porque él lo había visto formarse en París y fue él quien le dio nombre. Pero Emir no dominaba el inglés como dominaba el tema. Podía haber hablado en español, pero no lo hizo porque Rama no hablaba una palabra de inglés y Emir quería que Rama no entendiera lo que iba a decir. El resultado fue que Emir se preocupó demasiado por improvisar en inglés y su improvisación fue un meandro de frases hechas que van a dar a la mar de los clichés. Rama, por su parte, pendía y dependía de un árbol que no era de la sabiduría sino del lugar común. Fue un mano a mano de una sola mano. Tal como si Belmonte hablara de toreros y se olvidara de mencionar al toro. Como sólo Dios lo sabe, no hay peor odio que el del ángel caído y aquí había dos ángeles en picada.

Cuando salí al patio, después de hablar de mi tema favorito esa semana (que era negar a América Latina), Rama me esperaba sentado en un duro banco al frío de marzo en el norte (más más tarde) para decirme: «Debiste decir que Estados Unidos se hicieron Estados Unidos de América en 1882». Yo había hablado de ese momento audaz en que el Congreso americano decidió que sólo Estados Unidos merecían ser América y pidió prestada la etiqueta francesa para nombrar a continente y medio: lo que José Martí llamó no sin acierto «Nuestra América». Pero *toda* América ya había sido la apropiación de un continente por un italiano anónimo que se hizo así epónimo. Se habla del rapto de Europa pero nunca se habla del robo de América. No creí, nunca creí, que el imperio estuviera a la defensiva entonces porque el imperio siempre ataca.

Rama, que era huésped de los americanos y, como muchos escritores hispanos que viven en Estados Unidos, conocía como nadie el arte de morder la mano que te alimenta, me dijo: «Debes decir que Estados Unidos se ha robado a América». Lo que no era verdad: Americo Vespucci fue quien se robó a América. Pero era un cliché poderoso. Rama, como crítico, era el cliché que no cesa. Por supuesto que no dije nada de lo que me dijo, sino que me dediqué desde entonces a demostrar, o por lo menos a mostrar, que América Latina no existe, que su L es de limbo. Lo demás desatina.

Curiosamente Rama está en el otro limbo ahora, ese que queda al sur del infierno en invierno. Murió víctima de un cliché. Volaba de París a Bogotá en una misión cultural, cuando el avión que lo transportaba iba a hacer una parada técnica en Madrid. Pero el piloto cometió tres errores fatales. El primero fue bajar a destiempo. El segundo fue no oír (o tal vez oír mal) la advertencia del piloto automático que decía en inglés robótico: «*Danger! Danger! Lift up! Lift up now!*». El tercer y decisivo cliché ocurrió cuando el piloto colombiano le respondió al piloto automático: «¡*Cállate* gringo!». Ése fue su epitafio: el avión se estrelló segundos más tarde. Rama, que no sabía inglés, como quería Monegal no se enteró de nada.

Ésta es una muestra de que hablar diferentes idiomas, confunde, pero hablar siempre el mismo idioma, mata.

Hablar de norte y sur no es siquiera un cliché geográfico: es un imperativo paregórico, elixir que cura el mal de estómago que crea. Una vez un aprendiz de brujo dijo: «La historia me absolverá» y un aprendiz de imprenta replicó: «La historia te absolverá pero la geografía te condena». Algo similar, pero al revés, ocurre con el dúo norte y sur. José Martí fue uno de los primeros en explorar el lado norte, mucho antes que el almirante Byrd, con esta frase: «He vivido en el monstruo y conozco sus entrañas». Hay quienes pensaban que Martí, un poeta, hablaba en metáfora. Pero en el mismo párrafo Martí especifica: es «el norte revuelto y brutal que nos desprecia». Ésta es la primera referencia geográfica al norte que quiere ser histórica. En América, el norte, antes de Martí, era un punto astronómico, una referencia de orientación en la brújula y a veces un lugar geográfico en que hay noches blancas y amanecen auroras boreales. En literatura lo habitan Dostoievsky y Tolstoi y es un fenómeno ruso. Es también el sitio de donde parte cada fin de año un trineo tirado por renos nevados guiado por Kris Kringle. Es éste un señor gordo y con barbas, siempre vestido de rojo y conocido por el epiceno nombre de Santa Claus. Al revés de Santiago, al norte del sur, es un santo en que sólo creen los niños y las chimeneas.

En esta zona mítica habita también otro señor gordo pero sin barbas que lleva piel de oso. Se llama W. C. Fields y apenas puede dejar su cabaña de troncos para ir, excusado, al WC por culpa del mal tiempo eterno. Declama W. C. Fields en *El vaso de cerveza fatal* cada vez que trata de abrir la puerta y recibe un duro golpe de nieve que no abolirá el tópico: «¡No está el día para hombres ni para bestias!». Cuando ha vencido al clima (es decir la geografía) pero no al tiempo (la historia) anuncia a su paciente y felizmente muda esposa: *«Dear, I'm going out to milk the elk»*. La frase feliz («Querida, salgo a ordeñar el *elk*»), sólo posible en inglés, muestra que los idiomas son una mayor barrera que las fronteras y el norte no es una invención política sino poética.

¿Dónde queda realmente ese norte que parece dominar al sur? Ciertamente Cataluña queda al norte de Murcia pero al sur de Francia. Galicia queda al norte de Castilla mientras Castilla queda al norte de Andalucía, donde en la Edad Media reinaba un esplendor árabe de albornoces y de harenes y de fuentes y de patios floridos. Al norte quedaban los bárbaros con barba que no se bañaban nunca.

Los árabes eran el sur y lo son todavía, pero en Inglaterra ser sur no significa ser zurdo sino ser capaz de comprar Harrods, que es como si un jeque comprara no sólo el Parque Güell sino también la Sagrada Familia. ¡Oh tiempo, oh templos! Hay que recordar que en la Edad

Media los moros intentaron tomar Poitiers pero fue más difícil que comprar Harrods. Fueron los turcos del sur los que conquistaron el este de Europa hasta Viena, donde todavía toman el abominable café turco y donde en un café, un viejo vienés tocaba el *Rondó a la turca* y hacía bailar a un mono de Zimbabwe, país que queda al norte de Sudáfrica. En esta parte del mundo no sólo la historia discrimina. También la geografía. Mark Twain, que escribió fingiendo que daba la vuelta al globo, «Ayer cruzamos la línea del ecuador. Mary tomó fotos», pudo también escribir: «No me hablen de negros ni de blancos. Háblenme del hombre. No puede haber nada peor». Twain visitó a Australia cuando apenas había dejado de ser una colonia penal inglesa. Hoy es uno de los países más ricos y civilizados del mundo y no puede haber país más al sur. Pero en el sur de Australia viven los aborígenes. Esa raza es el pecado aboriginal de Australia.

De nuevo en América, que una canción cubana llamó «América inmortal», cuando nada es inmortal pero casi todo puede ser inmoral. Allí está México al sur de Estados Unidos. ¡México, pobre México! ¡Tan lejos de Dios y tan cerca de sus presidentes! Estados Unidos, donde el búfalo pasó de correr la pradera a fijarse en las monedas, está al sur de Canadá y al norte de Canadá no queda nada —excepto para aquellos que creen que el polo es un deporte. Al sur de México está la América Central, una de las zonas menos centrales del mundo, mientras al sur de América del Sur está Chile, país para mí inhabitable. Pero Perú, al norte de Chile, es más inhabitable que Chile. Sé que con esta declaración acabo de perder unos cuantos amigos chilenos, pero como son todos escritores, quiero creer que creerán en el borrón y cuento nuevo. El país más interesante de América del Sur es, sin duda, Argentina. Es también el más habitable, aunque se debate siempre entre la Patagonia y la agonía para bailar el tango. No hay danza que exprese mejor la lucha entre el machismo de sus hombres y el matriarcado de sus mujeres. ¿O es al revés?

Es bueno terminar diciendo que el norte es un invento del sur. Boreas es un dios griego que representa al viento norte, que los venecianos, siguiendo a los latinos y no a los griegos, llaman ahora *bora*. Cuando el viento del norte mece las olas y las góndolas, los venecianos dicen, como si estuvieran en los mares del Sur y no en el Adriático: «¡Bora, bora!».

Los diplomáticos franceses del siglo pasado inventaron la América Latina. De Gaulle, más ambicioso, creó el Tercer Mundo, que parece una mala traducción de un cuento de Borges titulado *Tlön, Uqbar, Orbis Tertius*. Es la literatura la culpable de la confusión de la nomenclatura. Nací en el sur y vivo en el norte y para mí la rosa de los vientos es una flor fétida. Lo demás es etiqueta, que en español, como se sabe, no quiere decir etiqueta. Los idiomas son versos y anversos comunicantes.

Una frase de *Hamlet,* cuando se sabe loco, es «Al norte por el noroeste». Es también el título de una película que muchos querrían ver traducido al español como *Con el norte en los talones.* Era, ya se sabe, hecha en Hollywood que queda al sur. Allí un célebre cineasta, harto de tanto argumento trillado, exclamó: «¡Estoy que vomito todos esos clichés viejos! ¡Lo que hace falta ahora son *nuevos* clichés!».

Creo que con un poco de esfuerzo lograremos este propósito que parece un despropósito.

Febrero de 1989

(Leído como monólogo en «Diversidad Cultural en el Diálogo Norte-Sur» en el simposio de Difusión de la Cultura Catalana.)

Yo acuso en el Wilson Center

En mayo de 1985 fui invitado, junto con Emir Rodríguez Monegal, a dar una charla «frente a la prensa extranjera destacada en Washington». Acepté para estar con Emir aunque fuera unas horas. Emir, que había sabido ser mi amigo en tiempos difíciles, estaba ahora gravemente enfermo de cáncer. Lo que recuerdo mejor de lo peor fue ver a Emir, que había sido un hombre grande y gordo, reducido en estatura, emaciado y con un color malsano, extraño: una especie de biliosidad le hacía la cara de pergamino. Me maravillé de que tuviera energías suficientes para regresar a Yale, mucho menos hablar en público. Le concedí casi toda la sesión de la mañana, en que hizo una rara autobiografía.

Esperaba esta visión de la muerte, aunque oliera a muerto. Lo que no esperaba es que Emir, que había sabido ser amigo también de Neruda y de Borges, tuviera en Washington relaciones tan mediocres. El Woodrow Wilson Center, una admirable institución americana creada en nombre de un verdadero demócrata, por los vaivenes de la política interna de los Estados Unidos estaba controlado por especímenes de esa especie nociva que se llaman a sí mismos «liberales americanos», cuando siempre han sabido obsequiar con su liberalidad a las causas totalitarias, de Stalin a Fidel Castro. Ahora, una vez más, están «políticamente correctos» —es decir, al día del sol que más calienta en el Este y pueden repetir, con Mao, el Este es rojo.

Cuando leí la charla, que van ustedes a leer ahora traducida, mi lectura cayó como una bomba de silencio, como si tuvieran orejas pero no oído. ¿Quién era mi público esa tarde? No era la «prensa destacada en Washington», como decía la invitación. Eran meras cotorras viajeras que repiten todos los clichés políticos, sobre todo si parecen nuevos. No eran escépticos, eran partidarios de las mejores mentiras. La verdad no es sólo sospechosa: es también culpable de antemano.

Mi título está pedido prestado a Émile Zola, tan impopular en Francia por haber dicho la verdad sobre un huésped involuntario de la Isla del Diablo, tan popular después, cuando cayó el régimen espurio que había poblado la isla de inocentes tratados, maltratados, como culpables. No tengo, creo, que insistir en la analogía.

Señoras y señores,

No es la primera vez que me invitan a comer y tengo que pagar por la comida —con dinero o con una indigestión. Por supuesto que no recuerdo todas esas ocasiones dispépticas porque la nostalgia es lo opuesto a una neuralgia: el dolor queda detrás.

Pero hay una ocasión memorable de una colación sudamericana que se hizo una colecta. Hace un tiempo, Carlos Fuentes me llamó de París para decirme que quería almorzar en Londres con Mario Vargas Llosa y conmigo. Noticias, añadió, importantes, viajan conmigo. Iba a nacer en París (la ciudad de dar a luz) una revista literaria, debíamos estar todos en el machón, tan ancho y abierto como una plataforma del metro y acomodaría para el viaje a escritores de dos continentes, tres culturas, cuatro cuatreros, todos bilingües. Para allá voy, añadió y colgó.

Carlos llegó, luncheó y lanzó el magazine que era como una segunda venida: el monstruo acezando para llegar a la luz. Pero el momento de la verdad (ya sé, ya sé: se trata de un cliché, pero recuerden, por favor, que algunos escritores pasan sus días callados en Clichy y sus noches bulliciosas en cliché), la verdad se me acercó desnuda pero con hoja de parra en forma de una monstruosa cuenta entre las piernas que parecía un pubis fenomenal. Gauguin arrimó su bigote a mi oreja (Van Gogh *pixit*) pero al hablar me di cuenta de que era Fuentes desbordado por los acontecimientos: «¿Puedes encargarte de la cuenta, hermano?». Cuando Carlos dice hermano suena más a Caín que yo mismo. Pero añadió: «No he tenido tiempo de cambiar mi dinero». Quería decir de francés a inglés pero igual me había pasado de inglés a francés, de americano a inglés, de inglés a americano. Sólo me faltaba una experiencia española. Carlos recobró su posición vertical, descargado, y yo cargué con la más fea. Lo hice porque tenía que hacerlo. Ya saben, honor entre escritores que la razón no conoce. Tampoco el camarero. Hice, de hecho, lo que hago ahora: pagar por lo comido aunque, como en un restaurante de Londres, la comida sea impagable, intragable y los puros infumables.

Durante este estruendoso almuerzo (era un local a la moda) creí oír que la revista iba a ser financiada por una

belleza parisiense, trilingüe, francesa noble que era, créa-
lo o no lo crea, la heredera de Antenor Patiño: ¡cuánto talento! Gracias a Fuentes me encontré fundando (o dando
fondos) a la Fundación Antenor Patiño, que, verdadero
alquimista, convirtió el estaño en plata. En realidad ahora
convertía mi plata en estaño —y todo porque Carlos Fuentes me invitó a almorzar en Londres desde París.

Pero hoy, ahora, yo soy el que da indigestiones al
hablar de algo levemente más serio que una revista literaria. Voy a hablar de política o más bien de política y de
esa cosa dolorosa llamada odio. Para un escritor cómico
el odio es una palabra odiosa. El odio es una de las armas
del mal, alma en el mal, pero, a veces, para acabar con el
mal hay que combatir el odio con el odio. Aunque para
mí el odio entra por el oído.

Fue Mark Twain, uno de los más grandes humo-
ristas que han hecho reír con sus odios mínimos o máxi-
mos, quien dijo que el problema del humor es que nadie
lo toma en serio. Por ejemplo, predijo que moriría con la
segunda aparición del cometa Halley en su vida, pero nadie prestó atención. El cometa, el momento de la verdad
para Mark vino y Twain cumplió con su deber muriendo
a tiempo. Humorista menor que soy, no haré más predicciones personales que decir que terminaré este discurso,
cuyo curso es forzoso, antes de que se declare la dispepsia.
Después de todo, los discursos después de un almuerzo
(o una cena, si es por la noche) no son más que para pro-
mover la dispepsia entre los hombres y hacer de la acedía
una suerte (o mala suerte) de ataque al corazón o lo que
los franceses, con peor retórica, declaran al difunto *«te-
rrasé par une crise cardiaque»*. Ese paro cardíaco es una

huelga vital o mortal, según se quiera. Pero observen que no prometo nada. Aunque habrá más ataques a la prensa que al corazón o a la prensa del corazón.

Un humorista siempre corre dos riesgos diametralmente opuestos. Uno es que no lo tomen en serio. Otro que puedan tomarlo en serio. Escribí hace tiempo un libro que es la trágica historia de mi país: de isla a cuartel, de paraíso tropical a infierno total. Era un libro triste pero mis lectores me felicitaron ¡por lo cómico que era! Hasta hubo un crítico que lo llamó una obra maestra cómica. El libro se titulaba *Vista del amanecer en el trópico*. Es Mark Twain que vuelve ahora en patines sacando un consejo de una chistera: «En la duda no te abstengas: di la verdad». Pero también dijo: «La verdad depende tanto de cómicos como de cosméticos». Ah la verdad, la beldad.

Se suponía (impersonal) que iba a hablar yo hoy (palíndromo oral) de la prensa y América Latina (existe, no existe), pero lamento no poder complaceros, compañeros. No puedo hacerlo. Es así de simple. Como verán, sé de qué trata la prensa, pero no sé de qué va América Latina. ¿Es un continente? ¿O es incontinente? Por favor, díganme dónde puedo hallarlo, hallarse. No lo veo en mi mapa. Ni me lleva allá mi Rosa de los Vientos. (Rosita entre nosotros.)

Sé lo que es Sudamérica y de veras que la puedo diferenciar de Sudáfrica: no hay elefantes acá. ¿Ven cómo voy? Pero no puedo diferenciar a América Latina de otros continentes sin embargo, sin embarro. ¿Es esa tierra con perfil romano que queda tan cerca como la Edad Media? Conozco las Américas, con A pero sin capital marxista o americana. Pero ¿dónde está América Latina? ¿Queda en

Haití tal vez? Allí hablan francés como en el Quartier Latin. ¿O queda en Perú, el país no Perú, Indiana, donde nació el rey Cole? ¿O Bolivia, donde hablan más quechua que español? Estado del estaño que hace daño. ¿Es en Uruguay del que es una parodia Paraguay? No ay, no. En Paraguay el ochenta por ciento no habla latín sino guaraní. ¡Que me cuelguen si sé dos palabras de guaraní! Pero me dicen que si dices más de dos palabras en guaraní en Paraguay te cuelgan. Una de esas palabras es democracia, que es griego para los paraguayos. Ciertamente que Argentina no es latina, allí donde dos bailan el penúltimo tango y dos de cada tres toman mate. Ni en Chile, donde Pinochet engendra Pinochés Guevaras que van a dar a Bolivia por el Paraná para nada. Entonces, señoras y señores, ¿dónde queda América Latina, ladina? ¿Se trata de un continente o de un contenido?

Ver a un continente y medio como un solo país es como tratar a un hombre y su mujer como una pareja. Nada plural, aun si es singular, debe tratarse como sencillo o simple. No hace mucho al dar una charla en Granada una mujer me preguntó por Nicaragua. Le dije lo que es verdad: no conozco ese país. Conozco a dos nicaragüenses solamente: Rubén Darío y Bianca Jagger, a la que conocí cuando tenía otro nombre y era una mujer liberada antes de hacerse pública. Entiendo que ahora es el portavoz de los nicaragüenses. Es decir, de Daniel Ortega y sus Sandinistas. Como portavoz tengo que decir que su boca parece verdadera pero con demasiada pintura roja, sin duda por el lápiz labial. Su cara es todavía bella —*si le gustan los pómulos untados de aceite.* Aunque debo confesar que tuve una relación más íntima con Darío (nacido

Félix García Sarmiento) que con Bianca, *née* Blanca Pérez Macías. (Es obvio que a los nicas les gusta el seudónimo al ajo.) Que quiera más a Darío puede parecer una consolación por la poesía, pero así son las cosas del alma.

En una palabra, no puedo hablar más que de Cuba y de las cosas que sé de ella. Tal vez por sus venturas y desventuras y aventuras en la trata de esclavos (que no terminó con la abolición) podrán ustedes discernir los problemas de un país que no se conoce más que a través de los medios (que muchas veces son los fines) de comunicación. O, como dicen ustedes, los *media,* que en español sólo significa la mitad de. Hablaré de la prensa y de un país americano que puedo localizar en el mapa con los ojos cerrados y abiertos. Les diré dos o tres cosas, sí, que sé de ella pero también algo más que la prensa no conoce —o desconoce. Pero antes déjenme decirles lo que sé sobre la prensa, americana casi toda, y lo que hizo por Cuba.

El primer contacto entre la revolución —o mejor aún, entre Fidel Castro— y la prensa americana fue un fraude. Es decir un engaño de parte de Castro. A petición, de Castro, uno de sus seguidores (que pronto se hizo perseguidor), junto con el corresponsal en La Habana del *New York Times,* «se las arregló para que Herbert Matthews, uno de los directores de ese periódico, experto en asuntos Latinoamericanos, viniera de New York a tratar de ver a Castro». Eso es lo que el historiador inglés Hugh Thomas escribió de esta visita única —o mejor, unívoca.

Matthews conoció a Castro y quedó impresionado. «La personalidad de este hombre es arrolladora», así describe Matthews en su libro *The Cuban Story* y arrolladora resultó para el pueblo de Cuba. «Era fácil ver», vio

Matthews, «que sus hombres lo adoraban». Pero ¿cuántos adoradores había? «En la entrevista», dice Thomas, Castro «exageró el número de hombres bajo su liderazgo». Pero el engaño era más cruel que todo eso. Hemingway llamó a Matthews «bravo como un tejón», pero no dijo nada de que fuera tan tragón como un pelícano. He aquí lo que dice Thomas acerca de los hombres, muchos o pocos, de Castro: «En realidad Raúl Castro pasaba una y otra vez con los mismos hombres y (Matthews) se llevó la impresión de que Castro "estaba en otro campamento" la mayor parte del tiempo» que duró la entrevista. Pero lo que Matthews vio fueron dieciocho indiscernibles cubanos que le parecieron idénticos, todos de uniforme con barbas. (Los hombres llevaban barbas, no los uniformes.) Vio, en su lugar, posiblemente ochocientos hombres. Quizás, ¿por qué no?, ¡ocho mil! La treta es tan vieja como la historia y Heródoto, al comienzo de la historia, describe un engaño similar llevado a cabo por los persas cuando no eran iraníes. Pero Matthews se tragó el anzuelo y la carnada y hasta el curricán.

Matthews regresó a Nueva York, a su oficina en el *New York Times,* para dar a Fidel Castro la gacetilla más adulatoria que había recibido nunca: le concedieron, como rabo y oreja, la primera plana con fotos. «Uno sentía —escribió Matthews—, que era un hombre invencible» ¡y eso se escribió a principios de 1957! «Castro influyó en Matthews», escribe lord Thomas, «por su carácter y su energía». Tanto que Matthews le preguntó «acerca de la noticia de que iba a declarar un gobierno revolucionario en la Sierra». Esto, recuerden, con Castro y *dieciocho* hombres en la Sierra, algunos de ellos armados sólo con escopetas caseras y con machetes. «Todavía no», respondió Castro. «No ha llegado la hora. Me daré a conocer en el momento oportuno.» Y fue lo que hizo. ¡Vaya si lo hizo!

Esta historia era tan crudamente risible que recuerdo a Raúl Castro, en la oficina de Carlos Franqui en *Revolución* al principio de 1959, riendo como una hiena joven mientras contaba la historia de cómo su hermano y él habían engañado al periodista americano con su falso desfile. Era una broma cruel. Pero la crueldad no era sólo con Matthews, sino con nosotros, los cubanos, también.

Lo increíble es que Matthews, mucho después de saber que había sido engañado, era un fanático de Fidel Castro. En 1961 cuando escribió su *Cuban Story,* de la cual he citado algunos trozos (desastrozos) escogidos, la revolución, Fidel Castro y el mismo Matthews eran jóvenes. Pero en 1969, cuando ya peinaba canas si las peinaba, Matthews escribió un libro titulado *Castro* y subtitulado «Biografía política», donde cuenta de nuevo la historia de su cita romántica con Castro: «... en la Sierra Maestra, en la mañana del 17 de febrero de 1957, mientras Fidel se ponía en cuclillas ante mí para cuchichear (estábamos rodeados por las tropas de Batista) sus ansias, sus sueños, sus convicciones que, a su tiempo, se convirtieron en realidades».

En la primera narración de este añorado encuentro, Fidel Castro hacía desfilar a sus hombres Sierra arriba, Sierra abajo o, lo que es probable, hasta la loma cercana, gritando órdenes y comportándose como un general vencedor. En el último libro de Matthews sobre el mismo momento, Castro susurra (sería la primera y la última vez en su vida que susurraría) porque él y Matthews están rodeados por el enemigo.

Me permito sugerir que este cuento y aquel recuento son dos mentiras tan grandes como las lomas que
eran elefantes al sol. Pero fue Matthews el engañado, antes y ahora, aunque es el mismo Fidel Castro que lleva a
cabo el engaño con las tretas y triquiñuelas de su oficio de
político. Si Matthews hubiera estado con Castro no en febrero 17 de 1957 sino en diciembre 28 de 1956 hubiera
sido el perfecto día de los inocentes y Matthews habría sido uno de los que habría oído el grito tradicional: «¡Te
cogí por inocente!». Pero hay, además, algo terriblemente
familiar en su relato. Vamos a oírlo otra vez. Fidel Castro
susurra y da la impresión de que están rodeados. (En ninguno de los dos relatos Matthews habla de haber visto al
enemigo.) La oración completa, «estábamos rodeados por
las tropas de Batista», la mantiene Matthews entre paréntesis. El cuchicheo sugiere intimidad y confianza, mientras el paréntesis protege al lector de una amenaza invisible —que sería menos amenazante de ser visible. En otras
palabras, el párrafo revela que Castro es de confianza pero
Batista es esa atroz forma del acecho, una amenaza oculta.
Las tropas de Batista son aquí esa amenaza y al mismo
tiempo la palabra tropa le da al lector la impresión de que
el enemigo *ad portas* es numeroso y hasta formidable.

Como ven ustedes, todo lo que aparece aquí ya ha
aparecido allá. Fidel, nunca llamado Castro (se trata, evidentemente, de un tuteo), es el bueno de la película. Hasta su uniforme verde (olivo) sugiere a un Robin Hood,
mientras que la Sierra es ahora el bosque de Sherwood:
Fidel roba a los ricos (Batista) para dar a los pobres de la
tierra en que quiere él su suerte echar. Pero hay más de un
sheriff de Nottingham, lleno de sevicia y de vicio. A veces

es uno de los compinches de Batista, uno de sus verdugos. Otras, los enemigos de Castro se llaman no sólo batistianos sino contrarrevolucionarios y, mejor aún, cucarachas si se aplastan, gusanos si se arrastran aunque vuelen al exilio a convertirse en mariposas. Pero el enemigo malo mayor, que siempre rodea a Castro como los paréntesis de Matthews, es por supuesto uno y sólo, los Estados Unidos, allá donde los cubanos se convierten en crisálidas capitalistas.

Muchas veces, como dice Shakespeare, «con el embrujo de su genio y con regalos traicioneros... que tienen poder de seducción». Castro conquistó no sólo a sus amigos sino a sus enemigos naturales también. ¿Es sorprendente acaso que el mejor editor (y escritor en asuntos hispanos) del periódico más poderoso de los Estados Unidos fuera embaucado por este brujo «con regalos traicioneros»? Diría que no. Lo que sorprende es que el periódico de Matthews (y muchos otros) hayan caído con tanta consistencia en una trampa que pudo ser ingeniosa en alguna ocasión, pero que se ha repetido una y otra vez y otra, *ad nauseam*.

Castro, líder honesto, rodeado por el enemigo más poderoso que vio Cuba jamás, le susurra a un corresponsal extranjero (llamado Matthews, Taber, Walters, Szulc, Lockwood, etcétera, etcétera) las mismas cositas ricas que ha dicho al oído de todos los que ponen la oreja, desde aquella fatídica mañana del 17 de febrero de 1957 en que dijo que contaba con bastantes bravos (aquí vienen de nuevo) para morir peleando por la libertad hasta el último hombre y hasta la última bala. Pero ¿es que nadie se dio cuenta de que este tipo mentía? Su treta era una retreta

—y el que tenga oídos que oiga. La mentira es también una teología para ateos —y unos pocos curas teólogos de la liberación, que es una trampa para cazar idiotas útiles fuera de temporada. Fue Orwell quien llamó a estos argumentos falaces y torcidos *double-think,* que consisten en querer decir exactamente lo contrario de lo que se dice: armas para la paz, amor que es odio, Fidel que es todo menos fiel.

Le Monde es otro periódico que bien baila al son del flautista fidelista. Es un periódico poderoso o *era* poderoso (favor de tomar nota), que fue un panfleto al servicio de Castro por más de un cuarto de siglo. *Le Monde,* también ése, mandó a La Habana a su agente mejor, aunque no fue a petición de Castro ni del 26 de Julio. Su nombre es Claude Julien. Ironías de la *petite histoire,* fui yo el guía de Julien por el laberinto de la política cubana antes de Castro. No subió a la Sierra sino al barrio de La Sierra a conocer a Carlos Rafael Rodríguez. Después su relato fue un retazo de medias verdades y medias mentiras al describir el ordinario apartamento que visitó como la mansión Mensonge. Pero fue más mendaz cuando conoció a Fidel Castro en *Revolución* en 1959. Ustedes se dirán, «¡Pero ese hombre debió ser fascinante antes!». También lo era Hitler. O Stalin, si lo que le gustan son los bigotes grandes. Todos los tiranos son el mismo tirano aunque no parezcan iguales. Castro con su barba de marañas y su nariz romana es capaz de confeccionar una poción de tóxico carisma a la segunda potencia: los que se beben sus palabras se intoxican de por vida. Es Circe con uniforme que convierte en cerdos a sus amantes. Es el caso de Julien y de *Le Monde* mismo. Si los periódicos se enamoraran como se enamoran los hombres, habría que decir que *Le Monde* se enamoró de Castro. A primera vista. O siquiera sin verlo. Ha sido un amor ciego: *Le Monde* odia las imágenes.

Le Monde es un periódico curioso. Queda a la izquierda del Sena pero se comporta, se porta como una gaceta reaccionaria. Es un tabloide, pero no tiene fotos en la primera plana —ni en la última. De hecho *Le Monde,* bien hecho, no publica fotos de ninguna clase. (Ni siquiera de ese Castro tan amado y nunca visto.) En el mundo de acuerdo con *Le Monde* no se puede decir quién es quién. Ni siquiera cómo es quién. Bien podía estar escrito en *braille.* Así que sin fotos no hay barbas y sin barbas no hay Castro. El *affaire* de *Le Monde* con Castro fue como el de Abelardo y Eloísa: consumado por cartas, que es lo que es un corresponsal: alguien que escribe cartas. Algunos corresponsales son tan valientes como Eloísa, otros se comportan como Abelardo. Como dijo Belmonte: «El toreo es, como el tenis, una cuestión de pelotas». También el periodismo.

El *Times* de Londres no se enamoró de Castro. El *Times* no se enamora más que del cuco en primavera. Pero el *Times* tiene esta odiosa costumbre de llamar a Fidel Castro el doctor Castro. (Entre paréntesis, por qué es Stroessner un dictador pero Castro es el presidente de Cuba: ¿quién votó por él? No los cubanos, créanme.) Este doctoreo de Castro induce en los ingleses una suerte de respeto académico, como si Castro fuera un médico eminente o un genio de la física. Codeándose con el doctor Fleming y el doctor Einstein, como quien dice. Nadie en *The Times* le ha prestado atención a esta especie y no saben que es sólo abogado. Como era costumbre en Cuba, los abogados, aun cuando fueran picapleitos, se llamaban doctores. Pero se puede contrarrestar esta costumbre diciendo que *The Times* llamaba doctor también a Goebbels. Todavía lo hace.

Lo que me molesta no es la caza del cuco cada primavera sino una aparente política del espíritu de Fleet Street que va más allá de llamar a Castro, doctor Castro. Hace poco apareció un despacho de la agencia Reuters, desplegado a todo trapo en la primera plana. Era un reportaje de la Cuba de Castro, como llaman ellos a la isla cautiva, que se mostró muy favorable a Castro. No era, desgraciadamente, ejemplar único. Luego supe que originalmente formaba parte de una serie de cuatro despachos del hombre de Reuters en La Habana. Había dado, como es costumbre, las buenas noticias primero. Pero los otros tres cables eran una minuciosa relación de la política nefasta y los tortuosos vericuetos económicos que atravesaba Cuba desde hace veinticinco años. Nunca vieron la luz del *Times*. Ni ninguna otra. Ésta no es una coincidencia sino un *poshlost* poderoso.

¿*Posh-lost*? ¿Qué es *poshlost*? ¿Quiere decir *posh,* de lujo, y *lost,* perdido? No, es una palabra rusa que no tiene equivalente ni en inglés ni en español. Dice mi traductor ruso favorito, el doctor V. V. Nabokov: *poshlost* es «basura cursi, clichés vulgares... falsas profundidades». ¿Recuerdan ustedes al viejo Sam Goldwyn? El de las *Goldwyn girls,* el de las películas de lujo, el que gritaba, «¡Estoy harto de tanto viejo cliché! Tráiganme algún cliché nuevo». Pues bien, aquí están, tal como los pidió Goldwyn. *Poshlost* es también «comentarios sociales, mensajes humanistas, alegorías políticas, un interés en demasía en las clases y en la raza y todas esas generalizaciones periodísticas que conocemos». Tales como «los USA no son mejores que la URSS» o todavía, «Compartimos la culpa de Alemania». He aquí un último ejemplo que nos regala Nabokov, el naturalista que solía cazar *poshlostes* en Trivia Negra: «Decir con el mismo aliento Auschwitz, Hiroshima y Vietnam es *poshlost* sedicioso». No puedo resistir dejar de añadir un último ejemplar en la larga lista deliciosa del más sedicioso *poshlost*: «¿Cómo puede una pequeña isla como Cuba», pregunta el liberal americano de turno, «hacerle daño a un gran país como los Estados Unidos?» Lo que es equivalente del *poshlost* de un enano con un Magnum (y no quiero decir el champagne en la botella más grande), cuando los testigos insisten en llamarlo «ese hombrecito tan mono con su pistola de agua». Eso es *poshlost* más allá de toda proporción.

Cuba no es una isla enana. De hecho es la isla más grande y más influyente de toda el área del Caribe, a la que domina cultural y políticamente. Ha sido así por lo menos durante dos siglos. Es, además, la isla más importante de América. Periodistas ignorantes de la realidad y de la ficción, no saben que hay una antigua ley de geopolítica que establece que todas las islas tienen una irresistible tendencia (o tentación si prefieren) a dominar el continente vecino. Inglaterra y Japón son los ejemplos más a mano. Pero no sólo la geopolítica sino la simple política y la historia antigua muestran que Esparta y Cartago eran menos que islas pequeñas: eran sólo ciudades. No tienen que repetir conmigo *Delenda est Cuba,* un *Cave Castro* es bastante para que ustedes tengan cuidado con Fidel que no es Fido. Es todo lo que pido. Y después pueden llamar

Castro a lo que quieran: hasta una calle en San Francisco o un sofá convertible.

No hay lista negra más fuerte que decir a un escritor, a un periodista, a cualquier hombre público, que no está bastante a la izquierda —o peor aún, que está a la derecha. Hace poco una entrevistadora de televisión en Madrid me preguntó si me consideraba de derechas o de izquierdas. En vez de contestarle que ésta era una categoría de puro *poshlost* originada en la asamblea francesa bajo, de todas las personas en Francia, el rey Luis XVI, repliqué al instante: «Soy un reaccionario de izquierdas». Pude ver cómo la bella locutora parpadeaba, pensando rápido, errando rápido y puedo jurar que hasta vi el humo que salía de sus ojos —y no tenía un cigarrillo en la mano manicurada como es costumbre ahora entre las rosas audaces. La pobre mujer echaba humo.

Un humorista debe hacer reír aun escribiendo su obituario. ¿Le duele? Sólo cuando *no* se ríen. Un chiste del exilio declara a los cubanos una raza confusa. ¿Por qué tan confundiditos? Bueno, la isla está en el Caribe, el Gobierno en Moscú y el pueblo en Miami. Lo que el chistoso no sabía es que el destino de todos los cubanos está en la prensa. Si sólo Herbert Matthews —no importa, es el pasado. El futuro puede ser no más que desconfiar de Castro y no jugar a la política de potencia con las armas a bordo de ese *Titanic* de América, una isla hecha para flotar para siempre que se hundió en su primer viaje.

Sea como sea (y *sea* quiere decir mar en inglés) me alegro de estar aquí, invitado a hablar de política y de la prensa y no de literatura. Todos sabemos que es más fácil hablar de ficción política que de ficción literaria. La política es a la historia lo que el periodismo es a la literatura: la vida diaria tratando de hacerse eterna. Todos sabemos cómo fue Troya gracias a Homero. ¿Quién puede decir cuál era la política detrás de la expedición griega? Una guerra destruyó a Troya pero un poema la reconstruyó para los griegos y para la humanidad toda. La política aniquiló a Troya, la poesía la hizo eterna.

«Nunca molestes a la prensa», aconseja William Powell en *The Great Ziegfeld*. Ziegfeld era un hombre que se ocupaba de sus *girls* y de sus plumas (no de la pluma), pero podía decir un dicho o dos después del *show*. «Los tenedores de libros no son felices», le dijo a una de sus muchachas. Las muchachas a su vez hacían que Ziegfeld fuera dichoso: dijera dichos. Pero en vez de decir tenedores debió de decir escritores. Escribo libros, libre y libre viajo —pero no soy muy feliz que digamos. No estoy precisamente feliz entre ustedes, no al ser modesto para hacerme molesto y echarles a perder el almuerzo. Pero ¿saben una cosa? En vez de la comida gourmet (risas) que tuvimos, debíamos insistir en el bicarbonato y haber comido spaghetti al bicarbonato de soda, que curan la indigestión que causan. La receta es de mi Marx favorito, el hombre que fue Groucho pero no de la pampa sino de Paramount. Ahora, por favor, ofrézcanme un habano explosivo. Me lo merezco.

Este artículo, titulado en inglés *«Castro's Last Stand»*, fue solicitado por el diario *The Sunday Telegraph* y publicado en su edición del domingo 4 de marzo de 1990. Denuncio aquí el criminal comportamiento de las emisoras que paga el público inglés, BBC y BBC2, al propagar la miseria y mentira de Castro. De ahí parte mi proposición, que es una convicción, de que la futura Segunda República de Cuba debe crear un fiscalato general en que el Fiscal de la República procese a todas las publicaciones que en Europa y América han repetido las calumnias castristas contra Cuba y se les enjuicie si no por complicidad al menos por difamación.

La castradura que dura

En *Sombras en el mal,* la película de Orson Welles, el policía tejano y totalitario, Hank Quinlan, tan viejo que se cree eterno, es, como todos los tiranos, incapaz de sentir lástima por nadie más que por sí mismo. Le pregunta Hank a Marlene, adivina con cartas, sobre su futuro. «No tienes ninguno, *dear*», dice ella. «Lo has gastado todo ya.»

Porque ocurre en una película, mucha gente no prestó atención a la moraleja de la fábula y a su mensaje democrático. Un policía mexicano (todo pasa en la frontera) se queja a Quinlan de sus tretas y trampas. Una de ellas consiste en plantar evidencia a un sospechoso y mandarlo a la cárcel de seguida (y tal vez a la muerte) porque el plante lo acusa. «La labor de un policía», dice el policía mexicano, «nunca es fácil. Sólo es fácil en un Estado policíaco».

Conozco íntimamente un Estado policíaco donde la labor es fácil no sólo para la policía sino también a fiscales y a jueces. Irónicamente es fácil también al trabajo de periodistas y, especialmente, el de los corresponsales extranjeros y a los comentaristas políticos de todos los países unidos. Para poder trabajar en esta tierra baldía todo lo que tienen que hacer es decir cosas lindas a cada cosa fea. Sobre todo al tirano viejo eternizado por el éter del poder. Pero ¿qué ocurre con los que trabajan extramuros y por tanto no tienen que mentir tanto y al informar de-sinforman pero lo hacen con tiento y contentos? Fue un escritor inglés de otra época, George Orwell, quien dijo que no hay más que vivir bajo un tirano para servirlo que da gusto.

Loros ilustrados que leen las noticias como si las estuvieran haciendo al mismo tiempo, comentaristas políticos que han mostrado en Inglaterra, en los veinticinco años que vivo aquí, un desprecio por la verdad si concierne a los países comunistas, que es despreciable y al mismo tiempo comprensible. Todos son, con pocas excepciones, descendientes de fabianos, herederos de la siniestra (y no idiota como se les presenta usualmente) pareja llamada esposos Webb. Los Webb vinieron de un viaje a Stalinlandia, cuando imperaba el Terror, para proclamar al tirano como «el constructor de una civilización nueva». No es sorprendente que Sydney Webb padeciera de mal aliento y cada vez que hablaba abría una cloaca mefítica.

La BBC y la BBC2, su hija política, han perifoneado con alegría innumerosos programas loando a Castro y su infeliz isla y nadie ha dicho nada de cómo es la cosa: una dictadura brutal que parece durar siempre, una castradura que dura. Algunos de esos programas, los más aviesos, para hacerlos sabrosos al paladar inglés, toman la forma de *travelogues* con locaciones exóticas y música de salsa sonora. Cuba se ha convertido en una magnífica obsesión para estas emisoras desde los años setenta. Y ahora que Cuba ha dejado de ser magnífica, sigue siendo una obsesión.

No hay que decir que el comentarista inglés de andar por casa no sabe nada de Cuba antes de Castro (en inglés BC, como en la cronología histórica) y como loro contento repite las mentiras de Castro que transmite como verdades como un puño (izquierdo, alzado). Son nuevos cristianos con otro evangelio. «La Habana era un burdel», se lamentan, pero no dicen que se pueden encontrar más putas por las calles de Madrid y Barcelona hoy que en La Habana antes. Mientras que en la España de Franco no había ni una sola. «La Habana era un casino», proclaman, pero si caminaran por South Kensington, donde vivo, encontrarían más casinos (sin mencionar las venerables oficinas de Ladbroke, sólo para caballeros con caballos) que en La Habana en su apogeo. «La educación y la salud pública son ejemplares bajo Castro», pero nunca dicen que los escolares cubanos, cuando aprenden a leer y escribir, deben comenzar a hacerlo con un libro primero que empieza con una F. «F de Fidel», por supuesto. A los adultos que saben leer una censura cruel y cotidiana les impiden leer libros, periódicos y magazines que se publican fuera y, últimamente, en Rusia.

La salud pública, ya que no existe la privada, es un caos con un centro, Castro: los cubanos sufren de enfermedades nunca vistas desde antes de la independencia de España en 1902. Gozan ahora de fiebre puerperal, porcina, dengue, brucelosis —denle ustedes el nombre y sabrán quién lo tiene. Si tiene dolor de muelas tendrá que aguantarse y morder la bala, literalmente. Se sabe que no hay aspirinas en Cuba pero Castro tiene una de las mejores fábricas de municiones del continente —que incluye a los Estados Unidos.

Periodistas y escritores hablan del «cruel bloqueo americano contra la isla» —que es en realidad un archipiélago— y nunca señalan al cielo para contar los aviones de caza o al mar para ver acorazados, cruceros y submarinos dando vueltas alrededor de Cuba. Nunca dicen, por supuesto, que el bloqueo es un embargo. Cuba, desde que tomó el poder Fidel Castro, ha enviado terroristas desde Argentina a Guatemala, incluyendo a Venezuela, y hordas de agentes a Chile, durante, antes y después de Allende, sin olvidar la aventura sin ventura del Che Guevara en Bolivia —ese humanista que pedía «dos, tres, cinco Vietnams» en todo el mundo, que sí es una aspiración imperialista de la que los Verdes nunca tomaron nota. Desde finales de los años setenta, fungiendo como mercenarios de los rusos, Castro ha enviado (su propio estimado) cerca de trescientos mil soldados cubanos a Angola, los dos Congos, Namibia y hasta Etiopía para apuntalar el régimen del coronel Meghistu, el mismo que en sus mítines en vez de globos de colores soltaba bolsas llenas de sangre, tal vez vacuna, tal vez humana, como símbolo del poder rojo en África Negra. ¿Qué tal? ¿Cómo va ese bloqueo?

Esa ignorancia es la mala fe como otra bocanada de mal aliento político. Ignorar lo que Cuba era es otra forma del infantilismo político inoculado, como quiere *The Times,* por el doctor Castro. La Castroenteritis hace olvidar que en 1958 Cuba tenía un producto nacional bruto solamente superado por Argentina y Venezuela. Hoy día Cuba ha caído detrás de Haití, que está ahí al lado, país que viene a la zaga desde su desgraciada revolución en 1791. En Cuba había más automóviles en los años cincuenta que en muchos países europeos (y no me refiero precisamente a Luxemburgo) y más televisores que en Italia. También tuvo Cuba televisión en colores en 1958, ¡diez años antes que Inglaterra, Gales y Escocia! ¿Es esto un secreto arcano para los ingleses? Todo lo contrario. Todos estos datos se pueden encontrar en un libro escrito por un inglés, Hugh Thomas, que escribió la mejor historia de la otra isla, *Cuba o el ansia de libertad.* Thomas, ahora lord Thomas de Swinnerton, fue a Cuba ignorando no sólo lo que era la isla sino llevando como equipaje los prejuicios de la izquierda inglesa. Pero lo que vio el visitante, más lo que leyó el historiador en viejos periódicos cubanos, le abrieron los ojos. Pudo quitarse las legañas engañosas de las mentiras castristas como si fueran telarañas políticas. El libro fue publicado en Inglaterra y dondequiera en tapa dura y en edición de bolsillo y se puede conseguir, gratis, en cualquier biblioteca pública. Pero, claro, la verdad se encuentra sólo cuando se busca.

El año pasado se hizo circular una carta abierta a Fidel Castro pidiendo un plebiscito similar al que celebró Pinochet en Chile. Era una puerta abierta honorable: sobre todo una salida sin sangre. A través de uno de sus muchos miñones, Castro ridiculizó la petición que estaba firmada por más de un hombre honorable —sobre todo extranjeros. Gente como Derrida, Federico Fellini, Mario Vargas Llosa, Elie Wiesel y cientos más firmaron la carta. Fue publicada en *The New York Times* y en todas partes —excepto en Inglaterra donde ni siquiera fue mencionada en la prensa. Este año otra carta abierta («¡Fidel Abre tu Muro!») le fue remitida a Castro. Aunque estaba firmada por Lech Walesa, Milovan Djilas, Brodsky y otros (incluyendo a los firmantes de la carta anterior) no fue firmada por siquiera un solo escritor inglés, con la excepción de Hugh Thomas. Los medios informativos ingleses mostraron igual desprecio que Castro. ¿Puede sorprender que el triunfo de Violeta Chamorro, una victoria para la democracia, los cogió a todos, según la frase de Mark Twain, con la cintura de los pantalones por el suelo? ¿Pérfida o perdida Albión?

El filósofo Santayana dijo una vez que todos los que olvidan el pasado están condenados a repetirlo. Es peor. Los que no conocen el pasado están obligados a ir ciegos hacia el futuro. Fue ese fácil futurólogo, Lincoln Steffens, quien dijo al regresar de la Rusia Soviética en 1919, «He visto el futuro ¡y funciona!». Ahora sabemos de cierto que la Unión Soviética no funcionó nunca y no tiene futuro.

No soy adivino pero puedo decir de seguro que el futuro de Cuba no tendrá lugar para Fidel Castro —excepto, claro, como último reposo. Para Castro o para su hermano Raúl, segundo en el mando, o para su cuñada Vilma Espín de Castro, mujer de Raúl, tercera en la jerarquía, o para su hermano Ramón, el mayor, o para el joven Fidelito, hijo de Fidel, que es el jefe del programa de energía atómica o como se llame lo que sea. Estoy convencido de que la maldita tribu y sus diatribas no tendrán lugar en Cuba el día de mañana —o de pasado mañana. No sé si el final será sangriento como el de Ceucescu o de refugiado en un búnker como Hitler o colgado por los pies, sin ceremonias, como Mussolini. De lo que estoy seguro es de que Fidel Castro, al revés de Stalin o de Mao, no morirá en la cama. A no ser que sea ese lecho de Procusto llamado historia, donde si no cabes te cortan la cabeza. O tal vez tenga, como Custer, un final con flechas y muera con las botas puestas «en la tarde última».

Marzo de 1990

Cubanos a la vista

Tenía una agradable relación con las páginas literarias del *Telegraph* y era porque las dirigía Nicholas Shakespeare. «Hola, te habla Shakespeare» era un saludo cada vez que quería que yo escribiera la crónica de un libro, que hice muchas. «¿Qué hay en un nombre?», pregunta precisamente el otro Shakespeare. ¿Era el canto del Cisne del Avon o el encanto del anacronismo? En todo caso era una irresistible petición. Cuando Shakespeare renunció vino a sustituirlo una de esas damas dobles que llevan el nombre de un marido conocido como una etiqueta de moda. Como primera petición la sustituta solicitó una crónica sobre *Cubans*. La autora del libro era uno de esos irlandeses que saben morir por una causa: el reconocimiento de Londres. Es por eso que nunca siquiera mencionan una viga en el ojo de la tormenta de Irlanda del Norte —que es una mera paja en el ojo crítico inglés.

Al enviar mi crónica, la dama enana la devolvió con dos contradicciones cogidas por una misma presilla: era «demasiado impresionística» (que es un criterio crítico que murió con Anatole France en Francia) y a la vez era «muy dura». No con Cuba castrista sino con la autora de *Cubans*. La retiré *ipso facto*. Ahora la traduzco tal cual.

¿Tengo que decir que ésta fue mi última colaboración para el *Daily Telegraph* sin Shakespeare?

Cubans es, ¿qué cosa si no?, un libro lleno de cubanos. Ahora, en vez de visitantes extranjeros que hablan de los nativos con encanto, es una quinta calumnia cubana. Pero podrían haber sido los marinos de la *Bounty* que denunciaban al capitán Bligh y a su triste tripulación. Miami es ahora una versión más cercana que Tahití y se respira un aire de motín, terrible terral. Aunque hay náufragos: de siete mil a diez mil de ellos hasta ahora. Uno de ellos, al hacer la travesía de la peligrosa corriente del Golfo, fue sacado del mar ayer por el yate real *Britannia*. Su balsa estaba hecha de neumáticos y mala madera. Antes de desmayarse el cubano pudo preguntar: «¿Miami sí?».

Una de las cosas que este libro pudo hacer y no hace es tratar de explicar por qué tantos cubanos (casi dos millones de una población de apenas diez millones: un diezmo, qué duda cabe) arriesgan su vida para escapar del Paraíso.

Al principio había visitantes ilustres a la isla que Melville habría llamado la Encantada. Sartre, Pablo Neruda, Nathalie Sarraute, Hans Magnus Enzenberger, Susan Sontag, Simone de Beauvoir, Juan Goytisolo, Mario Vargas Llosa —pero no García Márquez. Por esta época estaba desterrado de la isla por haber desertado su puesto de agente de Prensa Latina (la agencia cubana de noticias) en Nueva York —durante la invasión de Bahía Cochinos. Ahora sólo viajan a la isla las heces haciendo eses. ¿Qué los atrae? Hemingway no pudo decidirse. ¿Es la vista o es el olfato?

Cubans arranca con una cronología cubana (que comienza en 1868 —¿por qué?) que es una típica trama irlandesa: hilo puro. La cronología hace con las fechas lo que un malabarista con las naranjas. Afirma, por ejemplo, que Batista estuvo en el poder de 1934 a 1944. (Diez años que comparados con los treinta y dos de Castro convierten a Batista en un enano, como dijo él mismo al regresar de su viaje a Washington y encontrarse con Roosevelt en la Casa Blanca.) Al mismo tiempo la autora se olvida de decirles a los lectores ingleses que Batista, del que ni siquiera menciona que era negro, fue elegido legalmente en 1940, principalmente por el voto comunista. En recompensa, los comunistas pidieron (y obtuvieron) el control total de la CTC, la Confederación de Trabajadores Cubana. Dos líderes comunistas sirvieron entonces en el gabinete batistiano. Uno de ellos era Carlos Rafael Rodríguez, ahora el tercer hombre de Castro. ¿Explicación? Rodríguez era un estalinista de corazón, a la sazón ahora Castro es el Stalin más a mano.

La cronología está compuesta siguiendo el bien conocido principio de Marx: si uno no puede escribir la historia, simplemente la reescribe. La autora menciona al pasar que en 1980 «doce personas que pedían asilo derribaron las puertas de la embajada peruana». De hecho *once mil* cubanos se asilaron en esa embajada ¡en setenta y dos horas! Fue uno de los más notorios escándalos en la historia del asilo político. Will Rogers solía decir: «Lo que sé es lo que leo en la prensa». Es obvio que Lynn Geldof (me susurran que es hermana de Bob Geldof —¿quién es Bob Geldof?) ni siquiera ha leído los periódicos. Hasta el *Irish Times* publicó esa noticia. Debía ella tratar de escribir sobre Irlanda del Norte en vez de Cuba.

La autora no reconoce que en los años cincuenta, la hambreada Cuba ahora (la BBC anunció esta mañana que han racionado el pan finalmente a tres onzas diarias por persona) era mucho más próspera que su Irlanda nativa. Un visitante que viniera a La Habana desde Dublín se habría sorprendido de lo próspera que era esta ciudad capital. No es un arcano: se ha publicado en todas partes. Hasta en el libro de récords Guinness.

Este ejercicio de preguntas y respuestas se ha hecho ya antes: mismo método, misma manía. El libro de encuestas fue tal vez inventado por Óscar Lewis, autor de *Los hijos de Sánchez.* Fue Lewis quien originó el concepto que llamó «cultura de la pobreza» y se sintió luego atraído por lo que declaró «el experimento cubano», como si los cubanos fueran, efectivamente, conejillos de Indias. Pero Lewis era un hombre honesto y finalmente cayó en desgracia con los hermanos Castro y fue expulsado de Cuba —no sin antes sufrir un ataque al corazón. Moriría poco después. Su obra póstuma, *Cuatro hombres viven la Revolución* (1977), es el antecedente directo de *Cubans.*

Yeats, que fue un irlandés visionario, escribió sobre los fanáticos: «... los peores están llenos de apasionada intensidad». No hay intensidad en *Cubans,* apasionada o de la otra clase. Es por el contrario un libro aburrido, partidista y mediocre.

Mayo de 1990

Los poetas a su rincón

Esta crónica que se hizo ensayo apareció en la *London Review of Books* en noviembre de 1982, dos años después de que Heberto Padilla salió al exilio, luego de estar arrinconado en Cuba durante más de una década. Fue difícil escribirla porque apenas leo poesía y era un encargo del editor Karl Miller. No la lean ahora como crítica sino como elogio a un amigo poeta al que demasiadas veces escogieron (y condenaron) como chivo expiatorio.

No se pueden entender los poemas de Heberto Padilla si no se saben los tiempos duros que pasó en Cuba. Con él la vida del poeta es la obra del poeta —como quiere Sebastián Venable, el poeta perverso de *De repente en el verano* (Williams, Mankiewicz), poeta pervertido. Padilla, ya lo saben, ha pasado la mitad de su vida (y la mayor parte de su obra) como huésped (o rehén) de un tirano. Para conocer la vida y la obra de Padilla hay que conocer primero al tirano. O lo que queda de su vida. Este tirano, como habrán ya adivinado (con eso de que Padilla es un poeta cubano en el exilio) se llama Fidel Castro —o como insiste *The Times* en llamarlo, doctor Castro.

Si alguna vez erigen una estatua a Fidel Castro en Inglaterra (¿y por qué no? —después de todo tiraniza en nombre de Marx y esta máquina alemana de fabricar odio tiene su estatua aquí, aunque no Nietzsche ni D'Annunzio) será un monumento al tirano desconocido. De hecho, los ingleses saben menos de Cuba de lo que sabían de Argentina antes de la guerra que Borges describió como dos calvos peleando por un peine. (Hay un chiste cubano todavía mejor sobre esta guerra entre Inglaterra y Argentina, que ganaron ambas. En este cuento el embajador de Puerto Rico ante las Naciones Unidas tiene una proposición de paz. «¿Por qué», pregunta, «no les dan las Falkland a los ingleses y a los argentinos las Malvinas?».) Todo lo que sabían de Argentina era que ese país donde el gaucho galopa en la pampa inventó el tango y estaba gobernado por una falsa actriz rubia llamada Evita. Ella cantaba un bolero, *No llores por mí, mi Argentina,* en cada crisis, política o personal —a la caída del telón. Lo que viniera primero. (Casi siempre el telón caía primero.) Por supuesto que es más fácil saber qué cosa es una inepta dictadura militar que saber de una tiranía totalitaria triunfante. Esto se podía ver en la España del opaco Paco Franco, en oposición al feo feudo de los Ceaucescu o la Albania tenebrosa de Enver Hoxha —de la que lo único cierto que se sabe es que su capital se llama, justamente, Tirana.

Ya les he dicho a los lectores de la *London Review of Books* (edición de junio 4-17 de 1981) cómo fueron esos breves encuentros con Fidel Castro (desde ahora llamado el Tirano) que tuvo en el pasado Padilla (el Poeta) en territorio enemigo. Dejamos al Tirano diciendo adiós al Poeta a su manera desde la puerta de una de sus guaridas de guerrillas en plena Habana. El Tirano, como se ve, no tiene dirección fija: toda Cuba es su doloroso dédalo, al que es central, pero su infierno es una espiral sin centro. Cuando el Poeta, que no quería llamarse ni Teseo ni Deseo, dejó el laberinto en que la Bestia ruge fue con ayuda de una improbable Ariadna, cuyo nombre en las boletas para presidente de los USA en 1980 era senador Kennedy. Cuando K. le dio la bienvenida más blanda al Poeta en el aeropuerto de Naxos o Nassau, todo lo que dijo fue: «¡Hola que ya me marcho!» —y desapareció en seguida en segundos. Ahora el Poeta solo por su cuenta y riesgo con el conocimiento peligroso de no haber matado al monstruo en realidad: sólo había herido su orgullo, tan duro como su cuero. Una vez más tuvo que vivir con Malicia.

En su nuevo ambiente el Poeta oyó amenazas de las masas que nunca le oyó decir a la Bestia, siempre soberbia. Sus perseguidores se preocupaban (los secuaces siempre se asustan) por oír la voz del Poeta cantar. No es que temieran que escribiera letras de canciones que cantaría después. Lo que temían era que escribiera sobre el laberinto que algunos llamaban un magnífico edificio —¡incluso decían que tenía la forma de la horma que vendrá! Pero el Poeta sabía que se trataba de un espiario.

Escribió poemas, dio charlas y hasta publicó una novela que había sacado con más astucia que trabajo de contrabando de la isla. Este libro mostraba que las pesadillas son los sueños de que está hecha la historia. Como Goya pero peor. Como Shakespeare en *Macbeth,* aunque no ocurría en Escocia en el pasado remoto, sino era un terremoto que sacudía a su isla, rodeada de las aguas turbias de la política presente en que la ceremonia de la inocencia —un bautismo en pila pútrida— se ahoga en gritos obscenos: *Heil Hitler! Evviva il Duce! Viva Fidel!* La Bestia está llena de la más apasionada intensidad, mientras que los beatos no sólo no tienen sino que ni sostienen la necesaria convicción cuando temen ser convictos —y son confesos. A veces los beatos son huéspedes, como el rey Duncan, de la Bestia que no muere.

Dos autores ingleses fueron a Cuba. ¡Qué dolor, qué pena! Uno fue cuando ya Fidel Castro era amo y señor de la isla —o más bien archipiélago. El otro fue después y antes del segundo advenimiento. Edna O'Brien, pobre dama dolida, visitó Cuba como Alicia viajó al otro lado del espejo —*per ignotas.* ¡Es que Inglaterra es tan aburrida cuando llueve por la tarde! No hay nada pero nada que hacer. Además quería saber cómo se ve la llama eterna de la Revolución cuando está apagada. Y probar la leche de la bondad humana en el espejo. Así llaman al daiquirí en La Habana.

Le dieron un viaje con guía (que es la versión cubana del perro para ciegos) por la isla (la parte izquierda nada más) y habló con figuras menores que pronto la convencieron de que eran mayores. Su fotógrafo tomó fotos a color en todas partes que el tiempo (y las autoridades) lo permitía. Trajo ella de regreso un trofeo del otro mundo: el doloroso retrato de un campesino sin camisa ni zapatos con su mujer. Parecían los esposos Arnolfini a través del espejo que se ve en la pared. Su miseria, como todo lo que se pudre en Cuba hoy, estaba hecha en USA —*antes* de la Revolución. Apresó ella el todo para la cubierta del magazine del *Sunday Times,* más una vasta vista dentro. Lamentablemente (doble lamento) la habían tupido, pero ella ni siquiera tenía la impresión de que la habían engañado.

En Cuba, cualquier nativo que entra en contacto con un extranjero (sobre todo si es un escritor o un periodista, profesiones preferidas de los regímenes totalitarios que saben lo que es la propaganda) pertenece a Seguridad del Estado o al G2 o debe pedir permiso para recibir —a un extranjero. Funcionarios del Ministerio del Exterior, empleados de la Comisión de Turismo y ejecutivos (menores) de la Unión de Escritores que te saludan en el aeropuerto (y te dicen adiós también), todos lloran con lágrimas de cocodrilo. También los guías, los intérpretes y hasta ese señor tan amable entrado en canas con quien te tropiezas en todas partes. Sí, ese mismo que tiene esa sonrisa de caimán con dentadura postiza, trabaja también para el G2. En Cuba no sólo el Hermano Mayor te vigila. También lo hace el Hermano Menor, que es Raúl Castro.

La señora O'Brien no sólo no vio bien. Tampoco oyó bien. Habla en su artículo de los *infamos* (sus cursivas son de ella) que le parecían —¿cómo decirlo?— *extraños*. Saben, diferentes. Esos *infamos* deben de haber parecido como lucían los *hippies* ante cualquier *punk* de hoy día. Pero *beatniks, hippies* y aun un pálido *punk* están prohibidos en Cuba, de acuerdo con una ley contra «la extravagancia y el comportamiento antisocial». Comportamiento que incluye el crimen social de usar *blue jeans* y zapatos de tenis, no cortarse el pelo largo y hasta llevar barba —a menos que te llames Fidel Castro o seas uno de los pocos felices comandantes que estuvieron en la Sierra, combatiendo al ejército de Batista o al tedio.

Lo que Edna O'Brien oyó mal es la palabra *enfermos* (*the sick ones* en inglés), sociales o morales. Así es como llamaban a esta pobre gente antes de llamarla *escoria*

y ser expulsada de Cuba a Estados Unidos por indeseables por el puerto de Mariel en 1980. Aquellos que tuvieron
la suerte de clasificar como pederastas, lesbianas y mendigos dejaron el Mariel como escoria para convertirse en
gusanos al desembarcar en Miami. Todas estas etiquetas
fueron fabricadas por el doctor Castro, un lingüista tan
imaginativo como el doctor Goebbels.

El otro escritor inglés de nota que visitó Cuba para escribir después fue Graham Greene, el hombre que
llamó a Philby «mi amigo». Estuvo en La Habana antes
pero no después de Edna O'Brien, creo. A veces veía a
Castro por el camino de Torrijos, el difunto hombre fuerte de Panamá. En todo caso ha estado en Cuba varias
veces, durante el régimen de Batista pero las más veces
después que Castro tomó el poder. Graham Greene escogió ser enemigo de Batista pero amigo de Castro por razones religiosas. Se ve a sí mismo como el Paracleto de
Castro: el consolador de Fidel. Aunque no es más que el
abogado del diablo. Sea como sea, Cuba bajo Batista se
probó no tan agradable pero fue por cierto más provechosa
que bajo Castro. Greene no ha escrito todavía *Nuestro hombre en La Habana* (segunda parte —que, ya se sabe, nunca
es buena) y encontró problemas con la censura cubana
cuando estaban rodando su película en La Habana en 1959.
Lo sé porque fui yo quien arregló el primer encuentro entre
Greene y Castro, a la sombra de la catedral, para allanar
las dificultades sobre los adoquines de la plaza, que había
encontrado como piedras en su camino el director Carol
Reed con los censores castristas.

Sin embargo Greene ha escrito muchos artículos
y dado innúmeras entrevistas sobre Cuba y ha publicado

un largo relato sobre Castro y su revolución. El más importante de los artículos es el más difícil para los lectores ingleses si quieren entender lo que pasa en Cuba. Esta pieza es una alabanza (hala, avanza) a Castro llamada *El marxista hereje* —lo que Castro no es ni nunca ha sido. Como testimonio no hay más que ver el apoyo servil a la Unión Soviética en su invasión de Checoslovaquia (1968), Afganistán (1979) y Polonia (1982). Este hombre, Castro, no Greene, es un títere rojo con uniforme verde —que es *green* en inglés. Como diagnosticó otro escritor que visitaba a La Habana por estas fechas, el experto en marxismo francés de origen polaco K. S. Karol: «Si Castro es marxista, entonces se trata del marxista más crudo que he visto».

Greene trata de establecer una comparación entre Castro y Batista que es grosera, viciada de origen. «Cuba es ahora un país», declara mundano, «y no la mera capital en busca del placer que era bajo Batista». Castiga a Cuba, aunque probablemente sólo quería decir La Habana, por ser la capital del placer cuando gobernaba la isla Batista. ¡Ojalá que lo hubiera sido! Viví y vi allí suficiente dolor para hacer no una frase sino llenar un volumen. ¿Y qué hay de malo en que La Habana fuera la capital del placer? ¿Es la capital del dolor más deseable? ¿O la capital del llanto? El Papa llama a Madrid liberada de Franco una capital hedonista —es decir ansiosa de placer. ¿Debería España entonces regresar a los días de dolor de Franco? Quizás La Habana fuera dolorosa para los masoquistas con cilicios de silicón en el trópico, pero no para mí. ¿Es la capital del placer peor que la capital de *El capital*? ¡Si solamente Batista, dado al dolo, se habría hecho un Kuba Khan y creado un domo de placer que llamara Xanadú!

Es probable que Greene quisiera decir (y no he decidido todavía si es un escritor confuso o un hombre confundido) que había casinos en La Habana bajo Batista —y también por supuesto mucho antes. Nadie piensa que Batista inventara la ruleta o creara al crupié.

Pero si Greene quiso llamar a los casinos «antros de perdición» como un moralista victoriano (esos que escondían el sexo perverso bajo el macferlán de las buenas maneras) estoy seguro de que en sus visitas de 1959, 1957 y antes jugó en esos casinos. Si no, creo que es más sano jugar a los dados de adulto que a la ruleta rusa de joven, como ha confesado Greene demasiadas veces. En todo caso hay más casinos en Londres ahora que había en toda Cuba antes de 1959 —y esa profusión no hace de Londres un palacio del placer.*

Si la elección fuera entre un país y una capital del placer seguramente que un millón y medio de cubanos no hubieran huido bajo riesgo (y por todos los medios) de una isla rodeada de alambre de púas, infestada de policías más que de tiburones. El resto del artículo es Graham Greene cayéndole detrás a Fidel Castro por toda Cuba, como Holly Martin perseguía a Harry Lime por toda Viena en *El tercer hombre*. Es obvio que no sabe to-

---

* Este escrito provocó una pataleta de Graham Greene, que trató de defender lo indefendible: la obscena presencia política de Fidel Castro. Hice añicos su patética prosa y no vino a por más. Pero vino por el vino. Su hermano tiene una librería de viejo en Gloucester Road, a apenas tres cuadras de mi casa. La visito a menudo. Un día entré entretenido en la tienda y me di cuenta demasiado tarde en la tarde que había una celebración, un aniversario. En todo caso esa reunión que les gusta tanto a los ingleses: un party. Allí, central, alto y con su más cara máscara de pez abisal que nunca, estaba Greene con una copa de vino en la mano. Antes de dar media vuelta y salir a la calle vi enrojecer su cara sin sangre. ¿Temería una bofetada real, no literaria? ¿O era el vino?

davía que su héroe caribeño es en realidad el malo de la película.

Greene escribe sobre Celia Sánchez, factótum femenino de Castro, y sobre Haydée Santamaría, prócer profesional de la Revolución —siempre con mayúsculas, a la mayor grandeza de Castro. Ambas están ya muertas. Celia Sánchez murió de cáncer y fue enterrada con todos los honores. Pero la Heroína Haydée (a quien, según Greene, todo el mundo en Cuba la llamaba Haydée, cuando no la llamaban *Yeyé,* su apodo) se levantó la tapa de los escasos sesos hace poco. Greene tuvo un sueño sobre lo que habría pasado si Haydée hubiera muerto en el asalto al cuartel Moncada en Santiago de Cuba en 1953, ataque dirigido por Fidel —el nombre que Greene le da siempre a Castro. Haydée era una de las dos mujeres que fueron con los atacantes de enfermeras. Si Haydée hubiera muerto entonces, especula Greene, «habría sido enterrada en el panteón de los héroes y su entierro habría sido esa cita que (todos los cubanos) sabrían de cierto a la que Fidel habría asistido». De hecho, antes de matarse (el 26 de julio de 1980, en el aniversario del asalto), *Yeyé* envió, como testamento, una carta de despedida a Castro. Por supuesto que esta carta última de una líder revolucionaria desilusionada, tanto como su suicidio, nunca se hizo pública. (*Yeyé* fue ingenua hasta el final —y también Greene de paso.) Haydée Santamaría no fue enterrada en el Panteón de los Héroes ni hubo una sola manifestación de parte de un Castro consternado. Tuvo ella, en su lugar, un velorio privado en una funeraria de segunda mano en La Habana —y éste fue otro *rendezvous* histórico que Fidel Castro no cumplió.

Greene mantiene que Fidel Castro es objeto de veneración aun en su nombre —Fidel: «Al que ningún cubano, excepto el enemigo, llama Castro». Uno de los más atroces tiranos que ha existido en América, el mexicano Porfirio Díaz era conocido, respetuosamente, como don Porfirio. Llamarlo de otro modo era dejar ver que se tenían los Díaz contados —y este atravesado podía morir de Porfiria.

Cuba es un país comunista (aunque Castro no lo sea) y un país comunista es un mundo de mentira y miedo. Los trabalenguas del charlatán se transforman en seguida en la lengua bífida del ofidio del siglo XX —y nadie nota nada. Los poemas de Heberto Padilla fueron escritos, la mayoría, en La Habana, capital de Cuba y Cuba es una isla del Caribe en que Fidel Castro, cubano apenas (su padre nació en Galicia y su madre en el Líbano), educado por los jesuitas, sectarios extranjeros, pero con todo podía gritar en sus manifestaciones: «¡No somos latinos! ¡Somos más que latinos! ¡Somos afrolatinoamericanos!». (Y casi se atraganta con esta última frase hecha nombre.) Pero nadie preguntó si era genéticamente posible ser semejante engendro. Nadie preguntó si Galicia tiene ahora frontera con Namibia. Nadie cuestionó esta arte combinatoria. ¿Por qué no latinoafroamericano o afroamericanolatino o —¡al carajo! Nadie pregunta nada a nadie en Cuba y vive para contarlo. Pero lo que Castro quiso decir es que *su* Cuba tiene derecho racial a intervenir militarmente en toda África. Adolfo Hitler, más modesto o más tímido, dijo lo mismo de *media* Europa.

Fidel Castro era conocido en sus días de estudiante (que quería decir agitar mucho y estudiar poco o nada) como *el Gallego.* Es decir, era *pañol,* de España, parcela y parte de la herencia española en América. De la tierra que nos dio a Pizarro y a Aguirre y los conquistadores viene ahora ¡el caudillo! O su variante americana, ¡El Caudillo! En España Francisco Franco se hacía llamar El Caudillo, Por la Gracia de Dios. Castro es otro avatar voraz del caudillo. Ha habido otros ávidos avatares, el monarca absoluto hecho ahora obsoleto. Hubo Rosas en Argentina, cuyas manos sucias no olían a rosas precisamente. Hubo Francia en Paraguay, que se llamó a sí mismo «Yo el Supremo». (Supongo que sus hijas, educadas en Inglaterra, se llamaban *«the supremes».*) Hubo Gómez, que no inventó la goma en Venezuela pero que ordenaba que sus enemigos políticos en la cárcel fueran minuciosamente enculados en público. Hubo la dinastía Somoza en Nicaragua, en la que Anastasio, avatar de avatares, dijo poco antes de ser derrocado: «Cuba era el último país de América en que podía triunfar el comunismo» —sin saber que el suyo sería el penúltimo. Hubo Trujillo en la República Dominicana, que se sacaba las cejas y se teñía el bigote con un lápiz Very Blak cada mañana que llamó a su capital Ciudad Trujillo y a su hija Flor de Oro. Hubo Pérez Jiménez, ávido de placer, que llevaba gafas y corría tras deliciosas modelitos desnudas, corriendo ellas por la playa para ser perseguidas por *el Cerdito* en motoneta. Cuando alcanzaba a una se aseguraba los lentes y ella tenía que preguntar: «¿Para qué son esas gafas, *Cerdito*?» y *Cerdito* respondía: «Para verte mejor, mujer». La playa era privada, la mujer era pública y el país Venezuela de nuevo. Hubo Ubico, dictador ubicuo en su motocicleta errante. Hubo Perones, hembra y hombre: ella era actriz, él era espectador.

Hubo Batista, que siempre se vestía de blanco y era ducho en la ducha para quitarse el hollín de sus antepasados. Y hubo —no, no qué va: la lista es mucha para pensar en coincidencias. Los caudillos tenían de indio, de negro, de mulato— pero sólo a medias. El resto era español.

Cuando ese último avatar muera en Cuba (y cada vez parece más su propia figura de cera: se le ve de cera no de acero) los escritores y los periodistas ingleses no tendrán que ir a pie a ofrecer sus respetos bajo el feroz sol cubano. Para rendir homenaje al caudillo hispano no hay más que ir a un vetusto cementerio en Southampton. Ahí encontrarán la tumba de Rosas, que murió en la tenue tiniebla (o en la niebla) de 1877. El general gaucho, descrito por Borges en un poema, como el Macbeth argentino (todos los caudillos son usurpadores), en que había dagas y había Rosas, se fue al exilio en Inglaterra —todo argentino es un proyecto de inglés desde una realidad de italianos y judíos— y allí murió. Cuando Perón regresó de entre los muertos políticos para arrebatarle el poder a los legales por medios ilegales, un periodista argentino, marxista ahora, antes liberal del Perico, vino a visitarme: «Vengo en misión oficial», creyó necesario informarme. «Me llevo a Rosas para Argentina.» Quería que fuera con él a Southampton y a la niebla. Le propuse a mi vez ir a cierto cementerio en Londres. Entendió mal. «Ah», me dijo. «Quieres que visite la tumba de Marx primero.» «No», le dije. «Quiero que veas la tumba de Mosley.» «¿Y quién es Mosley?» ¿Cómo explicarle? Un salto atrás, un avatar avieso, un fenómeno histórico —Oswald Mosley, el caudillo inglés. Fenómeno debe leerse en el sentido de monstruo de feria.

Todo comenzó a echarse a perder para nosotros los escritores cubanos cuando tuvieron lugar las reuniones con Fidel Castro en la Biblioteca Nacional en junio de 1961. Pero para el Poeta el mal corrió antes. En 1959, cuando se hizo corresponsal en jefe en Inglaterra de la agencia Prensa Latina (fundada por el Che Guevara, que entonces no quería crear el hombre nuevo sino el nuevo argentino: la agencia estaba toda llena de facsímiles) y vino a Londres —para meter la pata política. Como cuartel general de la agencia escogió un edificio en Fleet Street donde ya tenían su agencia la AP y la UPI. Cuando esta coexistencia espacial se conoció en Cuba acusaron al Poeta de vender (¿qué cosa: noticias, secretos?) o venderse al imperialismo yanqui —y fue llamado a contar en La Habana. Luego vinieron las conversaciones o el monólogo de Fidel Castro, que terminaron con la prohibición del magazine literario que yo editaba y en el que el Poeta colaboraba a menudo y otras veces a veces.

Luego arrestaron al Poeta y lo hicieron confesar crímenes inconfesables (o no conocidos todavía: tan nuevos eran) con violencia que en Inglaterra, por ejemplo, se llamaría tortura. Sus interrogadores (los curiosos lectores de Seguridad del Estado) usaron la versión castrista de la *Ad extirpanda* medieval, inventada por la Inquisición en el siglo XV. Ahora era una versión perfeccionada hasta hacerla *Ars extirpanda:* la caza de herejes en las artes y las letras acababa de empezar de veras. Era abril, que es siempre el mes más cruel para el poeta. El año era 1971, exactamente diez años después de las Conversaciones en la biblioteca, cuando Fidel Castro concluyó su monólogo (y las reuniones) con frase que los admiradores de todas partes creyeron que era un reporte para la academia de la felicidad, pero que nosotros todos oímos como un toque de queda. Dijo Fidel Castro, esperando el aplauso (que vino: de todos, de nosotros también), «Con la Revolución todo. Contra la Revolución nada». Se quedó con el todo y dejó para nosotros la nada.

Legados es una selección más que una colección de los poemas de Heberto Padilla. El lector inglés encontrará poemas excelentes, pero el enterado echará de menos un poema o dos que fueron evidencia un día para la noche conocida como la Confesión de Padilla. O el «Caso Padilla», que suena a una trama que sólo Hércules Poirot podrá desvelar. Es comprensible que falten esos poemas: es la voluntad del Poeta. O al menos su deseo.

«La compañera de viaje» es la Historia (mayúscula del autor) vista desde un tren: vapor, viento y velocidad que crean la ilusión de un *perpetuum mobile*. Pero el Poeta puede más:

> *Pero yo sólo veo*
> *caminos y alambradas*
> *y bestias.*

El final de este poema corto ha sido traducido de manera maestra, con el Poeta que ve a su compañera de viaje como una mujer

> *clavándome unos ojos preciosos*
> *pero insalvables.*

En «Calma» las líneas líricas se transforman en una alarma totalitaria por la insurgencia del descuidado espía que toma su desayuno no con café fuerte cubano sino con té en un vaso. Fue Chesterton, noble conocedor, quien dijo que el té, como todo lo que viene de Oriente, es veneno si se hace fuerte. Los sueños se han hecho pesadillas: Morfeo es amorfo ahora. En «Los amantes del Bosque de Izmailovo», el único refugio del Poeta en Moscú es leer a Block y a Yesenin —hasta que advierte que son sólo libros «con nuevos huecos de gusanos». Pero el Poeta nunca dice que en la capital soviética compartía un oficio con Aníbal Escalante, un derrotado Aníbal cubano desterrado a Moscú después de una guerrita púnica, punitiva: ni fenicio ni fénix, sino rival de Castro y por tanto enemigo del pueblo. Escalante, que fue el líder comunista más poderoso de América, escogió en vez de la estricnina el estricto exilio —al revés del verdadero Aníbal. Era ahora un esclavo de las galeradas que se sentaba en una imprenta de Moscú junto al Poeta migratorio. Con el tiempo el Poeta y el político pudieron volver a Cuba: el Tirano, como ven, perdona pero no olvida. Escalante regresó para ponerse al frente de su facción roja y tratar de arrebatar el poder rojo y negro de las fauces de Castro —y terminó sus días (y sus noches) en la cárcel. El Poeta trató de domar a la Bestia con la belleza de la poesía y compuso villancicos para un villano que había abolido la Navidad.

Padilla tenía que ser liberado más tarde o más temprano —y lo fue más tarde. Ahora libre se opone y su *liberum veto* son estos poemas que ha traducido Alastair Reid, el poeta del East Neuk of Fife, en Escocia. Reid es, como conviene a un escocés, escueto. Padilla es de Pinar del Río, de Puerta de Golpe, ese pueblo que cultiva, tras la puerta, como un misterio, «el mejor tabaco del mundo». Padilla no es puro pero fuma puros. En *Legacies* el *kilt* es como una capa de Camerún que cubre la fuma del exilio. He aquí algunas muestras. Las damas primero.

«Consejo a una dama» es un poema en el que Padilla, como un Sexo Propicio o más bien Ovidio de olvido, le da apuntes a una dama de la alta burguesía renuente a desaparecer sobre cómo portarse, comportarse, impropia pero de acuerdo con los tiempos y la moral, todos nuevos. La dama debe incluso meter en su cama a un joven becado y dejar que «sus muslos realicen el juego de contrarios». Reid tiene una frase elegante para dar cima a esta guerra de los sexos que empieza y termina en un combate de clases: «Meta un becado en su cama». Transformando el becado en un escolar (es decir también un erudito) le da al lector inglés el beneficio de la elección. Pero becado tiene una connotación muy cubana, especialmente desde 1960, cuando la Revolución comenzó a dar becas a estudiantes de las provincias para venir a estudiar a La Habana. Los becarios eran en su mayoría campesinos ignorantes, rústicos pueblerinos y provincianos sin gracia —y todos muy, muy jóvenes. Padilla, que odia los juegos de palabras (como Castro que siempre escoge la espada y deja a la pluma todas sus connotaciones femeninas), nunca se dio cuenta de que becado cae muy cerca de bocado, que un becadito puede ser un bocadito. Un becado buscado es un becado pero también lo puede ser una mujer, para la furia feminista.

Padilla le debe mucho a unos cuantos poetas ingleses: es admirador y traductor (se pueden ser las dos cosas, saben) de Coleridge y de Keats y de Byron. Pero parece más cercano a Blake, poeta que creo crudo y burdo. Como poeta, Blake es tan ingenuo como primitivo pintor es: mero ilustrador de temas bíblicos con más pretensiones que estaciones hay hasta el Calvario, que en inglés, *Calvary,* a menudo confundo con *cavalry,* caballería —rusticana siempre. *Tyger, tyger, burning bright* me es más simple, simplón, que el *Windy Night* de Stevenson. Son rimas infantiles para niños con miedo al medio de la noche: «*Whenever the wind is high / Whenever the moon is set / Dark and wet / A man goes riding by*». Y no lo traduzco para no cometer traición —no hay Stevenson que traicionar aquí: él mismo se traiciona— sino para la rima ramplona.

En «Oración para el fin del siglo», el Poeta sostiene que en el día de hoy está el error que alguien habrá de condenar mañana.

Fue un error que cometió el tirano al dejar ir al Poeta —uno que tendrá que condenar mañana: estos poemas son un memorial. Unos poemas, «más o menos» según Carpentier, nunca han matado a un tirano. Al revés es verdad. Hay tiranos que han mandado matar a un poeta porque un soneto o dos no rimaban. Pero los sonetos, en un régimen totalitario, son un irritante que un día podría convertirse en el tábano de disturbios políticos y aun rimar con revueltas callejeras. ¿Si no por qué hacer que Yesenin se matara o matar a Mandelstam o bloquear a Blok? Padilla queda bien lejos de ser un poeta comunista según la regla rusa.

El Poeta llama a Cuba «El sueño de Marx» (o más bien el proyecto proletario) y el sueño se convierte en una de las revelaciones más siniestras de san Juan el Apocalíptico. El comunismo no es más que la verdad de Vico: un armagedón demasiado frecuente. Para el Poeta, como para mí, Cuba es un sueño de medianoche que se agrió a la mañana siguiente. Hasta compartimos experiencias similares pero por separado. Al Poeta se acerca en el poema de este nombre un joven ruso que lo ha estado rondando en «una vasta plaza». Pero todo lo que quiere es comprarle su impermeable de nilón, un abrigo barato *pero* hecho en el capitalismo. Años atrás cruzaba yo la ventosa Plaza Roja con Carlos Franqui (el único revolucionario real que hizo algo por la cultura en Cuba sin provecho personal o político, que sin embargo le costó su cargo —y casi la vida) cuando Franqui, con su experiencia de la clandestinidad, notó que nos seguían con cautela. Dejamos que la sombra se nos uniera y le preguntamos en inesperado esperanto qué carajo quería. Pero todo lo que dijo el acechante acezante fue por señas: señaló al impermeable de Franqui, una capa barata pero hecha en Occidente. Era obvio que quería comprarla. El extraño arriesgaba la cárcel por esta actividad antisocial. Reconociendo a uno de esos «pobres de la tierra» señalados por *La Internacional* como los beneficiarios del comunismo, Franqui se quitó su impermeable y se lo dio a este hijo del sistema soviético, que en realidad estaba interpretando un cuento de Gogol, *El capote,* cien años después. Y ahora a otro ruso, reclamando su libertad fundamental de comprar un abrigo, Padilla le daba este poema veinte años después.

«Técnicas de acoso», poema publicado en USA cuando el Poeta era un preso más en la isla, es una cura para la paranoia. No hay delirio de persecución allí donde la persecución es delirio. El zorro a punto de ser cazado ve los sabuesos fantasmales que corren detrás como terriblemente reales en la neblina en la mañana. Los agentes que persiguen al Poeta son dos cositas ricas que se perfilan reales: sabuesas sabrosas. En Cuba las muchachitas son los mejores agentes, no agentas, que se pueden permitir experiencias deliciosas. Estos agentes pertenecen a un club siniestro: la KGB cubana, conocida popularmente como G2, código americano que Batista pidió prestado para dejarlo de regalo a Castro. Si perteneces al G2, muchachita, y eres joven y bella puedes convertirte en un delicado detector de enemigos del Partido, el pueblo y la patria. Haz la cola, compañerita.

En «Via Condotti» hay que alabar la traducción del símil cubano «desnudo como un Cristo veloz» como *«streaking Jesús»,* que es perfecta. Y muy próxima a la irreverente parodia de Jarry en *La Pasión del Señor considerada como la vuelta a Francia en bicicleta* que comienza, muy simple, con *«Jesús demarra».* En otro poema, «Lamentación», Padilla se dirige al segundo rey de Roma como «mi viejo Numa Pompilio», quizá porque antes siempre llamó al doctor Castro por el familiar Fidel tan caro a Greene. Pero reconozco esa rara familiaridad con los antiguos como la que permitía a Cavafis admirar a Antonio y mirar a Augusto con lascivia. Tal familiaridad, como cualquier otra, engendra desprecio —o al menos desdén.

Como casto castigo uno de los mejores poemas es la larga oda a «Infancia de William Blake», un poema tan espléndido que me sentí tentado de citarlo todo. El escritor como crítico debe de darse un Oscar Wilde al declarar que hay que resistir a toda tentación —incluyendo una cita. Pero quiero revelar al menos el final:

Noche, tú de algún modo le conoces.
Por unas cuantas horas
permite, al fin, dormir a William Blake.
Cántale, susúrrale un fragante cuento;
déjalo reposar en tus aguas,
que despierte remoto,
sereno, madre, en tu heredad de frío.

Es bello en español y en inglés también. Pero déjenme decirles que no es ésta una voz española. Ni siquiera en la más reciente tradición, la de Lezama Lima, oscuro y espléndido. Como es su cópula contra natura de Góngora y Mallarmé: sodomía y segregación. Es la tradición inglesa en español, de la que Borges es discípulo y maestro. Pero en el próximo poema, «Wellington contempla en su jardín un retrato de Byron», Padilla se mueve más como lo hace Cavafis con el pasado que se transforma en un presente histórico. Cavafis, griego entre griegos, no tenía que ocultar que era algo diferente —no como camarada en la cama sino en su poesía. Padilla tiene que ocultar que es un hereje entre creyentes. Esos hombres son peligrosos —y me refiero, claro, a los creyentes oscuros. Aun si fingen serlo. Sobre todo si fingen serlo.

Hacia el final (del libro, de la prisión) Padilla muestra un giro metafísico, probablemente después de mostrar una forma de democracia burguesa al traducir a sus pares y maestros ingleses para beneficio tanto de sus carceleros como de sus hermanos de cárcel. Hubiera sido más beneficioso que tradujera a los poetas rusos del pasado y aún mejor, a sus contemporáneos soviéticos, que viajan, al extranjero y al trópico. Pero los últimos no son maestros sino esclavos eslavos. No es tarea para el Poeta que tiene que urdir sus versos en lo oscuro y recorrer de noche esas calles de La Habana, llenas no de frío sino de escalofrío como un artista sonámbulo la cuerda floja. En un país comunista cada pie da un paso en el vacío.

Es argüible que el mejor poema del libro sea «Retrato del poeta como un joven duende». Hay una trampa tierna en el título, que alude al duende como mago, como es brujo el amor para Falla. Pero también es un *elf* y yo diría aun *imp* para hacer la conexión entre Poe y el Poeta. El poema es enteramente libre: de historia de política, de Cavafis, del cancán de Kant que baila Marx con barbas y el resto de esa ruidosa banda militante. Debió haber sido escrito en los verdes *campus* de Princeton, donde Padilla vive, con su dama morena de los sonetos (que ella escribe), su hijo que es un muchachón y su perro que ladra a los árboles y a su sombra al sol de los justos y los injustos.

«Nota» —«Para los cazadores de lo maravilloso»— es el poema mejor traducido. Los caza-maravillas son los seguidores de Alejo Carpentier, difunto y por ende el escritor favorito de Castro. Esas soldaderas creen que el violinista en el techo es un emblema del nuevo credo estético y no un cuadro *faux-naïf* de Chagall (que sirvió para dar título a un *musical* de Broadway), donde el único violinista visible está ahora en el techo cogiendo goteras. En algunas novelas sudamericanas la gente despega para volar que da gusto —o al menos da gusto a los que vuelan. Se supone que sea una hazaña prodigiosa. Pero eso es lo que hacía la novicia sin vicio en la televisión, en la serie de *La monja que vuela*, abuela. No en balde hay ahora escritores por todas partes que creen que el realismo mágico surgió en Sudamérica, inventado por un autor francés nacido en Cuba que hacía gárgaras gálicas con el español. Quien se crea eso se puede creer no ya que las monjas vuelen sino también las nanas, *nonna*. Con tal de que no las llames *groundmother*.

Un extraño nexo de poesía une a Borges y a Lezama con Padilla (aunque los dos cubanos no se amaban mucho ni poco) y este lazo se llama Quevedo, español que esgrimía la pluma como una espada y albricias versa. Pero Padilla prefiere el paredón y ser fusilado al alba a ser llamado barroco en el bar del Roco o berraco en cada esquina de La Habana. Vana pretensión porque ahí está «El monólogo de Quevedo» y ya en el barullo de al lado, «La aparición de Góngora», el hombre que inventó esa marca de champaña español, esa cava que no se acaba, El Barroco, vino que es un destino y se va a la cabeza como vino. Borges podrá llamarlo «el estilo que lleva en sí mismo su parodia», pero Padilla nunca parodia, aunque odia, ningún estilo —ni el suyo propio.

En «El relevo» donde

> *Cada vez que entra y sale*
> *una generación dando portazos*
> *el viejo poeta se aprieta el cinturón*
> *y afina el cornetín como un gallito.*

oímos el desafío del poeta que fue joven que gruñe a su oponente, un peso pluma: «¡Arriba, campeón —canta!». Pero en seguida en «A ratos esos malos pensamientos» el Poeta habla de un problema personal que concierne

—o debe concernir— a todo poeta comunista o comunista en cierne o poeta por ser —y por supuesto a todo poeta vivo. Sin embargo uno no puede hacer más que cuestionar. ¿Fue este hombre —un animal literario no político— alguna vez de veras comunista? La única respuesta está en «Dicen los viejos bardos» (no bárbaros, no barbudos), que debiera ser el último poema del libro, dado que tiene que ver con el poeta no con el Poeta:

No lo olvides, poeta.
En cualquier sitio y época
en que hagas o sufras la Historia,
siempre estará acechándote algún poema peligroso.

El último episodio de la historia continua del Poeta y el Tirano (desde Pekín hasta el *Pekín* de la calle 23 y 12) tuvo lugar en Barcelona este verano. Padilla viajó a España con su mujer poeta y su hijo y su perro a por el sol, a oír el idioma que cada vez menos hablaban y a ver a su editor catalán. Quería mostrarle cómo había ido de lejos en su memoria, pero en vez de irse a un hotel se fue a quedar con su amigo Mauricio Wácquez, chileno exilado. (Que vivimos en la mañana de la Era del Exilio no de Acuario.) Una tarde todos fueron a dar un paseo por las Ramblas y almorzar en una fonda al aire libre. Cuando regresaron encontraron la puerta del apartamento entrejunta después de haber sido abierta a la fuerza. Dentro todo parecía estar en orden. Faltaban algunos utensilios pero los ladrones ni siquiera habían robado una visible máquina de escribir nueva. Pero faltaba algo, sí: el manuscrito de las Memorias de Padilla no apareció por ninguna parte.

Padilla me llamó para decirme que el manuscrito robado era sólo una copia. Le dije algo al Poeta de *La carta robada* de Poe, pero él continuó en su continuo: «¿Tú te crees que yo iba a dejar mi manuscrito original por ahí así como así?». Soltó una risa típica, mitad carcajada, mitad cacareo. «Mi amigo, he vivido lo suficiente en la Cuba de Castro para no saber que el descuidado pasa a ser cadáver al canto de un gallo, de la noche lúcida a la negra mañana.» Volvió a reírse: «Saben o debían saber que tengo otra copia o que guardo el original en otra parte». Se puso serio: «Esto no es más que un aviso, como la alarma que suena antes de que entre el ladrón. Querían que yo supiera que me pueden alcanzar cuando quieran. Esto no es más que una señal en su código Morse». Lo interrumpí: «Un código Marx entonces. Lo siento», me disculpé. «No lo pude evitar. Sigue, por favor, por favor.» Padilla sonaba mortalmente serio: «Castro no quiere que yo diga *todo* de Fidel. Debía saber ya que no lo voy a decir todo. Soy un poeta que sabe que la justicia poética no tiene nada que ver con la poesía».

Tiene que ver menos con los poetas, aun con los poetas muertos. Hay gente en España que se negó a creer que el robo fuera cierto y dicen que fue un burdo guión para un golpe de publicidad barato. Es debatible que el robo tuviera lugar o no. Lo pertinente es que si no ocurrió bien pudiera haber ocurrido.*

Cuántos hombres (y mujeres) de buena voluntad hubieran creído, *antes* de ocurrir, que un escritor búlgaro

---

* Apenas dos años más tarde fui víctima del mismo robo que no fue robo. Extraños ladrones tan amigos de lo ajeno que no quieren apropiárselo.

exilado en Londres pudiera morir víctima en pleno día cerca del Strand, una ancha avenida, de un ataque con un objeto de uso inglés, un paraguas, que ocultaba el veneno más mortal que se conoce. El crimen, se sabe, lo cometió la KGB como un favor al tirano de turno en Bulgaria: un bacilo búlgaro. Y qué me dicen del reciente episodio del escritor rumano marcado para morir durante un cóctel ¡en su embajada de París! Los crímenes extraños no tienen por qué responder a motivos extraños. Para los amigos de lo plausible (que son muchas veces amigos de las causas progresistas, que siempre riman con marxistas), el último acontecimiento en el Caso Padilla, todavía abierto, no se debe al largo brazo del Tirano que trata de alcanzarlo, sino que es una movida viva de un poeta astuto que es también su agente de publicidad. Quizás. Pero ¿cuándo fue Pound veraz de veras? ¿Cuando como americano gárrulo perifoneaba en favor de Mussolini o cuando fue puesto en una jaula por sus captores y escogió el silencio de por vida?

Por otra parte (la parte sin arte comunista), ¿fue Lorca fusilado por los franquistas o fue un golpe publicitario en que le salió el tiro falso por la culata y murió al amanecer? A veces la vida del poeta recuerda horriblemente a la muerte del poeta.

Después de escribir lo que han leído vino la noticia de que el poeta Armando Valladares[*] iba a ser libera-

---

[*] Ahora la ceremonia de la inocencia realmente es asfixiante. Al término de la traducción, otro poeta, María Elena Cruz Varela, es asesinada en efigie. La obligaron, literalmente, pero no literariamente, a tragarse sus palabras —y el papel en que estaban escritas. No ha habido para ella una confesión a teatro abierto para ojos y oídos del mundo (y del país también, claro) sino la reposición, una vez más, de un juicio carroliano, en que primero vino el veredicto

do como consecuencia de una *demarche* del
francés de entonces. Inmediatamente la izquierda europea (esa a la que tanto temió en vida y aun después de
muerto Alejo Carpentier) felicitó unánimemente a Castro
por su gesto —y no por la primera gestión de haber puesto al poeta en la cárcel. Valladares voló de La Habana a
París vía Madrid. En el aeropuerto de Barajas fue tratado
como un espía que deserta y contrabandistas oficiales lo
sacaron a la carrera del avión cubano para meterlo como
un bulto en un avión francés a la espera. Amigos en Madrid y periodistas en París notaron que Valladares cojea-
ba pero pudo llegar hasta su mujer, Marta, que se había
casado con él en la cárcel de máxima seguridad —léase
ergástula. En París se quedó con Fernando Arrabal, que
era uno de sus sostenes más firmes. Llamé a Arrabal pero
no pude hablar con Valladares: había dado su palabra al
ministro francés de Cultura que no hablaría con nadie
hasta que aseguraran la salida de Cuba a su madre y hermana. Arrabal, con la única discreción que un anarquista
español puede tener en estos casos, me dijo que el poeta y
su bella esposa dormían en cuartos separados —«hasta
que no se casaran por la Iglesia en Miami». Como se sabe,
estaba prohibido hacerlo en Cuba. Estos votos de celiba-
to revelaban qué otro regente europeo tuvo que ver con la
liberación de Valladares. Era el Papa, que veía a Armando

(allanar su casa, atropellarla, embutirla de papel) y después la condena (me-
terla en la cárcel —y no de papel) y finalmente el juicio. Severo Sarduy preguntaba desde París, ¿se puede ser poeta en Cuba? Sí, si eres obediente y
estás con la revolución, que te lo dará todo, como se lo han dado a los Dos
Pilluelos, poetas pederastas ambos. No se puede si desobedeces y tratas de
decir que ese tipo con barbas y a lo loco no es más que el primer enterrador,
el Clown Supremo.

y a Marta como católicos ejemplares que sufrían por su fe. Pero hubo otros que contribuyeron a la liberación del poeta: el *Times* de Londres, por ejemplo, la rama inglesa de Amnistía Internacional y, último pero no a la zaga, el Parlamento británico. El historiador Hugh Thomas interpuso en la cámara de los lores una moción pidiendo al Gobierno cubano que liberara a Valladares. Éste es el mismo lord Thomas que en su historia de Cuba escribió que el *New York Times* —específicamente un artículo escrito por el difunto Herbert Matthews en febrero de 1957, después de entrevistar al líder guerrillero en su escondite de la Sierra Maestra— «creó para los amcricanos la leyenda de Castro» y así hizo posible que Fidel Castro se convirtiera en un «héroe americano». Veinticinco años más tarde he aquí lo que dice el *New York Times* de su héroe de ocasión:

> *Cuba ha dado fin por fin a la vergonzante prisión de Armando Valladares, que se ha consumido durante veintidós años por no estar de acuerdo con Fidel Castro. Mr. Valladares sin embargo se dio a conocer en el extranjero por su poesía. Pero ha quedado parcialmente inválido debido aparentemente a la polineuritis, el legado de una dieta de hambre con la que le castigaron durante seis años. Su libro de poemas se titula* Desde mi silla de ruedas.
>
> *Hace tres años le informaron a Valladares que iba a ser liberado y que él y su familia podrían salir de Cuba, pagando el precio que en sus palabras es:* «Debía escribir una carta negando a mis amigos entre los poetas y escritores del extranjero. Debía prohi-

bir a todos, incluyendo periódicos y otros organis-
mos, escribir sobre mí o sobre mi poesía... Debía in-
clusive denunciar y negar las verdades que han es-
crito al defender mi situación». Pero no se doblegó.
Hubo que obtener la intervención del presidente de
Francia, para terminar la ordalía del poeta, que tie-
ne ya cuarenta y cinco años.

Ponderen la situación: a pesar de su monopolio
del poder, Mr. Castro se ha sentido amenazado por
un poeta inválido. Eso en un régimen que se alaba
de enseñar a los cubanos a leer pero no los deja es-
cribir.

Quisiera añadir, sin embargo, que otro poeta cubano, Ángel Cuadra, antiguo castrista, pasó catorce años en la cárcel y luego, como un liberto, fue trasladado a una granja a trabajar la tierra. Pero Cuadra había cometido el crimen de enviar el manuscrito de un libro de poemas afuera. Cuando el libro se publicó en los Estados Unidos, fue forzado a completar su condena de veinte años en Boniato, una de las cárceles más crueles de Cuba, donde son expertos en crueldad. Cuadra cumplió su condena completa el año pasado. Pero está todavía en Cuba, transferido de la Isla del Diablo a Cayena, aunque añora la libertad y trata de dejar la isla —sin conseguirlo. Es, como Dreyfus, un preso fuera de la cárcel.

Aquí en Inglaterra, junto al Parlamento, hay un Rincón del Poeta para honrar a poetas y escritores. En Cuba, como en todo régimen comunista, cultivan un sentido del honor literario que es bien diferente al inglés. Allá ponen a los poetas en calabozos y en sillas de ruedas y en granjas de trabajo forzado. Así ellos también mantienen a sus poetas arrinconados.

Noviembre de 1982

Vintila Horia, escritor rumano exilado, al reclamar en vano a Ovidio para la fe cristiana escribió (o mejor concibió) que Dios nació en el exilio, infiriendo que Ovidio, en su exilio de Tomis, condenado por el emperador a una muerte en vida, soñó a Dios. Dios no nació en el exilio pero la literatura a veces parece haberlo hecho. La literatura del siglo XX, por lo menos, puede recobrar como suya una cierta parcela en el destino del exilio. *Exit,* tan cerca de exilio, quiere decir en inglés salida. Es, cosa curiosa, una despedida que sale del teatro, donde se originó. *Exit,* que significa también dejar la vida, tiene el mismo origen que nuestro éxito. Es que las palabras todas son siempre una proposición metafísica.

Joyce, Nabokov, Broch, Elias Canetti, Koestler, Solzhenitsin, Ionesco, Cernuda, Cioran, Reinaldo Arenas: todos escribieron o escriben en una forma manifiesta de exilio. No se entiende nuestro siglo sin el exilio. Pero hay una literatura que yo me sé que nació y murió en el exilio. Ocurrió en el siglo XIX pero esos escritores son nuestros contemporáneos. O al menos son *mis* contemporáneos. Leerlos es recordarlos de pie en una habitación oscura frente a una ventana que abren para mirarnos. Ellos nos miran. Muchos de nosotros sin embargo no los vemos. Están ante la ventana abierta y no los vemos. Ellos son los escritores fantasmas de América. Fueron, ni más ni

menos, lo que somos nosotros ahora. Hablo, por supuesto, de los escritores cubanos en el exilio.

Esa ventana que se abre es nuestra ventana ahora.
Habitamos esa casa, hoy, como proyectos de fantasmas.
Somos los zombis del futuro. Somos, como las víctimas del
vampiro, *the undead:* los muertos que no estamos muertos.

Antes de irme quiero rendir homenaje a aquellos
que Constantin Cavafis, poeta en un quiste histórico que
fue también un exilio, llamó nuestros seres queridos:

> *Voces ideales y amadas*
> *de los que han muerto o de los que están*
> *para nosotros*
> *perdidos como los muertos.*
> *A veces,*
> *a veces* (la repetición es mía)
> *nos hablan en el sueño.*[*]

---

* En la excelente traducción de Juan Ferraté.

El nacimiento de una noción

Cuba es el país que más exilados ha producido durante más de siglo y medio de historia americana. Esa historia es la crónica de una pelea cubana contra el demonio. La literatura cubana, qué duda cabe, nació en el exilio. Estuvo, en efecto, en el origen del nacimiento de una nación. Pero fue en realidad el nacimiento de una noción: nada tiene tanto éxito como el exilio. Hablo ahora no de Miami, sino de nuestra literatura.

En el exilio, hoy como ayer, ha habido no pocos escritores. Pero ninguno, ni siquiera José Martí, mostró un talento excepcional en Cuba antes de embarcarse «a navegar por otros mares de locura», para salir y al mismo tiempo llegar a nuestra Citerea particular. Citerea era una isla en la costa de Laconia de donde venían los lacónicos. ¡Curiosa metáfora para un país que ha producido a los hablaneros! Pero Citerea estaba consagrada a Venus, que era la diosa de la belleza, la madre del amor, la reina de la risa y el ama de la gracia y del placer y la patrona de las mujeres libres. Si todo eso no es Cuba lo era por lo menos La Habana, Citerea *vade mecum,* que va conmigo, que llevo como una voz dentro, adentro.

Casi todos esos maestros futuros eran meros mediocres aprendices del oficio en Cuba. Lo extraordinario es que tantos desterrados de ese siglo se convirtieran en escritores notables. Incluso, como Martí, en grandes escritores. Todo cambió en el extranjero, a la vez acogedor y hostil. O por lo menos más acogedor que la isla, menos hostil para esos cubanos que practicaron la escritura en el tiempo y el espacio del exilio. Más curioso todavía es que los cubanos que quedaron detrás, dentro, en la isla que debió ver nacer a Venus pero vio en cambio la invasión de Marte, esos rezagados parecen aprender mal el arte de escribir, tal vez porque emplean su tiempo en simular una adhesión cada vez más exigente. La literatura, diosa celosa, no admite otra lealtad que a ella misma, la extrema devoción. Esos escritores *todos* vienen del mismo país, son a veces de la misma generación de isleños dejados detrás por la historia que dicen invocar y sin embargo los idos, los ausentes, como proponía Mallarmé para Poe, la lejanía, una forma de eternidad, los cambia en ellos mismos, en algo mejor que ellos mismos.

Todo comenzó en el siglo pasado y casi siempre, como en este siglo, por motivos políticos. Pero para nosotros los cubanos este es el siglo del destierro. La hora cero romana que sonó para Ovidio ha sonado para nosotros hace rato, desterrados por un falso emperador. Un millón y medio de cubanos han cogido ya el camino sin tierra. Es más que un diezmo, pues esa cifra representa el quince por ciento de la población actual de Cuba: es en efecto un diezmo y medio. Este siglo casi podría marcarse en la historia cubana, como se hizo en la Biblia, con el libro del *Éxodo*. O, como dijo Calvert Casey, ese escritor hecho y destruido por el exilio, Nuestra Diáspora. El exilio es en sí una forma de martirio. Pero es también un raro privilegio.

Ahora al triste negocio del recuento. Empezaré hablando de los poetas porque fueron los primeros exilados. Cuba ha parecido a veces una isla rodeada de poetas por todas partes. Allí había poetas hasta en el cielo tropical y las aguas eran ondas, odas. De hecho la máxima expresión literaria cubana ha surgido de la pluma del poeta. En el siglo pasado fue Julián del Casal, en este siglo lo es Lezama Lima: ambos exilados internos, ambos deseando dejar la isla y ambos muertos de miedo al extranjero. Casal fue a la vez precursor y maestro del modernismo y no hay duda de que si hay cinco poetas que escriben en español en este siglo en cuya obra la grandeza se hace genio, entre ellos, contados con los dedos de la mano, central, estará José Lezama Lima.

Tal vez la razón real de que haya habido tantos escritores en el exilio, *idos* de Cuba, sea el hecho histórico de que la isla empezó temprano la lucha por su independencia (antes de 1830) y la tarea se ha hecho larga, casi interminable. Para algunos escritores, como José María Heredia (1803-39) el exilio fue una condena a muerte, con una remisión de tres meses en 1836 cuando la autoridad lo dejó volver a Cuba. Es cierto que su fama extranjera fue grande y que el sufrimiento del exilio y el aprendizaje de su oficio lo convirtieron en el primer poeta romántico que escribió en español. Pero el exilio acabó con él a los treinta y seis años y así fue el primer escritor cubano que murió exilado. No sería el último.

En uno de sus textos más famosos, *Carta del Niágara* (Heredia estaba obseso con la caída de agua americana), dice el poeta en tono exclamatorio: «Oh, ¿cuándo acabará la novela de mi vida para que empiece la realidad?». Esta clase de pena es nueva, del siglo XX de hecho y Sartre la llamará *autenticidad:* evadir la evasión. Invirtiendo la angustia un siglo y medio después, dice Severo Sarduy, otro escritor exilado: «Quiero convertir la irrealidad de mi vida en una novela irreal». Los tiempos han cambiado pero no la extrañeza. Esa extrañeza es el destierro.

En medio de su poema grandioso al Niágara, Heredia exclama como buen romántico —y como cubano exilado:

> *Por qué no admiro*
> *alrededor de tu caverna inmensa,*
> *las palmas, ¡ay!, las palmas deliciosas*
> *que en las llanuras de mi ardiente patria*
> *nacen del sol a la sonrisa...*

La palma real, árbol particular de Cuba que Cuba prestó a Miami, sirvió en el siglo pasado de referencia retórica y de ideal estético a la nostalgia del país natal. Muchos poetas cubanos, Martí entre ellos, hicieron uso de esta metáfora vegetal. Pero Heredia fue más explícito y en su *Himno del desterrado* compuso una cuarteta que es la expresión de un lamento que podemos exclamar todavía:

> *¡Dulce Cuba! En tu seno se miran*
> *en el grado más alto y profundo,*
> *la belleza del físico mundo,*
> *los horrores del mundo moral.*

Todavía más. En el mismo poema hay unas líneas que pudo haber hecho suyas Calvert Casey en Roma, en 1969, año de su suicidio:

Aún habrá corazones en Cuba
que me envidien del mártir la suerte,
y prefieran la espléndida muerte
a su amargo azaroso vivir.

Para el pobre Calvert, tan habanero, el final en un modesto apartamento de Roma, ciudad que tanto se le parecía a La Habana, su muerte no fue espléndida, sino sucia y sola. Los periódicos italianos no recogieron la muerte de un exilado sino el suicidio de un sodomita, juzgando por la apariencia de dos o tres estatuillas indias en una consola y el consuelo de varias fotos de su amante. Tenía razón Heredia al despreciar «los horrores del mundo moral». Calvert Casey también los despreció.

A Juan Clemente Zenea (1832-71), poeta que pertenece por derecho propio al *Laúd del Desterrado,* la historia y los hombres le jugaron una mala pasada. He contado brevemente su suerte en *Vista del amanecer en el trópico* donde aparece anónimo. Durante la primera guerra de independencia, exilado y exaltado por la misión de hacer la paz en Cuba, Zenea regresó a la isla con un salvoconducto español para reunirse en el campo insurrecto con Carlos Manuel de Céspedes. Pero una vez frente al altivo Presidente de la República en Armas, Zenea no se atrevió a decir nada de su plan pacifista a Céspedes, que seguramente lo hubiera fusilado por traidor. «No dio paso alguno», escribió Céspedes después, «ni dejó traslucir la menor intención de ser dócil instrumento de Azcárate». Es decir, de España.

De regreso a La Habana para embarcarse rumbo a Estados Unidos las autoridades españolas revocaron a Zenea su salvoconducto, lo acusaron de alta traición y lo encerraron en la vieja fortaleza de La Cabaña —que todavía existe, que todavía es prisión política. En la cárcel, esperando el cumplimiento de su sentencia de muerte (durante el proceso le había blanqueado el pelo, hecho un viejo aunque no había cumplido aún cuarenta años), declama Zenea desde su celda, que él llamó bartolina seguramente para rimar con golondrina, ave que vio volar más allá de los barrotes:

> *¡Bien quisiera contemplar*
> *lo que tú dejar quisiste;*
> *quisiera hallarme en el mar,*
> *ver de nuevo el Norte triste,*
> *ser golondrina y volar!*

Éste es el Zenea conocido desde la escuela primaria y al que una muerte injusta hace a su verso, como el de Plácido, de veras doloroso. Pero Zenea escribió otro verso menos conocido que tiene todavía vigencia. Su tema, muy moderno, es el duro exilio y el oportunismo de los laborantes:

> *¿Qué nos fuerza a emigrar? Si yo quisiera*
> *vivir del deshonor y la perfidia*
> *volver a Cuba y despertar pudiera*
> *de viles gentes la rabiosa envidia.*
> *Que allá, para morar como los brutos,*
> *basta ser al oprobio indiferente,*
> *llevar a Claudio César los tributos,*
> *postrarse humilde y doblegar la frente.*

Zenea fue fusilado en La Cabaña, en el paredón de ejecuciones conocido luego como Foso de los Laureles, donde, ya en la República, se sembraron sauces y cipreses para recordar la memoria del poeta víctima de un trágico malentendido. Los cubanos lo creían un espía español, los españoles lo creyeron un desafecto —el tema del traidor que nunca fue héroe. Nadie pensó entonces que era sólo un poeta que huye. De su memoria literaria queda ese poema patético pero pobre, de golondrinas y sauces y cipreses y en el paseo del Prado de La Habana, un grupo escultórico hermoso que se hace grotesco a veces. La estatua es un hombre de bronce (para un poeta tan vulnerable) acompañado por su blanca musa de mármol, yacente desnuda a sus pies como una Venus venerante. En un típico giro del absurdo, este monumento fue convertido luego en un oscuro objeto del choteo por los holgazanes habaneros que hacían del monte de Venus blanco de la musa de mármol un pubis al carbón, escandalosamente negro. Ésta es la continua comedia cubana. La triste tragedia trunca es que el novelista Reinaldo Arenas, exilado y suicida, estuvo preso en La Cabaña en 1977 —exactamente ciento seis años después que Zenea. No hay laureles para Arenas. O todos los poetas, el poeta.

Heredia y Zenea (este último en menor medida, pues era un poeta menor) fueron destruidos por el exilio. Se puede argüir que el exilio destacó como poeta mayor a Heredia, pero Zenea fue borrado por una descarga de diez fusiles. Aunque el exilio destruyera a los mejores hombres que Cuba vio nacer entonces, el siglo XIX pudo afinar en el destierro el arte de un novelista de veras extraordinario. Se llamó Cirilo Villaverde. Ese hombre de nombre memorable fue el mejor novelista que tuvo en el siglo XIX América Ibérica —si se exceptúa a ese autor mayor que fue en Brasil, Machado de Assís. Su único rival posible (me refiero a Villaverde: Machado no tuvo rival) fue el colombiano Jorge Isaacs con su *María*. Pero *María* es una novela romántica tardía de 1867. La primera parte de *Cecilia Valdés* se publicó mucho antes, en 1839. Villaverde también fue romántico pero un curioso romántico —es decir, un ser excepcional.

Don Cirilo es ya escritor conocido cuando tiene que huir de Cuba en 1849 por sus asociaciones, no *acciones,* políticas aunque, como Heredia y Zenea y como Martí, no puede resistir el embrujo de la isla (que sería fatal a Zenea y a Martí) y regresa a La Habana en 1858. Pero tiene que exiliarse de nuevo, esta vez para siempre. Ése era el hombre de quien Galdós, con altivez de nuevo metropolitano (Benito Pérez Galdós había nacido en Islas Canarias pero durante un tiempo dudó de si emigrar a La Habana o a Madrid: Madrid lo ganó), había dicho que «nunca hubiera creído que un *cubano* pudiera escribir *tan* bien». Tamaña condescendencia con una tierra que produjo a José Martí, el más grande escritor del español del siglo XIX, es insultante. No sólo escribe bien Villaverde sino que es un cubano fino y tiene la cortesía, que no tengo yo, de no decir de Galdós: «Nunca pensé que un canario, además de cantar, también pudiera escribir». Pero la venganza literaria puede ser justicia poética y Villaverde logra, en una sola de sus novelas, lo que Galdós no pudo conseguir en todas las suyas. Villaverde creó un tipo, un prototipo más bien, Cecilia, la Mulata Nacional. Un mito tan poderoso como lo fuera años antes Carmen. La gitana airada salió de un cuento para ser cantada en habaneras y en arias y embrujar el aire de su siglo (y de paso el nuestro) con su perfume de delito. Cecilia es Carmen por otros medios, pero su perfume es un olor penetrante de pecado, el incesto. La novela *Cecilia Valdés* es excelente, pero esa excelencia fue sólo posible en el exilio. No sé lo que hubiera sido el libro (que comenzó como un cuento sobre una niña que era una Lolita habanera), *ese* libro en esa Cuba. Sólo sé lo que fue —lo que es.

Cirilo Villaverde dedica su obra maestra de esta manera nostálgica: «A LAS CUBANAS: Lejos de Cuba y sin esperanza de volver a ver su sol, sus flores ni sus *palmas*, ¿a quién sino a vosotras, caras paisanas, reflejo del lado más bello de la patria, pudiera consagrar, con más justicia, estas tristes páginas?». Villaverde escribió esta dedicatoria en Nueva York en 1882, cuando se publicó allí *Cecilia Valdés*. Era la reescritura de la primera parte impresa en La Habana cuarenta años atrás. Por medio hubo toda una vida de conspiración política, hasta de renuncia de la literatura y sobre todo, siempre, de exilio. Cirilo Villaverde, que había nacido en un pueblo de Pinar del Río, murió en Nueva York en 1894, a los ochenta y dos años de edad y apenas a cuatro años históricos de la independencia de Cuba. Sin embargo en todo ese tiempo no visitó la isla más que una vez y en peligro de muerte. Tuvo suerte. Zenea y Martí no oyeron el consejo fatal de Pitágoras: «Nunca regreses».

Hay que hablar ahora de la Gran Desterrada, Gertrudis Gómez de Avellaneda, más conocida como *La Avellaneda*. No hay otra mujer como ella en las letras americanas de su tiempo. Era una romántica promiscua y sensual que devoraba hombres en el trópico como si fueran bananas y en España, como castañas. Con la misma facilidad escribía versos la virago. Entre ellos (entre los versos, no entre los hombres) hay un soneto titulado *Al partir*, que está en todas las antologías de los mejores poemas españoles de todos los tiempos. Quizás sea apósito saber que este soneto dice en parte y en arte:

> *¡Voy a partir! La chusma diligente,*
> *para arrancarme del nativo suelo*
> *las velas iza y pronta a su desvelo*
> *la brisa acude de tu zona ardiente.*

Entonces, de repente:

> *¡Adiós patria feliz, edén querido!*
> *¡Adiós! Ya cruje la turgente vela...*
> *el ancla se alza... el buque estremecido*
> *las olas corta y silencioso vuela!*

No hay que decir (me parece) de dónde se iba la poetisa que se despide de su patria y a la vez de la «chusma diligente» en un soneto neto. Si alguno encuentra el soneto corto puedo decirle, aquí en confianza, que me *comí* un verso o dos, además de incontables admiraciones. Doña Gertrudis era una mujer vehemente a la que el exilio hizo no sólo importante, imponente, sino también extranjera. Gertrudis Gómez de Avellaneda murió española —y como tal la clasifica la historia de la literatura. Es evidente que los salones literarios de Madrid le resultaban más atrayentes que las reuniones de La Habana, más políticas que poéticas bajo el dominio español. La metrópoli, por otra parte, era lo que la luz de una lámpara para la mariposa tropical pero nocturna.

Otro poeta cubano exilado en el siglo pasado es Julián del Casal, pero su exilio, como el de Lezama Lima en el siglo XX, es un exilio interno: su morada de vileza es también una prisión. Precursor del modernismo, afrancesado que se tuteaba con Baudelaire, viviendo en La Habana colonial, estulta y estúpida, entre biombos japoneses, grabados de Okusai y versos de Verlaine, ese hombre estaba al día en la noche habanera. Casal ansiaba dejar a Cuba, abandonar La Habana asfixiante para él (era el eterno enfermo) y vivir en París, llamada ya la Ciudad Luz, pasear por los bulevares, beber ajenjo, *flanear*.

Hay un poema en que el pobre poeta declara desear:

> *ver otro cielo, otro monte,*
> *otra playa, otro horizonte, otro mar,*
> *otros pueblos, otras gentes*
> *de maneras diferentes de pensar.*

Para en seguida contrariarse:

> *Mas no parto. Si partiera*
> *al instante yo quisiera regresar.*

Efectivamente, el poeta pobre (su familia había sido arruinada por las guerras de independencia y ahora vivía en La Habana de intramuros, soñando con Francia mientras trajinaba las calles fangosas entre las casas mise-

rables y la fiebre amarilla epidémica, más la endémica es-
tulticia), el poeta paciente logró reunir dinero suficiente y
embarcarse hacia España. Su destino era París. Pero no
pasó de Madrid y de regreso a La Habana declaró: «No
quise conocer París. Verla en realidad habría sido destruir
un sueño». Casal era un avatar del poeta encerrado no en
su torre de marfil sino en su casa a cal y *cantos*. Otro avatar, ya en el siglo XX, era Lezama Lima que vivió siempre
en la misma casa en que murió, en la premonitoria calle
de Trocadero. Otro poeta cubano, ahora exilado en Madrid, Gastón Baquero, invitó a Lezama a ir a México. Pero Lezama, poéticamente, nunca llegó a Ciudad de México. De esa odisea de tres días queda un poema, *Para llegar
a la Montego Bay*. Montego Bay no está en México. Era
una escala en Jamaica en el viaje que se hacía de La Habana a Ciudad de México en los antiguos aviones de hélice
y *miedo*.

Pero Julián del Casal era un poeta que vivía en sus
sueños —y de sus pesadillas. Adelantado siempre, aun a
costa de su salud y de su sanidad mental, escribió un verso revelador: «Dicha artificial / que es la vida verdadera»
en un poema titulado *La canción de la morfina*. Julián del
Casal murió en La Habana en 1893, antes de cumplir treinta años. Hombre poco afortunado, además de la tuberculosis perenne desde su adolescencia, fue amante platónico
de una o dos mujeres reales y periodista acosado por la
censura política hasta verse obligado a ejercer uno de los
oficios más desusados, más osados: le torcía la coleta a un
torero para poder comprar cigarrillos Susini (cuyas posta-
litas coleccionaba) y vivía en un cuarto pobre enriquecido
por su buen gusto certero, rodeado de exóticos bibelots,

de japonerías, de libros raros. Además de la mucha morfina, fumaba opio y hachís —y tal vez mariguana, para hacer artificial su paraíso y su infierno tropical. Como a todos los hombres, sentenció Borges, le tocaron malos tiempos en que vivir. Afortunadamente para él fue por poco tiempo. Durante una cena con algunos amigos habaneros, alguien contó un chiste divertido. (Los cubanos solemos ser chistosos.) Casal lo disfrutó tanto que arrancó a reír desmesurado (en la risa, que no lo era en su poesía) y la carcajada le produjo una hemoptisis: la sangre que no cesa. Un incoercible vómito punzó lo mató, como a él le habría gustado decir, afrancesado hasta la muerte, *sur place*.

Lezama Lima, era de esperarlo, le dedicó una oda toda:

Déjenlo, verdeante, que se vuelva;
permitidle que salga de la fiesta
a la terraza donde están dormidos...
Déjenlo que acompañe sin hablar...
... Su tos alegre
espolvorea la máscara de combatientes japoneses.
Ninguna estrofa de Baudelaire
puede igualar el sonido de tu tos alegre.
Permitid que se vuelva, ya nos mira.
La muerte de Baudelaire balbuceando
insistente...
tiene la misma calidad de tu muerte,
pues habiendo vivido como un delfín muerto de sueño
alcanzaste a morir muerto de risa.
Tu muerte podía haber influenciado a Baudelaire.

Sí, de veras pudo, como un discípulo influye en su maestro. Como pudo conmover a Antonio Maceo, su héroe, a quien Casal pidió un autógrafo la noche que se encontraron en la Acera del Louvre en La Habana de entreguerras.

Pero la muerte de Casal no habría influido para nada a Martí, porque Martí murió su propia muerte. José Martí (1853-1895) como muchos poetas románticos entonces (no hay más que mencionar dos, el húngaro Sandor Petöfi y a Lord Byron) vivió, junto a la literatura, entre ideales de libertad que de alguna manera crearon confusión alrededor de estos hombres hechos héroes. Como si lo hubieran deseado más que nada en la vida, se convirtieron en mártires al morir: rebeldes en busca de una causa y de una muerte. Martí era un hombre pequeño, más bajo que Petöfi y que Byron, al que la cárcel temprana había dejado una herida incurable que también era imprecisa. ¿Qué fue? ¿Fue en la ingle o en el tobillo? ¿Huellas de grillete o era sólo una hernia? Cuando murió le faltaba un diente al frente y estaba prematuramente calvo. *No* parecía un actor.

Martí lo aprendió todo, aun su arte poética, en el exilio, primero brevemente en España y, sobre todo, aquí, en Estados Unidos, en esa Nueva York donde escribió como un adelantado sus crónicas americanas, escritas como poemas en prosa, prosa de rara belleza y de máxima autoridad. Su dominio del inglés escrito era asombroso y pudo, de quererlo, haber sido un escritor norteamericano como Conrad fue escritor inglés. Pero Martí era cubano aun antes de existir Cuba como nación. Ese oficio del siglo, paradójicamente, lo aprendió en el exilio.

Una de las facetas del carácter de Martí que lo hizo, como Heredia, un romántico son sus amores americanos (en Guatemala, en México, en Nueva York), algunos idealizados, otros reales pero que tienen la calidad del mito erótico. Era sabiduría popular en Cuba que César Romero, ese galán de ayer en Hollywood, es su nieto. En efecto, en ese americano largo, sonriente siempre hay un diminuto Martí luchando por salir: su abuelo. No creo que Martí, siempre taciturno, quisiera encarnar en una estrella de cine toda dientes, además de que a César Romero nunca le interesaron las mujeres más que como pareja de baile. Pero a César (Romero) lo que es de Martí y a Martí lo que es de César (Romero). Al poeta le habría gustado, pienso, que su nieto, hijo de su hija, ilegítima pero la más querida, paseara por las calles de Nueva York algo de su *Latin looks* y el bigote definitivamente martiano entre cubanas que cantan.

Sin embargo, ahora mismo, un escritor peruano, profesor eminente de literatura hispanoamericana, al escribir una monografía sobre la que él llama «la niña de Nueva York», incurrió en delito de lesa majestad y ha sido atacado por igual en Cuba y el Exilio. Se trata de un dedicado martiano tratado como un marciano. Aún más. En vez de exaltar la vida de Martí, hasta el folklore cubano lamenta su muerte siempre. Un canto cubano de principios de siglo llora así a Martí:

Aquí falta, señores, una voz.
¡ay! una voz:
de ese sinsonte cubano,
de ese mártir hermano
que Martí se llamó.

Si Martí no hubiera muerto,
otro gallo cantaría,
la patria se salvaría
y Cuba sería feliz.
¡Martí no debió morir!
¡Ay! de morir.

La ingenuidad de este breve lamento afrocubano (originalmente era una *clave,* que sirvió como pavana para una mulata muerta), sus versos, revelan, mejor que nada, el sentimiento de pérdida irreparable expresada por un poeta popular. Martí, hay que decirlo, murió en el campo de batalla —pero no combatiendo. Su muerte fue en realidad un suicidio calculado. ¿Cuándo lo decidió? ¿Después de la desastrosa reunión con Gómez y Maceo en La Mejorana? ¿Al partir que es su regreso? Nadie lo sabe, no se sabrá nunca. Las páginas en cuestión del *Diario* de Martí, que habrían dejado conocer una incierta o cierta inferencia, desaparecieron después de su muerte, arrancadas, como se dice, por manos piadosas. En todo caso, Martí se llevó su secreto a la tumba. Pero su última carta contiene una confesión *in extremis.* «Mi único deseo sería pegarme allí», *allí* es lo que no está ni *acá,* en el exilio, ni *allá,* en Cuba: *allí* es el lejano territorio de la muerte, «pegarme allí al último tronco, al último peleador: morir callado». Una frase final feliz es infeliz en extremo: «Para mí ya es hora». Es un prólogo al epílogo: su muerte, la de Martí, fue sin duda premeditada.

Hizo falta un investigador imparcial, el escritor argentino Ezequiel Martínez Estrada, para que se supiera por su prólogo a la edición última del *Diario,* que un mulato cubano, que servía de guía a la columna española que interceptó a las tropas del general Máximo Gómez, fue quien último vio a Martí vivo. Aparentemente Martí había recibido heridas no mortales. Este otro cubano, vagamente identificado como el práctico del general español Valmaseda, vio a Martí por el suelo, malherido, lo reconoció (siempre hay alguien que reconoce a un escritor) y le dijo: «Caramba, don Martí, ¡qué sorpresa verlo por aquí!». El guerrillero (en las guerras de independencia cubanas, los cubanos que servían en el ejército español se llamaban guerrilleros) sonrió hospitalario y acto seguido descargó su revólver de percusión (que fue de enorme repercusión) sobre la cabeza del poeta herido.

¿Extraño, no es verdad? Más extraordinario todavía es que el custodio de Martí, que murió al tratar de rescatar a su carga preciosa, se llamara Ángel de la Guardia. Aún más raro es cómo momentos antes de morir, Martí corrió hacia las balas enemigas, desobedeciendo la orden del general Gómez de que se pusiera a cubierto. Hay explicaciones que ayudan al caos. Martí se confundió en su primera batalla (que fue en realidad una escaramuza), pero fue el único confundido. Otra explicación declara que el caballo de Martí se espantó hacia las líneas españolas. Todas las versiones quieren explicar lo inexplicable por vía insólita. La única explicación posible es que Martí, por sus motivos, sin motivos, se suicidó. Dicen que Rubén Darío, el gran Darío, dijo al conocer la noticia: «¿Qué has hecho, Maestro?».

El diario de campaña (nunca titulado así por Martí, por supuesto), esa obra maestra de la literatura en español escrita en el exilio y en el remoto regreso, termina no en una nota abrupta o fatal sino en una calmada descripción de la vida en el campamento insurrecto. Al volver a Cuba, a lo que se conoce como la manigua, la espesura, sus *Apuntes de viaje* se convirtieron en el diario de la insubordinación, no en un diario de guerra. La única acción bélica que vio Martí fue la primera y la última, que no pudo describir. Al comenzar su regreso («No regreses», volvió a insistir el maestro pitagórico, ahora pitagorero), José Martí escribe lo que es una pieza maestra de la literatura y nos regala una de las despedidas más bellas en esa lengua de despedidas que es en Cuba el español del siglo XIX. Esta nota recoge en una sola frase, breve y críptica, el afán exotista de los románticos, la presencia americana y un nombre de mujer que se hace memorable en boca de este Martí que va, en la frase del argentino, «a encontrar su destino sudamericano». Escribe Martí en la última anotación de su *Diario*, bitácora poética más que política: «Abril 9» (hay que recordar que Martí moriría el 19 de mayo próximo) «Abril 9. Lola, jolongo, llorando en el balcón. Nos embarcamos.» El verbo final señala, me parece, el único acto que hace igual a todos los poetas que como Martí nacen en el exilio. *Nos embarcamos.*

Fue fuera de Cuba que José Martí escribió su verso más popular:

> *Yo quiero cuando me muera,*
> *sin patria pero sin amo,*
> *tener en mi tumba un ramo*
> *de flores y una bandera.*

Éste es su epitafio pero es también el epitafio de todos.

Setiembre de 1991

¿Ha muerto el socialismo?

El semanario alemán *Die Zeit* organizó una encuesta con científicos, intelectuales y escritores de todo el mundo. La pregunta de cabecera era: «*¿Es este el fin del socialismo?*». Las preguntas específicas fueron:

1. En 1990 McDonald's abrirá el primer restaurante de *fast food* de Moscú. ¿Ha derrotado finalmente el capitalismo al socialismo?

2. ¿Qué precio tendrá que pagar el mundo por tamaña victoria?

3. ¿Qué es lo que vendrá?

Ésta es mi respuesta.

En una ocasión Aldous Huxley, uno de los novelistas más inteligentes en una época de escritores inteligentes (Thomas Mann es otro de ellos y ésta es tal vez la razón de que ambos parezcan ligeramente anticuados ahora: el lector actual no quiere inteligencia, quiere entretenimiento), este hombre, Huxley, rogaba angustiado: «¡El tiempo debe detenerse!». Por supuesto, con el tiempo Huxley quería decir la muerte. Pero la muerte, que siempre nos detendrá, afanosa nunca se detiene. ¿Por qué no detener en su lugar la historia? La historia no es la vida. La vida es otra cosa, nada libresca, mientras que la historia no es más que un libro llamado historia.

Heródoto, el primer historiador, un ateniense que había nacido en el Asia Menor, era un narrador profesional que llamó a sus libros *istoriai*. Que no quiere decir historia (la historia no se llamaba todavía historia) en griego sino inquisición, tal vez encuesta. Lo que hoy llamamos *survey*. El erudito inglés M. I. Finley revela que pasó mucho tiempo antes de que se diera a la palabra historia «el uso específico y estrecho que tiene ahora». Heródoto se apoyaba, como Plutarco, en reportajes de segunda mano, en leyendas, en mitos y, ¿por qué no decirlo?, en chismes. Ya en su libro primero, Heródoto se balanceaba como un equilibrista griego entre la mitología y el rumor. No es extraño que los antiguos, que sabían de estas cosas, lo conocieran como el Padre de la Mentira.

Así comenzó la historia. Ahora un historiador japonés que vive en Estados Unidos sostiene que la historia ha muerto o ya terminó. Pero la historia no ha muerto, sólo hemos llegado al final del libro primero. De seguro habrá más libros llamados historia. Nietzsche sentenció: «Dios ha muerto». Otros lo atajaron diciendo que fue Nietzsche el que murió. Es curioso. ¿Qué es curioso? Que nadie se pregunta si el diablo también ha muerto. Al contrario. En este siglo hemos visto que Dios podrá estar muerto pero el diablo sigue vivo. Si no, ¿quién inventó los campos de concentración? Les diré quién. Fue Valeriano Weyler, gobernador general de España en la Siempre Fiel Isla de Cuba, exactamente en 1896. Aparece bien claro en la *Encyclopaedia Britannica,* la biblia del inglés. Luego los ingleses perfeccionarían esta invención diabólica durante la guerra contra los bóers en Sudáfrica. El alambre de púas y el cable eléctrico hicieron el resto —con la ayuda de Hermann Goering.

Es el socialismo lo que ha derrotado al socialismo. Se pudo ver por la televisión en el noticiero de las seis que la superpontencia socialista que tiene misiles mil, cohetes que van a la Luna, satélites para explorar el espacio, submarinos nucleares en todos los océanos y tanques blindados que darían envidia al general Guderian fundador de las *Panzerdivissionen* no tenía ni un miserable *bulldozer* de latón para despejar los escombros después de un terremoto. Tuvo que ser una potencia capitalista de segundo orden, Inglaterra, la que les diera a los rusos no sólo una mano sino el equipo necesario a la operación de rescate. ¿No fueron Marx y Engels dos cómicos de vodevil de la era victoriana?

Estoy seguro de que la gente de Moscú estaría encantada de encontrar hamburguesas en la Plaza Roja y perros calientes, no perros policía al cruzar la Lubianka. Comer comida plástica es mejor que no tener qué comer. Sé bien que el hombre de la calle en La Habana prefiere McDonald's a Castro, sin mencionar al coronel de los pollos fritos: dos muslos bueno, ningún ala malo. Pollos de todos los países, ¡freíos!

Desde Adán y Eva el precio de la vianda no ha estado nunca en proporción con su costo. Claro que ahora pagamos esas pasadas delicias. Sin embargo hasta Adán y Eva tuvieron que ser expulsados del paraíso. En nuestros días de cambio al hombre (y a la mujer también) un Dios posesivo les *impide* irse del paraíso. Se ven cada noche y a veces en pleno mediodía. Esos alemanes que huyen, ¿por qué corren? Lo hacen para salvarse de una utopía ajena y, como muchos lo declaraban a la prensa, huían en busca de su vida *futura*. Una utopía privada que se hacía pública. Así vemos que obvios obreros dejan en fuga el paraíso de los obreros.

Se ven ahora en Alemania Oriental pero yo los he visto más cerca. En 1980 once mil cubanos pidieron asilo brusco en la embajada peruana en La Habana. Era, como en Alemania Oriental, una válvula bien llamada de escape para prevenir un estallido. Como ocurrió en Hungría en 1956. O en Checoslovaquia en 1968. O en China este verano del descontento juvenil.

Una frase feliz quiere que los exilados sean gente que vota con los pies. En este caso es mejor decir que votan no sólo con sus pies sino también con sus manos, con su cuerpo. O con sus cadáveres: más de ocho mil cubanos han muerto, en el mar o en la costa, tratando de escaparse de la isla de nuevo concebida como una enorme prisión estalinista.

Para nosotros, los cubanos, el socialismo fue una broma pesada que nos gastaron, que nos gasta todavía.

El precio del socialismo, ya lo hemos visto muchas veces en el siglo, es la esclavitud, la bestialidad y la muerte —todo en nombre del hombre. (Y de la mujer también.) ¿No fue Stalin quien proclamó que al hombre había que cuidarlo como se cuida un árbol y después repartió hachas? No hay que olvidar por otra parte que el partido nazi también se llamaba, como lo proclamó Goebbels muchas veces, socialista y Hitler se llenaba la boca bajo el bigote para aullar *sozialismus*.

El socialismo no es más que una utopía destinada siempre a convertirse en distopía, que es el paraíso del diablo. Ahora hemos visto que paraísos utópicos como Hungría y Polonia, países católicos, deciden que el reino de este mundo no puede ser utópico.

Al tocar a las puertas del siglo XXI hay que voltear la última página del siglo XX y cerrar el libro de la historia —para abrir un libro nuevo. Tal vez no nos prometa en su literatura un paraíso terrenal o el milenio, pero al menos dejaremos detrás la pesadilla: al íncubo llamado Lenin, Stalin, Hitler, Franco, Mao y, por supuesto, en su último avatar, Fidel Castro. Dejaremos detrás a los heraldos de una felicidad futura que en realidad sólo produce instantánea miseria, humillación y muerte. La peor muerte: la muerte que nos perdona la vida. Son esos mesías de la miseria los que deben detenerse y tener fin. Pero, ¿lo tendrán? ¿Se detendrán?

Noviembre de 1989

¿Qué cosa es la historia, pues?

El leve caraquismo, pues, al final y no al principio, no es un homenaje a Bolívar arando en el mar nuestro, sino una interjección necesaria. Pues sí, ¿qué es la historia después de todo? O, más metafísicos, ¿por qué la historia y no más bien la nada? En la frase famosa «la historia se escribe de noche», aludiendo a la cama pero también a camarada, la historia es impersonal pero a la vez, cosa curiosa, su propio autor: la historia se escribe a sí misma. Es decir, la historia es un libro sin autor. En la frase infame, dicha por Hitler primero y Fidel Castro mucho más tarde, «La historia me absolverá», la historia, como la justicia, es una diosa pero no es ciega. Esta patética falacia está muy en la línea de la filosofía totalitaria alemana que va de Hegel a Marx. Asombra, es cierto, encontrarse a Nietzsche, llamado Niche en el Caribe, en semejante compañía. Pero es que la geografía suele asombrar más que la historia.

Otro aserto, cierto o falso, proclama que la historia la escriben siempre los que ganan. Pero el libro primero de la historia lo escribió un autor excepcional, Heródoto, que nunca tomó partido. Heródoto (que nació en Halicarnaso, Asia Menor, el 483 antes de Cristo, luego vecino de Atenas) se veía a sí mismo más como un investigador que como un participante. «Les doy», escribe en el prefacio, «los resultados de mis investigaciones». A las que llama en griego *istoriai*. Es decir, no historia sino encuesta. Heródoto es en realidad el primer organizador de *surveys* que registra, ¿quién si no?, la historia.

Es por otra parte una suerte de justicia (¿poética?) que no se sepa nada de su vida. Se sabe, eso sí, lo que decían de él sus detractores, que no fueron pocos. Los griegos lo llamaban el padre de la mentira y su hija, la historia, era conocida como la madre de la infamia o como una puta que dormía en el lecho de Procusto. A los que invitaba a dormir con ella les ajustaba no las cuentas sino los miembros: piernas largas malo, piernas cortas peor. Nada menos que Plutarco, que concibió la historia como una galería de retratos para leerlos, escribió un ensayo titulado *Sobre la malicia de Heródoto*. El solo empeño de Tucídides, su sucesor, fue reescribir la historia que escribió Heródoto.

Pero Heródoto, escritor del más decisivo *best-seller* después de la Biblia, libro este que escribió un autor que escribía torcido para leer derecho, explica así su método. Escribe «para que la memoria de lo que han hecho los hombres no perezca sobre la tierra. Ni sus logros, sean griegos o bárbaros, no tengan quien los cante: ellos y la causa por la que fueron a la guerra son mi tema». (Perdonen la traducción pero mi griego es escaso.) Cuando ocurrió esa guerra (a la que dio nombre para siempre) Heródoto no había nacido todavía. Su historia es una suerte de hagiografía. «Homero y Hesíodo han atribuido a los dioses todo lo que es desgraciado y culpable entre los hombres: el robo, el adulterio y el engaño», escribió, como colofón, Jenófanes de Colofón. Para Jenófanes, como para muchos antiguos, incluyendo por supuesto a Heródoto, la historia y la mitología eran una misma fuente de infamias.

Heródoto, como su crítico (a cada autor su *review*) Plutarco, se apoyaba en reportes de segunda mano, en leyendas, en mitos y, ¿por qué no decirlo?, en chismes de aldea, que es lo que eran la mayor parte de las ciudades de la antigüedad. Tucídides, que viene después de Heródoto pero que no era en manera alguna un segundón, creía que conocer los hechos pasados *per se* era deleznable o fútil. Para Tucídides la tarea era escribir o más bien reescribir el presente. Éste era un paso por delante de Heródoto, pero Tucídides sin embargo venía detrás. Jenofonte, el tercer hombre siempre, que forma el trío de epónimos historiadores griegos, creía en la historia en acción y su *Anábasis,* famosa retirada hacia el mar de los diez mil mercenarios griegos al servicio de Darío, tras su fallido golpe de Estado (tal vez el primero pero por supuesto no el último en los cuarteles, las cortes y aun en el palacio del Kremlin), ésa fue su crónica épica y es uno de los libros griegos más leídos. Hasta un poeta francés del Caribe, Saint-John Perse, le pidió prestado su título. Es que Jenofonte fue, como T. E. Lawrence, un aventurero que escribía bien. No hay historia antigua mejor escrita ni más emocionante que el *Anábasis.* Pero Jenofonte también tenía en el mundo griego (incluido su amante Sócrates) fama de embustero audaz. Ni más ni menos que Lawrence, ese El Orans de los árabes.

Intriga a los historiadores actuales que Atenas, que había inventado la historia, ignorara a Alejandro, el macedonio que conquistó a Grecia y a todo el mundo conocido entonces. Los historiadores griegos también enmudecieron ante un acontecimiento histórico más digno de atención que las conquistas griegas: el nacimiento del Imperio romano. Cuando Plutarco, otro griego que traía el regalo de la historia (caballos de Troya todos), escribe sobre los romanos, lo hace en la decadencia del imperio. Para revelar (o más bien exponer) a sus biografiados, Plutarco escoge en sus retratos «una ocasión ligera, una palabra, un *hobby*». Pero sus biografías parecen existir para dar argumentos a Shakespeare y a Shaw y aun al cine. No hay que olvidar que Plutarco, además de biógrafo famoso, fue un oscuro sacerdote en Delfos y tal vez árbitro de augurios. Como historiador no fue capaz de reseñar el nacimiento, la vida y la muerte de Jesús. Como augur nunca siquiera soñó en Delfos la creación de una religión que iba a ser más poderosa que todos los imperios antiguos y, ahora lo vemos, modernos.

Tácito, el Plutarco romano, es un hombre sin nombre ni fecha de nacimiento: era una no persona y por ello mismo fue el historiador al estado puro. Sus *Anales* aparecen tácitamente interesados en las fallas morales, es decir, inmorales pero entretenidas, de sus biografiados. Su retrato de Tiberio (a quien una voz precristiana anunció, «El gran dios Pan ha muerto», para avisar que había nacido Cristo) se puede leer como una historia más pornográfica que gráfica. Mientras que su pieza de insistencia es la muerte de Nerón. Su historia es el culto a la personalidad depravada.

Suetonio, famoso por su *Los doce césares,* era el historiador renuente. Escritor ejemplar, escribió mucho pero publicó poco. Con todo, en su época se le consideró anecdótico, fácil y dado al chisme. Será por eso que es tan

divertido. En todo caso algún día se hará justi-
me y se vindicará la necesidad histórica de saber que Napoleón padecía de pene pequeño o que Hitler se bañaba
poco y olía mal. El chisme, por supuesto, esencial en la literatura, donde se llama anécdota, ocurrencia o dato, debe ser central a ese otro género literario, la historia. Pero
el chisme es también revelación. Es por Suetonio que sabemos que Julio César tenía una mirada penetrante y su
peinado (copiado por todos los césares y aun por Marco
Antonio: ver *Julio César,* la película, como un desfile de
modas) era la única forma que tenía de ocultar su calvi-
cie, vanidad cesárea. De paso, Suetonio, para usufructo de
Shakespeare, hace una detallada narración del asesinato
de César y ofrece una frase para la historia particular de la
infamia: «*Et tu, Brute?*». En *Los doce césares* Suetonio
cuenta también que Augusto era bajo de estatura, con
nariz aguileña y vestía togas nada augustas. Si narra las diversiones bisexuales de Tiberio en Capri, también ha dejado una descripción de la última depravación moral de
Calígula que ha copiado la novela histórica, el cine y Albert Camus, en ese orden. Robert Graves, historiador de
ficciones, le debe fama y lana por su *Yo, Claudio,* que es
Suetonio puesto al día y a la noche por televisión. Es que
un historiador, antes y ahora, no es más que un escritor
con visión retrógrada. Esa ojeada al pasado es lo que un
marxista llamaría la Proust valía.

Volviendo a Heródoto (siempre hay que volver a él:
es volver a las fuentes), fue en realidad un escritor de viajes. Era, ni más ni menos, un viajero que cuenta: una especie de Jan Morris antes de cambiar de sexo. Pero Heródoto era un viajero griego y creía en los dioses. Su narración

de las guerras persas fue organizada después de su muerte, en nueve libros, llamados cada uno por el nombre de las nueve musas, como otras tantas ficciones helénicas. No hay que olvidar que durante su estancia en Atenas se construyó el Partenón, ese homenaje devoto de Pericles a sus dioses. Una de las historias atenienses de Heródoto concluye con el cuento de la venganza de los dioses atenienses contra los heraldos de Esparta. Dice Peter Levi, el erudito clásico: «... casi toda su información proviene del interrogatorio personal de cada testigo». Heródoto es, entonces, el primer periodista. Pero, concluye Levi, «no había Heródotos antes de Heródoto». Antes de Heródoto, simplemente, no existía la historia. El historiador griego podía haber dicho: «La historia soy yo».

Pero Heródoto pensaba que Homero era un testigo de excepción de la prehistoria, a la que por supuesto nunca llamó así, aunque creía, en firme, que el pasado es siempre mitológico. Su historia es, a la manera pagana, una historia sagrada. «Todos», declaró, «lo sabemos todo de los asuntos divinos». En otra ocasión escribió que «los tesalios mismos dicen que Neptuno cavó el canal por donde corre el Peneyo». Para añadir: «Y es muy probable». Plutarco, que mucho más tarde creía en los dioses griegos (y romanos), publicó un «panfleto perverso» contra Heródoto. Pero a *Las vidas paralelas,* no para leerlas sino para creerlas, hay que creer antes en la historia que contó Heródoto primero. Los historiadores, todos, dependen como Plutarco más del ditirambo y la calumnia, aprecio y desprecio del pasado, que de la verdad y los hechos. Toda historia es un relato dudoso porque no es comprensible. La historia como materia científica, el materialismo histórico, ha tenido por abogados a los mayores manipuladores de la historia, los marxistas. Quienes más respetan la historia no son los historiadores sino los novelistas. Dumas hizo una declaración de principios para todo novelista histórico: «Si violo a la historia», proclamó, «es para hacerle hijos hermosos». Por otra parte Henry James dijo: «Esencialmente, el historiador quiere más documentos de los que puede en realidad usar». Mientras que Federico Schlegel escribió que «el historiador es un profeta al revés».

La historia, con Tucídides, parece haber nacido en el exilio. O mejor, se produjo por una suerte de regeneración espontánea. El verdadero propósito de Tucídides no fue hacer historia sino conseguir una compilación monumental y al mismo tiempo veraz. Tucídides, que es el inventor de las cronologías, no cree que la historia la escriben los vencedores sino los historiadores del vencedor. Pero es irrefutable que, a pesar de tiranos y totalitarios, antes y ahora, la historia nació de la democracia que los griegos inventaron. Es la Edad de Pericles la que permite a Heródoto contar su historia.

Heródoto fue uno de los primeros, si no el primero, en escribir en prosa en Grecia. Originó también la charla erudita y la lectura pública por el autor, función que parecían haber inventado Mark Twain y Charles Dickens en el siglo pasado. Un helenista ha dicho que Heródoto «no escribía historia» sino que «escribía religión». Al contrario, Heródoto inventó la historia como género literario. Fue Heródoto quien enseñó a Tucídides y a los demás griegos el oficio de historiador. Pero Tucídides es un escritor consciente de que la historia es el estilo. En su narración de la peste en Atenas, además, Tucídides de paso inventó el reportaje. Lo que confirma la opinión de que los periódicos no inventaron el periodismo.

Un novelista inglés de este siglo, Ford Madox Ford, trata a Heródoto como colega en ficciones. «Sabía», escribe, «lo que le pasó realmente a Helena después de que se fugó, se supone, con Paris», para originar la guerra de Troya con Homero de corresponsal. Para Ford, Heródoto «se relacionó con la más notable de todas las historias detectivescas». Pero en vez de historia, palabra sospechosa, Ford dice cuentos. Ford, finalmente, declara a Heródoto hombre «a la vez crédulo y cínico». Donde Ford pone cínico hay que decir escéptico: Heródoto era *a la vez* crédulo y escéptico. Fue este equilibrio inestable lo que le obligó a inventarse un oficio, historiador, y crear una vocación nueva.

Pero en Heródoto realmente la historia supera al relato que viene de la poesía de Homero y de Hesíodo. Es decir de la mitología: ambos se tuteaban con los dioses. Más de veinte siglos más tarde con Hegel (que murió en fecha tan cercana como 1831 y fue contemporáneo de Goethe y de Beethoven) la historia se escribe con hache mayúscula y se convierte en una forma de religión pero con trama. Aunque lleva a cabo (se supone que por sí misma) los propósitos divinos. La historia ha dejado de ser diosa para ser Dios. En una vida paralela con Heródoto, Hegel era un ávido coleccionista de recortes de periódicos ingleses, crónica del siglo que alimentó los sueños y las pesadillas de Karl Marx.

Las naciones (que se supone que son hechas por la historia y no al revés), para Hegel no son fundadas por Dios sino por los héroes, que las sacan del salvajismo gracias a la religión y por supuesto, gracias también a esa otra forma de religión: la filosofía. Hegel, que quiso explicar la historia no como sagrada sino como divina, hubiera encontrado difícil exonerar a sus sucesores en la compañía no de Dios sino del diablo, Marx y Nietzsche.

Ambos sirvieron, sin saberlo, para justificar en la historia el regreso del salvajismo con sus seguidores, Hitler y Stalin. Hegel habría dicho, de haber dicho algo, que ambos tiranos sólo pretendían (hacían ver que) ser seguidores de una filosofía que no podían comprender. O tal vez, como querían sus críticos, la historia terminaba con la filosofía de la historia de Hegel y la barbarie futura era ahistórica: quedaba voluntariamente fuera de la historia. ¿No sería más acertado decir que la historia, como la filosofía, no es más que una biblioteca con un libro único repetido *ad infinitum* o mejor *ad nauseam*?

Istoriai, historia y a veces la Historia, es sólo un libro llamado historia, con autor, título en la portada y pie de imprenta. Su colofón no es a veces más que una mala lectura. Toda historia tiene tomo y lomo y su nombre es, en último extremo, sólo un accidente griego. Ni más ni menos como ocurre con la palabra metafísica.

Noviembre de 1991

Y de mi Cuba, ¿qué?

En el limbo histórico que se creó en la isla en el interregno que medió, tierra de nadie, entre la derrota de España y la creación de Cuba independiente en 1902, hubo muchos augurios y una sola certeza: el fin del cruel y anacrónico dominio español que había durado más de tres siglos. Cuba, por designio de España, no estuvo presente (el paciente a operar que no aparece sobre la mesa de operaciones) a la firma del Tratado de París (1898), que concedió la derrota española, la victoria americana y la independencia cubana. Esta situación de presencia por ausencia generó un lema, una canción y un saludo que yo solía oír cuando niño, en Gibara, mi pueblo natal en la provincia de Oriente. Gibara, ocurrencia de la geografía, está a cincuenta kilómetros de Banes, donde nació Fulgencio Batista, y a cuarenta kilómetros de Birán, donde nació Fidel Castro. La historia, escritora mediocre, propuso al joven pero pobre Batista para cortar caña en la finca azucarera del padre de Castro, rico terrateniente español. La historia de Cuba, es evidente, aprendió a escribir viendo los films de D. W. Griffith, llenos de violencia sentimental y oportunas coincidencias —como se puede ver todavía en esa cinta llamada, ¿casualmente?, *El nacimiento de una nación*.

Antes del nacimiento de mi nación los cubanos solían repetir esa frase que se volvió un saludo irónico:
«Y de mi Cuba, ¿qué?». De niño yo la oía decir, repetir y
volverse una frase musical. Como contenía siempre cierta
nostalgia imaginé a Cuba, cosas de niños, como una suerte
de arco iris melancólico que era espléndido pero brillaba
más allá del horizonte. La frasecita, el saludo, la contraseña
sentimental o lo que fuera se refería, sin duda, a la isla entera flotando en el mar de la historia como en suspenso.

Para entender no sólo el pasado de Cuba sino su terrible o afortunado futuro y su vil presente, que dura más
de tres décadas, hay que entender primero la geografía de
Cuba. Hace ahora quinientos años que Cuba entró en la historia y, más importante, apareció en los mapas. La geografía
de Cuba ha determinado su historia pasada y, por supuesto,
determinará su futuro, que es más decisivo que la historia
pasada y presente y el nuevo limbo que algunos nos propo-
nen como un terrible purgatorio. Cuba es —vean el mapa,
por favor— una isla larga y estrecha. Pero hay más: miren
los mares. Cuba es la isla más grande de América, colocada a
la entrada del golfo de México. Es, más decisivo, una isla ba-
ñada al norte por el océano Atlántico y acariciada al sur por
el mar Caribe. Esta posición crea una dicotomía y forma y
conforma el carácter cubano. No hay otro país de América
escindido entre la civilización, el Atlántico, y la barbarie, el
Caribe. Cuba está dividida entre un mar indígena y un
océano europeo —y lo estará todavía por muchos años. Es
decir, de aquí a la eternidad, que es más duradera, me parece, que la historia. Cuba está también, para siempre, a noventa millas de las costas americanas. La geopolítica es, qué
duda cabe, más decisiva que la política. Piensen en ello.

Como pensaban aquellos cubanos de mi niñez, pintorescos patriotas, que decían, repetían y cantaban, «Y de mi Cuba, ¿qué?». A veces, por variar de manera de pensar o por hacer una variación musical, entonaban, en un arte de la fuga cotidiana, «Y de qué Cuba, ¿qué?».

Cuando regresé a La Habana en 1965, después de mi exilio oficial como diplomático en Bélgica, a los funerales de mi madre, pude decir que acababa de regresar al futuro —y nada funcionaba. Esta descripción deprimente era el revés de la exaltación de Lincoln Steffens, que dijo al volver de la Unión Soviética en 1919: «He estado en el futuro —¡y funciona!». (La carcajada que oyeron es mía ahora.) Contribuyó a mi destitución inmediata como *chargé d'affaires* en Bruselas y, lo que es más grave, a una retención, especie de arresto en la ciudad, de tres meses por orden del Servicio de Contrainteligencia —que, como su nombre indica, funciona siempre contra la inteligencia. Mi estancia entre los zombis, en las ruinas de La Habana, en un bien triste trópico, me hizo escribir poco tiempo después, en 1968, durante mi fuga de entre los muertos, una depreciación más que una apreciación del régimen de Castro. «El país», dije, «en franca cabriola hegeliana ha dado un salto adelante para caer detrás». Ecos amigos se hicieron en seguida enemigos sin acabar de leer mi artículo mortal para condenarme, dentro y fuera de Cuba: Orwell fue quien dijo que no hay que vivir en un país totalitario para ser totalitario. Oí voces que no estaban en la Biblia: contrarrevolucionario, agente de la CIA, gusano. Mi condena no era tanto por ver la verdad (otros muchos habían hecho otro tanto antes) como por decirla. Ahora por el deterioro de la economía, del capital y de la capital, de todo el país que ha dejado de ser Cuba para ser la Albania del Caribe (frase con que retraté a la isla entera entonces), la nación ha sido derruida, arruinada y llevada finalmente a una suerte peor que la muerte: la corrupción en vida. La Habana está tan destruida físicamente como Beirut, en una guerra civil de uno solo. Fidel Castro vive sus últimos días en su búnker de palacio rodeado de ruinas físicas y morales. El odioso presente es la última voltereta de un hombre que, por lujuria de poder, ha sido un caudillo sudamericano pero también una versión tropical de Hitler, Stalin sin Stalingrado. Acaba de declarar una opción cero que es, de hecho, cero opción.

Me preguntan a menudo cuál será el futuro de Castro. Siempre respondo que no tiene ninguno: lo gastó todo en su afán de mantenerse en el poder a toda costa. Puede morir, todos los hombres mueren, como Hitler suicidándose bajo las ruinas. Puede morir como Stalin de una hemorragia cerebral que sus miñones, muertos de miedo de molestar al tirano que duerme, convirtieron en un sueño que no cesa. Puede como Mussolini tratar de escapar a las montañas, pero el Duce terminó colgado por los pies por sus perseguidores. Puede (y es su amenaza más frecuente: cuando muere el *bully*) destruir a Cuba con la aniquilación por las armas rusas que todavía posee. Esta solución final se llama en español un destino numantino.

Numancia fue una ciudad de la España ibérica. Después de un sitio romano eficaz que duró ocho meses, sus habitantes fueron reducidos por el hambre. Los sobrevivientes (sólo 133) se rindieron. La leyenda española quiere que la ciudad entera fue volada por los sitiados antes que rendirse. Por supuesto los numantinos nunca inventaron la pólvora. Lo que inventaron fue la inmolación colectiva como acto de propaganda. Muchos recuerdan todavía la destrucción de Numancia, pero nadie sin embargo dice que Augusto, emperador de los romanos, la reconstruyó en seguida.

No es por casualidad que el acosado Honecker haya pedido asilo a Castro ahora. Toda Cuba, como Berlín estuvo, está rodeada por un muro vigilado por una *Todesstreifen* más eficaz que la que creó Ulbritch y continuó con tanto éxito su sucesor en fuga. A Fidel Castro, más afortunado o más atroz, lo ha ayudado no sólo la historia sino también la geografía: Cuba es una isla. Pero es también una clara distopía: allí se ve bien claro el fracaso de la utopía comunista. Curiosamente, donde únicamente ha triunfado la utopía, desde su invención por Tomás Moro en el siglo XVI, es en la Unión Soviética. Utopía, como todos saben, quiere decir el lugar que está en ninguna parte. (Risas.)

Un cómico de la radio habanera circa 1940 preguntaba a su público invisible: «Y de mi Cuba, ¿qué?». Para añadir al responderse: *«Chévere»,* que podía querer decir muy bien con gracia en lugar de gracias. Ese comediante era un *novus homo.* No el Hombre Nuevo que pedía el Che Guevara, una elite especial dentro de la Revolución que terminó usando los pantalones *New Man.* El humorista era en realidad un *parvenu.* La República, en efecto, había hecho *parvenus* de todos nosotros al estrenar ese año o el anterior una nueva constitución, creada, ¡tará!, por Fulgencio Batista, el dictador que quería legitimizar el poder que ya tenía. Fue ayudado en esa tarea, sobre todo, por los comunistas. A cambio de elegirlo presidente, Batista les dio la Confederación de Trabajadores de Cuba, un periódico y dos ministerios. (Ironías de la historia, uno de esos ministros es hoy el tercer hombre en el Gobierno de Castro, Carlos Rafael Rodríguez.) Ese mismo Batista, que ofrendó (en sus palabras) a la tullida República las muletas de su constitución, con un pase de muleta le dio la estocada fatal que fue su golpe de Estado de 1952, para que Fidel Castro en 1959 le diera el puntillazo y todos le concediéramos no sólo rabo y orejas sino el toro entero. (Las metáforas taurinas son tan ajenas a Cuba como el comunismo: desde 1902 las corridas quedaron prohibidas.)

Cínicamente (o tal vez con sarcasmo) Castro inauguró su toma del poder con un discurso que empezaba con lo que sería un estribillo de falso pacifismo: «Armas, ¿para qué?». Dicho en entredicho de un líder, máximo en isla mínima, que exportó expediciones, ya desde 1959, a República Dominicana y luego guerrillas sucesivas a Venezuela, Colombia, Bolivia, Argentina, Uruguay, Nicaragua y El Salvador y envió cuerpos de ejército a Angola y Etiopía, donde desde los años setenta situó más de trescientas mil tropas armadas para matar africanos. Armas, es obvio, para todos.

Y de mi isla de Cuba, ¿qué? La Cuba de los cubanos quiero decir. Pere Ubu proclamó un edicto futuro que prometía, «Sin polacos no hay Polonia». Sin Cuba, diría un Pere Ubu del siglo XXI, no hay cubanos. Pero, añado yo, díganme cómo serán esos cubanos y les diré cómo será Cuba. Para empezar no habrá comunistas. No los hay ahora. Un *graffito* visto varias veces en La Habana el año pasado proclamaba: «¡Comunismo o Muerte!». De pronto a su lado apareció una proposición lógica y gráfica: «¿Dónde está la contradicción?». Eliminada la contradicción, queda eliminado el comunismo en Cuba. Eliminado el comunismo, lo sustituirá, como en todas partes, el libre mercado y la democracia. Al revés de Rusia, no habrá que recorrer setenta años de errores, hacia atrás a toda marcha en una máquina del tiempo político. No será un experimento *in anima vilis* porque ya antes de Castro había en Cuba un capitalismo con éxito. La economía cubana era más favorable al cubano que a casi todos en Hispanoamérica la suya y aun en la propia España —y de paso en Irlanda.

La economía cubana siguió floreciendo bajo Batista, que fue un tirano discontinuo que vino a robar y, como algunos asaltantes, tuvo que matar: no hay crimen perfecto. También creó un intolerante clima de ruptura del orden constitucional que él mismo había creado y un vacío político. Fue en ese vacío que supo insertarse con violencia decisiva Fidel Castro. Todos le pedimos que nos librara de Batista como fuera, pero nadie le pidió que se quedara en su lugar por treinta y tres años con la ayuda de la violencia de Estado y de paso creara el caos económico y humano que hizo retroceder la vida a niveles infrahumanos sólo conocidos en América por Haití. El doctor Castro (como lo llama *The Times*) se nos convirtió primero en el doctor Jekyll con su Hyde a cuestas (a veces encarnado por Raúl Castro) y luego en una versión imposible del Papa Doc haitiano —Papa Doc Fidel. No es una invención mía. Hace poco aparecieron en La Habana grandes vallas —*graffiti* oficiales— que declaraban, «Fidel es nuestro papá» o «Fidel es el papá de todos los cubanos».

Casi «Papá Nuestro que estás en palacio». Pero Castro está más cerca del padrecito Stalin que de Papa Doc. Con un padre gallego y una madre libanesa, es tan cubano como Stalin ruso.

Castro, a veces llamado en Cuba el agrónomo más caro del mundo, destruyó minuciosamente no sólo la agricultura sino toda la economía cubana. Cuando tomó el poder en nombre de una ideología económica extraña nunca fue, ni en sus mejores tiempos, tan eficaz como el sistema anterior, producto nacional no sólo de la historia cubana sino de la geopolítica. La economía cubana ha florecido ahora en Miami por otros medios pero con idéntico sistema. Castro, maestro de la propaganda, ha creado dos mitos perversos: La Habana, es decir, Cuba, no era más que un burdel y un casino para los americanos. Miami es, en territorio americano, La Habana por otros medios (hasta se llama Little Havana), pero no hay allí ni casinos ni burdeles y la propia población cubana votó masiva contra el establecimiento del juego en la Florida. Mientras tanto todo turista en La Habana sabe que el Gobierno castrista permite una prostitución, masculina y femenina, cada vez más extensa en la ciudad. Ha creado además una nueva forma de racismo en toda Cuba. La negación de la entrada a cubanos a hoteles, restaurantes, playas, *resorts* y *night-clubs* —a menos que vayan acompañados de extranjeros— es un indecente *apartheid*. En un *catch* 22 inhumano en su perfección, los cubanos pueden visitar todos los establecimientos para turistas si poseen, como los visitantes, dólares, pero ningún cubano puede tener dólares porque su posesión es un delito grave. Se trata de seguidores no de Karl Marx sino de su hermano Chico, experto en trucos de cambio.

Nunca ha habido, dicho sea de paso, tantos millonarios cubanos en la historia de Cuba como ahora en Miami. La estadística no sólo incluye la era republicana sino la Cuba colonial del siglo XIX. Hay además, entre el millón y medio de cubanos exilados en USA, más graduados universitarios que hubo nunca en Cuba. Castro, por su parte, propaga la mentira goebbelsiana de que antes de su poder personal había en Cuba un noventa y cinco por ciento de analfabetos. ¿Por qué no, para que se crea mejor, un 99,99? Antes de la toma del poder por Fidel Castro había más mujeres graduadas en universidades en Cuba que, en comparación, en USA. Ahora el número de mujeres con carrera en el exilio supera todas las viejas estadísticas. Si Fidel Castro vituperó el pasado para presentar a su régimen como modelo de virtudes (y ha tenido no pocos colaboradores gratuitos en el mundo democrático más que en la Europa comunista), para elogiarse a sí mismo como promotor de la educación gratuita y la salud pública, su caída, sea a lo Ceausescu o a lo Honecker, revelará que esta consigna es tan falsa como la que declaraba que los trenes italianos llegaron a tiempo por primera vez con Mussolini o la que proponía a Hitler como el oportuno rescatador de Alemania del marasmo de Weimar. Castro reúne, para mal de Cuba, la capacidad infinita de la infamia del doctor Goebbels con el histrionismo oratorio de Hitler o mejor aún de Mussolini. El destino de esos antecesores fue servir de modelos para la mentira y el miedo como proyección del Estado. Una de las lecturas favoritas del joven Castro era *La técnica del golpe de Estado* del mussolinesco Curzio Malaparte. Su frase favorita, pronunciada ante un tribunal en 1953, «La historia me absolverá», fue dicha antes por Hitler en 1923, cuando el fracaso de su *putsch* en Munich. Antecedentes penales obviamente.

La especie de una Cuba racista de la que nos salvó Fidel Castro, como todas las manifestaciones de los que hablan en nombre de la historia, no se sostiene ante el menor análisis histórico. Batista era mulato y mulato era el jefe de su ejército y varios generales y políticos prominentes. La composición de sus tropas era de un setenta y cinco por ciento de negros y mulatos. Su última conscripción mercenaria, para integrar un ejército profesional, realizada en 1958, arrojaba un porcentaje de noventa soldados negros por cada cien enrolados. La mejor defensa, ya se sabe, es el ataque y Castro la ha practicado de modo maestro. Ahora en Cuba la composición racial de la población es de un setenta por ciento de negros y mulatos. Sin embargo en el Gobierno de Castro, cuyo régimen funciona como una dinastía (hay cuatro Castros en la cima del poder), hay un solo negro nominal, un viejo comandante ascendido a general sin ganar una batalla. El ejército, con su hermano Raúl al frente, y la plana mayor del partido se caracteriza visiblemente por la ausencia de negros. Blanco es su ministro de Relaciones Exteriores, tanto como su embajador en las Naciones Unidas. Blanco es su ministro de Cultura, blanco es su equivalente del ministro de Propaganda, el jefe del Instituto del Cine.

¿Quién es el racista, el negro Batista o el blanco Castro, que se enorgullece de su origen gallego? Una medida de monstruoso racismo implantada desde el principio del régimen fue negarle la salida de Cuba a los negros. Un negro pidiendo pasaporte era un hereje, un negro solicitando una visa de salida era un traidor. Varias mulatas de fuego salieron de Cuba pero casándose con europeos y sólo cuando el éxodo del Mariel en 1980, pudieron salir negros de Cuba en grupo. Pero la ordalía física a que fueron sometidos (que incluía el uso de perros de presa para acosar a los fugitivos en las playas) es un capítulo bochornoso pero típico del régimen. Sólo cuando terminen estas décadas de odio podrán los cubanos, blancos y negros, vivir en la armonía en que vivieron antes de Castro.

Una de las tareas primeras del próximo fiscal general de la República (que se llamará sin duda la Segunda República Cubana) será enjuiciar, con el peso moral de una nación pequeña pero restaurada a la democracia, a varias instituciones, organismos y organizaciones extranjeras que colaboraron y todavía colaboran en difundir las manifestaciones mefíticas de Castro con que pretendió injuriar, insultar y difamar a todo un pueblo. Una de esas emanaciones es la ya mencionada descripción de La Habana como un burdel y un casino. Otra es la calumnia indecente de que todas las cubanas eran, antes de la purificación de Castro por el hierro candente, «putas para americanos». Otra, que Batista entregó Cuba a la Mafia.

No había, puedo jurarlo, más casinos en La Habana que los que hay hoy en Londres. Solamente en el barrio en que vivo, en South Kensington, hay *cinco* casinos. Hay naciones, como Mónaco, y un Estado americano, Nevada, en que el juego es legal y sirve de sostén público. A nadie se le ocurre ocupar militarmente Las Vegas o dar un golpe de Estado a Rainiero porque permiten la ruleta, el *blackjack* y el *chemin-de-fer*. Berlín era una ciudad de notoria decadencia (prostíbulos, travestis, drogas) en los años veinte, pero nadie puede creer después de 1945 que Hitler era el único remedio a esos males.

¿Cómo devolver el país al paraíso después de treinta y tres temporadas en el infierno? ¿Cuántos han muerto en la larga travesía? No se sabe, nunca se sabrá. ¿Cuántos han muerto tratando de escapar de la isla? Cien veces más, es seguro, de los que murieron tratando de escapar de Alemania comunista. Muchos en fuga han sido asesinados siguiendo la política de tirar a matar. Otros se han ahogado en la corriente del Golfo. Otros han servido de festín a los tiburones. Muchos más han muerto extraviados en el océano. Han muerto de sed, han muerto de miedo, se suicidaron. Pero a todos los mató el Máximo Líder con su máxima culpa.

¿Cuántos han sido fusilados? ¿Cuántos han muerto en la cárcel y en los campos de concentración creados especialmente para homosexuales, reconocibles por el letrero arriba del portón: *«El Trabajo Hará de Ustedes Hombres»,* en máximo machismo? No se sabe pero se sabrá. Treinta y tres años de tiranía es mucho tiempo, demasiado. En este lapso de luto que ha sido el peor de los tiempos, Castro ha obligado al pueblo cubano a ser soplones, sus semejantes, sus cómplices. Ha creado una versión cubana de los *Blockwarts* nazis en los Comités de Defensa de la Revolución, en que cada cubano está obligado a espiar a su vecino, los hijos a los padres y cada cual a su prójimo. Obligados a celebrar fiestas partidarias en vez de las tradicionales: en el colmo de la demencia histórica, Castro trasladó la celebración de las Navidades al 26 de julio y el 1 de enero, en vez de festejar el año nuevo, lo convirtió en la celebración de su acceso al poder. Ante tanta injuria, ¿qué perdón?

Leví Marrero, economista y geógrafo cubano exilado en Puerto Rico, todavía bien vivo a sus ochenta años, contó en un discurso que tuve el privilegio de oírle en Miami (dicho con una generosidad que no es menos noble por ser característica) cómo Cuba se recuperó en menos de diez años de la Guerra de los Diez Años, contra el yugo español, que terminó en 1878 con la isla arruinada. También cómo después de la terminación de la Guerra de los Tres Años, todavía contra España, de 1895 a 1898, con la intervención americana, en que la ruina fue todavía mayor, a la fundación de su independencia en 1902, Cuba era una nación recuperada con la ayuda americana. Al término de la onerosa dictadura del general Machado en 1933, con ruina y hambruna aunque Machado sólo gobernó nueve años, la República se había recuperado ya en 1940. «Ocurrió tres veces», concluyó el profesor Marrero, «y ¡volverá a ocurrir otra vez!».

Ahora, fue la aseveración final de Leví Marrero, con el capital acumulado en Miami y otras partes de USA, Cuba será próspera de nuevo en menos tiempo en que se pronuncia su nombre. Volverán a la isla, sin duda, los mejores —una vez que hayan huido los peores.

O tan pronto como caiga Castro (la ley de la gravedad, aún más grave en Cuba que en la Europa Oriental, le hará caer como caen los cuerpos dantescos), cuando se completará la fuga de esos que el propio Castro, en un discurso, llamó las ratas que abandonan el buque antes de hundirse, castigando a sus cómplices en fuga. ¿Dónde irán después del naufragio? ¿A China, a Vietnam, a Corea del Norte? No, irán, ya están yendo, a Estados Unidos, a América del Sur, a Europa. Como se sabe, las tiranías, cuando fracasan, tienden a la democracia.

Para parafrasear la conocida Ley de Laplace, si sólo se conociera el estado de Cuba después de Castro en todos sus detalles a cada instante dado (o el infinito en el presente), uno, usted, todos, seríamos capaces de descifrar el futuro de la isla por muy impenetrable arcano que parezca ahora. Como este conocimiento es virtualmente —es decir, físicamente— imposible mis predicciones deben leerse como un *scenario* de posibilidades.

Debo recordar al lector que Pierre-Simon, marqués de Laplace, era hijo de campesinos y sobrevivió a los años sangrientos de la Revolución porque ésta no era un sistema sino un caos con un solo centro, la guillotina. Laplace, que tenía un gran sentido del humor, fue el hombre que bajo Napoleón Imperátor pudo desalojar un remanente arbitrario de la era de los jacobinos, su cómico calendario: abrumado por Brumario terminó con Termidor. Laplace, además, completó su teoría del continuo devenir de la vida con una frase que es la teoría del eterno retorno de Nietzsche *avant la lettre* —y al revés en el espejo: «... y el futuro, como el pasado, estará siempre presente ante tus ojos».

Después del análisis científico sólo queda, me parece, la profecía. Las tiranías cuando sucumben dejan detrás el enorme peso del pasado y ningún futuro visible, previsible. Entonces solamente el presente puede ser creador. Así habrá que extender el presente de todos los cubanos a un futuro inmediato, mañana, para preguntarse, y de mi Cuba, ¿qué? y oír al eco que responde como un espejo sonoro, «*¿Qué Cuba?*».

Enero de 1992

La muy fiel

El 24 de febrero de 1895 se declaró a Cuba independiente con el grito de Baire. No era la primera vez. El 10 de octubre de 1868 se dio el grito de Yara. Ningún levantamiento tuvo éxito y Cuba no fue independiente hasta que Estados Unidos, en 1898, con un golpe certero, hundió la flota española dirigida por el Almirante Cervera embotellada en la bahía de Santiago de Cuba. Entre 1868 y 1898 España había enviado a Cuba más de doscientos mil soldados para conservar la que los españoles llamaban «la Muy Fiel Isla de Cuba». Es evidente que no era fiel sino subyugada. España, en una invasión continuada, había enviado a Cuba más soldados en pie de guerra que a todas, a *todas,* sus posesiones sudamericanas, alzadas desde principio de siglo. ¿Por qué? Porque Cuba más que fiel era preciosa, la joya de la corona como aquel que dice, desde el siglo XVI cuando Cortés partió a la conquista de México. Más que Cuba era La Habana la codiciada. No hay otro caso tan extraño en la historia moderna que el absurdo cambio que hizo España del extenso territorio de la Florida por La Habana que los ingleses habían tomado en 1762.

Esto se explica en los libros de historia españoles, pero un encuentro con un andaluz en Granada lo explica mejor. Al congratularme el pobre hombre (que no sabía que era un racista) por lo bien que yo hablaba el español, me preguntó de dónde era y al decirle que venía de Cuba, saltó como un resorte: «Eso era nuestro». Pero ese mismo sentimiento (racista, colonialista) está expresado por Pío Baroja, un vasco culto, en sus memorias. Allí cita una cuarteta que se cantaba circa 1895: «Parece mentira que por unos mulatos / estemos pasando tan malitos ratos. / A Cuba se llevan la flor de la España / y aquí no se queda más que la morralla». Por supuesto don Pío no se cuenta entre la morralla, como tampoco contesta por qué se llevan a Cuba «la flor de la España». Entre esa flor exportada habría que contar al general Valeriano Weyler, gobernador de la Muy Fiel Isla de Cuba que para hacerla más fiel inventó los campos de concentración que todos creíamos que habían creado Hitler y Stalin. En cuanto al racismo de Baroja, tan natural en él como su reaccionarismo vasco, hay que citarle la frase de Antonio Maceo, mayor general de las dos guerras de independencia, que respondió: «Soy mulato porque mi padre español se acostó con mi madre negra». Maceo murió en el campo de batalla poco antes de la intervención americana. No hay que decir que era de los mejores porque España dejaría detrás la morralla, pero en Cuba se dedicó a matar a los mejores con una saña que rima con España. Mataron a Carlos Manuel de Céspedes, uno de los hombres más cultos de su tiempo, que dejó detrás las riquezas de su central azucarero para convertirse en líder de la insurrección. Mataron a Perucho Figueredo que había compuesto el himno nacional partiendo de un aria de Mozart. Enfermo de tifus las autoridades tuvieron la delicadeza de montarlo en un mulo para llevarlo hasta el paredón de fusilamiento. Mataron a Ignacio Agramonte, general conocido como el Bayardo. Mataron en la segunda guerra a José Martí, que no era mulato como Maceo sino hijo de valenciano y canaria. Mataron a Flor Crombet, que era mulato y el elegido de Martí. Mataron a los mejores y dejaron en Cuba la morralla que fueron Gómez y Machado, un presidente venal y un caudillo dictador, el primero pero no el último en castigar a los cubanos por querer ser libres. Ahora como la parte sucia de Cuba han dejado como herencia (su padre era gallego) a un dictador más cruel que Machado, bautizado «el asno con garras». Se le recuerda como el benefactor que dejó detrás a Batista, que hizo a Castro su heredero en el trono de sangre con su fuga a medianoche. De veras que Cuba la ha pasado mal, pero ahora la pasa peor. Algunos españoles todavía intentan salvar un régimen que, como la colonia española, está hecho con los peores para los peores.

En 1965 viví en Madrid en la vana creencia de que me había librado de una trampa totalitaria. Pero caí en otra y fui prácticamente expulsado de España por la policía política. Mis libros *Tres tristes tigres* y *Vista del amanecer en el trópico* fueron al mismo tiempo prohibidos por la censura de Franco que dirigía entonces Manuel Fraga. Fue así como años después vi a Fraga abrazarse con Fidel Castro en La Habana con muñeiras que cantan en la madrugada, en una suerte de «Bienvenido, Señor Fraga», que comprendí por qué las interdicciones y las expulsiones. Sólo me quedaba citar una frase romana hablando latín con acento habanero: *Sic semper tyrannis.* O todos los tiranos el mismo tirano: Franco, Fidel, ¿qué más da?

Poco antes de la reunión de presidentes de Guadalajara, ese carnaval mexicano donde Fidel Castro, como convenía, cantó un bolero: «Podríamos haberlo sido todo y no somos nada», un bolero cubano, recibí una invitación de la embajada española en Londres para almorzar con el Presidente del Gobierno español. Me asombró tanto este honor que llegué una hora tarde a la cita. Si me permito ahora nombrar nombres y citar citas es porque la reunión era un almuerzo y nada de lo que se dijo allí tuvo un carácter *sub rosa*. Los anfitriones eran Felipe González, Fernández Ordóñez y Carlos Solchaga. Fernández Ordóñez, de entrada, se mostró el menos político por ser el más franco. Dijo pestes de Castro camino del comedor y me preguntó por qué hablaba tanto. Es que es un gárrulo, le dije. En la mesa quedé frente a Solchaga que elogió mi *Habana para un infante difunto* y para demostrarlo recitó citas. De haber tenido yo ese mediodía las dotes de presciencia que lo mostrarían como un salvavidas de Castro que naufraga no habría entendido por qué gente que hablaba pestes de Castro estaría dispuesta tan pronto a tratar de salvarle el régimen y la vida. No lo sospeché porque mi posición es de una extrema oposición moral no política. Quiero que termine su tiranía, no aspiro a su puesto.

Con González hablé de sobremesa. Fumábamos solamente los dos. «Los únicos puros», bromeé pero la broma se disipó como el humo. González, como Fernández Ordóñez, cayó en seguida en el tema. El diablo, naturalmente. El presidente español estaba preocupado por el presidente cubano, uno elegido, el otro elector. Para explicar al que conocía le dije: «Es un megalómano» y González repitió el adjetivo con una extraña inflexión: ya estaba ahí la reunión de Guadalajara. Fue entonces que vi que teníamos preocupaciones diferentes aunque el objeto era el mismo. González temía un exabrupto de Castro contra el rey. Después de todo Castro acababa de insultar en La Habana a todo el gobierno español, incluyendo con preferencia a Fernández Ordóñez. Pero el ataque principal estaba dirigido contra el rey, al que no sólo insultó: atacó al rey y a la corona y cuestionó a su dinastía. Era una diatriba antimonárquica que, curiosamente, repudiaba un político socialista. Descubrí además que a González no le quitaban el sueño los sufrimientos del pueblo cubano. Pero mi única preocupación eran los cubanos en la isla. Fue la razón por que acepté la invitación a este curioso almuerzo que recordaba tanto al té al que fue Alicia. Eran, los dos, una muestra de las relaciones absurdas. «La mesa era larga», cuenta Carroll, «pero todos se juntaban en un rincón».

En ese rincón en que España se declara democrática mientras defiende (no «hasta el último hombre y la última peseta», ese es el lema iluso de Cánova: ahora todos tratan de multiplicar la peseta) el único régimen totalitario de América, que convierte a Franco en un ama de casa mientras se ha arruinado a la isla más próspera, la Afortunada que se convirtió en la Infortunada. Se aduce que se trata de evitar un baño de sangre hipotético mientras se oculta toda la sangre en que se baña la revolución todos los días, una verdadera Venus carnívora del Caribe. Las razones prácticas ocultan una monstruosa razón impura: hay que salvar a Castro a toda costa aunque el pueblo sufra, como sufre, todos los días. Las protestas por supuesto son culpa de los Estados Unidos, esos que Baroja llamó, repitiendo un lema popular, «los yanquis son todos vendedores de tocino».

Volviendo. ¿Es un castrista Solchaga acaso? No, es un economista desplazado con tanta visión del futuro de España como de Cuba. Igualando a los ciegos españoles que compraron el Habana Libre de Castro para no permitir la entrada a cubanos, Solchaga es un racista que propone para Cuba lo que nunca quiso para España y así crea fórmulas (todas mágicas) para eternizar a Fidel Castro. No habría hecho lo mismo con Franco. Afortunadamente es un economista que nunca se enteró del pasado económico de Cuba, ese pequeño país que tenía en 1958 el percápita más alto de América hispana si se exceptúan a Argentina y Uruguay. Ahora, ante la ruina total creada por Castro, va a necesitar no la *Historia económica de Cuba* (que seguramente no ha leído como no ha oído siquiera mentar a su autor, el economista cubano Levy Marrero, que murió exiliado en Puerto Rico) sino los textos de Paracelso y aplicar la alquimia a la economía fidelista. Los alquimistas pretendían convertir todos los metales en oro. La propuesta de Solchaga tiene la misma cantidad de delirio. Castro, por su parte, muestra cierta resistencia a este plan desesperado. No sin razón. Cualquier escolar sabe que Solchaga, de haberlo dejado su jefe en su puesto, habría arruinado a España.

Más sobre los deliciosos ideólogos de La Moncloa, un club.

Un ex ministro y antiguo comunista ha publicado una disquisición sobre cómo resolver el problema de Cuba. Ahora en España, como en 1895, todos son expertos en Cuba. Hasta Pío Baroja, un anarquista de derechas, tenía una opinión de cómo evitar el inminente desastre del fin del gobierno tiránico de España en Cuba. Todas, ahora y antes, son teorías. La única razón práctica que terminó con el imperio español terminará esta otra tiranía en Cuba. La solución es tan fácil que todos los teóricos hacen juegos malabares para no encontrarla. Los días de ira en Cuba terminarán con el fin de Fidel Castro. No importa si es ida o huida. Lo que importa es que la tiranía de ahora termine como la de antes de una vez por todas. Es sólo así que todos, como los judíos con Jerusalén, diremos, «El año que viene en La Habana». Será una cita con la libertad.

Estos españoles eminentes (el adjetivo no es invención mía) han demostrado que no conocían a Cuba antes de la toma del poder por Fidel Castro. Ni conocen a Fidel Castro, antes o ahora. Creen, porque conocieron a Franco, que conocen a todos los caudillos. Hasta su avatar. Otro articulista reciente pide cordura para solucionar lo que llama «crisis cubana» sin mencionar a Fidel Castro, creador de crisis. Es obvio que no ha oído hablar a ese Máximo Líder que los cubanos llaman Armando Guerra Solo ni de su política de guerra total. Seguramente que el articulista, viejo socialista, no habría elegido el mismo método para combatir el régimen de Franco.

Pero no todas son soluciones económicas españolas que resultan un regreso del dominio colonial. Los gritos de los amotinados deben ser atendidos más que el eco de los consejos económicos. La multitud amotinada en el Malecón no pedía pan, sino algo más necesario a los cubanos. Todos gritaban «¡Libertad! ¡Libertad!» Éste es el grito que debe ser oído en España, no las repetidas amenazas del tirano (que en España se oyen como un eco de Numancia) que va resultando un previsible enano de la venta.

Pío Baroja puede descansar en paz. Ya no se llevan a Cuba «la flor de la España», sino que va voluntaria por culpa de esos mulatos a quienes ha reducido a un *apartheid* perfecto, mejor que aquel que creó Jan Smuts en Sudáfrica: también excluye a blancos y negros. Un único requisito: ser cubanos.

Londres, agosto de 1994

La guayabera blindada

> «*Guayabera* es el nombre de una típica
> prenda de vestir campesina, la cual al
> presente se ha generalizado entre los
> hombres de todas las capas sociales.
> *Guayabero* se dice al que mete menti-
> ras o guayabas.»
>
> *Pichardo Novísimo* (1875-1952)

En ciertos cuarteles (y la palabra no está dictada
por el azar) se ha expresado sorpresa al haber adoptado
Fidel Castro para visitar Colombia una vieja prenda tropical. A mí no me sorprendió la sorpresa. Si Adolfo Hitler
se hubiera aparecido en Cartagena de Indias usando su
eterno terno nazi habría habido, me parece, mayor revue-
lo. Nadie ha discutido a Hitler ni a Castro su genio para la
propaganda. Los dos exclamaron ante un tribunal por un
veredicto adverso: «La historia me absolverá». Hitler juró
en 1939 no quitarse jamás su uniforme pardo y amenazó
con no cambiarse de ropa hasta que ganara la guerra. (Lo
que hizo al búnker irrespirable.)

Fidel Castro, más modesto, por lo menos se ha
cambiado de ropa esta vez. Ni el rey de España ni Felipe
González aparecen en las fotos molestos sino divertidos por
esta transformación que no es una metamorfosis. Cuando
niño, vi en La Habana un espectáculo turbador. Un actor
vestido de frac pero sólo de medio cuerpo, la otra mitad vestía un vestido largo. Daba media vuelta el actor y era un ca-

ballero, otra media vuelta y era una dama. Las carteleras presentaban al actor (o a la actriz) como un transformista. Desde entonces no había visto semejante transformación teatral pero recuerdo que el público aplaudía.

A pesar de la guayabera al sol y el regocijo en el trópico (el rey y su presidente reían, como se dice, a mandíbula batiente) todavía creo, honestamente, que Felipe González es un demócrata, no importa cuanto haga para hacerme creer lo contrario. Su política (hacia Cuba, hacia Castro, hacia el exilio cubano) es, en la práctica, equivocada y en teoría, anacrónica. Trata a Castro como un mal menor para España cuando es la fuente de todo mal para los cubanos, sobre todo para los que han quedado en Cuba. Castro es una caja de Pandora con barbas que se abrió hace rato por su boca. González dice querer para Cuba una transición pacífica, sin reconocer que, en Cuba, Franco no ha muerto todavía y ha fusilado a todos los posibles Suárez.

En vez de organizar guateques (la palabra misma es cubana) en dos continentes González haría bien en advertir en serio y en su patio a los empresarios españoles en su comercio casi carnal con Castro. Como ocurrió en 1902, en la primera independencia, ahora en la segunda liberación todas las empresas extranjeras serán confiscadas y subastadas al mejor postor cubano. Todos los negocios que ahora ultiman con Castro miñones intermediarios correrán un peligro futuro. Cualquier trato que se lleve a cabo con el ilegal comandante será igualmente ilegal. Los negocios completados por la Sociedad Once, por ejemplo, serán los más visiblemente confiscables. Los ciegos españoles rentaron hace poco el hotel Habana Libre a un falso intermediario, Fidel Castro. Ese hotel es un claro ejemplo de lo que pasa cuando se tiene trato con ladrones: tanto la venta como la compra serán ilegales. Es decir se negocia con un *fence*. (El diccionario *Collins* llama al *fence* un receptor de cosas robadas). Ese hotel no le pertenece a Fidel Castro ni a su familia. El otrora llamado Habana Hilton fue construido en 1958 con catorce millones de pesos (que entonces eran otros tantos dólares) del fondo del Retiro Gastronómico. (Había edificios de otros retiros: de arquitectos, médico, odontológico, casi todos levantados alrededor de La Rampa.) Es decir, del sindicato de camareros, *chefs, barmen y maîtres d'hotel*. El secretario general de ese sindicato, Alfredo Rancaño, durante años un fiel fidelista ahora exiliado, ha iniciado una acción legal ante los organismos internacionales competentes contra los presuntos usuarios del hotel. Es de advertir que acciones legales similares (Bacardí, Partagás, la Corona: todas viejas firmas cubanas) han sido ganadas por los legítimos dueños. (Habría que advertir también a Tabacalera). Esta operación manipulada por Castro es, a ojos vistas, una estafa. Los ciegos reales han sido mal llevados por los ciegos políticos.

El cine y el cinismo político nos han acostumbrado a ver a los tiranos como un espectáculo. ¿No es Zelig, el más logrado de los personajes de Woody Allen, notorio por mezclarse tanto con los famosos como con los infames? Mussolini, por ejemplo, salía de una ópera con arias y arios. Fidel Castro, hay que advertirlo, vestía guayabera en La Habana antes de ascenderse a sí mismo a comandante en jefe en la Sierra. Pero cuando lo conocí en 1948 (ya desconfiaba de los escritores, aún bisoños) llevaba un traje cruzado color beige y como Hitler en Múnich iba de cuello y corbata. La formalidad era entonces un uniforme para ocultar sus intenciones de gángster y debajo del saco cruzado camuflaba una pistola calibre 45, el arma de reglamento de la UIR, la organización letal en que militaba.

Trotsky solía decir que Stalin era un gángster y la comparación pareció siempre dudosa. No lo es decir que Fidel Castro es un gángster. ¿Que se codea con los grandes de España? También lo hacía Al Capone con los notables de Chicago. Los gángsteres (ver a Bugsy Siegel) suelen ser sociables. Fidel Castro encaja, por ejemplo, entre las amistades de Luis Roldán, a quien el corresponsal de un diario de Madrid asegura haber visto en La Habana, paseando su tenue disfraz bajo las palmas reales. (Ver Vesco.)

Pero la foto de Fidel Castro riéndose con el rey que ríe ante un riente Felipe González me pareció un truco fotográfico hecho por uno de los fotógrafos oficiales de Castro. He aquí al hombre que no hace mucho había insultado al rey, cuestionando su reinado, poniendo en duda su dinastía, riendo ahora con el rey y el otro presidente como si no tuviera otra cosa que hacer en el mundo que hacer chistes que ya venían hechos.

Castro no ha tenido nunca sentido del humor sino de la sorna y el escarnio. Tal vez el rey pensó que no había que hacer mucho caso a un bastardo que había fracasado en crear una dinastía, empeño que hasta un Anastasio Somoza consiguió. Las risas de González serán de ocasión. Pero, ¿cómo compartir carcajadas con un ser obsceno? Fidel Castro, visto por el rey o por el presidente de España, demócratas ambos, es una obscenidad que lleva en el poder total treinta y cinco años y para miles de cubanos dura más allá de la muerte. Siempre he visto la relación de González con Castro como una amistad funesta. Antes lo era para España, ahora lo es para Cuba. En esa foto colombiana vi lo que Agustín Lara llamó «la última carcajada de la cumbancha». En Cuba una cumbancha es lo que en España racista se llama una merienda de negros.

La fuga hacia el mar de los cubanos propulsados por el desespero muestra cómo Fidel Castro es capaz de jugar con los cubanos al gato y los muchos ratones acorralados entre una roca y un lugar incómodo. Primero persigue y mata a los que se embarcan para abandonar la isla sin su cédula real. No importa que sean mujeres y niños. Luego los deja fugarse en masa, ahora como peones del chantaje al presidente Clinton. «Suspende el embargo», amenaza Castro que habla de bloqueo, «o te inundo la Florida con mi escoria». (O gusanos o ratas o alimañas.) Es decir, no trata al pueblo cubano como seres humanos sino como carnada con anzuelo. Luego, cuando consigue, no su propósito sino la promesa de ese propósito, los fugitivos dejan de serlo y las playas quedan desiertas y peligrosas como antes. Este cinismo en gran escala recuerda cómo Hitler jugó con la vida de los judíos (no hay más que mencionar el llamado «barco de la muerte» con refugiados alemanes enviados a Cuba en 1938) antes de exterminarlos en masa.

Muchos comentaristas ingleses han usado la misma frase para describir la situación actual del pueblo de Cuba. Dicen que los cubanos (y no sólo los náufragos) se hallan *between the devil and the deep blue sea*. Quieren decir que están entre alternativas igualmente indeseables. Debo regresar a la metáfora original que, como todas las

relaciones poéticas, tiene que ver, más con la
dad. El refrán inglés dice que (los cubanos) están atrapados entre el diablo y el infinito mar azul. ¡Ah Cuba! Tan
lejos de Dios y tan cerca de Mefistofidel.

Cuba fidelista es un estado totalitario y un fracaso
total. Sólo funciona la policía y la propaganda: la policía
para el interior, la propaganda para el extranjero. La revolución hace rato que no existe. Naufragó entre las mentiras
de Castro y Castro mismo no existe. Sólo existe el ruido
que hace y el eco benévolo o nostálgico. Desdichadamente
ese *eco in lontano* se escucha aún entre las democracias.

Goebbels dijo: «La gente creerá más fácilmente
una mentira grande que una pequeña». Esa gran mentira
es la historia de Cuba rescrita por Castro sin papel ni tinta.
En 1959, en uno de sus primeros discursos, aseveró así el
Máximo con máximas: «Nos divorciaron de la verdad para casarnos con la mentira». Se refería a Batista pero podía
estar hablando de sí mismo. De las muchas mentiras que
ha propagado ninguna más infame que haber dicho (y hecho creer) que Cuba era un burdel y un casino para turistas americanos. Es decir, una Tijuana del rico.

No hay casinos ni prostitución cubana en Miami,
pero nunca había habido en Cuba, como ahora, una prostitución generalizada y galopante. (Las prostitutas se llaman a sí mismas *jineteras*.) Hay putas dondequiera y el
gobierno admite que hay no sólo putas sino putos y puticas. Muchas de las mujeres son profesionales pero no putas
profesionales sino graduadas de universidad, gente de-
cente hecha indecente por la miseria. Un periodista inglés
refirió que se encontró con una familia nonsancta toda,
«haciendo la calle». La abuela, la madre y la hija de doce

años se prostituían por lo que tuviera el turista: dinero, ropas, la entrada a un restaurante. Pero la prostitución no se limita a La Habana. Este periodista relató que vio en Varadero casi niñas que le proponían una felación por un dólar. Por dos dólares le vendían el cuerpo.

Todo se debe, dirán los panegiristas de ocasión, al cruel embargo norteamericano. Antes venían turistas escogidos que iban derecho a la Casa Marina (la dueña del burdel era una gallega llamada Marina), ahora viene la morralla de España quedada detrás de la que se quejaba Pío Baroja. Recuerda William Shirer en su *Diario de Berlín:* «La técnica del Fuhrer consiste en que una mentira es mucho más útil que mil verdades». De Fidel Castro considerado como un perfecto propagandista *d'apres la lettre.*

El frac en *Carne y fantasía* dictaba las relaciones insólitas de quien se lo ponía. La guayabera, quién lo diría, hace historias como un frac fantástico. El depuesto y encarcelado presidente venezolano Carlos Andrés Pérez fue presidente electo hace años. Todavía más años atrás en su carrera canalla fue ministro del Interior con Rómulo Betancourt y el hombre que aniquiló inclemente la guerrilla que Castro había organizado contra Venezuela. Fue una campaña cruel y sangrienta que le permitió a Pérez postularse para presidente («Democracia con energía» fue su lema) y ganar las elecciones. Sólo unos meses más tarde entró el presidente a Palacio vestido de punta en blanco. En su oficina anunció a sus secretarias, «¿Ven ustedes esta camisa? Pues no es una camisa, es una guayabera. Me la regaló Fidel, que mandó hacerla a mi medida». Todos sabemos ahora cuál es la medida del ex presidente Pérez encausado por estafa.

En algunos reductos liberales adoptan la guayabera como una bandera blanca. Son los que apuntan con un dedo teórico y señalan a los Estados Unidos para decir que deben levantar el embargo (ya no repiten con Castro «el criminal bloqueo») a Cuba. Aducen que esa nación tiene relaciones con China y Vietnam para comerciar libremente. Esos candidatos, hombres de punta en blanco, nunca recuerdan que Mao murió y murió Minh. Fidel Castro, infortunadamente, no les hace compañía todavía en uno de los círculos dantescos.

La guayabera es una prenda tradicional cubana y era la vestimenta más demócrata: la llevaban tanto los obreros como los terratenientes. Ahora sirve de disfraz a un azote de la democracia. Antes, cuando un político usaba la guayabera con fines populistas se le llamaba manengue. ¿Quién nos iba a decir, señores del jurado, que Fidel Castro, un enemigo del pueblo, iba con los años a resultar un manengue por dos días? Una característica del diablo es que utiliza a menudo múltiples disfraces para hacer el mal. Pero el mal compone muy bien los dos primeros actos para terminar siempre en el fracaso del último acto. ¿Quieren ustedes un ejemplo o dos? Puedo inclusive repartir fotos.

Londres, 1994

Pax cubana

Dijo Edmund Burke (1729-1797), el filósofo político inglés: «No se gobierna una nación que tiene que ser castigada a perpetuidad», para afirmar que «el uso de la fuerza es sólo *temporal*» y subrayaba temporal para aconsejar: «(la fuerza) podrá subyugar por un momento pero no elimina la necesidad de subyugar de nuevo». Burke hablaba de la nueva nación americana y su revolución vistas desde la democracia inglesa. Un político de la vieja democracia inglesa, Neville Chamberlain, trató de apaciguar a Hitler, nuevo tipo de tirano, y lo que consiguió fue que Hitler, confundiendo la debilidad de Chamaberlain con la debilidad inglesa, se anexara a Austria, los Sudetes y Checoslovaquia, y, finalmente, invadiera a Polonia, mientras Chamberlain mostraba un tratado a su pueblo que se convertía en el aire en papel mojado. Su lema, «Paz en nuestro tiempo», pasó a ser un emblema, un edema y la flema inglesa hecha esputo. No había manera de apaciguar a Hitler y esto lo entendió bien el sucesor de Chamberlain, Winston Churchill.

Fue Churchill el estadista que preconizó la guerra total contra Hitler y para someterlo exigió su rendición incondicional desde el principio de las hostilidades. Cuando algunos ingleses protestaron por el duro castigo a que sometía al pueblo alemán, Churchill ripostó: «Esta guerra la comenzó Hitler». Fue Churchill quien tuvo la razón histórica, no el apaciguador Chamberlain, que murió de vergüenza poco después. Burke, desde dos siglos antes, habría entendido. Ya se había opuesto a la sangrienta revolución francesa.

Fidel Castro ha manejado su propaganda política con la maestría de un Hitler y hasta ha tenido sus Austrias y sus Sudetes. Usted dirá, ¿pero es esto posible desde una nación tan pequeña como Cuba? Habrá que recordarle a usted —sí, a usted, que lee tan cómodo en su butaca decorada con un poncho— que Castro envió guerrillas a Venezuela en los años sesenta, a Bolivia con el Che Guevara poco después y a un Jorge Ricardo Masetti guerrillero (antes fue el fundador de Prensa Latina, la agencia de noticias de Castro) a su Argentina natal luego. En los setenta despachó hombres y oficiales a Nicaragua y al final de la década tropas cubanas actuaron en Mozambique y en Angola para aplastar a Savimbi, lo que nunca lograron, para salvar inútilmente a Mengistu que era un demente sangriento, con cuerpos de ejército de ocupación. Algunos prefieren olvidar cuando lo alabaron y ahora que está acorralado intentan salvarle no sólo la vida sino su mismo gobierno y negar que esa silla coja fue en su apogeo un trono de sangre. Para el pueblo cubano, que lo sufre, Fidel Castro está lejos de rendirse a la evidencia de que eso que él llama todavía revolución es un fracaso obsoleto y el mismo Castro se retrata como un político antediluviano pero todavía peligroso. Hitler ya en su búnker del suicidio ordenaba a sus generales escasos y disponía tropas que enviaba a la muerte cuando era evidente que había perdido la guerra.

Pero no hay que cantar victoria. Castro es todavía un mago de la propaganda y tiene corros y hasta un *eco in lontano* en México y en España y aun en Canadá. Ha cacareado durante décadas sobre la soberanía nacional, pero nunca mencionó que esa soberanía estaba subsidiada por la Unión Soviética que le pagaba la astronómica cifra de cinco mil millones de dólares (no de rublos) al año. Pero este subsidio no era gracias al desinteresado corazón eslavo, sino para mantener una base amiga en territorio enemigo: los Estados Unidos quedaban, todavía quedan, a noventa millas. La base se llamaba Lourdes por el pueblo en que se situó. Rusos y cubanos rogaban juntos en este santuario electrónico y pedían un milagro mutuo: el fin del imperialismo. La historia, odiosa diosa, les concedió otro milagro, el fin del comunismo.

Toda su fortuna rusa la malgastó Castro en ridículos experimentos agrícolas en los que compraba toros y vacas de raza en Europa para su granja experimental —Cuba. A este Castro de entonces lo bautizó el pueblo cubano como el veterinario más caro del mundo. Se hizo de pronto experto en genética animal y cruzaba toros cebú con vacas Holstein. ¿El resultado? Monstruos que pertenecían más al laberinto de Minos que a la campiña cubana. La isla mientras tanto sufría un régimen de racionamiento que no padecía ningún país de la Europa del Este o Rusia. La veterinaria marcharía a todo tren pero la agricultura cubana, forzada a un régimen exótico, iba de mal en peor y lo que se llaman viandas (productos agrícolas tropicales) no aparecían ya más en el mercado, mientras la culpa de esta escasez local se repartía entre el pasado capitalista y el presente imperialista. En cuanto al futuro, se le pintaba no rosa sino rojo. Cuba guiada por Marx y Lenin, el dúo del error.

La inhumanidad de Castro contra su propio pueblo quedó patente desde el principio con loas fusilamientos de los miembros del ejército y la policía de Batista. Huido aquel dictador dejó detrás si no a los inocentes por lo menos a los menos culpables: los más culpables huyeron en su avión. Ahora Castro lanza ola tras ola de cubanos (es evidente la juventud de los fugitivos: todos son los hijos de Castro) al mar más cruel dejando su rescate a la caridad americana, cuando no mueren en las mismas aguas cubanas. Hombres y mujeres antes de escapar repiten a la prensa, no ciertamente cubana, que prefieren morir en el mar a vivir en la isla. Interrogados acerca de su futuro en la base naval de Guantánamo declaran una y otra vez: «Preferimos la base al campo de concentración que es Cuba». Todas las voces son decididas.

Este sentimiento no es nuevo. Lo que es nuevo es la decisión de las voces —y el coraje de manifestarse en público rodeados de la policía política cubana. Es manifiesto que los cubanos no tienen nada, ni siquiera el derecho a vivir. Sólo les queda morir. Es por eso que escogen la fuga en el mar. Castro ha creado, finalmente, un *apartheid* perfecto, no sólo para negros sino para todos.

Mientras en Sudamérica (y más acá) los gobiernos para contentar a su izquierda ciega y sorda han permitido la erección de un mito cubano: la creación de una Cuba que no existe más que en los lemas (como aquel de ayer, «Cuba sí, yanquis no») y es en el mejor de los casos un utopismo primitivo para una picaresca política que hacía creer que la utopía castrista funcionaba y repetían a aquel Fidel Castro inaugural que gritaba: «¡Pan sin terror!» —para terminar organizando el terror sin pan. Algo salió mal. No. *Todo* comenzó mal. Como dijo un lúcido escritor francés: *Cuba est mal partie.* Pero Cuba no salió mal, fue Castro quien salió mal. Maestro en engaños y mago sin chistera, este farsante llegó a repetir a Burke sin saberlo: «No me contento con nada que no sea *toda* América». Al final se ha tenido que contentar con bastante poco. Con menos. Con nada. Como dijo en su discurso de Guadalajara: «Podíamos haberlo sido todo y ahora no somos ni siquiera nada». Suena, efectivamente, como un abolero, pero es en realidad el lamento de un esclavista arruinado: Pedro Blanco el negrero en su última lástima.

La solución del problema cubano comenzará con la ida o la huida de Fidel Castro. No habrá solución en Cuba mientras Castro mande y desmande. Los recientes disturbios en La Habana prueban que no es la economía cubana la que está en crisis, sino la relación del pueblo con Castro. Los amotinados no gritaban «¡Pan!» sino «Libertad! ¡Libertad!» Los extranjeros si van a intervenir con fórmulas continuistas (como han hecho hasta ahora Salinas y Felipe González) que se queden en sus poltronas en las que han recibido a Castro como un libertador cuando no es más que un anacrónico caudillo americano. Más cruel que Rosas, más supremo que Francia, más tirano que Trujillo, más siniestro que Somoza y tan ubicuo como Ubico, a Fidel Castro hay que devolverle el

grito que daba para expulsar a los que llamó gusanos.
¡Que se vaya!

Michel Foucault planteó con lucidez precisa el dilema cubano. Profesando en el College de France contestó
cuando un alumno preguntó sobre una revolución posible:
«La pregunta no es si la revolución es posible. La pregunta
es si la revolución es deseable».Quizás Foucault recordara
el tratamiento que le había dado Castro, desde el principio,
a los homosexuales: prisiones indiscriminadas, la UMAP, el
Congreso de Educación y Cultura de 1971, donde Castro
decretó que los homosexuales no tendrían contacto con «la
juventud sana» de Cuba, Sartre antes que Foucault había
dicho: «Castro no tiene judíos pero tiene homosexuales».

En Cuba no hay elecciones desde 1952, cuando
Batista dio un golpe de Estado incruento pero su poder
pronto se volvió sangriento. Sin embargo Batista sólo había violado el poder constitucional basado en una constitución que él mismo había promulgado en 1939. Fidel
Castro, veinte años más tarde, se hizo con el poder que
luego convirtió en absoluto. Desde 1959 no ha habido
elecciones, plebiscitos o consultas públicas en Cuba. La
violencia de Estado, el terror ha dejado a Batista y a los
otros tiranos cubanos (Machado, Gómez) convertidos en
los proverbiales niños de una teta sangrienta. Treinta y
cinco años más tarde (le ha ganado a los otros tiranos sudamericanos, incluyendo a Stroessner de Paraguay) Castro sigue aferrado al poder y parece que sólo la fuerza lo
desalojará a la fuerza. Esta es la sangre hipotética que se
teme en todas partes, sin compararla con la sangre retros-
pectiva que ha derramado Fidel Castro. Esta sangre, por
cierto, correrá por cuenta de los cubanos. Humillados,

ofendidos, convertidos en cómplices (delatores, policías, miembros de los siniestros comités de defensa creados en la revolución francesa y adoptados primero por Hitler) serán los que cuando pase el primer susto se cobrarán las cuentas del miedo y la humillación por el terror. Los vi actuar cuando cayó Machado en 1933, los volví a ver cuando cayó Batista. Los veré cuando caiga Castro. Ahora, ida la Unión Soviética a donde van a dar las utopías, Cuba es más pobre que nunca y ha retrocedido a niveles de Haití o de Mozambique o a la realidad de esa otra utopía, Etiopía. Pero, presto, ha aparecido un nuevo culpable que ya era viejo hace años: el imperialismo americano. Son los Estados Unidos no la Unión Soviética los culpables de la miseria generalizada en Cuba. Antiguas culpas (Cuba era un burdel para americanos) han regresado con un nuevo disfraz: Cuba es ahora un burdel para todos. El internacionalismo proletario ha creado nuevas putas, putos y hasta puticas. El apodo de Castro es El Caballo, los que ejercen la nueva prostitución son jineteros. Mientras los Estados Unidos, siempre aviesos, siempre una solución que es una coartada, estrangulan al pobre Castro con su bloqueo. Como nadie ve los acorazados americanos rodeando la isla se ha vuelto a su verdadero nombre, el embargo. Sin embargo nadie dice que Cuba puede comerciar con cuanto país desee en América, desde Canadá hasta Argentina, con Europa entera y toda Asia. El embargo comercial es un arma de doble filo que ni Castro (ni sus seguidores) declaran que es de competencia interna de los Estados Unidos. Por otra parte ¿por qué la ansiedad de comerciar con el enemigo? Ese enemigo (que ha sido durante treinta y cinco años bárbaros que son como una solución) no lo es más porque Castro no maneja ya miles de millones de rublos y ahora quiere que los Estados Unidos subvencionen su régimen como lo hacía Rusia. El embargo es, de hecho, una versión actual del ingüento maravilloso que obsesionaba al Quijote: aquel que cura las heridas viejas y las deja como nuevas.

Curiosamente, los Estados Unidos son los únicos que pueden salvar a Castro. Antes el Máximo Líder gritaba a toda voz y coreaban sus cómplices: *Yankee go home!* Ahora todos y Castro el primero suplican: *Yankee, come back please.* Al antiguo enemigo malo se le exorcizaba, ahora se le implora. Esto en demonología marxista se llama *realpolitik.*

Postdata con balsas al fondo

Los últimos acontecimientos obligan a recordar de nuevo, aunque sea de paso, la cruel política que ha impuesto a su pueblo Fidel Castro.

Hambreado con método (el racionamiento de todos los productos primarios se estableció en hora tan temprana como 1962) el pueblo está ahora de veras en el hambre sin método. El nuevo orden castrista se ha convertido en un desorden del que todos quieren huir. Hasta la plana mayor del ICAIC (Instituto del Cine: el más efectivo aparato de la propaganda castrista) se ha establecido ¡en Miami! Ahora los balseros tratan de huir con pérdida de sus escasos bienes, de la propia vida que ha dejado, como muchos de ellos declaran a la televisión, de ser preciosa para convertirse en una agonía indigna de llamarse vida.

434

Tanto Castro como los cubanos en fuga ven a los Estados Unidos como una tabla de salvación. La diferencia es que Castro se queda sentado en su silla bastarda y lanza a los cubanos al mar con el sólo propósito de chantajear a los Estados Unidos. Son dos ilusiones encontradas. Los náufragos se embarcan en cualquier cosa que flote (y aun en lo que visiblemente nunca flotará) tratando de huir de una tiranía. Cuando la caída del muro de Berlín y la fuga de todos los alemanes del Este hacia el Oeste (curiosamente el mismo derrotero de los cubanos en fuga) se repitió una frase cínica de Lenin que declara que todos los fugitivos votan con los pies. Ahora los cubanos, nativos de una isla y rodeados de mar por todas partes, votan con los remos. Es cierto que un golpe de remos no abolirá el mar, pero aumentará la distancia de la tiranía. «Ninguna regla es útil para vivir bajo un tirano», estipuló hace quinientos años Francesco Guicciardini, amigo de Maquiavelo. «Excepto quizás una que es la misma que en tiempos de la peste: *huye tan lejos como puedas*». Esos fugitivos que huyen en lanchas, balsas improvisadas y hasta llantas de camión, lo que flote, fueron educados en Marx pero son en realidad seguidores de Guicciardini hasta la muerte.

Hablando de gomas de camión usadas como balsas por los náufragos hay una fábula irónica detrás de cada llanta. Un municipio español, de esos cuyo alcalde admira a Fidel Castro como antes admiró a Franco, decidió regalar a Castro un cargamento de miles de gomas de camión desechadas. Sucedió que las gomas no podían ser recicladas en España o destruidas por el fuego. Ya saben: la contaminación de la atmósfera, la vida verde, una amenaza de negra polución. Solución: las llantas fueron recibidas en La Habana. Son, sin duda, las mismas llantas que usan los fugitivos como balsas. El gobierno cubano, siempre listo a reconocer una ganga, vende las gomas ahora a cuarenta y cinco, cincuenta y sesenta pesos: depende de su estado y siempre que la operación se haga en dólares. Es así como un Estado que no duerme vela por sus ciudadanos («La Revolución es siempre generosa» no se cansa de repetir el Líder Máximo) y al revés de la goleta *Rachel,* lanza sus hijos al mar —y al naufragio.

Moraleja: el auxilio al comunismo ha servido para la huida del mismo.

¿Posible desenlace de esta historia trágica? El veredicto queda suspendido por lluvia de opiniones contrarias. El exilio —de Miami, de Madrid— no ha sabido resolver un dilema que nadie ha querido coger por los cuernos. Los exilados, todos, mientras no destruyen a Castro construyen castillos de contradicciones. Castro astutamente dividió las seis provincias tradicionales de la isla en catorce provincias, sin duda para facilitar el control policial del territorio. Debió, en cambio, haber dividido a Cuba en catorce *naciones.* Así todos los aspirantes a la futura presidencia de la isla tendrían una nación para cada presidente electo.

Fidel Castro por su parte no tiene soluciones después de haberse embarcado en múltiples expediciones que eran todas como una diversión. El dictador (de origen gallego) para justificar sus aventuras bélicas o sus ansias cesarinas, se declaró entonces ¡afrocubano! Suena casi a la aspiración de un músico de salsa. Pero su propia declaración no es de principios sino de fines para este

Escipión el Africano del Caribe, que desde hace treinta y cinco años no hace más que creer que su Cártago *Delenda est Castro*. Pero escribir esa historia queda para otro Burke.

Londres, agosto de 1994

Nantes y ahora

El ministerio de Relaciones Exteriores con su rama cultural rampante, la Casa de América (popularmente conocida como la Casa de Cuba), ha organizado otra mascarada castrista llamada, como la anterior, *La isla entera,* que se dedicó a la poesía cubana. Esta farsa estuvo dedicada a «la narrativa», programada para el pasado noviembre, y luego más modestamente dedicada «al cuento». El ministerio de Relaciones Exteriores redujo a doce (el número no es mágico) los cuentistas que vendrían de Cuba. A última hora los poderes que controlan toda la vida cultural en Cuba decretaron que «ningún escritor saldría» de la isla —entera o no. La negativa de última hora parece dirigida a evitar cualquier «plan de evasión» de escritores que optarían por el título de «quedados», como han hecho antes escritores que hoy aparecen en el panel publicado. No se sabe a ciencia cierta cuánto dinero del erario español se ha gastado en ésta y otras aventuras sigilosas similares. Se sabe, sí, que el municipio de Nantes, que organizó el año pasado un evento similar, perdió doce millones de dólares (o su equivalente en francos) preparando la fiesta que uniría, culturalmente, a La Habana y a Nantes. La táctica castrista ha sido similar: primero aceptar la invitación a viajar a Francia (a España ahora) y a última hora negar los permisos de salida a todos esos escritores que, como los canarios, prefieren cantar en jaula. Más considerados ahora que en Nantes las autoridades cubanas en España han ofrecido excusas que tratan de explicar lo inexplicable. O lo que tiene una sola explicación: Castro lo controla todo en Cuba —y aparentemente en España.

El programa divulgado por la Casa de América con la anuencia de La Habana tiene características que inducen a la risa —si no fueran tan dolorosas. Se dedican simposios a Enrique Labrador Ruiz, Lino Novás Calvo y Reinaldo Arenas, todos muertos en el exilio y en el caso de Arenas como contrarrevolucionario contumaz.

Pero hay más en el campo de batalla de la cultura cubana. Como Stalin, ahora Fidel Castro es el supremo árbitro literario. Presidente de la república, primer ministro, secretario del parlamento, secretario general del partido único y comandante en jefe de las fuerzas armadas, el Máximo Líder se nos ha convertido de la noche a la mañana en ¡Máximo Crítico Literario! Fue presidente, por supuesto, del jurado de novela de la Casa de las Américas. Se sabía que Castro es aficionado a las telenovelas brasileñas, pero de pronto, siempre sorpresivo, se nos muestra como erudito en novelas sudamericanas. Es obvio que aún en su otoño este patriarca es dueño de una isla entera.

Londres, febrero de 1996

Vox populi

La frase latina completa es *Vox populi vox Dei.* La voz del pueblo es la voz de Dios y es una exaltación de la democracia. Pero para los marxistas la voz del pueblo es la historia convertida en una versión atea de Dios. Para los falsos marxistas, como Fidel Castro, no es más que una manera oportuna —o si se quiere llamar las cosas por su nombre, oportunista— de poner al día lo que no es más que una típica dictadura sudamericana, gracias a la intervención soviética en América. De haber triunfado Castro en 1939 y no veinte años más tarde no hay duda de que este imitador de Mussolini se hubiera aliado al eje Roma-Berlín para gobernar con un poder unívoco con la misma mano de hierro con que todavía gobierna, obsceno, cuarenta años más tarde, sin elecciones ni ninguna clase de consulta popular. El *vox populi* que se le opone dentro y fuera de Cuba es la voz de la democracia. Su utopía, como la Unión Soviética a la que se alió, se ha vuelto, debajo y detrás del trono de sangre, en una distopía. Hace poco unos pocos escritores españoles han ido a La Habana como quien va a ver los dinosaurios en *Parque Jurásico* para comprobar que el bien armado parque de diversiones que era La Habana se viene abajo derruido por el *tyranosaurus rex,* el rey de los dinosaurios que todavía se tambalea en medio de un cementerio de saurios.

¿Quiénes son los otros saurios que rendían culto a Castro y dónde? Todos son presidentes que lo aupaban y hoy está uno en residencia vigilada, en la cárcel por drogas otro, fugitivo uno de la justicia de su país en otros países y todavía otro, el que tenía más prestigio, sufre un inexorable acoso legal y está a punto, como los otros, de perder su presidencia. No hace falta, creo, nombrar nombres. Pero si insisten puedo enviar fotos de frente y de perfil. Tamaño legal. ¿Hay que pensar que Fidel Castro tiene ñeque, gafe o getatura? Nada de eso. Es que se ha rodeado de la protección de sus pares: sus iguales son sus semejantes. Nada les importa, nunca les importó que Castro se hiciera un tirano y conservara su tiranía con su ayuda. Nada les importó que Cuba se convirtiera en una inmensa prisión, versión magna de la Isla del Diablo. Nada les importó que en nombre de una teoría económica que se decía infalible arruinara a su país a niveles infrahumanos. Nada les importa que todos juntos, Castro y sus socios, estén en el mayor descrédito político y el único de sus valedores que, aunque tambaleante, queda en pie, todavía ofrece y gestiona la ayuda de la Comunidad Europea, donde nada saben de Cuba ni de su pasado y su historia y la ven como un remoto paraíso artificial cuando es un infierno verdadero y profundamente antidemocrático, mantenido a duras penas por democracias que debieran recordar que hace poco más de cincuenta años merodeaban allí Hitler y Mussolini, prototipos de Castro, su isla del Caribe gobernada por un caribe, antropófago político tan rezagado de la geografía como de la historia.

Es hora de que los presidentes de América, todos electos, vean a Fidel Castro que sobrevive como la vieja amenaza que ha sido para Venezuela, para Colombia, para Nicaragua y El Salvador y Panamá y para tierras tan remotas de Cuba como Argentina, Bolivia y Chile. Mientras Castro se sobreviva habrá militares ambiciosos a punto de dar un golpe en nombre del pueblo porque son la voz de Marx. O guerrillas crueles sin siquiera conocer esa humanidad a la que dicen servir con las armas. O revueltas en todas partes de Santo Domingo a Argentina y Chile. Mientras esté Castro en el poder tambaleante habrá disturbios en América porque la única tabla de salvación que le queda (hundido ese acorazado del mar de la historia que fue la Unión Soviética) es meter guerra en otra parte para estar en paz en casa. Esa paz, como los cementerios humanos o prehistóricos, necesita tumbas.

Caído Karl Marx en su merecido descréditro, Castro busca otra fuente de ideología que le permita seguir en su trono de huesos y ha escogido, de entre todos los ideólogos, ¡a José Martí! Ese José Martí cuyo lema, cada vez que subía a la tribuna a orar contra España y su abuso colonial, era para comenzar diciendo: «Con todos y para el bien de todos». Ese José Martí que escribió: «Contra el tirano di todo, di más». Ese José Martí que redactó este manifiesto que firmaba también el general Máximo Gómez, comandante jefe del Ejército Libertador, en forma de carta al director del *New York Herald,* el 2 de mayo de *1895.* Exactamente diecisiete días antes de que Martí muriera víctima de las balas de otra tiranía contra Cuba —que la historia no tiene ironías pero suele crear simetrías. Fidel Castro también gobierna *contra* los cubanos.

«A los pueblos de América española no pedimos aquí ayuda, porque firmará su deshonra aquel que nos la niegue. Al pueblo de los Estados Unidos mostramos en silencio, para que haga lo que deba, esta legiones de hombres que pelean por los que ellos pelearon ayer, y marchan sin ayuda a la conquista de la libertad que ha de abrir a los Estados Unidos la Isla que hoy le cierra el interés español. Y al mundo preguntamos, seguros de la respuesta, si el sacrificio de un pueblo generoso, que se inmola por abrirse a él, hallará indiferente o impía a la humanidad por quien se hace».

Londres, 1994

¿Qué bloqueo? ¿Cuál embargo?

«¡Cuba sufre un bloqueo!» dicen Fidel Castro y sus miñones. «Hay que levantar el embargo a Cuba», dicen los conocidos de siempre que tienen las mismas consignas —sólo que fuera de Cuba.

Dice el diccionario: «*bloquear.* Realizar una operación militar o naval consistente en cortar las comunicaciones de una plaza, de un puerto o de un territorio». Ninguna de estas condiciones ocurren en Cuba. La libertad de navegación alrededor de la isla y la entrada y salida de sus puertos es absoluta. Su espacio aéreo permanece invulnerable, patrullado noche y día por Migs soviéticos. Un ejemplo de ese poderío militar lo demostró Castro haciendo derribar dos avionetas procedentes de Miami. Esas avionetas estaban desarmadas pero fueron igualmente acribilladas.

Dice la *Enciclopedia británica:* «el bloqueo es un acto de guerra llevado a cabo por las naves de un país beligerante realizado para prevenir el acceso o la partida de una parte definida de la costa enemiga». La marina, la aviación y el ejército de Estados Unidos, por orden del presidente Clinton, bloquearon no a Cuba sino a Haití. El bloqueo fulminante fue presenciado en la televisión por medio mundo. Pero nadie protestó y Clinton pudo restaurar a la presidencia de Haití al ex cura Arístide refugiado en Washington. Fue un acto de justicia política. Fidel Castro, ese erudito, no protestó. Ni siquiera pudo decir cuándo un bloqueo no es un bloqueo.

Pero el régimen de Castro es de hecho un bloqueo a Cuba. En vísperas del siglo XXI los cubanos deben moverse no en automóviles sino en bicicleta. Los que tienen las pocas energías que les permite un racionamiento brutal que dura casi cuarenta años. En el campo el tractor ha dejado de arar para hacerlo el buey y otras bestias de tiro. En la ciudad los autobuses, las populares guaguas de antes, se han convertido en camiones en que los cubanos son transportados como ganado a diversos mataderos. La Habana, antaño una de las ciudades gloriosas de América, se ha convertido en una ruina constante donde los pocos edificios en pie se vienen abajo a la menor contrariedad física —o simplemente sin ella.

Cuando todo el planeta, de Chile a Noruega, de Costa Rica a Japón vive en una aldea global donde las noticias son llevadas y traídas libremente por sus aparatos de televisión, los cubanos tienen que improvisar antenas de viejos percheros de alambre para coger las emisoras extranjeras. Las nacionales, las pocas que hay, sólo sirven para propagar —ése es el verbo: hacer propaganda— las noticias que se le antoja al régimen, de conveniencia o de oportunidad. Es decir, practican el oportunismo como la única política posible. No hay más que ver las cuatro miserables (en todo sentido) páginas del *Granma,* el único periódico impreso en una ciudad donde antes del régimen de Castro se publicaban catorce diarios.

El embargo americano entró en vigor *después* de que Castro se incautó, sin indemnizar, las propiedades americanas en la isla, Junto con ellas también se apropió de bienes cubanos y españoles. A estos últimos intentó indemnizarlos (y el gobierno de Felipe González aceptó, porque ha aceptado todo de Castro, incluyendo la calumnia, la ignominia y la ilegitimidad del rey y su dinastía, convertido en un Macbeth del trópico: el brutal usurpador) ¡con caramelos y tapas de inodoros! Ahora ha anunciado que indemnizará a todos menos los cubanos si se le levanta el embargo. Una vez chantajista, siempre chantajista.

En el comunismo se toma el partido por el todo —y Fidel Castro es en Cuba el todopoderoso. Ha arruinado el país a niveles no de Haití sino de Mozambique y todavía la miseria no ha parado, porque nada funciona en Cuba, más que dos cosas: la policía y la propaganda. La policía para el interior, la propaganda al exterior.

Es Castro el que ha mantenido desde 1961 —cuando aseguró el país después del fracaso de la invasión de Bahía de Cochinos— un embargo a la población cubana, contra la que gobierna. Desde principios de 1962 el pueblo cubano ha sufrido un racionamiento de los artículos no sólo de primera necesidad sino de todos los que antes se cultivaban en suelo cubano, desde plátanos hasta frijoles y arroz. La agricultura arruinada por sucesivos experimentos llevados a cabo por aquel a quien los cubanos bautizaron como el Agrónomo Más Caro del Mundo. Cuba fue algo que este hábil propagandista (una suerte de Goebbels al servicio de Stalin) oculta: una de las naciones más prósperas de América. Ahí están las estadísticas —que nadie lee porque es mejor la propaganda. Esa propaganda que ha hecho creer las mentiras para escamotear la verdad. Antes Cuba era un prostíbulo para americanos, se creía. Ahora se sabe que es un prostíbulo de toda la nación para cada turista. Internacionalismo, sin duda, proletario: de todos los países para gozar en ese trópico canceroso.

Fue Stalin quien dijo: «Una muerte es una tragedia, miles de muertes mera estadística». Castro ha aplicado esta regla cínica a Cuba. No hay más que ver la reciente tragedia de los balseros. Según cifras de la marina americana murieron doce mil (12.000) cubanos, la mayoría jóvenes, tratando de hacer la travesía y ganar territorio americano. Esta es, para la familia cubana de las dos costas, una tragedia multiplicada muchas veces. Fidel Castro ni siquiera reconoce esta estadística. Con cinismo característico alegó: «Nadie los obligó a irse». ¿Puede haber ser humano más miserable?

Un embargo perfecto fue aquel en que se sometió al régimen racista de Sudáfrica. Fue universal y nada secreto y no se tuvo en cuenta que quien sufría más ese rigor era la población negra, ya que los blancos ricos (como la nomenclatura cubana) podían adquirir todo lo que quisieran y se antojaran. Ese embargo duró mucho tiempo. Al final del tiempo una corredora adolescente, que había nacido en Sudáfrica pero vivía en Inglaterra, donde ganó carreras y un pasaporte inglés, Zola Bud, visitó su tierra y entusiasta de la carrera corrió en Sudáfrica llevando los colores sudafricanos. *Ipso facto* fue declarada traidora, se le revocó el pasaporte inglés y se la expulsó de los campos de juego de Inglaterra. Nadie protestó. Al contrario, todos —políticos, atletas y periodistas ingleses— dijeron que había que dar un ejemplo. Fue ese embargo el que permitió a Nelson Mandela llegar al poder.

Cosa curiosa. El embargo americano (a Castro no a Cuba) no se veía cuando existía la Unión Soviética. Parecía que estaba oculto, agazapado, tras el muro de Berlín y sólo podía vérsele, bestia parda, cuando Fidel Castro dejó de recibir los seis mil millones ($ 6.000.000.000) que le regalaba el régimen soviético. Pero no era un regalo, sino el pago por tener una base amiga en territorio enemigo. Eso, como lo vio bien Kruschov, no se pagaba con nada. Era un regalo con barbas: de Marx a Castro. Un fantasma recorre América ahora: es el fantasma del fidelismo. Pero cuando la utopía dejó de estar en alguna parte y fue a su destino de ninguna parte (todas las utopías tienden a la entropía política), Castro se acordó, en la ruina, que había dinero en alguna otra parte para salvar su distropía. Ergo: embargo.

Una lección de la historia de Cuba.

Los hacendados pidieron tener una reunión con el general en jefe del ejército mambí en la manigua, general Máximo Gómez. Querían que se suspendiera la quema de cañaverales por los saboteadores mambises. Pero la reunión les fue adversa. De pronto el Generalísimo, un hombre íntegro al que se le veía la mirada moral a través de las gafas, se puso en pie dando por terminada la entrevista con una frase que todavía resuena en los oídos cubanos: «No me hablen ustedes, señores, de miserables cañas, cuando debieran hablarme de la libertad de Cuba».

Como respuesta a esta gestión el gobierno provisional cubano en el exilio anunció en el diario *The World*, de agosto de 1896, la apertura de una campaña total de destrucción de las propiedades españolas en Cuba. Era también una declaración cubana al lema de Cánovas del Castillo cuando anunció en Madrid: «¡Hasta el último hombre y hasta la última peseta!» Cien años. más tarde esta declaración ha sufrido una variante: hasta la última peseta a ganar del último cubano. La premisa de conseguir de Castro democracia, derechos humanos y libertad, ha sido sustituida por la protección a los intereses creados por el robo y el expolio al pueblo de Cuba. Ahora no sólo es España. Están los Quince, la Unión Europea, el Mercado Común o como se llame pidiendo todavía lo que pedían los hacendados al gran Gómez hace cien años.

Cuando me preguntan sobre el embargo y leyes antagónicas a Castro, para este tema tengo un lema. Con Castro nada, contra Castro todo.

Noviembre de 1996

La ley del escarmiento

En enero de 1959, cuando Fidel Castro no había completado su toma del poder, Raúl Castro fusiló en Santiago de Cuba, en menos de un mes, a más de quinientos miembros del ejército y la policía batistiana —sin juicio ni sumario. Fue una verdadera orgía de sangre y no podía ser de otra manera con Raúl Castro. Pero en La Habana, con Fidel Castro en su cuartel general del antiguo campamento de Columbia, en *Revolución,* que era el vocero del Movimiento 26 de Julio, se decía: «Seguro que Fidel no sabe nada». Pero lo sabía todo, claro que lo sabía: él mismo había ordenado los fusilamientos como un escarmiento al ejército de Batista que todavía ocupaba cuarteles y barracas por toda Cuba. Raúl Castro, una vez más, era el Mr. Hyde del Dr. Jekyll del Dr. Castro —como todavía lo llama el *Times* de Londres. Ahora el derribo de dos aviones —menos que eso, dos avionetas— de corto alcance, desarmadas y piloteadas por aviadores civiles (eran naves casi caseras y una de ellas, la que se salvó, que piloteaba José Basulto, llevaba un matrimonio cubano de pasajeros) era un obvio escarmiento como tantos creados por Fidel Castro a agravios supuestos o reales. No otra cosa fue el fusilamiento de su mejor soldado: Arnaldo Ochoa en 1989 como escarmiento a posibles desafectos dentro de su ejército. Ochoa había ascendido desde mero muchacho guerrillero a general de las Fuerzas Armadas Revolucionarias (antiguo Ejército Rebelde), y había sido una suerte de Escipión el Africano de Cuba: el vencedor de la campaña de Angola, luego condecorado como héroe nacional con todos los honores. Derribar las dos avionetas inermes iba a ser un escarmiento no para estos aviadores que no eran siquiera rivales del aire, sino para la oposición interna que por primera vez comenzaba a organizarse como un enemigo en el interior. Pero, al revés de otras veces, algo salió mal. Los aviones civiles fueron derribados como mosquitos molestos, pero ni Castro ni su comandancia aérea contaban con la suerte. Simplemente, esta vez, no la tenían de su lado. Todo había sido preparado hábilmente para tumbar las avionetas y luego mostrar que estaban en el espacio aéreo cubano y habían desobedecido avisos de la aviación castrista. Por supuesto que el castigo no era proporcional a la supuesta culpa. Aun si las avionetas hubieran sobrevolado el espacio cubano había medios para hacerlas desistir y regresar a la Florida. Dos Migs 29, equipados con misiles de aire a aire, eran suficiente detergente. Pero el objetivo no era deshacerse de los intrusos por medios pacíficos sino destruirlos con extrema violencia. Los mismos partes oficiales cubanos lo demuestran. Hubo sin embargo otro desenlace que el previsto. Los radioescuchas americanos de la DEA (agencia para la lucha contra el tráfico de drogas), con detectores lo suficientemente poderosos para llegar hasta Colombia y más allá, captaron la conversación de los pilotos y los mandos militares. Una transcripción leída ante el Consejo de Seguridad muestra su máxima culpa.

¿Cuál era el arma enemiga que las avionetas de *Hermanos al Rescate* habían esgrimido contra Cuba? ¿Bombas de dispersión o de guerra química? ¿Granadas antipersonales? Nada de eso. Eran volantes con consignas a las que aparentemente teme Castro más que a las armas homicidas. Pero esta vez la tecnología, audio y visión sirvió como testigo excepcional de un asesinato con premeditación y alevosía.

Sabemos bien qué es alevosía, pero ¿dónde está la premeditación? El verdadero desenlace comenzó el 12 de febrero cuando José Basulto, el dirigente de los *Hermanos al Rescate* entregó a Sebastián Arcos, uno de los líderes del movimiento llamado Concilio Cubano, un cheque proveniente de los fondos de *Hermanos*. Hay que decir que *Hermanos* se sostiene por donaciones de todo el exilio (una de las avionetas, por ejemplo, fue regalada por la cantante Gloria Stefan) y que hubo protestas. Los líderes del exilio veían al Concilio como una consecuencia de la supuesta apertura permitida por Fidel Castro y era una manifestación de todos los lemas protocastristas como «Cuba es una sola», «La isla entera», etcétera, etcétera. Pero Castro alarmado o alertado ante la oposición interna que cobraba prestigio internacional, arrestó a más de un centenar de los representantes del Concilio, en su eterna política del gato que parece que juega con los ratones. La otra maniobra, más dramática y más terrible, fue el asesinato de cuatro miembros de los *Hermanos al Rescate*.

Hace dos años visité en Miami su sede. Era un modesto apartamento en un primer piso convertido en oficinas y un salón de exhibición. En las paredes había mapas del mar, de las islas y entre ellas de Cuba. En el salón principal, se veía una balsa rescatada de la traicionera corriente del Golfo a la que sólo hacía navegable la esperanza: tal era su precariedad, su deterioro. Lo más conmovedor, sin embargo, era un álbum de fotos: algunas balsas, varios botes pero las más eran recámaras de camión convertidas en balsas. Lo que hacía las fotos memorables es que todas esas embarcaciones habían sido encontradas a la deriva, vacías, sus tripulantes ahogados en el mar. Hay que decir que se calcula que desde 1960 hasta ese momento más de diez mil cubanos habían desaparecido tratando de huir de un temible paraíso. En el gran éxodo de 1994 la marina americana calcula que más de doce mil cubanos perecieron en la travesía —y todavía Castro se jacta de que, al revés de Argentina y Chile, no ha habido desaparecidos en Cuba. Es cierto: todos los desaparecidos están enterrados en el mar.

La tragedia, urdida por la aviación castrista, no fue un acto gratuito o azaroso. Todo estuvo muy bien planeado. El 24 de febrero se conmemora el inicio de la última guerra de independencia contra España y el Concilio celebraría una reunión primera de todos sus delegados en La Habana. Los mandos militares sabían que varios aviones volverían a volar cerca de Cuba ese día. Les garantizaba esa cita un tal Roque, un piloto castrista que desertó a Miami y que había vuelto a Cuba un día antes. La treta (Castro se complace en estas invenciones malvadas) era derribar a los aviones y presentar al desertor como único sobreviviente y testigo excepcional. Borges, con sabiduría de sabio, definió al traidor como un hombre dado a sucesivas y encontradas lealtades. La última lealtad de Roque era a su primera misión: doble agente de Castro. Roque, para aumentar su eficacia era informante del FBI. Un verdadero héroe de nuestro tiempo, sin duda. Pero su última misión se mostró imposible: los cohetes rusos destrozaron a dos de los aviones pero un tercero logró escapar. No hubo sobrevivientes: ni siquiera un falso náufrago. Pero Castro tuvo su momento de escarmiento y la vida diaria de Cuba ha abandonado los simulacros de apertura y se ha militarizado: las últimas vistas muestran concentraciones militares por todas partes y la isla ha vuelto a cobrar su aspecto de cuartel color verde olivo.

Un parte oficial describe a La Habana gozando los últimos días del carnaval, queriendo decir que nada ha cambiado. Efectivamente, nada ha cambiado desde 1952. En el mes de marzo de ese año Batista perpetró su alevoso golpe de estado. Días más tarde comenzó el carnaval de La Habana con las mismas comparsas de antes —y de ahora. Una voz de la democracia, el escritor y político antibatistiano Jorge Mañach, deploró en un artículo estas fiestas y estos fastos en días tan terribles para Cuba. Las recriminaciones cayeron en oídos sordos para las palabras pero no para la música. Años después, exilado por Castro, Mañach murió en el exilio.

Roberto Robaina (el canciller de Castro que la prensa española subtituló «el embajador de la salsa», pero que ha dado demostraciones de sus proezas con la bicicleta, alardes que en otra época le hubiera ganado un puesto como mensajero de botica) no debiera mentar la soga en casa del ahorcado, como hizo en las Naciones Unidas, y debía hablar menos de la Mafia. Castro ha declarado que los pilotos que abatieron a las avionetas «son profesionales». Otro tanto diría un capo de la Mafia de sus *hit men,* asesinos no menos profesionales.

Oyendo al jefe de la fuerza aérea cubana y a uno de los pilotos que se cubrió de gloria comunista al derribar dos avionetas con misiles rusos, oyendo el contundente español que dominan apenas, hace pensar que George Orwell tenía razón en su *Granja de los animales:* la ideología está ahora en la boca de las bestias. Son un cerdo a la izquierda. La revolución cubana terminó hace rato —si es que existió alguna vez. Castro no es más que un caudillo anacrónico que en lugar de renovarse se posterga refugiado en su parque jurásico.

El asesinato de los pilotos civiles es peor que un crimen. Es un error. El desenlace inmediato, como un castigo, ha sido la aprobación de la ley Helms-Burton. Algunos países, entre ellos España, no han protestado de las causas, el escarmiento que se eterniza, sano del efecto. Su preocupación por Cuba se limita a sus negocios, pero nadie se pregunta, por ejemplo, qué ha sido del Concilio Cubano.

Da vértigo histórico ver cómo la miserable situación de Cuba a fines del siglo pasado se repite no como farsa sino como tragedia. El máximo líder cubano es el máximo culpable, haciendo el papel a la vez de Weyler y de Cánovas, uno inventor de los campos de concentración, el otro emitiendo ese *slogan* inhumano: «En Cuba hasta el último hombre y la última peseta». Las pesetas esta vez no faltan: Cuba está llena de negocios españoles que operan con mano de obra esclava. Es decir, hemos retrocedido hasta 1898 —y más atrás. Pero esta vez la tecnología, no la historia, será el último juez.

Fidel Castro, estoy seguro, aparecerá ante una congregación de miles de cubanos, voluntarios a la fuerza,

tronará contra los bárbaros que son su solució
a rugir su única aportación a la ideología que profesa: «Patria o muerte» —con el acento en muerte. Terminará ru-
giendo ronco, el dragón viejo pero todavía peligroso. Porque, como dijo el sabio chino, lo peor del dragón es la cola.

(1996)

Los procesos de Moscú en La Habana

Sería cómico si no fuera tan trágico. Los procesos seguidos en La Habana contra, en primera fila, Arnaldo Ochoa y de izquierda a derecha contra los indistinguibles hermanos gemelos de la Guardia (tan indistinguibles que fusilando a uno fusilaron a los dos: el gemelo que queda vivo muere en la cárcel cada día) resultaron una mezcla de farsa y faramalla al impersonar el general Escalona, escalante, sucesivamente, al fiscal de Stalin Andrei Vishinsky en los procesos de Moscú de 1938 y al tremendo juez de la Tremenda Corte del programa cómico de fines de los años treinta, que todavía se oye en todas partes de Hispanoamérica y Miami. Dijo este fiscal de sangre y chacota de la farsa fidelista: «El juicio es justo», para añadir enseguida su veredicto: «Es correcto, es *humano* condenar a los acusados a la pena de muerte por fusilamiento». Este personaje salido del teatro bufo y de la befa histórica inconsistentemente trataba de tú y luego de usted a los acusados, como si alternara la distancia de un pronombre con la confianza de otro más íntimo pero verdadero al pedir la pena de muerte para sus antiguos compañeros.

Pero ésta no fue la única muestra de la llamada justicia revolucionaria mezclada con el oportunismo más repulsivo. Raúl Castro, siempre haciendo de Mr. Hyde al

Dr. Jekyll de su hermano, comenzó la comedia con una muestra típica de cinismo castrista: «Dicen que aquí», queriendo decir Cuba, «no se puede hablar y ya ven yo estoy hablando». Luego convirtió el cinismo en su contrapartida: la lástima propia más repugnante. Declaró en un *impromptu* íntimo: «Cuando fui a cepillarme los dientes en el baño» (un poco de topografía higiénica), «que está detrás de mi despacho, mirándome» (que es un narcisismo inútil: no puede haber ser más feo) «vi que corrían lágrimas por mis mejillas». Obviamente un caso de piorrea aguda. Pero Raúl Castro convierte su cinismo habitual con una buena dosis de hipocresía: «y comprendí que lloraba por los hijos de Ochoa». Es decir, por los huérfanos del hombre que acababa de condenar a muerte. Pero todavía podía ser un patriota y declarar que lloraba «por esa tonelada de fango que se le echaría encima a nuestro pueblo». (Es obvio que le preocupa más el fango que la sangre.) Vean cómo, desde que la madrastra de Blancanieves dijo a su espejo, «Dime espejo la verdad», no se había utilizado el azogue como si fuera cianuro: el espejo como cómplice del crimen.

Pero otros intérpretes de esta *commedia,* como el consejero de Estado Abelardo Colomé, lamentaron el *fatuum* de Fidel con las lágrimas de Raúl Castro —pero sin cepillo de dientes: «Cuán hondo han herido a Fidel, cuánto daño le han hecho, cuánto le han hecho sufrir». Se refería Colomé por supuesto, a los acusados que pronto serían condenados y aún más pronto fusilados. Castro se había hecho una versión criolla de la reina maga del país de las maravillas sin ser el país una maravilla: «Primero la condena y después el veredicto». Mientras Miguel Po atribuía a Fidel Castro los atributos que en la antigüedad eran exclusividad de la Sibila de Cumas, que todo lo sabía: «Ya lo sabe Fidel», sin duda: era el que había ordenado el proceso, juicio y condena. «La brillantez de nuestro Comandante en Jefe nos ha salvado de este lío». El lío era, naturalmente, la mascarada con guión previo. Pero ni siquiera los acusados ya condenados se salvaban de la palinodia al Máximo Líder —aunque serían cantos de cisne. Dijo Arnaldo Ochoa, antiguo general de las Fuerzas Armadas, Escipión Africano de la guerra de Angola, Héroe del Pueblo, condecorado antes de ser acusado, hablando con lo que en otro país y en otro tiempo se llamó resignación cristiana: «Si el fusilamiento llegara, mi último pensamiento será para Fidel». Lo que es una confesión *in extremis* y, ¿por qué no decirlo?, la admisión de una abyección. Una más en ese proceso del absurdo que Castro escribió como un Kafka cubano.

El documental de Orlando Jiménez Leal es algo más y algo menos que un documento: es una prueba para el proceso que todavía no se ha hecho a los procuradores ni al Máximo Procurador, Fidel Castro —que no era más que el poder tras bambalinas. Castro fue también productor de la misma lástima que hizo llorar a su hermano Raúl. Pero su fuente de llanto no eran los hijos del que iba a ser fusilado, sino las tropas cubanas con que había invadido África. «No había un día en que yo no preguntara», confesó. ¿Y qué se preguntaba el general que dirigía la guerra de África desde su despacho en La Habana? «Cuántas toneladas de caramelos (repito) «de *caramelos*» y no sólo de caramelos: «galleticas de chocolate habíamos mandado para los soldados». Esos soldados, casi no hay que decirlo, estaban mandados por el general Ochoa.

La farsa como sabemos (o lo sabrán por esta película que es una acusación y una inmortalización de los acusados, luego condenados, luego fusilados) devino tragedia y con los restos de Arnaldo Ochoa, otrora héroe famoso, enterrados en una tumba sin nombre —pero también sin sosiego. La farsa terminó pero la *commedia non e finita*.

En 1961 Orlando Jiménez (con Sabá Cabrera) hizo un documental que era algo más y algo menos que un documental. La peliculita (no tenía más de 22 minutos de largo) se convirtió en una versión cubana de la manzana de la discordia. Orlando puso la manzana, la discordia la puso el régimen de Castro y su Shumiavsky tropical, Alfredo Guevara. *PM* se llamaba (y se llama todavía) fue prohibida, secuestrada y ultrajada. ¡Cuánta lipidia por un film! Pero es que la peliculita (que todo lo que hacía era mostrar gente divirtiéndose en centros de diversión) fue la primera pieza de convicción para un régimen cuya única consigna ideológica es «¡Patria o muerte!» —con al acento puesto en muerte. En el exilio desde el encierro de *PM,* Orlando Jiménez-Leal creó una comedia exilada, exhilarante, porque él cree que la verdad está en la risa. Se llama *El súper.*

Después, acuciado por las verdades acosantes que venían de Cuba (el largo brazo del tirano termina en las manos de Orlac, claro) lo llevaron, junto con Néstor Almendros, a la denuncia de un crimen de Castro que entonces apenas si se conocía y que ahora otros niegan: los campos de concentración para homosexuales. *Conducta impropia* fue nuestra lista de Schindler y creó por lo menos cierta perturbación en el mundo. Por supuesto, los neocastristas quieren que *Conducta impropia* sea el pasado y el presente sea *Fresa y chocolate,* una burda versión de *El beso de la mujer araña,* en que la cárcel creada por Manuel Puig es La Habana reducida a una habitación y media.

Ahora, con *8A,* Orlando Jiménez Leal completa su trilogía anticastrista. Presentar el guión, al revés del sainete de sangre que ocurrió en La Habana, es mostrar la evidencia de cómo es el tirano en su última escena. *8A* en realidad exclama: *Sic semper tyrannis!*

Londres, mayo de 1996

Chorizos* totalitarios

La tarde del 5 de junio iba a dar (y di) una charla para la *Cambra del Llibre de Catalunya*. Mi charla —en realidad una nota al pie de la poesía— se llamaba *Poesía pero prosa*. Era una colaboración al ciclo de conferencias «El autor a la Fira». Había allí una errata involuntaria porque fue en realidad el autor y las fieras. La charla hablaría de Homero y de Ovidio como influencias no sólo en mi vida sino sobre mi literatura. Cuando hablaba del poeta que para explicar su destierro escribió *carmen et error* cometí, era inevitable, un error de lectura.

Traté de corregirlo cuando alguien del público me increpó. Por un momento pensé que era un crítico literario: alguien versado en literatura latina. Pero no lo era, porque de inmediato otros individuos (y si los llamo individuos es porque aún no eran la masa con patas en que se convirtieron después) se pusieron en pie gritando a coro las usuales consignas de Fidel Castro, esta vez en Barcelona: tan lejos de Cuba pero con estas voces tan cerca de la isla rodeada de policías por todas partes. Las consignas, para los que gustan de la repetición, eran: «¡Fuera Cabrera!», «¡Vete a Miami que aquí no te queremos!», «¡Gu-

---

* Un chorizo es en España un criminal de baja estofa.

462

sano!» y, por supuesto, «¡Agente de la CIA!». Con gran esfuerzo los corifeos consiguieron una frase original y peligrosa: «Todos los escritores cubanos han muerto por su patria». Otro completó la memoria con un vaticinio: «¡Te vamos a liquidar!» Observé, no sin cierta extrañeza, que algunos me llamaban por mi nombre que no era mi nombre: unos me decían Diego, otros gritaban Vicente. Todos aullaban, saltaban y ondeaban una banderita cubana pero al revés: error que ningún cubano podía cometer. De hecho no parecían cubanos, de hecho no eran cubanos. El presentador, Josep Cuní, que esa mañana me había entrevistado en su programa de radio, trató de dirigirse a la turba, primero en catalán y no entendían, después en español y no hacían caso. Era obvio que para que atendieran había que hablarles en el lenguaje de las bestias. Probaban mi axioma: comunista, animal que después de leer a Marx ataca al hombre.

Era, no hay que dudarlo, un «acto de repudio». Arriba en el escenario, guardado por seis *securities* y mis amigos, pensé cuántas veces la versión original de esta turba montaba actos de repudio en La Habana a disidentes y luchadores por los derechos humanos y los repudiados no tenían defensa ni protección y estaban a merced de la furia organizada por la policía de paisano. Pero mis amenazantes no se hacían atacantes: nunca pasaban de la sexta fila. Recordé un documental de África en que unos gorilas cargaban contra los documentalistas, que representaban entonces la civilización, pero los simios rugían, gritaban, aullaban —sin traspasar una línea de seguridad imaginaria. Fue entonces que supe, al revés de lo que pensé al principio, que nunca me atacarían físicamente.

En ese momento mi curiosidad por el comportamiento animal se hizo una espera impasible a que se calmaran. Pero tuve que esperar ¡cuarenta y cinco minutos! Algo había que conceder a esta banda rugiente: eran pertinaces.

Pero este acto concebido y organizado por la embajada de Cuba a través de su consulado en Barcelona, comenzó horas antes, cuando salía de mi hotel. Un hombre inesperado y anónimo (pero ése era por supuesto sólo su aspecto) se abalanzó sobre el taxi en que viajábamos Lola Díaz, jefa de publicidad de la editorial Alfaguara, Miriam Gómez y yo y casi metiendo la cabeza en el coche, preguntó: «¿Usté es Vicente Cabrera, el escritor?». No quise corregirlo (sólo corrijo pruebas), pero siguió: «¿Usté va estar en el hotel por la noche? Para que me firme unos libros». Le dije que sí y el chófer terminó la consulta con un arrancón diciendo: «No le haga caso. ¿No ve que este tío es un chalado?». Pero no era un chalado. Lola, con su ojo agudo, lo distinguió entre la turba: era uno de los que más gritaba. Pero en vez de pedirme un autógrafo, más visceral, ahora pedía mi cabeza.

Como los manifestantes seguían manifestándose se sugirió que abandonáramos la sala por una puerta lateral y yo continuaría mi lectura en una sala de conferencias en el primer piso. Los protestantes, chasqueados, decidieron abandonar el salón a sugerencia de la policía. Su ardor se convirtió en obediencia: así actúan los rufianes. Al llegar a mi nuevo lugar de lectura ya había allí un público fiel. O parte, ya que el resto se había ido espantado por la algarabía. Pero ahora había otro sonido: toda la sala me aplaudía. Me senté a leer pero no dije decíamos ayer sino voy a empezar de nuevo. Cuando terminé dije un chiste que no era un chiste: «Vine a ejecutar una sinfonía y he terminado en un concierto de cámara». La salida de La Pedrera parecía un *thriller,* con extremas precauciones de seguridad (algunos manifestantes merodeaban todavía), cambio de hotel (¿recuerdan al hombre que quiso, con otros veinte, hacerme Vicente?) y un último avión a Madrid. Parecía una película. Pero no era una película.

Era la política por otros medios: la gamberrada. Soy un hombre pequeño y nada fuerte y a mis 67 años puedo inspirar muchas cosas menos miedo. Mi única fuerza es intelectual y, por supuesto, moral. Mi lema es: con Castro nada, contra Castro todo. Por eso me han perseguido estas turbas de Roma (a recoger un premio literario) a Amberes (a dar una charla en una feria del libro). Pero armar semejante bochinche no es manifestarse contra mí o contra lo que yo escribo, es estar en contra de la libertad en un país libre. Hay que reconocer sin embargo que hay algo profundamente nocivo en la actitud de mis detractores y esa nocividad nauseabunda es de orden filosófico. Que una de las más influyentes filosofías de Occidente (que se presenta además como un humanismo) produzca fenómenos como los que ocurrieron en La Pedrera y en Londres y en Ciudad México (mismo mensaje pero turbas distintas) es una prueba de que el marxismo ha culminado en los aullidos de estos chorizos totalitarios.

Madre de Marx, ¿es éste el fin de una filosofía?

Londres, junio de 1996

La visita del vicario

Con la hipocresía oportunista del histrión (cuando muera se podrá decir de él, como de Nerón, *Qualis artifex pereo:* traducción: ¡Qué actor muere conmigo!). Fidel Castro fue capaz no sólo de saludar al Papa, al jefe de la Iglesia Católica universal, sino de declararle que *nunca* había perseguido a los católicos. Por supuesto el Papa había decidido de antemano olvidar las iglesias cerradas desde 1960, los conventos clausurados y monjas y curas deportados. También olvidó los católicos que fusiló Fidel Castro, ese mismo que ahora celebra estos fastos nefastos. Todavía recuerdo a los protomártires gritando rumbo al paredón y a la muerte «¡Viva Cristo Rey!».

El Papa ha decidido olvidarse de los crímenes de Castro como el otrora cardenal Pacelli (firmante del concordato entre Hitler y el Vaticano en 1936) decidió olvidarse de los horrores cometidos por los nazis, entre los que estaban el exterminio de seis millones de judíos europeos, algunos miles de ellos italianos.

¿Qué ganan ambos? Fidel Castro, un reconocimiento papal al que nunca aspiró, excepto en su hora final. El Papa tal vez quiera reconquistar lo que nunca tuvo la Iglesia cubana. Concebida Cuba como nación en el siglo pasado, todos sus líderes, en la guerra y en la paz, fueron masones y anticlericales porque la Iglesia era aliada del poder colonial. Luego la Iglesia se dedicó a exonerar sus crímenes a Machado y a Batista (en especial se recuerda la connivencia del difunto cardenal Arteaga, primado de Cuba), dictadores ambos, y se opuso al nuevo régimen revolucionario desde el principio, desde antes del principio. Ahora el Papa, que se presenta como el creador de la democracia en Polonia, no tiene las divisiones militares que Stalin dijo cínicamente que el papa Pío no tenía, ante las pretensiones de Roosevelt y Churchill de que el Papa participara de las conversaciones de Yalta. El Papa presente trata de recobrar terreno (él ha hablado despacio de espacio) para el catolicismo en Cuba. ¿Por qué? Porque el régimen de Castro ha alentado a diversas sectas protestantes americanas (cuáqueros, adventistas y luteranos) a ganar prosélitos en la isla y el catolicismo sufre además el embate de una religión secular muy popular de la que incluso se dice que Castro la practica. Se trata de la santería, sincretismo de origen africano y prácticas paganas que deja (y dejará todavía más) mal parada a la Iglesia, de la que han pedido prestadas las imágenes de San Lázaro, la virgen de la Caridad, la de las Mercedes y Santa Bárbara, representados por Changó, Yemayá, Obatalá y Babalú Ayé, que es culto de procesión tradicional multitudinaria. La Iglesia bajo Castro ha visto muy mermado su poder de catequesis. ¿Para qué creer en un Vaticano tan remoto?

Este posible concordato entre un dictador que se eterniza en el poder y la Iglesia eterna será bueno para el Papa y ya es bueno para Castro, pero ¿será bueno para Cuba? Si no lo es y esta visita papal prolonga la dictadura que dura, ¿habría otro Rolf Hochhuth que escriba otro *El vicario*? Esta pieza de teatro de los años sesenta proponía a Pío XII como cómplice de Hitler, ese cardenal Pacelli que resultó tan nefasto para la historia europea. El Papa, que se proclama descendiente espiritual de Pedro, el pescador de almas, ha venido a pescar a Cuba. De hecho su coincidencia con Castro en La Habana no es más que el juego de dos pescadores que pescan en la misma charca.

       ¿Qué ha logrado el Papa hasta ahora, qué logrará? Aparte de dirigirse en público a los católicos de Cuba y conversar en privado con un ateo público, no mucho más. Ni siquiera algo a que están acostumbrados los cristianos, promesas. Sus palabras contrastan aún entre sí. De decir a los periodistas en su avión papal que el Che Guevara amaba a los pobres (sin recordar a cuánto pobre católico fusiló este argentino en su fortaleza de La Cabaña) a viajar en su papamóvil por Santa Clara, la ciudad de Cuba que tiene nombre de santo pero que es un santuario a Guevara. Sin anotarlo. La vaguedad de sus palabras ni siquiera sirve para conformar una parábola, cristiana o laica. Por otra parte decir que Cuba debe abrirse al mundo y que el mundo se abra a Cuba es peligrosamente vago. ¿A qué mundo debe abrirse Cuba, es decir Castro? ¿A qué mundo a que no se haya siquiera entreabierto, queriendo decir tal vez los Estados Unidos? La única barrera que impide que Cuba se abra a la democracia es ese mismo histrión anfitrión que desde el aeropuerto se permitió el lujo de propagar sus mentiras habituales sin ni la más tímida respuesta o al menos un freno al desenfreno. Fidel Castro, entre otras demagogias, habló de los campos de concentración creados en Cuba por España en el siglo pasado. Pero por supuesto nadie le recordó que él ha erigido campos de concentración y crueles cárceles para uso exclusivo de los cubanos. Es decir, Castro contra cubanos. En uno de sus campos de concentración estuvo el ahora cardenal Ortega en 1964. ¿Qué crímenes cometió que merecieran su condena? Es cierto que el Papa ha podido hablar a las multitudes cubanas, católicas o no, desde donde sólo ha hablado, durante cuarenta años, Fidel Castro, al que algunos comentaristas llaman en confianza Fidel. ¿Habrían llamado a Hitler sólo Adolfo?

A la audiencia pública siguió una reunión privada. Dicen los que lo oyeron que el Papa pidió a Castro la libertad de los presos políticos (nunca criminales comunes) y que Castro anunció pensarlo. No dudo de que la gestión del Papa será fructífera. Después de todo Castro ha regalado presos políticos al reverendo Jackson y hasta a Manuel Fraga, que no tiene sotana aunque fue sacerdote laico en el altar de Franco. Ahora el Papa también pide presos. Antes, cuando llegaba un viajero eminente a Cuba, como Churchill, se le regalaba puros de marca. Ahora se les regala seres humanos. Algo habremos ganado cuando a estos desafectos no les espera la hoguera para hacerlos cigarros humanos.

¿Qué quedará de la visita del Papa? ¿Algo más que de la visita de Gagarin? El cosmonauta soviético fue recibido en 1961 por este mismo Castro con un desfile militar y civil tan impresionante que La Habana todavía lo recuerda. Aunque ningún habanero recuerda quién fue Gagarin. Es que la vida es larga y la memoria corta —aunque sea la memoria del vicario de Dios en la tierra.

Enero de 1998

Jineteras musicales

Ya ustedes saben, lamentablemente, lo que son las jineteras. Si no lo saben son esas mujeres, muchachas y hasta niñas que se prostituyen al turista extranjero en La Habana por una coca-cola, una barra de chocolate y hasta por una entrada a un restaurante, donde no pueden entrar las cubanas si no van acompañadas por un turista. Pero ustedes no saben que hay jineteras musicales, que son esos viejos músicos cubanos que han salido a Europa y al mundo porque los acompaña un turista musical.

En el caso de ahora uno de los acompañantes de estas jineteras musicales es un músico americano que ha encontrado una mina musical y ha hecho, precisamente, su agosto. Los músicos han estado ahí en La Habana, vegetando, durante años. Uno de ellos confiesa que hacía cuarenta años que no hacía música y hasta su piano había sido devorado por el comején. Pero para que estos músicos volvieran a hacer música tuvo que intervenir un gran músico cubano que vive en el exilio. Se llama Israel López, conocido como Cachao. Fue un concierto que dio Cachao en Miami hace cinco años y que hizo olas en el mundo musical. Luego Cachao dio conciertos en todas partes, de Miami a Madrid, de Londres a Nueva York y hasta ganó uno de esos premios de gran prestigio musical que se llaman

Grammy. Estos triunfos le dieron una idea al guitarrista americano y se fue, tal como un turista viene, a La Habana en busca de jineteras. Encontró un viejo pianista sin piano y un músico que hacía siempre la voz acompañante. No era un compadre pero era un segundón. El pianista era conocido en La Habana musical de los años cincuenta como Fosforito. Ahora han dado conciertos, han grabado discos y los que no saben que no saben los elevan a las nubes musicales. Pero no saben que el pianista era un epígono de Peruchín, uno de los grandes músicos de Cuba que murió de un ataque al corazón después de ser obligado por un comisario a pintar con brocha gorda y cal las aceras que rodean al cabaret Tropicana. ¿Cuál fue el crimen para tal castigo? Peruchín, que no se callaba lo que opinaba con la misma soltura que tocaba su piano, «habló mal de la Revolución». Por supuesto ahora su epígono se guarda mucho de omitir sus opiniones y acusa al imperialismo (léase los Estados Unidos) por haber estado sin hacer música y sin piano por culpa de lo que él llama «el bloqueo imperialista». Como oyen Fosforito nunca tendrá que pintar los contenes de Tropicana, como tuvo que hacer el que era su maestro.

Como ven en un país totalitario no basta hacer música, hay que saber comportarse, callar la boca, abandonar el piano a su suerte de comejenes y esperar la recompensa. A estas jineteras musicales les ha llegado ahora la hora. Tocarán, darán conciertos y emprenderán jiras —pero nunca tendrán el talento que fue Peruchín, el genio que es ahora Cachao. Quienes no han oído los originales, tendrán que conformarse con sus copias.

Londres, 1998

Un piano para Fidel Castro

Anoche el canal cuatro de la televisión inglesa pasó un programa que se titulaba «Afinando con el enemigo» y toda la emisión era tan graciosa como su título. Digo graciosa si a usted le hace gracia Fidel Castro. El programa, toda una hora, presentaba a un afinador americano que iba a Cuba no a afinar los pianos mudos de la isla, sino a llevarle al gobierno cubana, de regalo, 65 pianos —usados claro está. Según el programa todos los pianos de la isla están arruinados por el comején. ¿Y quién es el gran culpable? El imperialismo, ¿quién iba a ser? Sucede que el afinador americano es hijo y sobrino de las Mitford. ¿Y quiénes son las Mitford? Unas damas de la aristocracia inglesa que se repartieron entre ellas los dictadores de Europa. Nancy Mitford era una comunista virulenta que usaba su nombre de alta cuna para intimidar a los pobres ingleses del pueblo que no usaban su idioma como Mitford manda. Otra hermana, Diana, se casó con Oswald Mosley, jefe de los fascistas ingleses. Otra hermana, que tenía el raro nombre de Unity —es decir: Unidad— se unió íntimamente a Hitler, del que admiraba sus profundos ojos azules. Cuando Inglaterra declaró la guerra a Hitler, Unity, que estaba en Alemania entonces, se pegó un tiro. Hitler la repudió y mal herida la despacharon para Inglaterra, donde murió. Otra hermana. Jessica era una estalinista fanática, pero se fue a vivir a los Estados Unidos y, el poder de los genes, es la madre de este afinador de pianos que se ve bastante grosero y vulgar. Para probarlo le mandó una tarjeta postal a Clinton que decía: «Bésame el culo».

El documental trata de documentar que no hay piano sano en Cuba por culpa del clima. Ha habido pianos en Cuba desde su invención y en el siglo XIX el compositor americano Gottschalk organizó un concierto ¡con *cuarenta* pianos!

El afinador trata de probar que un enemigo del pueblo —y del piano— es el comején. Por supuesto no dice que no hay pianos en Cuba porque el Gobierno de Castro se niega a importarlos. ¿Hasta cuándo? Bueno, hasta que se levante el embargo, que todos los entrevistados, funcionarios y burócratas, llaman bloqueo. Este bloqueo no impide que Cuba comercie con España, con Francia y, por supuesto, con Japón, fabricantes de pianos al por mayor. Aparentemente en Cuba nunca han oído el nombre Yamaha, pero sí Steinways americanos.

El afinador para trasladar los pianos a Cuba los llevó de Estados Unidos a Canadá —de donde los transportaron a Cuba gracias a esa empresa canadiense que extrae las riquezas cubanas del suelo —y del subsuelo. Lo cual demuestra las credenciales del afinador que trata y contrata al enemigo del pueblo cubano. Es decir, el gobierno cubano que por donde pasa, es el comején humano, antihumano.

El afinador quedó afinado cuando no lo dejaron regalar pianos a músicos particulares y tuvo que ver cómo el Gobierno los requisaba y repartía a instituciones oficiales. Hay un refrán italiano que dice: *Qui va piano, va lontano*. En la Cuba de Castro ni los pianos van lejos si no los lleva un comisario.

Marzo de 1998

Un micrófono de oro para Hitler

Dos autobuses llenos de periodistas españoles viajan cantando hacia La Habana. Con ellos debería viajar Castro animando la ocasión. ¿Y cuál es la ocasión? Otorgarle a Fidel Castro el «micrófono de oro», galardón que le concede la Asociación Profesional de informadores de Prensa, Radio y Televisión, que celebró en La Habana su XXV Congreso.

El reportaje, del periódico madrileño *EL PAÍS,* se cuida de llamar al público para la ocasión *sui generis* y «ganado para la causa». Los causantes eran setenta periodistas españoles, *atención* «en su mayoría jubilados». Es decir periodistas para quienes la causa fue el franquismo un día.

Pero de no ser así, dado que el premio otorgado a Fidel Castro era por su uso de los medios de comunicación radiales y de alto parlantes, bien podían habérselo dado a Adolfo Hitler, que fue un pionero en eso de dominar y controlar a las masas por medio de la radio y los altoparlantes medio siglo antes. Como se ve Castro no inventó la radio ni los altoparlantes, sino su uso para esclavizar a las masas en el trópico.

Y también a individuos que ya estaban ganados, como el rey de España, a quien invitó a Cuba una vez más.

¿Es este el mismo Castro que hace apenas cinco años insultó al Gobierno español y llegó hasta poner en duda la legitimidad del trono español, es decir destronando verbalmente al rey? Sí, es el mismo demagogo que usa no sólo la radio y los altoparlantes sino la televisión para airear sus opiniones. De ser así los nobles periodistas españoles debían haberle otorgado la ¡Lengua de Oro!

Londres, 1998

Oporto y oportunismo

Como se sabe, el oporto es un vino portugués para consumo inglés. Ahora hay otro vino de Oporto fabricado en la ciudad de Oporto para consumo de políticos iberoamericanos. Es, como se ve, un vino del estío —aunque estamos en otoño, que es la estación en que está Fidel Castro a sus casi setenta y cinco años, cuarenta de los cuales ha pasado como un tirano del Caribe.

Por cierto, Castro, adelantado de Indias, llegó primero y declaró que venía a darle un abrazo a José Saramago, el escritor del cual, estoy seguro, no ha leído una línea. Su saludo de entrada era para desagraviar a Saramago, blanco ahora del Vaticano. Lo que es, por supuesto, un acto ridículo. Condenar (supongo que al fuego eterno o sus libros a la hoguera) a Saramago, que no es más que un escritor que acaba de recibir un premio y el Papa, considerando como un premio ir a Cuba a elogiar a un tirano, me parece no sólo inconsecuente sino levemente ridículo. El Papa, que tampoco habrá leído a Saramago, lo condena por comunista, pero celebra a Fidel Castro que no sólo es un comunista ingente sino un dictador cruel, que no conoce la piedad cristiana ni ninguna otra clase de piedad.

La reunión oportunense ha revelado otras ambigüedades, como el presidente español Aznar acudiendo temprano, no a elogiar a Saramago, sino a entrevistarse a solas con Fidel Castro. Recuerden que Aznar fue el político que jugó al ajedrez en otra reunión de notables, declarando: «Si Castro pone ficha, yo muevo ficha». Pero, como siempre, las fichas las ha puesto, movido y compuesto Aznar solo mientras Fidel Castro, que no hace dos años llamó a Aznar «caballerito», en el tono más despectivo, sigue igual. Ahora se ha unido a la fiesta el rey de España, con quien Castro quiere juntarse no en Oporto sino en La Habana. Tal vez ustedes recordarán que este mismo Castro llamó a este mismo rey usurpador y llegó a cuestionar la dinastía ilustre que es la de Juan Carlos. Ambos, seguramente, han decidido olvidarlo todo. Un momento. Falta otro jugador todavía con sus fichas en la mano, José María Aznar también lo olvida todo. Es que la política es una de las formas que adopta la amnesia.

(1998)

Fidel Castro y Pinochet

Un notable escritor catalán que escribe en español (por eso es rico y famoso), me invitó a una cena literaria en Londres y después de los postres, café y puros me propuso un acertijo: ¿Con quién te quedarías? ¿Con Castro o con Pinochet? Le dije que una adivinanza como esa se la había propuesto Thomas Mann a Vladimir Nabokov: «¿Hitler o Stalin?». Nabokov consideró la propuesta una impertinencia y se levantó de la mesa y se fue. Yo, menos imperioso, le iba a responder al curioso impertinente y decirle: ni con uno ni con otro sino con la democracia. Como ninguno de los dos mencionados era un demócrata, podría haberme abstenido pero le respondo ahora con conocimiento de causa. Como ya todos ustedes saben, Pinochet guarda prisión hospitalaria en una clínica inglesa y no tengo más que añadir a la prisión del antiguo tirano chileno. Pero sí tengo que decir que las mismas leyes españolas ejecutadas en Inglaterra podrían servir para poner preso a Castro. Es más, estando el presente tirano cubano en España para entrevistarse con el presidente español, consiguió la entrevista y planeaba quedarse cuatro días más en España. Pero, sorpresivamente, Castro cogió su avión —rumbo a Cuba. ¿Temería a las leyes españolas que han apresado a Pinochet? Lo dudo porque el actual gobierno español está al partir un piñón con Castro.

Nada se sabe. Sólo sé que su partida de Madrid fue intempestiva, por no decir una fuga hacia adelante.

Castro por supuesto ha estado dos veces y media más en el poder que Pinochet, quien por otra parte permitió plebiscitos y elecciones antes de dejar el poder voluntariamente. Los muertos que ha matado Castro junto con su hermano suman millares, sin contar los veinte mil cubanos muertos en el mar tratando de huir de Cuba. Las cárceles cubanas han estado y todavía están llenas de presos políticos. Al revés de Pinochet, Castro ha destruido la economía cubana, de tal manera que tardarán decenios para que se recobre. Estos datos, fechas y cifras convierten el acertijo del escritor español en una falacia. Pero mi respuesta por la democracia está en pie todavía.

(1998)

Todavía en el 98

Ya se va este año en que España ha regresado a Cuba con intenciones imperialistas como antes —más que antes. La prensa española grita alborozada «¡Cuba es nuestra otra vez!» Mientras tanto, en La Habana, Fidel Castro recibe, elogia y da esplendor a las relaciones entre los dos países que es un sólo país, pues el país que compra dicta las normas del país que vende —y en Cuba se está vendiendo *todo*. Nunca desde el establecimiento de la República en 1902 se había conseguido la reintegración de unas relaciones rotas, precisamente, en 1898. Ahora vemos a Manuel Fraga, el hombre que le salvó la vida a Franco y se la prolongó hasta la muerte del dictador, volviendo a Cuba y para que se le vea en la práctica de su viejo oficio declara que Fidel Castro es un héroe —sin decir que es un héroe de la simulación y la hipocresía. Después de Fraga ha venido el ministro de Relaciones Exteriores de Aznar, con su cara de figura de cera y su discurso de cura de aldea. Se llama Abel Matutes pero bien se podía llamar Manuel Fraga, pues son indiscernibles: el político español reaccionario. Fraga originó la frase «Bienvenido, señor Fraga».

Y lo que se implanta en Cuba es el «Plan Fraga», el mismo que implantó cuando era ministro de Franco. El plan ahora consiste en adquirir la mayor cantidad de bienes cubanos comprados al gobierno de Castro no al pueblo de Cuba que nunca ha tenido menos. El Plan Fraga es visible en la cantidad de hoteles españoles que proliferan en Cuba, hoteles a los que los cubanos no pueden tener acceso pero sí los españoles. Están construyendo para el futuro. Los españoles mismos declaran que se preparan para cuando se suspenda la Ley Helms-Burton o muera Fidel Castro (lo que venga primero) haber comprado los mejores lotes. Es decir, Cuba entera. Mientras tanto los cubanos no pueden apenas mirar a ese futuro, embargados como están en la lucha por la vida cotidiana.

Es obvio que Castro trata de sustituir a la difunta Unión Soviética con una España neoconquistadora. Su avidez —habría que llamar a Castro «Ávida Dólares»— no ha encontrado mejor sustituto de los comisarios soviéticos que los comerciantes españoles. Pero es, de cierta manera, una decadencia y de su oficio y beneficio con Rusia sólo ha quedado la máscara. No es la cara intrigante de Lenin ni el rostro torvo de Stalin. Es, señoras y señores, véanlo en sus últimas fotos, con Fraga precisamente, componiendo la cara y figura de Rasputín, con sus barbas en remojo en caso de que ardan como ardió el imperio ruso. Miren esa foto, miren esa cara. ¿No es verdad que es la vera efigie del monje siniestro?

Londres, 1998

Colonia de esclavitud

«¿Qué mucho que otro periódico que está sobre nuestra mesa: un periódico francés, advierto en la isla toda, por los ojos de un corresponsal, que no sabe de nuestra historia, ni de las heces que deja hirviendo una colonia de esclavitud, el deseo total y vehemente de la independencia de España? Jules Clavé, el escritor de *Le Monde Illustré*, sólo nota en Cuba un obstáculo a la satisfacción del unánime deseo, y en lo que dice se conoce que, más que con los cubanos generosos, habló con españoles de codicia y de remordimiento. El obstáculo le parece ser el miedo de los españoles a ser maltratados por los cubanos después de la revolución. De entre los españoles mismos habrá visto a los que por su abuso y nulidad temen perder la indebida prominencia que les permite hoy la tiranía política.»

Esta diatriba está escrita por José Martí hace más de cien años. Pero donde Martí decía *Le Monde Illustré* se puede decir periódicos menos ilustrados y al mismo tiempo poner el nombre de todos los corresponsales extranjeros, fugaces y llenos de prejuicios políticos, ignorantes de lo que Cuba fue, ciegos para lo que Cuba es. Sólo ven lo que Castro les deja ver, pero salen y escriben lo que el dictador quiere que escriban. *Le Monde, Le Monde Illustré* —¿qué más da? *Plus ca change, plus c'est la meme chose.*

José Martí, uno de los espíritus más libres y demócratas de América en el siglo pasado, murió por la independencia de Cuba el 19 de mayo de 1895. Fue Martí quien labró en la dura piedra del exilio un lema lapidario: «Del tirano di todo, di más». El tirano se llama Fidel Castro y es vergonzoso que Francia, que dio al mundo la frase inmortal *Liberté, egalité, fraternité,* celebra a quien es sin duda el más encarnizado enemigo de la libertad, que ha convertido la igualdad en servidumbre y la fraternidad está en manos de un enemigo del pueblo.

Hay un antecedente cercano. El gobierno del Reino Unido invitó al tiranito Ceausescu a Inglaterra. La reina le concedió la más alta condecoración inglesa, la orden de la Garter y la muy ilustre Real Academia de Ciencias, que tuvo a Newton y a Darwin entre sus miembros, le confirió un grado honorario a Elena Ceaucescu, una mujer que todos los rumanos sabían que era casi analfabeta. También Francia los tuvo de invitados de honor y cuando se fueron los Ceaucescu se robaron hasta los pomos dorados de las puertas de palacio. Ahora se recomienda al mayordomo del Elíseo que cuente los cuchillos y tenedores antes de que Castro se siente a la mesa.

Puedo saber por qué Mitterrand ha invitado a Castro a su último palacio. Es el *parting shot* de un moribundo que es a la vez un político desprestigiado por su pasado. Pero en el presente ha dicho una frase que se puede aplicar precisamente a Fidel Castro. Es el propio Mitterrand quien declara «que oprime a un pueblo desafortunado». ¿Es éste un resumen del gobierno de Castro? Nada de eso. ¡Mitterrand se refiere a los Estados Unidos! Pero, ¿quién es el que oprime al pueblo cubano? No hay más que citar unos cuantos números. Fidel Castro lleva *treinta y seis años* en el poder, sin la más mínima consulta popular, ya sean elecciones o un mero plebiscito. En ese obsceno tiempo cerca de dos millones de cubanos han escogido el exilio, lo que es más que un diezmo de la población. El país, que era en los años cincuenta, con Argentina y Uruguay, uno de los más prósperos (sería bueno que la UNESCO cotejara estas estadísticas con las actuales) de América, ha sido reducido a una miseria más atroz que la de Haití, que aventaja ahora a Cuba aun en derechos civiles, con un presidente elegido en el poder. La economía cubana es prácticamente inexistente, con el país vendido al mejor postor extranjero, desde la tierra hasta las propiedades y todo el patrimonio nacional cambiado por dólares del dolor. Los cubanos en su isla no tienen más tierra que los dos metros apenas con que cavar su tumba. Las mujeres cubanas, desde las niñas a las ancianas, se prostituyen por poder darse una ducha, comer una comida o visitar una sala de fiestas. Mientras Fidel Castro se refocila en su palacio con aire acondicionado y le sirven cinco platos para la cena, su pueblo —no, su pueblo no: los desgraciados oprimidos por el poder que usurpa junto con la dinastía que ha creado: un hermano jefe de las fuerzas armadas, otro hermano jefe de la agricultura, una cuñada que es tercera en la jerarquía— sufre una pesadilla sin aire acondicionado. Podría llenar páginas, páginas y páginas con los desmanes de Castro que ha creado una claustrofobia en cada cubano que no pertenezca al poder y al partido. Cuba, además, está ocupada por su propio ejército. El presidente francés, tan versado en ocupaciones, debía saberlo, lo sabe. Sabe que ese visitante de la deshonra puede pasearse todavía visitando amigos pero en castillos diversos. En Francia será el Elíseo, en Caracas la prisión doméstica de Carlos Andrés Pérez, en Miami la celda en que guarda prisión perpetua a Noriega, el contrabandista, en Ciudad México Carlos Salinas que seguirá a su hermano ya en prisión, en Francia un Mitterrand moribundo pero odiando todavía a los americanos que liberaron a Francia, mientras acaricia su recuerdo de otro militar fascista. ¿Es que Castro tiene jettatura? No, es que ha sabido escoger muy bien a sus amigos: todos son sus pares.

Esos amigos gritaban junto con él a coro: *Yankee go home.* Hoy Castro les sopla otro lema: *Yankee please come back!* Él sabe, ellos saben que el único embargo que padece Castro es americano. Puede —y lo hace— comerciar con todo el mundo, de Austria a Australia, de Suecia a Argentina. Pero quiere que USA, los tan odiados Estados Unidos, le subvencione su gobierno como antes lo hacía la Unión Soviética, una verdadera utopía que ya no está en ninguna parte. Mientras que la utopía de Castro, eso que él ha llamado revolución pero que no es más que una tiranía sudamericana puesta al día, se corrompe y roe y rueda rápido hasta su fin —que todos los cubanos queremos que sea rápido para evitar al pueblo, ese pueblo oprimido por Castro, sea hambreado más, sea humillado más, sea degenerado más. Castro es un enemigo del pueblo, pero sus amigos, como el presidente Felipe González, lo son otro tanto.

Todos hemos visto a este patriarca barbudo pedir el bombardeo atómico de los Estados Unidos (como prueba ahí están las cartas que cruzó con un Khruschov más cuerdo), fomentar la guerrilla en Centro y Sur América, enviar casi un cuarto de millón de soldados cubanos a pelear en África, comandados por larga distancia por este Rommel del trópico, ametrallar a los que tratan de huir de la Isla del Diablo o permitir su salida al mar y a la muerte en lo que ni siquiera se pueden llamar balsas a treinta mil cubanos. Todavía es capaz de gritar «¡Socialismo o muerte!», en que su versión del socialismo no deja otra opción que la muerte.

En un momento de 1961, cuando su poder estaba consolidado y Castro pontificaba vencedor, Haydée Santamaría, su compañera del asalto al cuartel Moncada, su amiga y colaboradora que se suicidó disparándose un tiro dentro de la boca en otra efemérides castrista, le preguntó al eterno dictador: «Fidel, de no existir la Unión Soviética, que nos apoya, ¿qué habrías hecho para consolidar el poder?». Castro, sin pensarlo dos veces (él nunca ha pensado nada dos veces), dijo: «Habríamos jugado con la burguesía nacional durante diez años si hubiera sido necesario». «¡Qué grande eres, Fidel!» exclamó la ingenua revolucionaria.

La anécdota, creo, es pertinente. Es más, es esencial para comprender al Castro actual —que es el mismo Castro de hace treinta y seis años. Ahora, para consolidar su poder tambaleante, juega con la burguesía internacional.

Londres, 10 de marzo de 1995

Mi fin es mi principio

No creo que sea exagerado llamar a Colón padre de la isla. Cuba es más bien nuestra madre aunque la llamen patria. Una madre hecha de tierra como Adán pero de tan entrañable sangre como Eva. No nuestra propia madre, cierto, pero evidentemente más duradera, eterna, si por eternidad entendemos lo que ha estado antes y estará después y es inalterable. A esa eternidad le debemos no sólo la existencia, le debemos la esencia. Ser cubano es haber nacido en Cuba. Ser cubano es ir con Cuba a todas partes. Ser cubano es llevar a Cuba en un persistente recuerdo. Todos llevamos a Cuba dentro como una música inaudita, como una visión insólita que nos sabemos de memoria. Cuba es un paraíso del que huimos tratando de regresar.

Este libro
se terminó de imprimir
en los Talleres Gráficos
de Rógar, S. A,
Navalcarnero, Madrid (España)
en el mes de abril de 1999